MENSCH UND RAUM

GEO GRAPHIE

GYMNASIUM 9/10
SCHLESWIG-HOLSTEIN

Herausgegeben und bearbeitet von
Peter Fischer und Bernd Walther

mit Beiträgen von
Volkmar Günl-Baxmeier, Peter Fischer, Dr. Wolfgang Fregien,
Bernhard Grota, Ulrich Jäger, Rainer Koch,
Winfried Kunz, Lutz Lennardt, Jürgen Neumann,
Gerd Reichert, Edgar Reinert, Dr. Dieter Richter,
Agathe Schüren, Ingrid Seidel, Bernd Walther,
Bärbel Wilhelmi, Günter Wittum

in Zusammenarbeit mit der Verlagsredaktion

Cornelsen

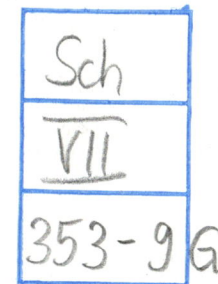

Projekt

Seiten mit diesem Zeichen zeigen, wie ihr etwas gemeinsam tun könnt, zum Beispiel eine Erkundung durchführen oder eine Wandzeitung herstellen.

Erkunden und Erarbeiten

Seiten mit diesem Zeichen stellen geographische Arbeitsmethoden und Hilfsmittel vor. Anleitungen und Aufgaben helfen dir beim Kennenlernen und Üben.

Wissenswertes

Seiten mit diesem Zeichen stellen dir ein Thema vor, mit dem du dein Wissen erweitern kannst. Das Thema bezieht sich auf das Kapitel.

Redaktion: Otto Berger
Technische Umsetzung: Bernd Schirok
Kartographie und Graphik: Volkhard Binder, Hannover;
Franz-Josef Domke, Hannover;
Skip G. Langkafel, Berlin;
Dieter Stade, Hemmingen

1. Auflage ✔
Druck 4 3 2 1   Jahr 01 2000 99 98

Alle Drucke dieser Auflage können im Unterricht nebeneinander verwendet werden.

© 1998 Cornelsen Verlag, Berlin
Das Werk und seine Teile sind urheberrechtlich geschützt. Jede Verwertung in anderen als den gesetzlich zugelassenen Fällen bedarf deshalb der vorherigen schriftlichen Einwilligung des Verlages.

Druck: Cornelsen Druck, Berlin

ISBN 3-464-08193-1

Bestellnummer 81931

 gedruckt auf säurefreiem Papier, umweltschonend hergestellt aus chlorfrei gebleichten Faserstoffen

Inhaltsverzeichnis

Lachsfarm in Island

Ökosystem	
Weltmeer	**6/7**

Weltmeere und Kontinente	8
Nahrung und Rohstoffe aus dem Meer	10
1. Fisch – ein Grundnahrungsmittel	10
2. Drohende Überfischung	12
Wir planen und organisieren ein Projekt	14
Projekt: Mangan aus der Tiefsee	16
Die Gefährdung der Meere	18
1. Verschmutzung durch Öl	18
2. Belastung des Ökosystems durch Nähr- und Schadstoffe	19
3. Die Ostsee – ein sterbendes Meer?	20
Wir werten ein Satellitenbild aus: Oberflächentemperatur der Ostsee	22
Die Bedeutung des Meeres für das Klima	24
1. Wassermassen und Meeresströmungen	24
2. Das Meer als CO_2-Senke	26
Wissenswertes: Wem gehört das Meer?	30

Der Pazifikraum:	
Motor der Weltwirtschaft?	**32/33**

Projekt: Vorstellungen von Japan	34
Japan: Industriegigant und Welthandelsmacht	36
1. Rohstoffzwerg und Handelsriese	36
2. Ursachen des Erfolges	38
3. Raum- und Umweltprobleme	40
Projekt: Die Tigerstaaten – Partner oder Gegner?	42
Dynamische Wachstumsländer im Wandel	
1. Hongkong und Taiwan	44
2. Die Tiger stellen sich vor	45
3. Thailand – an der Spitze der neuen Tiger?	46
Neue Wirtschaftsgemeinschaften im Pazifikraum	48
1. ASEAN	48
2. NAFTA	48
3. APEC	49
Wissenswertes: Welthandelsmächte	50

Wairakai Geotherme in Neuseeland

Energie: Krise aus Mangel oder Überfluss?	**52/53**

Energie – Grundlage unseres Wohlstandes	54
Wir werten Texte aus: Fossile Energien	56
Umweltbelastung	58
Ausstieg aus der Kernenergie?	60
Alternative Energiequellen	62
1. Wasserkraft	62
2. Windenergie	63
3. Erdwärme	64
4. Energie aus Biomasse	65
5. Sonnenenergie	66
6. Energieträger Wasserstoff	67
7. Die beste Energiequelle: Energiesparen	68
Projekt: Unsere Schule spart Heizenergie und Strom	69
Energiestandorte/ Energiepolitik in Deutschland	70
Wissenswertes: Europäischer Stromverbund	72

Die Erdkruste in ständigem Wandel	**74/75**

Die Erde im Weltraum	76
Die Entstehung der Erde	78
Projekt: Kräfte aus dem Erdinnern	80
Der Schalenbau der Erde	82
Die Erdkruste als Plattenmosaik	84
Projekt: Erdbeben und Vulkane	90
Oberflächenformen	92
1. Berge wachsen nicht in den Himmel	92
2. Wie Wasser eine Landschaft formt	94
3. Eis formt neue Landschaften	96
4. Die Arbeit des Windes	97
Wissenswertes: Alpen und Oberrheingraben	98

Deutschland: Räume verändern sich	**100/101**

Landwirtschaft in Ost und West	102
1. Strukturwandel in den alten Bundesländern	102
2. Abschied von der LPG	103
3. Der verwaltete Agrarmarkt in der EU	104
Wir arbeiten mit Statistiken: Landwirtschaft in Deutschland	106
Industrieräume im Wandel: Arbeitsplätze verändern sich	108
1. Von der Industrie- zur Dienstleistungsgesellschaft	108
2. Strukturwandel in Bochum	110
3. Dienstleistungszentrum Leipzig	112
4. Leben in einem Denkmal: Lübeck	114
5. Hamburg und sein Umland	118
Projekt: Zentrale Orte	120

Central Valley, Kaffeeregion in Costa Rica

Wissenswertes: Von der industriellen zur technologischen Revolution	122

Europa – ein Kontinent wächst zusammen   124/125

Europa – Was ist das?	126
1. Was Jugendliche über Europa denken	126
2. Kulturelle Vielfalt und Einheit	128
3. Europa ohne Grenzen	130
4. Armut und Reichtum in der Europäischen Union	132
Projekt: Portugal in Europa	134
Projekt: Wirtschaftliche Aktivräume in den Staaten Europas	138
5. Euroregionen	140
6. Die Erweiterung der EU nach Osten	142
7. Die Europäische Union im Welthandel	144
Wissenswertes: Europa im Überblick	146

Die Dritte Welt in der einen Welt   148/149

Exportprodukt Kaffee	150
1. Kaffeeanbau – anfällig für Klima- und Preisschwankungen	150
2. Welthandelsgut Kaffee	152
Zinn aus Bolivien	154
Welthandel und soziale Verantwortung: Kinderarbeit	156
„Modernisierung" in der Dritten Welt	158
Hilfe zur Selbsthilfe	160
1. Angepasste Technologie	160
2. Staudämme im Eigenbau	162
3. Projekte für Frauen in Entwicklungsländern	164
Projekt: Frauen – Hoffnungsträgerinnen für unseren Planeten?	166
Wissenswertes: Dritte Welt und Welthandel	168

Der Mensch beeinflusst seinen Lebensraum   170/171

Die Lebensgrundlagen	172
1. Trinkwasser	172
Projekt: Das Ozonloch	174
2. Der Boden – eine empfindliche Haut	176
Waldschäden in Europa	178
1. Waldsterben in Europa	178
2. Böhmen – ein ökologisches Notstandsgebiet	180
Raubbau im Urwald	182
Atomabfall im Eismeer	184
Projekt: Global denken – lokal handeln	186
Sachregister – Begriffserklärungen	188
Bildquellen	192

① Küstenseeschwalbe ⑨ Herzmuschel
② Garnele ⑩ Wattringelwurm
③ Scholle ⑪ Sandpier
④ Miesmuschel ⑫ Sandklaffmuschel
⑤ Seepocken ⑬ Pfeffermuschel
⑥ Strandschnecken ⑭ Eikapsel des Nagelrochen
⑦ Bäumchen- ⑮ Wellhornschnecke
  oder Röhrenwurm ⑯ Strandkrabbe
⑧ Schlickkrebs ⑰ Queller

Wattwürfel

Ölförderung im See von Maracaibo

Ökosystem Weltmeer

Hinweis auf einem Schiff

Weltmeer – Ursprung des Lebens

Weltmeere und Kontinente

Warum heißt dieser Planet nicht „Wasser"? Sieben Zehntel seiner Oberfläche sind von Ozeanen bedeckt. Sie bestimmen maßgeblich unser Leben. Ohne die Weltmeere würde unser Himmelskörper auf der Tagseite glühen und auf der Nachtseite gefrieren. Ohne Wasser hätte die Erde die 22-fache Oberflächentemperatur, den 60-fachen Luftdruck und das 3000-fache an Kohlenstoffdioxid, aber nur Spuren von Sauerstoff. Die Atmosphäre wäre so lebensfeindlich wie auf der Venus. Ohne die Meere wäre kein Leben entstanden. Erst in der Tiefe des Ur-Ozeans, genauer: zehn Meter unter der Wasseroberfläche, konnten sich erste Organismen entwickeln, weil sie vor der damals lebensfeindlichen UV-Strahlung geschützt waren.
Auch heute sind Ozeane wahre Lebensspender: 1338 Millionen Kubikkilometer Wasser bieten Nahrung, Energie und Rohstoffe zugleich. Der Mensch befährt schon seit Jahrtausenden alle drei großen Ozeane und 16 Nebenmeere und ernährt sich von Meerestieren.

(aus: WWF- Journal 3/93: Ozeane: Unser blaues Wunder)

Unsere Erde – ein Wasserplanet

1961 umrundeten die ersten Raumfahrer die Erde. Sie bestätigten, dass die Erde eher ein Wasserplanet ist. Die aquamarine Farbe des Wassers ist ihr Hauptkennzeichen. Das Wasser des Weltmeeres bedeckt den festen Erdkörper nur wie eine dünne, salzhaltige Haut. Bei einem Globus mit 175 cm Durchmesser wären es 0,5 mm. Das Meer bildet eine zusammenhängende Fläche, aus der die Kontinente wie Inseln herausragen. Der Anteil der Kontinente an der Erdoberfläche beträgt nur 29 %.

Das Verhältnis von Festland und Meeresspiegel änderte sich mehrfach. In den Kaltzeiten bedeckten gewaltigen Mengen an Inlandeis die Kontinente. Der Meeresspiegel senkte sich. Landsenkungen im Mittelmeer ließen vor 3000 Jahren mehr als 150 Küstenstädte im Meer versinken.

1. Ordne den Begriffen in der Legende die Meeresnamen zu (Abb. 8.1).
2. Gib die Gliederung der Ozeane mit eigenen Worten wieder. Benutze Abb. 9.1.

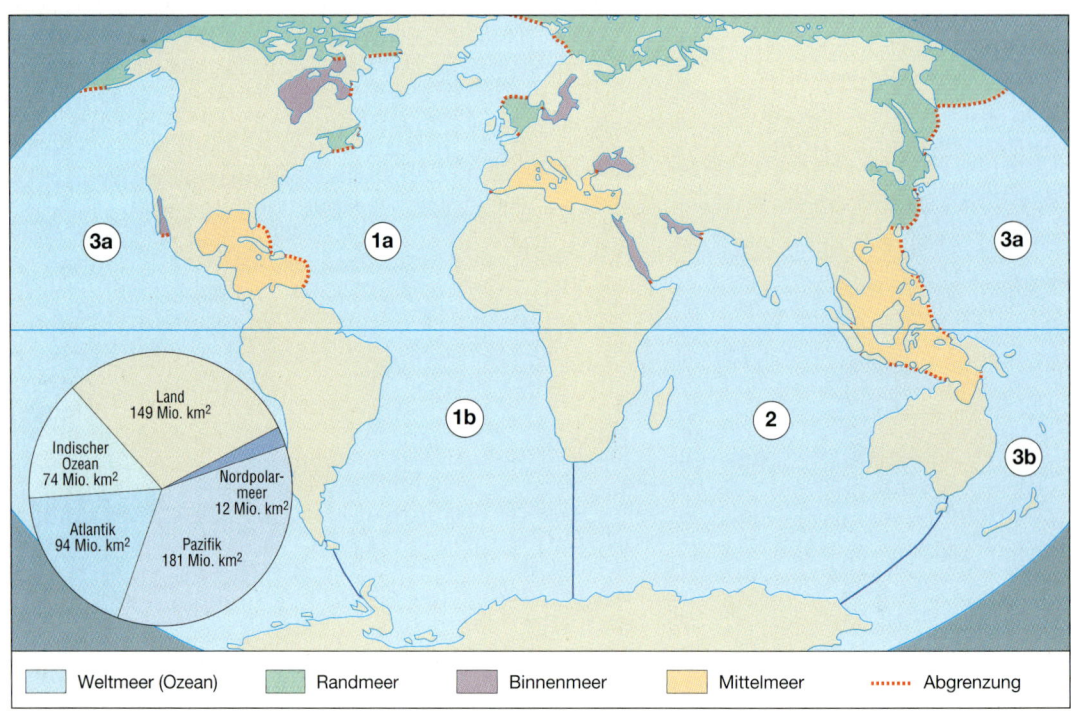

8.1 Die Gliederung der Weltmeere

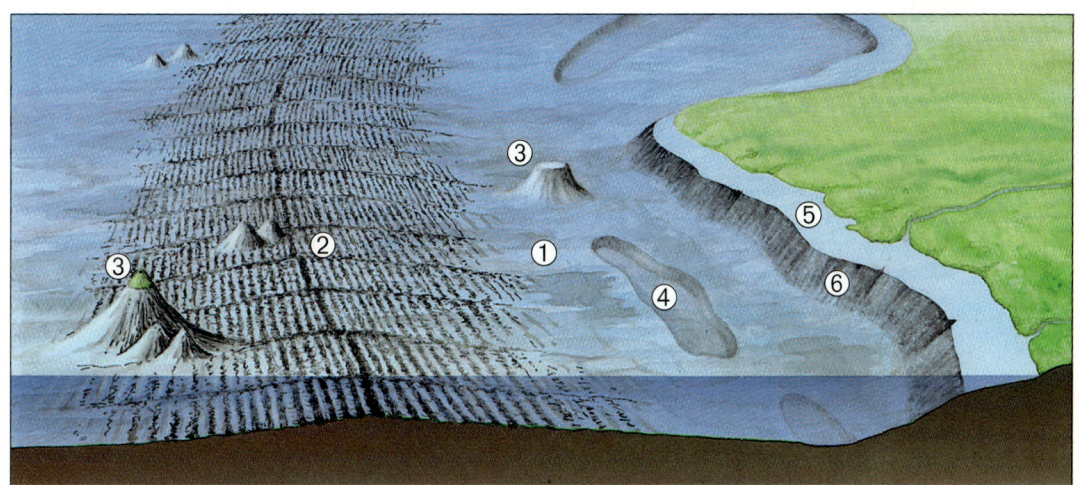

Der Tiefseeboden besteht vorwiegend aus Ablagerungen von abgestorbenen Meeresorganismen. Beim Verlegen des ersten Telegrafenkabels zwischen Europa und Amerika stellten die Seeleute fest, dass der **Tiefseeboden** nicht eben ist. Das Kabel musste über ein untermeerisches Gebirge verlegt werden. Dieser **Mittelozeanische Rücken** erstreckt sich über alle Ozeane. Er ist 60 000 km lang und ragt 2000 bis 3000 m über dem Meeresboden auf. Viele Inseln in den Ozeanen sind **Vulkane.** Die tiefsten Senken im Meeresboden, die **Tiefseegräben,** begrenzen den Pazifik. Die Challenger-Tiefe im Marianengraben ist über 11 km tief. Das **Schelfmeer** am Rand der Kontinente reicht bis in 200 m Tiefe und gehört noch zu den Kontinenten. Der **Kontinentalabhang** bildet die Flanken der Kontinente und stürzt steil zum Tiefseeboden ab.

9.1 Reliefformen auf dem Meeresboden

Die mittlere **Temperatur** des Meerwassers beträgt nur 3,8 °C. An der Oberfläche bestimmt die Sonnenstrahlung die Temperatur. Wellen und Wind durchmischen das Wasser bis 40 m Tiefe. Diese Deckschicht wird durch eine Sprungschicht von dem darunter liegenden, kühleren Wasser getrennt. In den Tropen liegt die Grenzschicht zwischen warmem und kaltem Wasser bei 400 m. Die Abkühlung der Wassermassen erfolgt von der Oberfläche her. Kaltes Wasser ist schwerer und sinkt nach unten. Ab 4000 m Tiefe herrscht eine gleichbleibende Temperatur zwischen 0 und 5 °C.

Der mittlere **Salzgehalt** des Meerwassers beträgt 35 ‰ (35 g gelöste Salze in 1 kg Wasser, davon 77,8 % Kochsalz). Die im Meer gelöste Salzmenge würde ausreichen den Meeresboden mit einer 62 m mächtigen Salzschicht zu bedecken. In Gebieten mit hoher Verdunstung und geringen Niederschlägen liegt der Salzgehalt über, in Zonen mit hohen Niederschlägen und im Mündungsgebiet großer Flüsse unter dem Durchschnitt. In Nebenmeeren wie der Ostsee mit einem Salzgehalt von 5 ‰ können salzarme Deckschichten eine Durchmischung bis zum Meeresboden verhindern.

Die **Dichte** des Meerwassers wird durch Temperatur und Salzgehalt bestimmt. Bei 4 °C erreicht das Wasser seine größte Dichte, d. h. das höchste spezifische Gewicht. Fällt die Temperatur unter 4 °C, verringert sich die Dichte. Beim Erreichen des Gefrierpunktes erhöht sich das Volumen um 9 %. Das Eis schwimmt auf und bildet eine schützende Decke gegen eine weitere Auskühlung des Wassers. Mit einem Salzanteil von 35 ‰ gefriert Meerwasser erst bei −1,9 °C.

Die **Farbe** des Meerwassers hängt von der Eindringtiefe des Sonnenlichtes sowie von der Färbung des Himmels und von der Wolkenbildung ab. Blaues Licht gelangt in größere Tiefen. Reines, warmes, salzreiches und tiefes Meerwasser wirkt deshalb kobaltblau. Grünfärbung weist auf eine Häufung von Plankton hin, Gelbfärbung auf Humusstoffe und Sedimente. Farbige Schwebstoffe reflektieren das Licht entsprechend ihrer eigenen Farbe. Farblose Teilchen verstärken die Lichtstreuung und hellen die blaue Grundfarbe des Meerwassers auf. Unter 1000 m Tiefe dringt kein Licht mehr vor. Für das menschliche Auge herrscht bereits ab 330 m Dunkelheit.

9.2 Eigenschaften des Meerwassers

Nahrung und Rohstoffe aus dem Meer

Kabeljau
65 – 150 cm;
Nahrung: Krabben, Fische, Muscheln, Würmer

Rotbarsch
50 – 75 cm; Raubfisch;
lebt in Tiefen von 100 – 800 m;
Nahrung: Krebse, Fischlarven, Heringe, Lodde

Makrele
30 – 50 cm; Raubfisch
Nahrung: Jungheringe, Sprotten, Sandaale

Seelachs oder Köhler
60 – 130 cm; Raubfisch;
Nahrung: Jungfische, Heringe, Sprotten

Seezunge
30 – 45 cm;
lebt als Grundfisch in 10 – 60 m Tiefe;
Nahrung: Krabben, Muscheln, kleine Fische

10.1 Einige wichtige Seefischarten

Seefisch ist das reinste Fitness-Center

Vitamine sind – neben den Grundnährstoffen – die wertvollsten Ergänzungsstoffe im Fisch. Jedes Vitamin hat seine besondere Aufgabe bei der Aufrechterhaltung der lebenswichtigen Funktionen im menschlichen Körper.

Hier einige Beispiele:

Vitamin A – das Schönheits-Vitamin! Es sorgt für schöne Haut, glänzende Haare – und es stärkt die Sehkraft.

Vitamin D sorgt für gesunde Knochen und kräftige Zähne.

Vitamin B Vitamine der B-Gruppe: B_2 B_6 B_{12} Sie sorgen für gute Nerven, gesundes Blut und leistungsfähige Muskeln.

Eine Portion Fisch (200 g Filet) enthält z. B. den Drei-Tages-Bedarf an Vitamin B_{12} und erhebliche Mengen des Tagesbedarfs an Vitamin A.

1. Fisch – ein Grundnahrungsmittel

Nachfrage nach Fisch. Jeder Deutsche isst im Durchschnitt 14 kg Fisch im Jahr, ein Japaner sogar 72 kg. Den Bewohnern der Industrieländer steht dreimal mehr Fisch zur Verfügung als den Menschen in der Dritten Welt. Weltweit werden 15 % des Bedarfs an tierischem Eiweiß aus den Ozeanen gedeckt. In den ärmeren Ländern versorgen sich vornehmlich die Küstenbewohner mit dem Fischeiweiß. Ins Landesinnere lässt sich dort Frischfisch nur selten transportieren, da meist keine Kühlanlagen vorhanden sind. Länder ohne Zugang zum Meer stehen beim Fischverbrauch mit 1 bis 5 kg am Ende der Verbraucherliste.

In den Industrieländern steigt der Fleischverbrauch und damit die Nachfrage nach Fischmehl. Ein Drittel aller gefangenen Fische wird zu Fischmehl, Fischöl oder Dünger verarbeitet. Für eine halbe Tonne Schweinefleisch oder Geflügel benötigen die Tiermäster eine Tonne Fischmehl. Die größte Verschwendung leisten wir uns, wenn wir das Fischmehl als Dünger auf Getreidefelder bringen und das Korn anschließend an Schweine und Hühner verfüttern. In Asien wird Fischmehl als Futter für Garnelen und Lachse verwendet. Fischöl ist ein Zusatz bei der Herstellung von Margarine und Kerzenwachs.

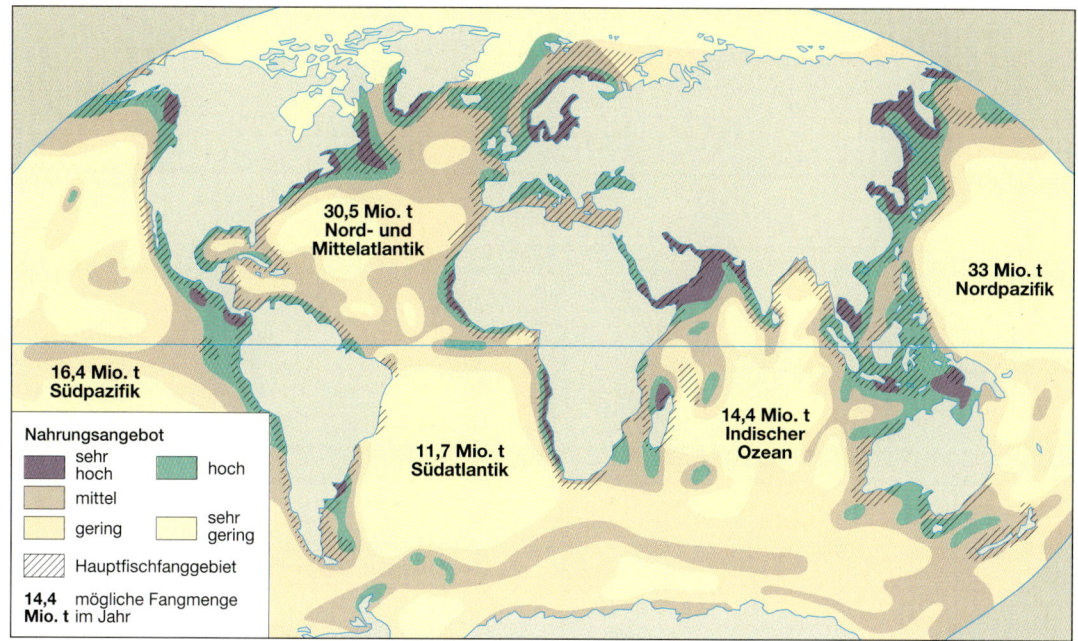

11.1 Die wichtigsten Fanggebiete

Die Nahrungskette. Das Sonnenlicht dringt bis 200 m tief in das Meerwasser ein. In der obersten Wasserschicht bilden sich pflanzliche Kleinstlebewesen, das Phytoplankton. Sie sind das „Weidegras" für mikroskopisch kleine Wassertiere, für Fische, Garnelen, Quallen und Krebse. Von den Tierfressern, dem Zooplankton, ernähren sich andere Fische. Auf jeder Stufe der Nahrungskette gehen bis zu 90 Prozent in Form von Wärme und unverdaulichem Abfall verloren. 100 kg Phytoplankton ernähren 10 kg Krebse. Diese reichen aus um einen Fisch mit 1 kg Gewicht zu ernähren.

Fruchtbare und unfruchtbare Meeresgebiete. Wo abgestorbene Meereslebewesen auf den Grund sinken, geht das Nährstoffangebot an der Oberfläche zurück. So weist die blaue Wasserfarbe in den Tropen und im Mittelmeer auf einen Mangel an Phytoplankton hin. Das Meer hat regelrechte „Wüsten". Anders verhält es sich in Küstennähe, wo Nährstoffe eingeschwemmt werden. Auch dort, wo kaltes Auftriebswasser durch Strömungen, Landwind oder den langsamen Austausch von Oberflächen- und Tiefenwasser die Sinkstoffe wieder nach oben bringt, ist die Produktivität hoch.

1. Gib Gründe für die Nachfrage nach Fisch an.
2. Unterteile die Nahrungskette nach Gliedern.

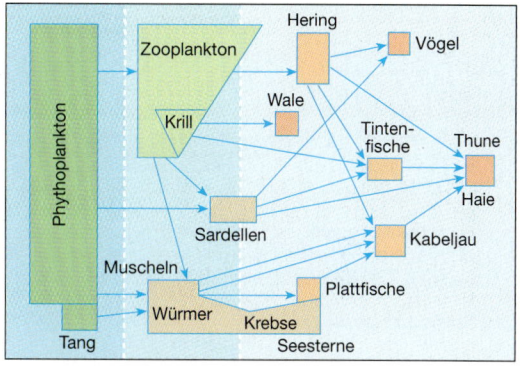

11.2 Die Nahrungskette im Meer

Land	1980 Mio. t	1995 Mio. t	Land	1980 Mio. t	1995 Mio. t
China	4,2	24,4	Philippinen	1,6	2,3
Japan	10,4	6,8	Dänemark	2,0	2,0
Peru	2,7	8,9	Island	1,5	1,6
Chile	2,8	7,6	Spanien	1,2	1,3
SU/Russland	9,4	4,4	Kanada	1,3	0,9
USA	3,6	5,6	Mexiko	1,2	1,4
Indien	2,4	4,9	Vietnam	1,0	1,2
Indonesien	1,9	4,2	Bangla Desh	0,7	1,2
Südkorea	2,0	2,7	Großbritann.	0,8	1,0
Thailand	1,7	3,5	Myanmar	0,6	0,8
Norwegen	2,4	2,8	Deutschland	0,6	0,3

11.3 Größte Fangländer (See- und Binnenfischerei)

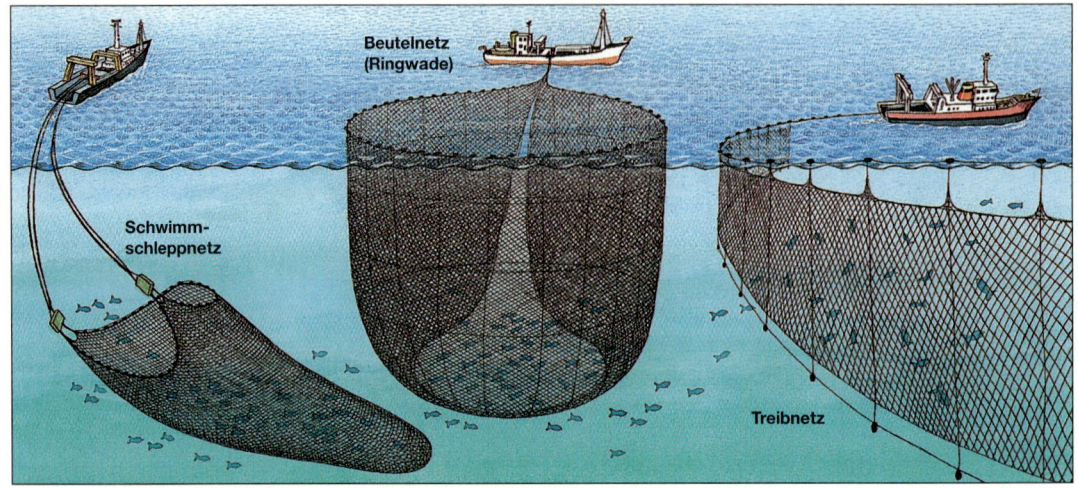

12.1 Fangmethoden

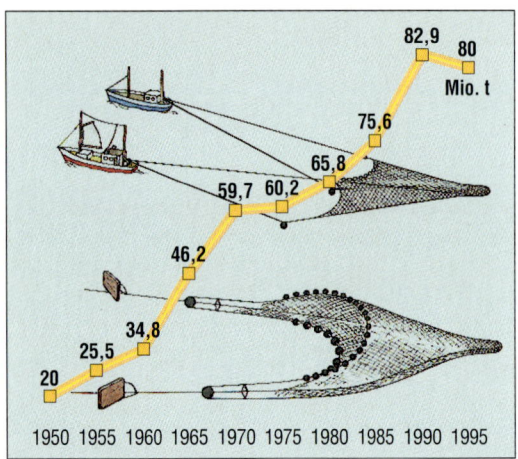

12.2 Seefischfänge weltweit

2. Drohende Überfischung

Das *Schwimmschleppnetz,* englisch trawl, besteht aus einem Unter- und einem Obernetz und wird durch Scherbretter offen gehalten. Das *Beutelnetz* (Ringwade) arbeitet nach dem Prinzip eines Einkaufsbeutels mit Zugschnur. Der Fischschwarm wird umkreist, eingeschlossen und dann an Bord gehievt. *Stellnetze* stehen auf dem Meeresboden, während *Treibnetze* wie Vorhänge im Wasser hängen mit Schwimmern oben und Senkern unten. In Küstennähe setzen die Fischer Angeln ein. 30 000 Arten von Angelhaken sind auf der Welt bekannt. In trichterförmige Fanggeräte, die *Reusen,* können die Fische zwar hinein, aber nicht mehr zurück schwimmen.

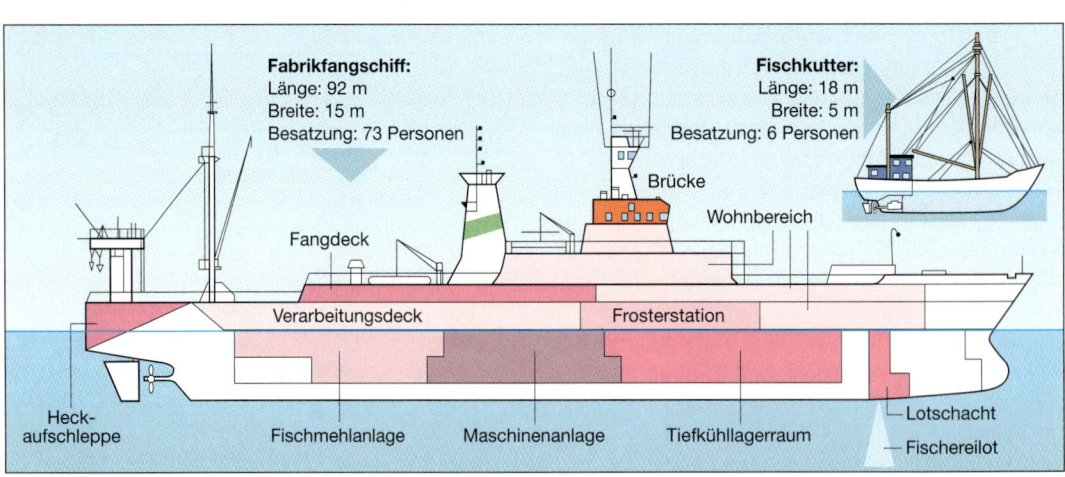

12.3 Modernes Fabrikfangschiff und Fischkutter im Vergleich

13.1 Fischfarm im Mittelmeer

13.2 Fischkutter in Schleswig-Holstein

Maßnahmen gegen die Überfischung
Zwei Drittel aller Fanggründe sind überfischt. Im internationalen Fischereistreit geht es um Fangmengen und Fischarten. Die Fischereiminister der Europäischen Union legen daher **Fangquoten** und Maschenweite der Netze im „EU-Meer" für die einzelnen Länder fest. Hundert Fischfangnationen verpflichteten sich zudem die Fischbestände auch außerhalb ihrer Hoheitsgewässer zu schützen.

Der Rückgang der Fangmengen verhalf den **Fischfarmen** zu großem Aufschwung. Die Aufzucht in Teichen, Gehegen oder in Seebecken in der Gezeitenzone hat in Ost- und Südostasien eine lange Tradition. Garnelen z. B. erzielen auf dem Weltmarkt hohe Preise. Sie werden häufig in Gewässern von Mangrovenwäldern aufgezogen. Die Zerstörung der Wälder durch Zuchtteiche verringert den Lebensraum der frei lebenden Garnelen.

Auch in Europa macht die **Aquakultur** Fortschritte: In norwegischen Fjorden und schottischen Meeresarmen wurden Lachsfarmen eingerichtet, im Mittelmeer erzeugen Fischfarmen Austern, Muscheln und Speisefische. Das Fischfutter im Wasser und die Ausscheidungen der Tiere fördern jedoch das Wachstum von Algen und setzen den Sauerstoffgehalt herab. Antibiotika zum Schutz gegen Fischkrankheiten und andere Chemikalien belasten das Ökosystem zusätzlich.

1. Vergleiche die Fangmethode früher und heute.
2. Erläutere, wie sich die Hightech-Fangmethoden auf den Fischbestand auswirken. Berücksichtige die Nahrungskette.

Fischfang früher. Klock 12 um Middernach wörn wi weckt. Jede Nach gung 5 bit 6 Mann 5 bit 6 Stunden Karussell, um dat Fischreep ruttotrecken, un de annern reeten an de Netten un haun de Fischen rut. Son Nett is 30 m lang. Halwi een weer Kaffee. Jede Nach Klock 1 weer Inhieven. Wenn dat to Enn weer, Klock 6 oder halw 7, gew dat Fröhstück, jeden Morgen gebroden Hering. Denn gung't an't Kehlen, an't Affschlachten, Solten un in de Kantjes [Kisten] packen. Dat duur sien veer Stünn. De Kantjes wörren denn verstaut. Bi veer rum ward dat Nett utsett. Klock 6 gev dat Abendbrot. – Danach konnten die Loggerleute einige Stunden bis zum Weckruf „Is Halemans Hale!" (Netzeinholer, holt die Netze ein!) schlafen.
(aus dem Bericht eines 15-jährigen Schiffsjungen auf einem Heringslogger in der Nordsee 1894)

Fischfang heute. Mit Autopilot pflügen die Fabrikschiffe durch die Ozeane. Sie sind ausgerüstet mit modernster Computertechnologie und präzise arbeitenden Navigationsinstrumenten. Satelliten überprüfen in zwei Minuten eine Fläche, für die früher ein Schiff elf Jahre benötigte. Sonargeräte peilen die Fischschwärme mit Schallwellen an und orten sie. Schwimmt ein Fischschwarm unter dem Fangschiff, verändert der Kapitän die Fahrtgeschwindigkeit und die Tiefe der riesigen Netze. Ein Besatzungsmitglied kann mit einem „Joystick" die Netze dirigieren. Die schwimmenden Fischfabriken bleiben monatelang auf See. An Fließbändern werden die Fische sortiert und entschuppt, ausgenommen und entgrätet und zu Fischfilet, Konserven oder Fischmehl verarbeitet.
(nach Greenpeace)

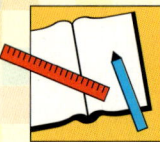

Wir planen und organisieren

Was ist ein Projekt?

Der Begriff „Projekt" bedeutet
- eine Aktion planen,
- Entwürfe sammeln,
- Einfälle gliedern,
- Vorhaben umsetzen.

Interessant ist bei der Planung und Durchführung eines Projektes, dass ihr als Schülerinnen und Schüler in unterschiedlichen Arbeitsweisen und Techniken (Methoden) an das Projekt herangehen könnt – auch mit Methoden, die ihr sonst nicht in der Schule übt. Ihr bestimmt selbst über das Thema, die Organisation, die Durchführung sowie die Auswertung und Verwendung der Ergebnisse.

Projekte finden gewöhnlich in der Form von Projekttagen oder Projektwochen statt. Heute sind Projekte in Absprache mit den Fachlehrern jederzeit möglich. Da oftmals einzelne Themenbereiche auch in anderen Unterrichtsfächern behandelt werden, bietet sich die Zusammenlegung dieser Fächer für ein Projekt an. Ein Thema oder eine gesamte Unterrichtseinheit kann so komplett bearbeitet werden.

Projektarbeit ist sowohl in der Vorbereitung als auch während der Durchführung zeitaufwendig. Die geplanten Projekte sollten daher in der Vorbereitungsphase so geplant sein, dass die Sachverhalte überschaubar bleiben. Erdkundliche Projekte können vielgestaltig sein.
Sie können
- einen theoretischen Inhalt haben,
- mithilfe von Experimenten Sachverhalte klären,
- durch praktische Arbeiten Probleme lösen.

Die Ergebnisse können dargestellt werden:
- als Wandzeitung, in Ausstellungen an Stellwänden oder in Vitrinen,
- in Form von Aktionen.

Planungsraster für Projekte

Erforschen	Die Aufgaben 1 bis 3 dienen dem eigenständigen Erforschen von Sachverhalten, Einstellungen und Gewohnheiten (Gruppenarbeit).
1. ermitteln	Informationsquellen sind Tageszeitungen, Fachzeitschriften, Radio- und Fernsehberichte und Reportagen, Zählungen, Kartierungen;
2. untersuchen	Messungen, statistische Erhebungen, eigene Versuchsreihen;
3. befragen	Meinungsumfragen, schriftliche Anfragen, Interviews.
Informieren, Aufklären	Die Aktionen 4 bis 6 bearbeiten Gruppenmitglieder und werten sie aus. Die Ergebnisse werden in einer Dokumentation festgehalten. Formen: Fotoausstellungen – an Stellwänden Plakate, Karten, Grafiken, schriftliche Berichte;
4. dokumentieren	
5. mitteilen	der Gesamtgruppe (Klasse) die Ergebnisse unterbreiten, Folgerungen ziehen.
6. werben und anregen	Vorschläge sammeln, wie der erfasste Sachverhalt weiter verwendet werden soll (Handzettel, Flugblätter?). Eventuell Mitstreiter suchen.
Bewegen, Verändern	Folgerung aus 6: Gesicherte Fakten können aktiv verwertet werden um ein neues Verständnis bei anderen zu gewinnen: z. B. Politiker, Bürgermeister, Verbände anschreiben, eine Aktion für einen Fahrradweg durchführen oder eine (Müll-) Sammelaktion starten.
7. demonstrieren	
8. Aktionen durchführen	
9. Verhalten ändern	

ein Projekt

Organisation des Projektes

1. Zielsetzung:
Schülerinnen, Schüler und Lehrkräfte legen nach ihren eigenen Interessen ein Projektthema fest und gliedern es in Teilthemen.

2. Planung:
Schülerinnen und Schüler bilden nach Interessen und Fähigkeiten Arbeitsgruppen zu verschiedenen Teilthemen. Die Gruppen gliedern und überprüfen ihre Möglichkeiten die Ziele zu erreichen.
Die Gruppen planen die erforderlichen Schritte und legen eine Zeitleiste fest.

3. Ausführung:
Die Gruppen setzen die Planung innerhalb und außerhalb der Schule um, beschaffen Informationen, sichten die Informationen, setzen die Ergebnisse sachgerecht um.

4. Regelmäßige Projektzeiten:
Die Durchführung des Projektes im Rahmen einer Projektwoche bereitet nur selten zeitliche Schwierigkeiten. Während des regulären Schulalltages sollten regelmäßige Projektzeiten festgelegt sein. Günstig sind Randstunden; sie erlauben fächerübergreifende Arbeit und die Einbeziehung außerschulischer Experten.

4. Präsentation:
Der Rahmen der Präsentation muss auf eine Adressatengruppe ausgerichtet sein: Wen will ich warum worüber informieren?

6. Beurteilung des Projekts:
Der Erfolg eines Projektes wird unter folgenden Gesichtspunkten bewertet: Wie wirkte das Projekt auf uns selbst? Welchen Nutzen hatte es für mich? Welche Rückmeldung und Interessen zeigte das Projekt in der Schule und/oder in der Öffentlichkeit? Welche weiteren Möglichkeiten ergeben sich aus dem Projekt?

Mögliche Projektthemen

- Initiative für eine verkehrsberuhigte Zone
- Begrünung unseres Schulhofes
- Unser Trinkwasser
- Bestimmung der Wasserqualität eines Flusses/Baches und beeinflussender Faktoren
- Müllvermeidung in unserer Schule
- Müllentsorgung in unserem Heimatort
- Konstruktion einer Sonnenuhr
- Modelle bauen, die einen Sachverhalt verdeutlichen
- Kinder in der Dritten Welt: soziales Umfeld, Gefährdung und Hilfsmaßnahmen
- Bodenschätze in unserem Kreis
- Ein Naherholungsgebiet: Nutzung natürlicher Ressourcen und Auswirkungen der Nutzung
- Landwirtschaft nebenan – Funktion eines Wochenmarktes

Wer kann weiterhelfen?

(eine kleine Auswahl)

- Schülerbücherei
- städtische Bibliotheken
- Landesbibliothek Kieler Schloss
- Landesbibliothek in Eutin
- Universitätsbibliotheken in Kiel, Lübeck
- Staats- und Universitätsbibliothek in Hamburg
- örtliche Museen
- Landesmuseen in Schleswig
- Dithmarscher Landesmuseum in Meldorf
- Staatliches Altonaer Museum in Hamburg
- Naturkundliches Museum in Hamburg
- Museum für Völkerkunde in Hamburg
- Statistisches Landesamt in Kiel
- Kreismedienzentralen
- Landesfilmdienst Schleswig-Holstein und Hamburg in Hamburg und Rendsburg
- Landesmedienzentrale in Kiel
- Landeszentrale für politische Bildung in Kiel
- Kulturzentren in Kiel, Flensburg und Hamburg
- Internet

Projekt
Mangan aus der Tiefsee

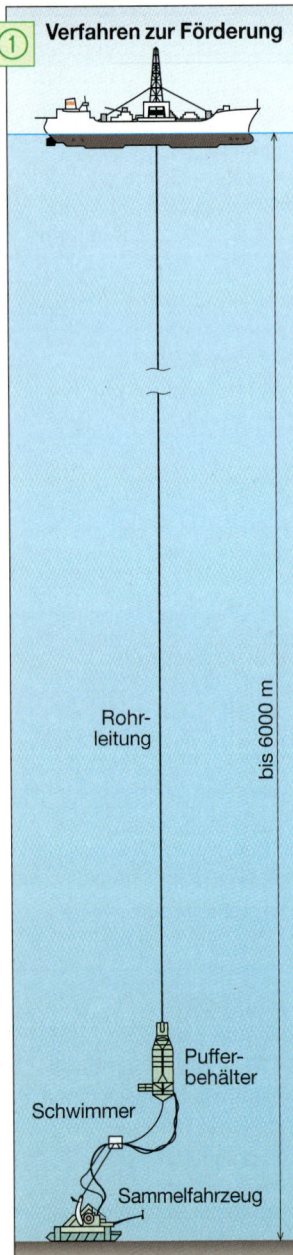

① **Verfahren zur Förderung**

Rohrleitung

bis 6000 m

Pufferbehälter

Schwimmer

Sammelfahrzeug

Zwei Schrauben bewegen ein Sammelfahrzeug. Ein Rechen nimmt die Knollen auf. Sie werden gemahlen und in den Pufferbehälter gepumpt. Von hier befördern Pumpen den Schlamm auf das Schiff.

② **Manganknolle aus dem Pazifik**

1 cm

③ Entstehung von **Manganknollen** und **Mangankrusten**
Im Ozeanwasser sind metallische Elemente gelöst. In der bodennahen Wasserschicht lösen sie sich vom Wasser – die Chemiker sprechen von Ausfällung – und legen sich um einen harten Ablagerungskern. Das können z. B. Haifischzähne oder vulkanische Gesteine sein. Die Anlagerung beträgt 5 mm in 1 Mio. Jahren. Die kartoffelgroßen Knollen liegen in 4000 bis 6000 m Tiefe auf dem Tiefseeboden.

Mangankrusten bilden sich an den Hängen von untermeerischen Vulkanen in 1000 bis 3000 m Tiefe. Magma und heiße Gase strömen durch die Sedimente und lösen die metallischen Elemente. Diese fallen in der bodennahen Wasserschicht aus und bilden zentimeterdicke Krusten.

④ **Größte Manganproduzenten**

1. Südafrika (45% der Weltproduktion)
2. Russland (38% der Weltproduktion)
Weltreserven (Festland): 1,8 Mrd. t

⑤ **Zusammensetzung von Manganknollen und Mangankrusten**

	Manganknollen	Mangankrusten
Mangan	27 %	15 – 25%
Eisen	14 %	
Nickel	1,3 %	0,3 – 0,5%
Kupfer	1,4 %	
Kobalt	0,5 %	2%

⑥ **Verwendung der Metalle**

Element A wird seit vielen tausend Jahren eingesetzt. Eine Zeit der Menschheit ist nach diesem Element benannt.

Element B ist rötlich, hat ein hohes elektrisches Leitvermögen, ist oft auf Kirchendächern zu sehen, wo es eine grüne Farbe annimmt.

Element C ist stahlblau glänzend, kommt in Meteoriten in reiner Form vor, gibt Legierungen äußerste Härte, z. B. für Schneidwerkzeug.

Element D ist silberweiß, wird als Stahlveredler verwendet, z. B. für Autoachsen und Baggerschaufeln. Erzeugnisse sind sehr hart und fest.

Element E ist silberweiß glänzend, kommt in der Elektrotechnik und bei wieder aufladbaren Batterien zum Einsatz.

⑦ **Marine Rohstoffvorkommen**
(Erläuterung zu Freie See und 200-Seemeilen-Zone auf den Seiten 30 und 31)

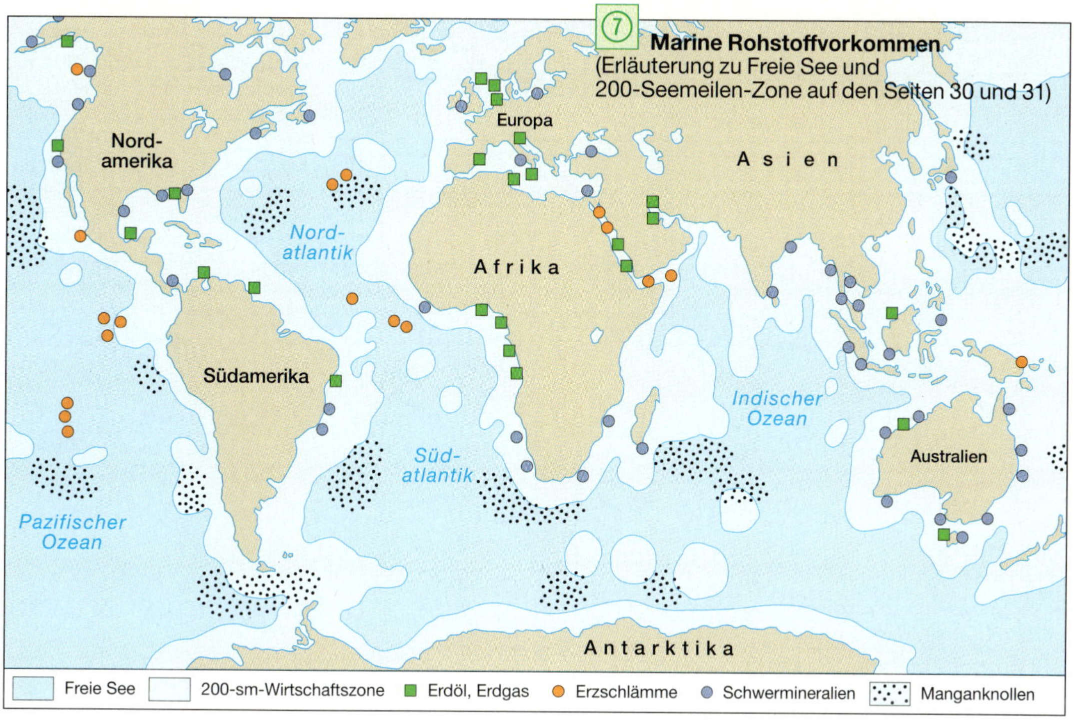

Nord-
amerika
Europa
Asien
Afrika
Nord-
atlantik
Südamerika
Indischer
Ozean
Australien
Süd-
atlantik
Pazifischer
Ozean
Antarktika
Freie See
200-sm-Wirtschaftszone
Erdöl, Erdgas
Erzschlämme
Schwermineralien
Manganknollen

⑧ **Tiefseebergbau – ein Kostenfaktor**

Alle metallischen Bestandteile der Manganknollen werden gegenwärtig auch auf dem Festland gefördert. Die Förderung vom Meeresboden ist erst dann wirtschaftlich, wenn die Vorräte an Land knapp und teurer würden. Bei den Manganvorräten spielt der Eisenanteil eine untergeordnete Rolle. Wirtschaftlich interessant sind die Stahlveredler. Ein Kosten deckender Abbau wäre möglich, wenn der Preis für Tiefsee-Nickel unter den Nickelpreis für die Landförderung sinkt.

⑨ **Umweltgefahren**

Beim Schürfen und Sammeln der Manganknollen wird der Tiefseeboden aufgerissen. Noch ist unbekannt, wie sich die aufgewirbelten Materialien auf das Ökosystem auswirken. Bei der Förderung wird Abraum mit an die Oberfläche gebracht. Beim Zurückschütten entstehen riesige Abraumwolken, die das Wasser verdunkeln und die Lebewesen schädigen können. Eine Lösung des Problems wäre den Abraum zu verklumpen, damit er schneller in die Tiefe sinkt.

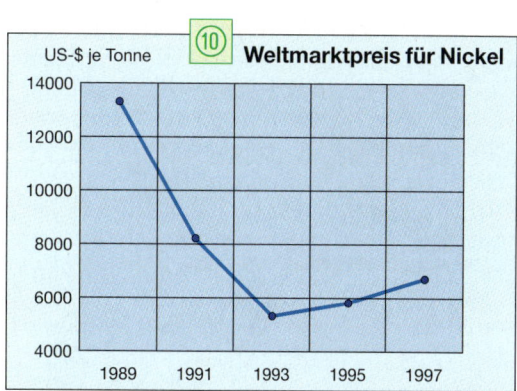

⑩ **Weltmarktpreis für Nickel**

US-$ je Tonne
14000
12000
10000
8000
6000
4000
1989
1991
1993
1995
1997

⑪ **Reichweite von Rohstoffen**
(bei gleichbleibender Förderung in Jahren)

Rohstoff	1980	1997	Rohstoff	1980	1997
Chrom	340	350	Zink	32	40
Mangan	235	250	Zinn	52	120
Eisen	205	300	Silber	40	50
Nickel	140	160	Erdöl	48	45
Kupfer	60	90	Erdgas	70	75
Blei	50	85	Steinkohle	105	180

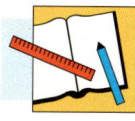

Bildet zwei Gruppen. Gruppe A sucht Argumente **für,** Gruppe B Argumente **gegen** die Förderung von Manganknollen vom Meeresboden.

Die Gefährdung der Meere

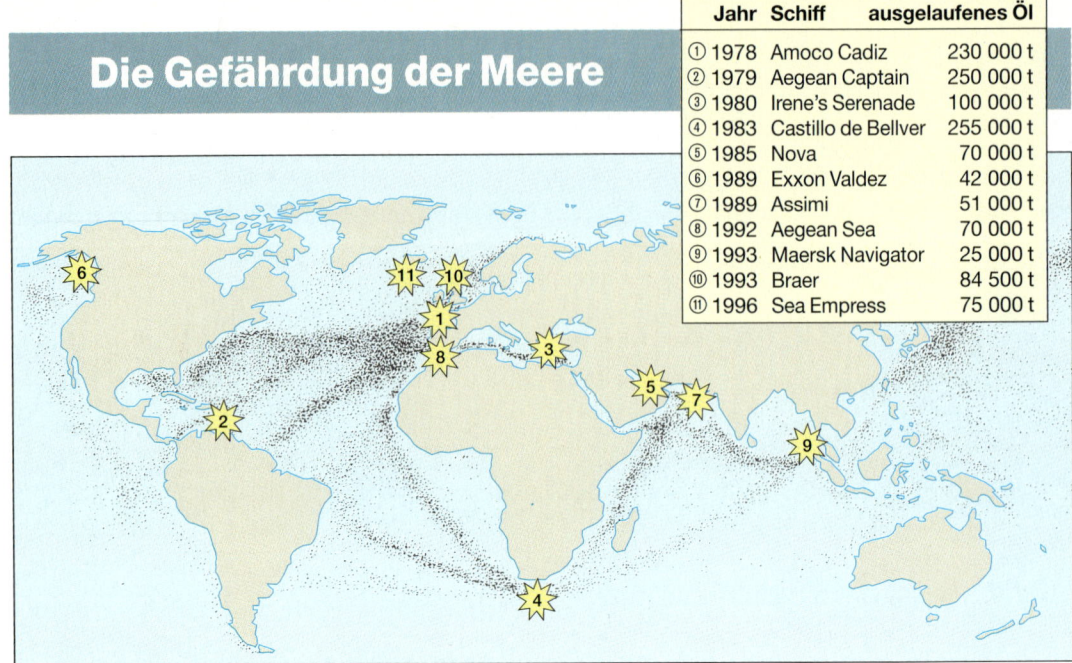

18.1 Tankerunfälle und Ölspuren auf dem Meer

24. 3. 1989. *Der Supertanker Exxon Valdez läuft auf einen Felsen. 42 000 Tonnen Öl strömen aus, Wind und Strömung verteilen es über 2000 km entlang der Küste. 12 000 Arbeiter schöpfen das Öl in Eimern ab, spülen heißes Wasser auf die Felsen. 40 000 Seevögel, mehr als 3000 Seeotter und 150 Seeadler kommen um. Unbekannt ist, wie viele Wale und Robben der Ölpest zum Opfer fallen; ihre toten Körper sinken unbemerkt auf den Meeresboden.*

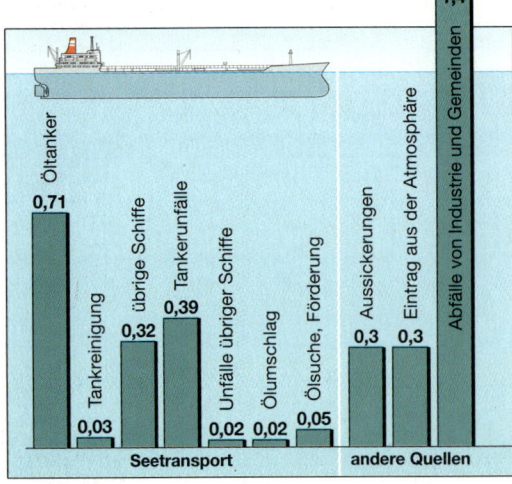

18.2 Erdöl im Meerwasser (Mio. t/Jahr)

1. Verschmutzung durch Öl

Gelangt Öl in das Meer, bildet sich bei glatter See ein dünner Ölfilm. Hohe Sonneneinstrahlung und leichter Wind lassen einen Teil des Öls verdunsten. Es kommt jedoch mit dem Niederschlag wieder zurück. Bei rauher See verwandelt sich der Ölteppich zu Ölschlamm, wobei die wasserlöslichen Bestandteile freigesetzt werden. Die Hauptmenge des Rohöls zersetzt sich in 10 bis 15 Jahren. Widerstandsfähige Teerklumpen sinken auf den Meeresboden. Neben ölverschmierten Seevögeln sterben die Lebewesen der niedrigen Stufen in der Nahrungskette (Plankton, Würmer, Muscheln, Algen).

Die Schädigung des Ökosystems hängt von der geographischen Lage ab: In tropischen Gewässern findet ein Abbau schneller statt als in den kalten Breiten. Auf hoher See wiegen Ölunfälle weniger schwer als im Wattenmeer oder an tropischen Korallen- und Mangrovenküsten mit ihrer Artenvielfalt. Hier würde das Ökosystem zusammenbrechen. Das Watt gehört zu den produktivsten Meeresteilen: Der Wechsel von Ebbe und Flut garantiert die Durchmischung des Wassers und sichert einen hohen Nährstoff- und Sauerstoffgehalt. Darauf beruhen der Planktonreichtum und die verzweigte Nahrungskette.

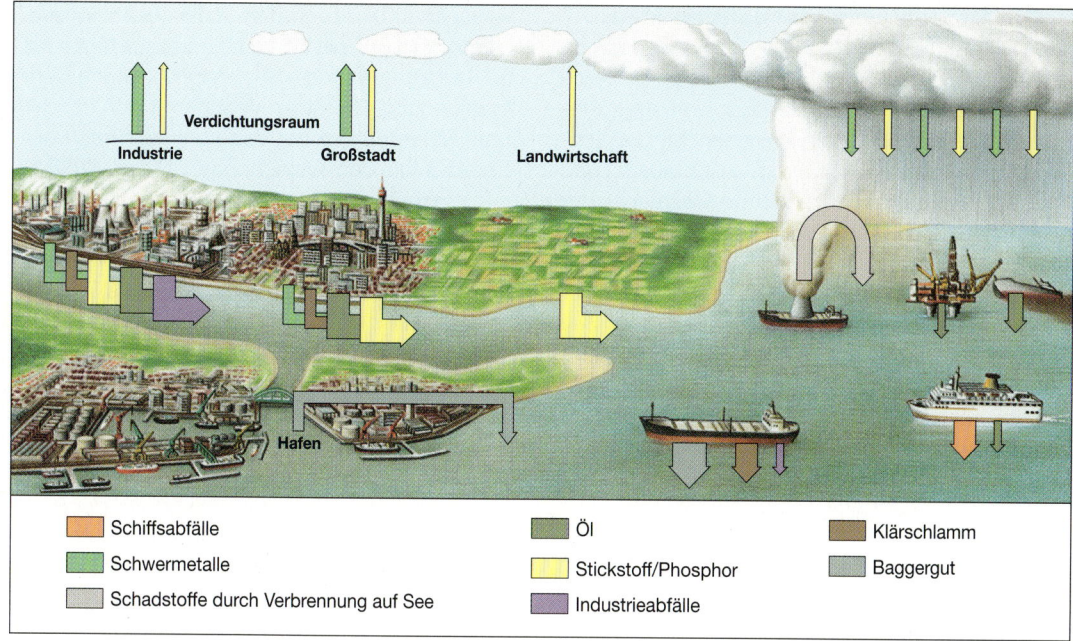

19.1 Wege der Wasserverschmutzung

2. Belastungen des Ökosystems durch Nähr- und Schadstoffe

Haus- und Industriemüll werden in vielen Ländern einfach ins Meer gekippt. Zahllose Flüsse sind zu Kloaken verkommen, weil Kläranlagen noch nicht gebaut wurden. Wasch- und Reinigungsmittel gelangen über die Flüsse ins Meer. Bei der Massentierhaltung fallen große Mengen an Gülle an, von der ein Teil zusammen mit anderen Düngemitteln ins Meer gespült wird. Die Algen vermehren sich wegen des großen Nahrungsangebotes explosionsartig. Wenn sie absterben, werden sie von Bakterien zersetzt. Dadurch wird Sauerstoff verbraucht, der den Meerestieren fehlt. Schleimige Algen an den Stränden und dicke Schaumteppiche sind ein Zeichen für die Überdüngung der Meere.

Einige chemische Verbindungen aus Kunststoffen und Schädlingsbekämpfungsmitteln werden im Meer biologisch nicht abgebaut. Besonders gefährlich sind die Salze der Schwermetalle Blei und Quecksilber. Sie sind giftig und reichern sich in der Nahrungskette bis zum Menschen an.

1. Verfolge den Weg der Schad- und Nährstoffe vom Erzeuger bis zum Meer.
2. Erläutere am Beispiel der Ölverschmutzung die Auswirkungen auf das marine Ökosystem.

Eintrag von festen Abfällen	
durch Handelsschiffe	Ladungsverlust 5,6 Mio. t durch Mannschaft 110 000 t
durch Fischerei	Gerät/Material 100 000 t durch Mannschaft 340 000 t
Sportboote 103 000 t Marine 74 000 t	Seeunfälle 100 000 t Passagierschiffe 28 000 t
Zersetzungsdauer von festen Abfällen im Meer	
Fahrschein 2 – 3 Wochen Baumwollhemd 1 – 5 Monate	Dose (Alu) bis 500 Jahre Flasche (Kunststoff) 450 Jahre

19.2 Müll am Strand

3. Die Ostsee – ein sterbendes Meer?

Die engen und flachen Verbindungswege zur Nordsee behindern den Wasseraustausch mit dem offenen Ozean. 25 bis 50 Jahre vergehen, bis das Ostseewasser einmal vollständig ausgetauscht ist. Zahlreiche hintereinander liegende Meeresbecken schränken die Wasserbewegungen zusätzlich ein. Steigt der Salzgehalt an, so wird das Wasser schwerer und sinkt ab. Das schwerere Nordseewasser schiebt sich unter das Süßwasser der 200 Zuflüsse. Die Grenze zwischen Salz- und Süßwasser wirkt wie eine Sperrschicht, die den Wasseraustausch zwischen Oberflächen- und Tiefenwasser verhindert. Eine weitere Sperrschicht entsteht im Frühjahr: Das Oberflächenwasser erwärmt sich, während das Tiefenwasser kalt bleibt.

Die Sauerstoffkonzentration in der oberen Wasserschicht beträgt 7 bis 10 ml (Milli-Liter) je Liter Wasser. Hauptgrund für die Sauerstoffabnahme ist die Überdüngung. Die Algen vermehren sich bei dem guten Nährstoffangebot und verwesen nach dem Absterben auf dem Ostseeboden. Dabei wird Sauerstoff verbraucht, der anderen Meereslebewesen fehlt. Bei nur 2 ml Sauerstoff pro Liter Wasser sterben die Fische. Wo kein Sauerstoff mehr vorkommt, zersetzen Schwefelbakterien die Tier- und Pflanzenreste. Dabei wird giftiger Schwefelwasserstoff frei. Selbst die Salzwassereinbrüche aus der Nordsee bei Sturm schaffen nur anfangs Abhilfe. Zuerst reichert sich wieder Sauerstoff an. Aus den Sedimenten und dem Tiefenwasser düngt das aufgewirbelte Phosphat die oberen Wasserschichten. Die Planktonproduktion nimmt zu, die Algen sterben ab, Sauerstoff wird verbraucht und Schwefelwasserstoff gebildet.

Durch Abwassereinleitungen verringert sich der Sauerstoffgehalt weiter. So entstehen z. B. in den Zellstoff- und Papierfabriken bei der Papierherstellung chemische Verbindungen, die den Sauerstoff im Ostseewasser aufzehren (siehe Karte 21.1). Die Abwässer sind sehr giftig, nur schwer abbaubar und reichern sich in Fischen, Muscheln und Wasserpflanzen an.

1. Beschreibe die Wasserschichtung der Ostsee.
2. Erläutere die Auswirkungen der Grenzschicht auf den Wasseraustausch.
3. Lokalisiere die Verschmutzer und nenne die Arten der Meeresverschmutzung.

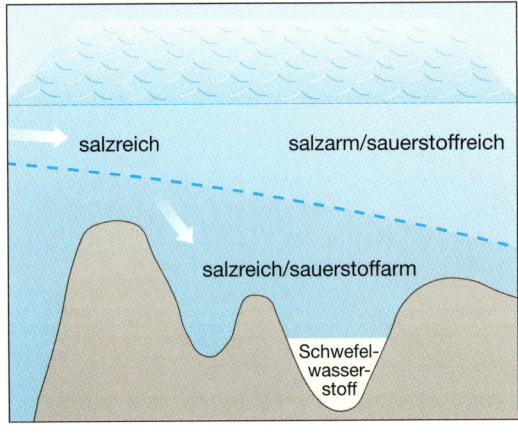

20.1 Grenzschicht im Ostseewasser

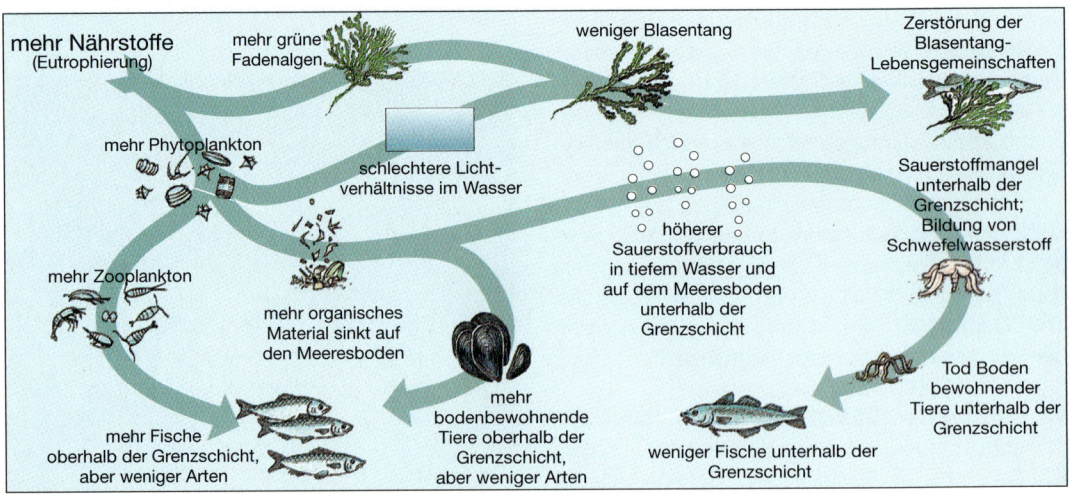

20.2 Wozu mehr Nährstoffe führen (nach Greenpeace, Ostsee)

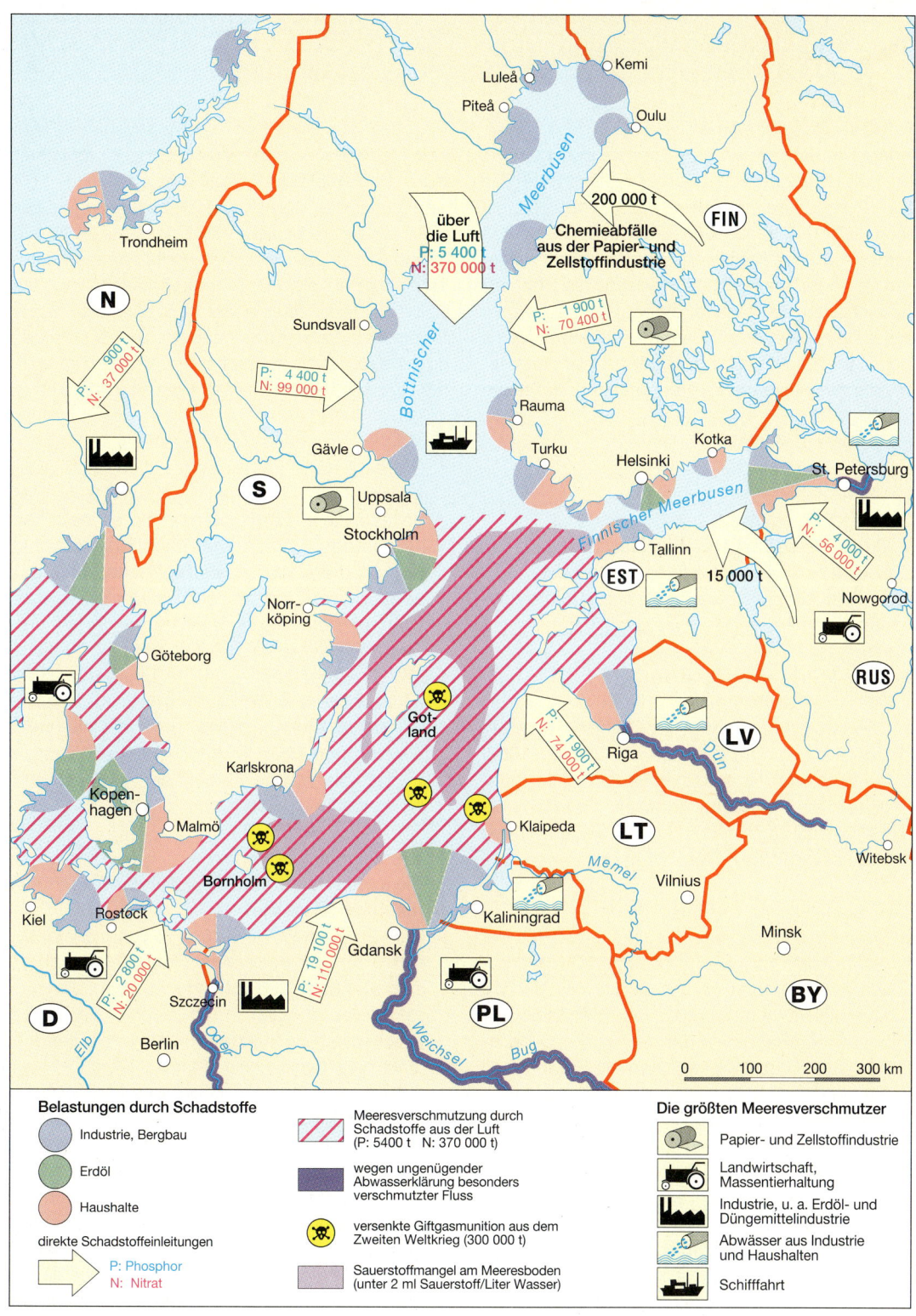

21.1 Die Verschmutzung der Ostsee

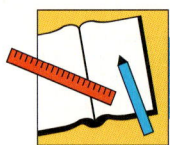

Wir werten ein Satellitenbild aus:

Satellitenbilder kennen wir von der täglichen Wetterkarte im Fernsehen. Ein Satellitenbild gibt wie ein Luftbild einen Raum und Gegenstände von oben wieder. Aber anders als beim Luftbild erfasst ein Satellit mit seinen Sensoren nicht die echten Farben, sondern Messwerte. Jedes Objekt reflektiert mit unterschiedlicher Intensität die Sonnenstrahlung. Die Messwerte können auch außerhalb des für das menschliche Auge sichtbaren Lichtes liegen. Der Satellit funkt die Daten zur Bodenstation, die die Messwerte verarbeitet und zu einem Bild zusammenfügt. Den einzelnen Werten werden Farben zugewiesen. Meerwasser z. B. reflektiert wenig und erscheint deshalb dunkel.

Der Vorteil eines Satellitenbildes gegenüber einer Landkarte besteht darin, dass der Zeitpunkt für ein Bild genau bestimmt werden kann und mit aufeinanderfolgenden Bildern Vergleiche möglich sind. Ein Satellitenbild hat normalerweise keine Signaturen. Zusatzinformationen wie Grenzlinien oder Beschriftung müssen extra hinzugefügt werden. Sie sind bereits Teil der Auswertung.

Erster Schritt: Einlesen

1. Was ist dargestellt?
▶ Thema, Inhalt
2. Wo liegt der Raum?
▶ Orientierung, Länge, Breite, Fläche
3. Welche Einzelheiten fallen besonders auf?
▶ Farben, Umrisse, Grenzen, Zusatzinformationen, Ortsnamen

Zweiter Schritt: Beschreiben

1. Was ist dargestellt?
▶ Das Satellitenbild zeigt die Temperaturverteilung des Ostseewassers am 4. Oktober 1988. Die Temperaturen sind in einer Farbleiste angegeben. Die Temperaturskala reicht von 5 °C bis 19 °C. Das Satellitenbild enthält keine weiteren Erläuterungen oder Beschriftungen.

2. Wo liegt der Raum? (Atlas benutzen)
▶ Die nördliche Begrenzung zeigt einen Teil der Åland-Inseln im südlichen Bottnischen Meerbusen. Im Nordosten ist ein Teil des Finnischen Meerbusens noch sichtbar. Im Osten bildet der Rigaische Meerbusen die Grenze des Bildausschnittes. Südwärts verlaufen die Küstenlinien der baltischen Staaten Estland, Lettland und Litauen. Nach Westen schließen sich der zu Russland gehörende Bezirk Kaliningrad sowie die Küsten von Polen und Deutschland an. Im Westen endet der Ausschnitt mit einem Teil von Dänemark, dem Kattegat und dem Skagerrak. Die Landmasse der schwedischen Halbinsel Götaland hebt sich heraus. Die West-Ost-Ausdehnung beträgt 900 km, die Nord-Süd-Erstreckung 900 km, die erfasste Fläche 810 000 km².

3. Welche Einzelheiten fallen besonders auf?
▶ Die dunkelrote Farbe kennzeichnet eine Wassertemperatur zwischen 13 °C bis 15 °C. Das etwas hellere Rot gibt Temperaturen zwischen 12 °C und 13 °C an. Die Rotfärbung erstreckt sich an der Ostseite des Rigaischen Meerbusens und setzt sich an den Küsten von Lettland, Litauen, dem Bezirk Kaliningrad, Polen und Deutschland weiter fort. Die durchschnittliche Breite beträgt mehr als 50 km. Eine weitere und sehr ausgedehnte Rotfärbung ist im Kattegat zu erkennen. Die rote Farbe geht in eine breite Gelbfärbung über. Im übrigen Teil der Ostsee weisen die blauen Farben auf Temperaturen zwischen 5 °C und 8 °C hin.

Dritter Schritt: Auswerten

1. Wie kommen die unterschiedlichen Wassertemperaturen zustande?
▶ Die Küsten im Westen, Süden und auf der Westseite der schwedischen Halbinsel Götaland sind Standorte von Industriebetrieben, die warme Abwasser direkt und ungeklärt in die Ostsee einleiten. Große Mengen von Abwasser werden über die Flüsse Düna, Memel, Weichsel und Oder eingeleitet. (Vergleiche hierzu die Karte auf S. 21.) Eine Durchschmischung des Ostseewassers erfolgt kaum. Die küstennahe und küstenfernere „Warmwasserfahne" erreicht Breiten bis zu 250 km. Auch im Kattegat macht sich die geringe Durchmischung mit Nordseewasser bemerkbar. Die Zone der Erwärmung zeigt damit gleichzeitig einen hohen Industrialisierungsgrad an der Küste und im Hinterland und einen hohen Verschmutzungsgrad der Ostsee.

Oberflächentemperatur der Ostsee

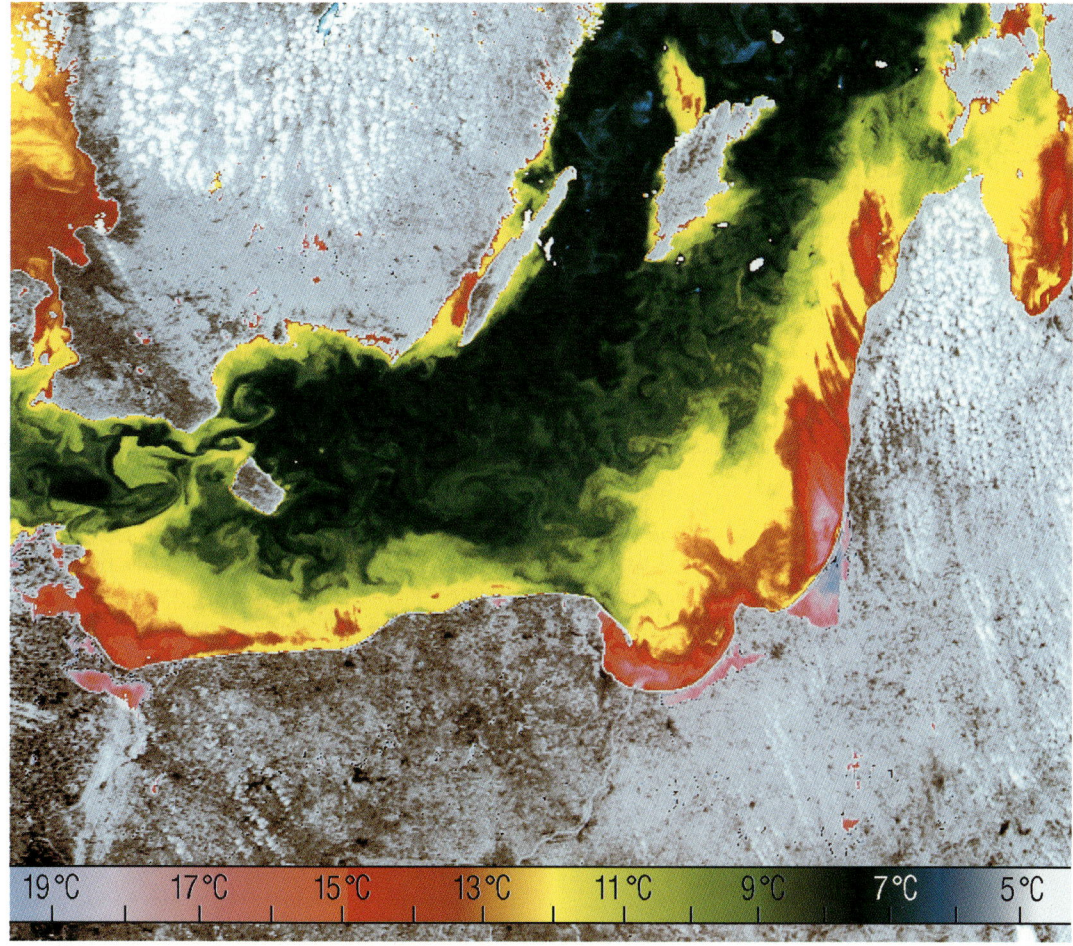

23.1 Temperaturverteilung der Ostsee an der Oberfläche am 4. Oktober 1988

2. Welche Folgen hat die Erwärmung des Ostseewassers?

▶ Die Ostsee ist in verschiedene Becken unterteilt, die durch Schwellen voneinander getrennt sind. Der Wasseraustausch mit „frischem" Nordseewasser wird auch durch die Meerengen erschwert. Nur bei Sturmflut gelangt sauerstoffreiches Nordseewasser in die Ostsee. Da warmes Wasser weniger Sauerstoff speichern kann, ist das Ökosystem im Bereich der erwärmten Zonen besonders gefährdet. In weiten Bereichen ist die Ostsee biologisch tot. Die starke Verschmutzung führte zu Badeverboten an verschiedenen Küstenabschnitten.

3. Welche Maßnahmen können die Ostsee vor weiterer Temperaturerhöhung bewahren?

▶ Industriebetriebe dürfen nicht mehr aufgeheiztes Brauch- und Kühlwasser in die Ostsee ableiten. Vordringlich ist der Bau von Filter- und Kläranlagen entlang der Küsten und an den Flüssen. Da die mittelosteuropäischen Staaten wegen ihrer geringen Wirtschaftskraft kaum in der Lage sind die Geldmittel in naher Zukunft aufzubringen, könnte die EU finanzielle Hilfe leisten. Die Anrainerstaaten sollten sich an das Verbot von Einleitungen halten und gemeinsame Kontrollen der Wasserqualität vornehmen um den Zustand der Ostsee zu verbessern.

Die Bedeutung des Meeres für das Klima

1. Wassermassen und Meeresströmungen

Wellen und Gezeiten. Selten ist die Oberfläche des Meeres völlig eben. Weht Wind über offenes Wasser, wird die Oberflächenspannung zerstört und das Wasser kräuselt sich. Von einem festen Standort aus hat der Beobachter das Gefühl, das Meer bewege sich an ihm vorbei. Tatsächlich führen die Wasserteilchen nur kreisförmige Bewegungen (Orbitalbahnen) aus.

Abhängig von der Windgeschwindigkeit verändern sich die Wellenlängen, d. h. die Entfernung von einem Wellenkamm zum nächsten. Der Winddruck bestimmt auch die Wellenhöhe, also den Unterschied zwischen Wellenberg und Wellental. Wellenlängen können bis zu 1 km betragen, Wellenhöhen bei Windstärke 12 bis zu 35 m. Solche Riesenwellen sind jedoch selten. Eine Welle bricht und bildet Schaumkronen, wenn der Wellenkamm einen Winkel von 120° erreicht oder die Wassertiefe die 1,3fache Wellenhöhe ausmacht.

Die Anziehungskraft von Mond und Sonne sowie die Zentrifugalkraft durch die Erddrehung sind verantwortlich für Flut und Ebbe. Das Steigen und Fallen dauert 12 Stunden und 25 Minuten. Vor der Elbemündung macht der Tidenhub drei Meter aus, in der kanadischen Fundy Bay maximal 14 Meter. Die Gezeitenströme betragen bei der Einfahrt nach Cuxhaven bis zu fünf Knoten (1 Knoten = 1kn = 1 Seemeile [sm]/h = 1,852 km/h).

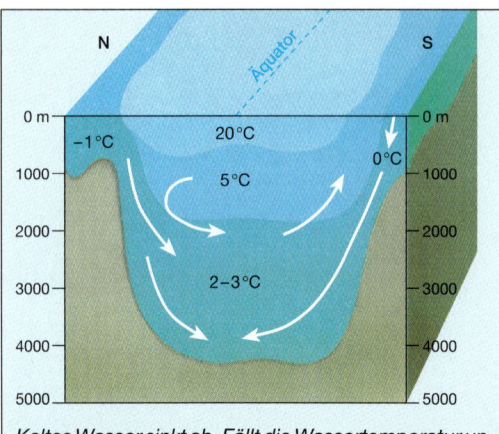

Der Wind rollt die Wellen vorwärts. Wodurch wird die Rollbewegung gebremst? Was geschieht mit dem Kamm der Welle? Wohin fließt das Wasser?

24.1 Wellenbewegungen

Kaltes Wasser sinkt ab. Fällt die Wassertemperatur unter 4 °C, wird das Wasser leichter und steigt auf.

24.2 Der Wasserkreislauf im Atlantik

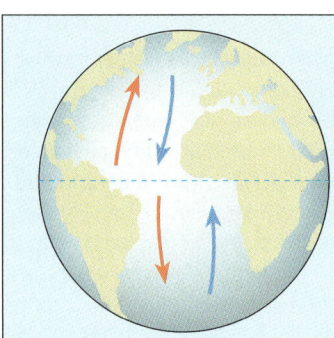

Warmes Wasser dehnt sich aus. In welcher Klimazone ist das Wasser am wärmsten? Wohin strömt es? Was geschieht bei Abkühlung?

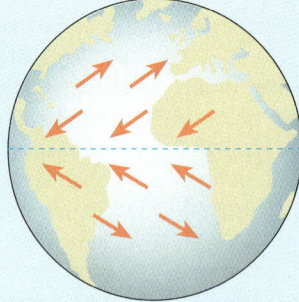

Winde spielen eine wichtige Rolle bei der Entstehung von Meeresströmungen. Wie heißen die „beständigen Winde"?

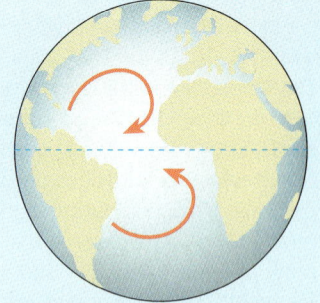

Durch die Erddrehung werden Wind und Meeresströmungen abgelenkt. Vergleiche Nord- und Südhalbkugel.

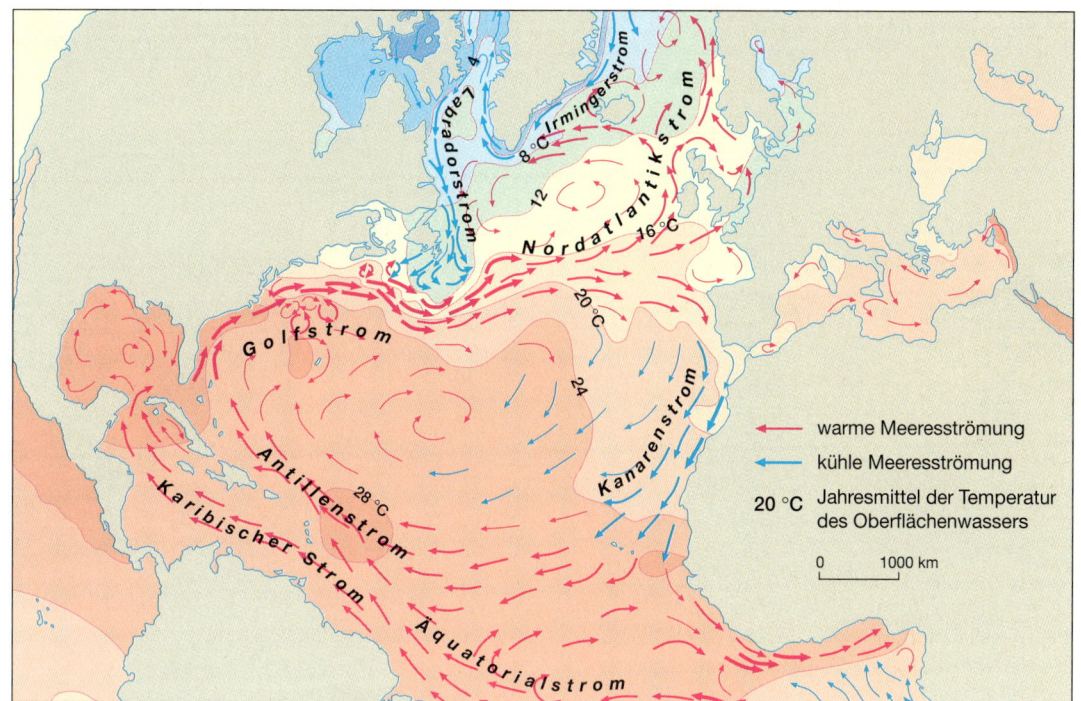

25.1 Meeresströmungen und Temperaturen im Nordatlantik

Ströme im Meer. In den Weltmeeren findet ein ständiger Wasseraustausch statt: vertikal zwischen Oberflächen- und Tiefenwasser, horizontal von einer Klimazone in eine andere. Das warme Oberflächenwasser steht mit dem Land und der Luft in enger Wechselwirkung. Es verdunstet und wird von den Flüssen des Festlandes wieder mit Süßwasser und Nährstoffen versehen. Das Sonnenlicht ermöglicht Planktonwachstum. In der Tiefsee lagern sich die Überreste und Ausscheidungen der oberflächennahen Lebewelt ab. Aufsteigendes Tiefenwasser ist deshalb viel nährstoffreicher als Wasser in Oberflächennähe. Vor allem aus dem Antarktischen Meer kommen Tiefenströme, die ihre nährstoffreiche Salzladung nach oben bringen.

Ein Motor für die Strömungen in den Ozeanen ist die einstrahlende Sonne. Die Meere speichern ihre Energie und verteilen sie. Meeresströmungen transportieren Wärme aus den Tropen Richtung Polargebiete. Dabei geben sie fortwährend Wärme an die Luft ab. Einer dieser warmen Meeresströme ist der **Golfstrom**. Er transportiert warmes Wasser durch die Meerenge zwischen Florida und den Bahamas und erstreckt sich nördlich von Kap Hatteras nach Osten. Von hier ab mäandriert er wie ein Festlandsstrom, bewegt aber hundertmal so viel Wasser wie alle Flüsse der Erde zusammen. Seine Tiefe beträgt etwa 150 m.

Das Wasser vor der Küste Perus wird mit kaltem, nährstoffreichem Auftriebswasser vermischt. Die Strömung des kalten **Humboldtstromes** kommt dadurch zustande, dass die Passatwinde das warme Oberflächenwasser nach Westen treiben. Es wird durch kaltes aufsteigendes Wasser ersetzt. Das kalte Oberflächenwasser kühlt die darüber liegenden Luftmassen ab.

In manchen Jahren fließt, häufig zur Weihnachtszeit, vor der peruanischen Küste ein warmer Strom aus der Äquatorgegend nach Süden und verdrängt den Humboldtstrom. Die peruanischen Fischer nannten diese warme Strömung, die ihnen schlechte Fangerträge brachte, **El Niño,** das spanische Wort für (Christ-)Kind. Heute weiß man, dass die Auswirkungen von El Niño auch bis nach Australien und Asien reichen und dort die Ernteergebnisse erheblich beeinträchtigen können.

1. Beschreibe den Verlauf des Golfstromes und die Veränderung der Oberflächentemperatur.
2. Erläutere die Entstehung und Fließrichtung von Meeresströmungen.

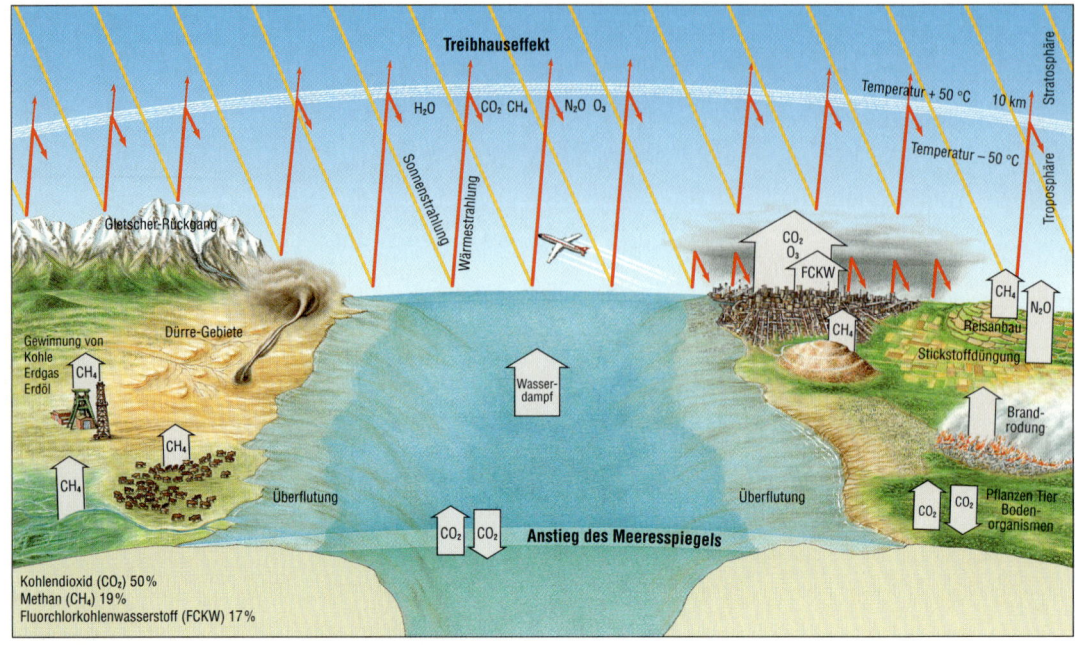

26.1 Kohlendioxid (CO_2) und andere „Treibhausgase"

Treibhauseffekt: *Farbloses Glas lässt die Sonnenstrahlen ungehindert durch, die Wärme wird dagegen im Glashaus (= Treibhaus) zurückgehalten. Ganz ähnlich wirkt die Erdatmosphäre. Ohne diese Schutzschicht würde die Temperatur über dem Boden nicht +15 °C, sondern −18 °C betragen.*

Verursacher	Eingesetzte Energieträger	Beispiele für Energiewandler, die CO_2 freisetzen
Verkehr	Flugtreibstoffe, Diesel, Benzin	Dieselmotor, Ottomotor — 17 %
Haushalte, Kleinverbraucher	Heizöl, Gas, feste Brennstoffe	Raumheizungsanlagen — 24 %
Industrie	Öl, Gas, feste Brennstoffe	Industriefeuerungen, Anlagen zur Gewinnung von Prozesswärme — 24 %
Kraftwerke, Heizkraftwerke	Kohle	Kohlekraftwerke — 35 %

26.2 CO_2-Verursacher in Deutschland

2. Das Meer als CO_2-Senke

Jahr für Jahr verbrennen wir ungeheure Mengen an Erdöl, Erdgas und Kohle. Wir roden den tropischen Regenwald durch Abbrennen. Auch dabei entsteht das farb- und geruchlose Gas Kohlendioxid (CO_2). Im Jahr setzen wir 22 Mrd. t CO_2 frei. Das macht pro Person 4500 kg. Etwa die Hälfte des Kohlendioxids bleibt in der Luft und hält neben anderen Spurengasen einen Teil der Sonneneinstrahlung auf der Erde zurück (siehe auch Seite 58).

Stellen wir uns das Weltmeer als zweistöckiges Aquarium vor, oben für das warme Oberflächenwasser, unten für das kalte Tiefenwasser. An der Oberfläche entziehen die Meerespflanzen dem Wasser Kohlenstoff, den sie zum Wachsen benötigen. Auch das Zooplankton verbraucht Kohlenstoff, etwa zum Aufbau der Gehäuseschalen. Sterben die Lebewesen ab, sinken sie in das Tiefenwasser und nehmen den Kohlenstoff mit. Abgestorbene und auf den Meeresboden gesunkene Muscheln und Schnecken bilden mächtige Kalkablagerungen. Sie sind dem Kreislauf zunächst entzogen.

Die Zerstörung des Planktons durch Umwelteinflüsse hätte für das Weltklima einschneidende Folgen: Der CO_2-Gehalt der Luft würde stark ansteigen und die schädlichen Auswirkungen des Treibhauseffektes noch verstärken.

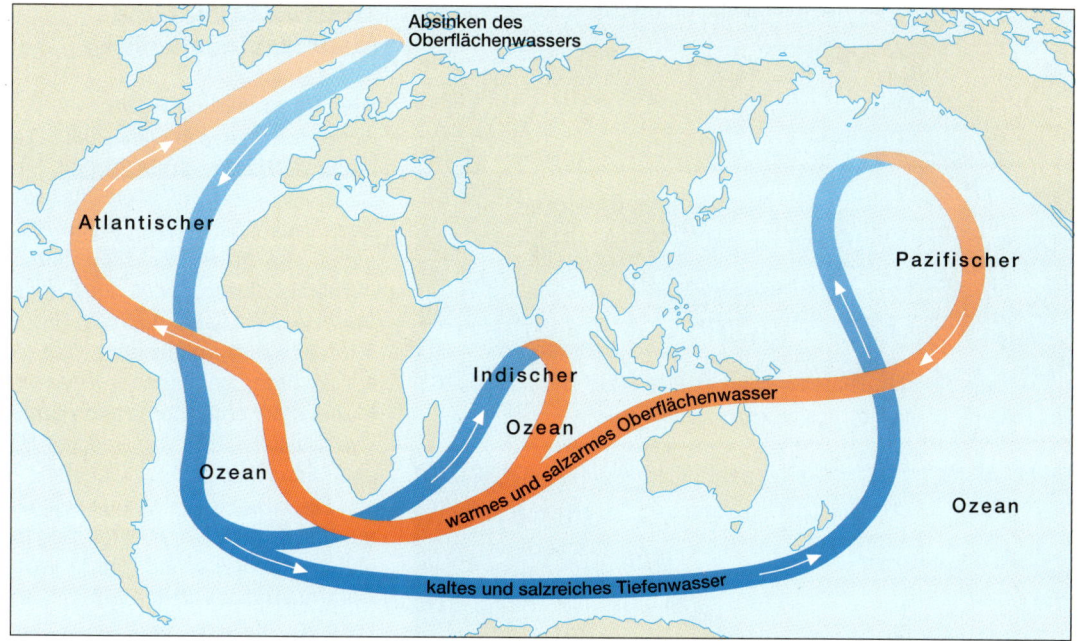

27.1 Oberflächen- und Tiefenströmungen

Bislang wirkt das Oberflächenwasser noch wie ein Puffer. Es kann aber nur begrenzt CO_2 aufnehmen. Der Sättigungsgrad hängt von der Temperatur und dem Salzgehalt des Wassers ab. Das ist so ähnlich wie beim Sprudel. Bleibt eine Flasche geöffnet in der Sonne stehen, entweicht die Kohlensäure.

Bei unserem Aquarium hat der untere Teil eine noch größere Bedeutung. Kaltes Wasser kann erheblich mehr CO_2 speichern als warmes. Im Nordpolarmeer und im Weddellmeer sinkt Wasser ab und zieht als kalte Tiefseeströmung durch alle Ozeane. Dabei wird Kohlendioxid in Wasserschichten verfrachtet, die noch nicht mit CO_2 gesättigt sind. Das kalte Tiefenwasser benötigt Jahrzehnte, wenn nicht Jahrhunderte um wieder aufzusteigen. Noch ist unklar, wo das CO_2 in Zukunft bleiben wird. Zwei Möglichkeiten sind denkbar:
– Das Kohlendioxid gelangt auf den Meeresboden und wird in Ablagerungen eingeschlossen.
– Das Kohlendioxid bleibt im Meerwasser gelöst, steigt wieder auf, gelangt in die Luft und verstärkt den Treibhauseffekt.

1. Beschreibe den Zusammenhang zwischen Kohlendioxid und Treibhauseffekt.
2. Erläutere, wie das Meer als CO_2-Puffer wirkt.
3. Wodurch könnte im Wasser gespeichertes CO_2 wieder freigesetzt werden?

Die 150 Teilnehmerstaaten der Klimakonferenz in Kioto einigten sich 1997 auf eine Verringerung des klimaschädlichen Treibhausgases CO_2 bis 2002.

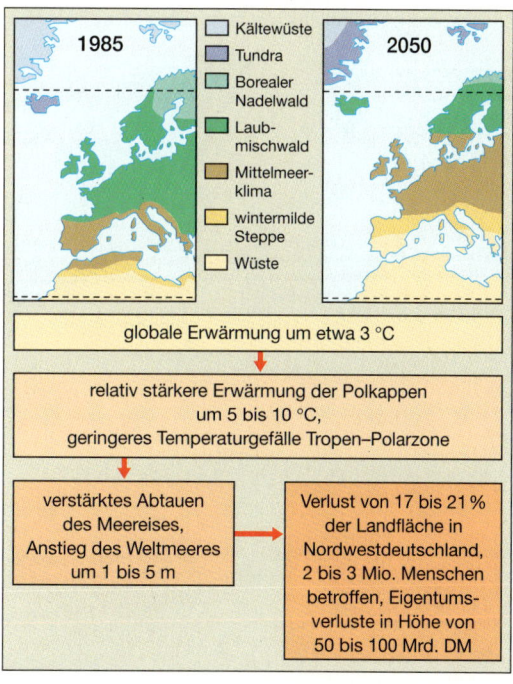

27.2 Mögliche Folgen der globalen Erwärmung

Treibhauseffekt und Meeresspiegelanstieg

Eine Reise in die Zukunft

Norddeutschland im Jahr 2080: Die Menschen haben große Sorgen. Die Deiche müssen weiter erhöht werden. Neue Sperrwerke sind in Planung. Wo früher die Elbe durch Hamburg floss, reicht jetzt eine Bucht weit ins Land. Auch am Rhein sieht es kaum anders aus. Überall auf der Erde überflutet das Meer die Mündungstrichter der großen Ströme. Die Unterläufe von Ganges, Nil und Mississippi gibt es nicht mehr.

Damals, als der Meeresspiegel nur um einen Meter angestiegen war, herrschte schon große Not. Rotterdam und Amsterdam gingen verloren. Millionen von Menschen mussten die Hafenstädte Barcelona, Houston und Tokio verlassen. Besonders hart traf es Bangla Desh, wo ein Zehntel des Landes unter Wasser stand. Inzwischen ist alles noch schlimmer geworden. Auf Grönland und in der Antarktis ist das Eis fast abgeschmolzen und das Meer ist weiter gestiegen. In New York ragen die Wolkenkratzer wie Riffe aus dem Meer. Die Hafenstädte Hamburg, London und Kopenhagen bestehen schon lange nicht mehr. Wenn alles Eis abgetaut sein wird, wird der Meeresspiegel erheblich höher liegen als im Jahr 2000.

28.1 Folge der Erwärmung: Abschmelzen der Polkappen?

28.2 Folge der Erwärmung: Mehr und höhere Sturmfluten?

28.3 Überflutete Gebiete bei einem Meeresspiegelanstieg

Die Inselstaaten in der Südsee, von denen einige nur einen Meter über dem Meeresspiegel liegen, verlangen bereits heute von den Industriestaaten die Verringerung des CO_2-Ausstoßes. Sie befürchten, dass die Inseln überspült werden.

Zwischen 1992 und 1996 stieg der Meeresspiegel durchschnittlich um 2 mm im Jahr. Die Schätzungen, die einen Anstieg von 95 cm in den nächsten 100 Jahren vorhersagten, scheinen falsch zu sein.

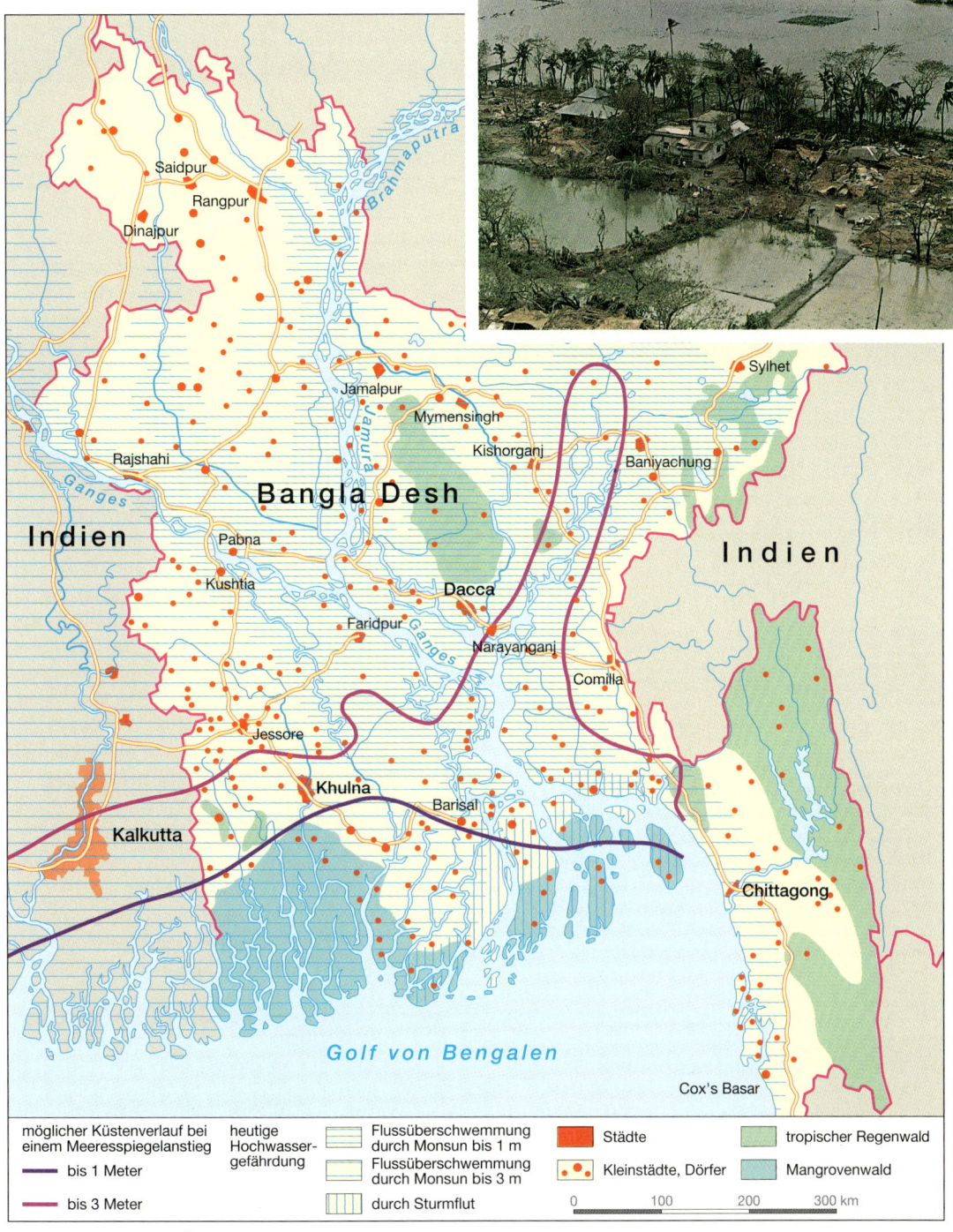

29.1 Bangla Desh: Von Überschwemmungen bedroht

Legende:
- möglicher Küstenverlauf bei einem Meeresspiegelanstieg: bis 1 Meter / bis 3 Meter
- heutige Hochwassergefährdung
- Flussüberschwemmung durch Monsun bis 1 m
- Flussüberschwemmung durch Monsun bis 3 m
- durch Sturmflut
- Städte
- Kleinstädte, Dörfer
- tropischer Regenwald
- Mangrovenwald

1. Gib Gründe für einen möglichen Meeresspiegelanstieg an. Entwirf dazu ein Fließschema, das die Abhängigkeiten aufzeigt.
2. Die „Reise in die Zukunft" hat sich ein Schriftsteller ausgedacht. Vergleiche seine Aussagen mit Abb. 28.3, 29.1 und dem Text.
3. Fasse zusammen, welche Bedeutung die Weltmeere für das Klima haben.

Wissenswertes

Wem gehört das Meer?

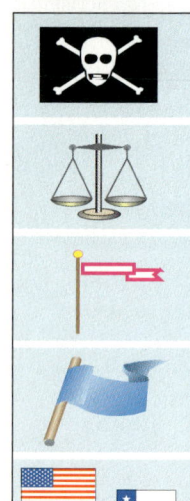

☠	Der Niederländer Hugo Grotius verkündet 1609 die *Freiheit des Meeres (Mare Liberum)*.
⚖	Ein internationaler Gerichtshof untersagt 1900 den USA Pelzrobben als nationales Eigentum zu betrachten.
🚩	1911 gibt es eine erste Übereinkunft zum Schutz der nordpazifischen Pelzrobben.
📜	1930 veranstaltet der Völkerbund die erste große Seerechtskonferenz. Erstmals spricht man vom *Gemeinsamen Erbe*.
🇺🇸🇨🇱🇵🇪	Die USA (1945), Chile und Peru (1947) dehnen ihre Hoheitsgewässer aus. Grund: Öl- und Gasfunde vor den Küsten.
🇺🇳	Die Vereinten Nationen erklären den Tiefseeboden zum *Gemeinsamen Erbe der Menschheit* (1967). Weitere Seerechtskonferenzen folgen.

30.1 Entwicklung zum internationalen Seerecht

Gemeinsames Erbe der Menschheit
Strittig war bei den Industrieländern lange der Tiefseebergbau, d. h. die Förderung von Rohstoffen in Wassertiefen von mehr als 2500 m und bei Küstenentfernungen von mindestens 370 km. Das Seerecht erklärt nun den Tiefseeboden zum „Gemeinsamen Erbe der Menschheit". Eine Meeresbodenbehörde soll den Bergbau überwachen.

Vom Ende der Freiheit der Meere
In der Zeit der Entdeckungsfahrten waren sich die Seefahrtnationen einig, dass der Ozean niemandem gehörte. Auf dem Weltmeer herrschte die Freiheit der Meere. Bis in unsere Zeit galt der Grundsatz, dass Schifffahrt, Fischerei und sonstige Nutzung des Meeres, z. B. Ausbeutung der Bodenschätze, allen offen steht. Die erste Einschränkung gab es aber schon im 18. Jahrhundert: Die Staaten dehnten ihr Hoheitsrecht drei Seemeilen über die **Küstengewässer** aus, denn soweit reichten die Küstengeschütze der Landesverteidigung.

Eine erste Konvention (Übereinkunft) über ein neues Seerecht wurde 1982 wegen des Fischfangs erarbeitet. Alle Küstenstaaten dehnten ihr Hoheitsrecht von drei auf zwölf Seemeilen aus. Außerdem erhielten sie das Recht in einer 200 Seemeilen breiten **Wirtschaftszone** alle Meeresschätze nur für sich zu nutzen. Einige Staaten beanspruchten sogar den Festlandssockel, wenn er über 200 Seemeilen von der Küste entfernt ist. Die neue Wirtschaftszone wurde zuerst nicht von allen Ländern anerkannt, denn zwei Fünftel des Weltmeeres unterliegen jetzt den Gesetzen der Küstenstaaten. Die Freiheit der Meere gilt nur noch für drei Fünftel der Ozeane.

Das neue Seerecht von 1994 erlaubt Schiffen im Küstenmeer die friedliche Durchfahrt. Eine absichtliche Meeresverschmutzung gilt aber nicht als friedlich. In der Wirtschaftszone muss ein Staat die bestmögliche Nutzung der Ressourcen garantieren. Auch auf der **Freien (Hohen) See** sollen die lebenden Ressourcen allen zugänglich sein.

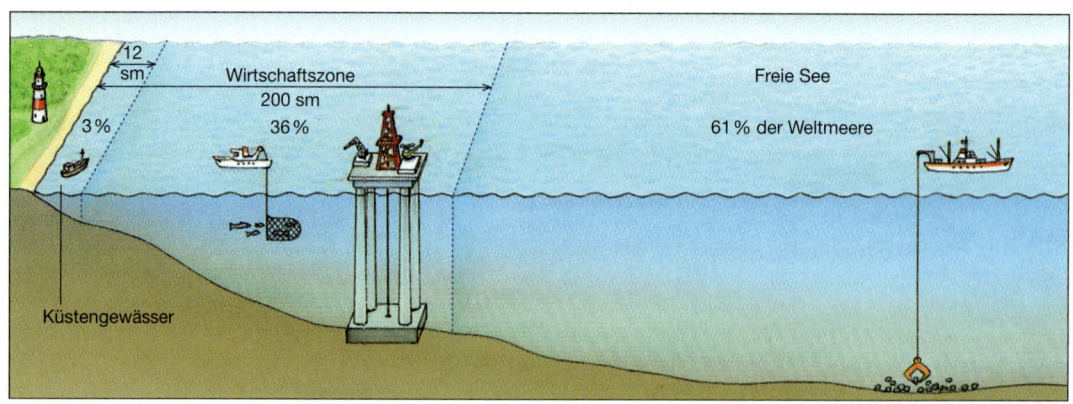

30.2 Die dreigeteilte See

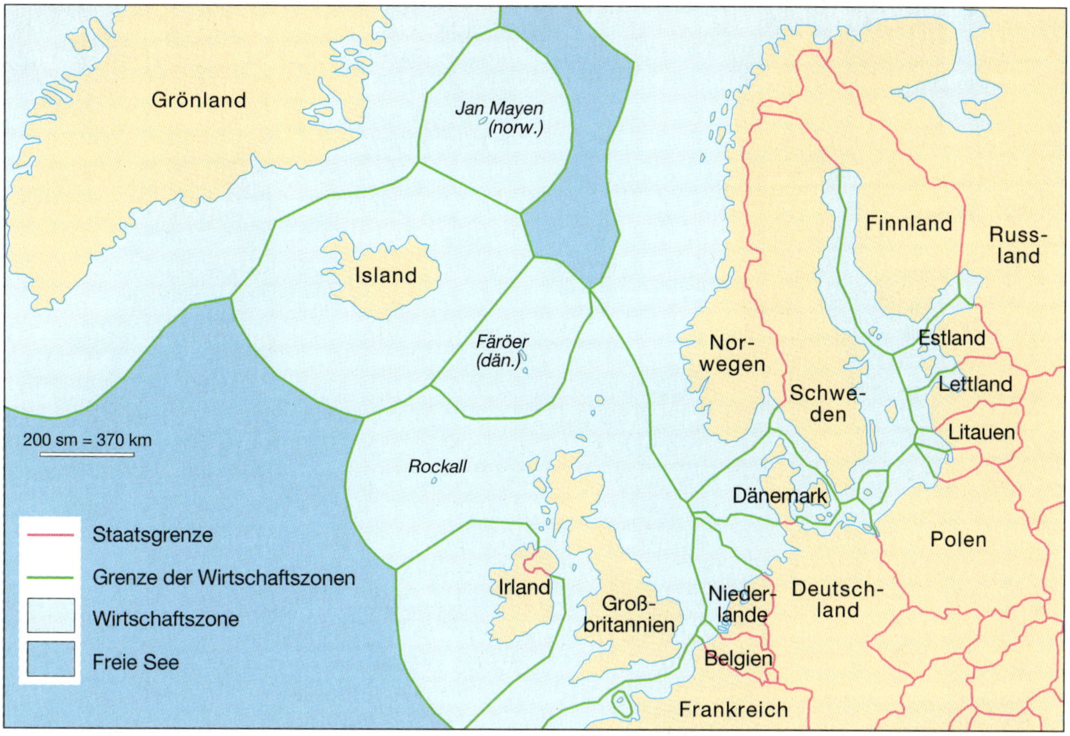

31.1 Wirtschaftszonen im Nordost-Atlantik und seinen Nebenmeeren

Unterschiedliche Interessen

- Länder mit kleinem Schelfanteil verlangen Ausgleich von Staaten mit höherem Schelfanteil.
- Staaten mit technischen Möglichkeiten die Tiefsee auszubeuten lehnen Kontrollen ab.
- Binnenstaaten sind meistens arm und wollen an der Meeresnutzung teilhaben. Das neue Seerecht garantiert ihnen Transitrechte zu Häfen.
- Fischereistaaten bestehen auf ausschließlichen Fischereirechten innerhalb der 200-sm-Zone.
- Inselstaaten verlangen wegen des Umweltschutzes eine Kontrolle aller Schiffe in ihrer Wirtschaftszone. Sie müssen in ihrer Wirtschaftszone freie Durchfahrt gewähren.
- In Staaten mit Meerengen müssen U-Boote aufgetaucht fahren. Tanker müssen um die Erlaubnis zur Durchfahrt bitten.

1. Erläutere die Vor- und Nachteile einer 200-Seemeilen-Wirtschaftszone.
2. Was bedeutet dreigeteilte See? Beziehe die Rolle der Binnenstaaten mit ein.
3. Erörtere die Bedeutung des neuen Seerechts. Welche Interessen mussten berücksichtigt werden? Nenne Beispielstaaten.

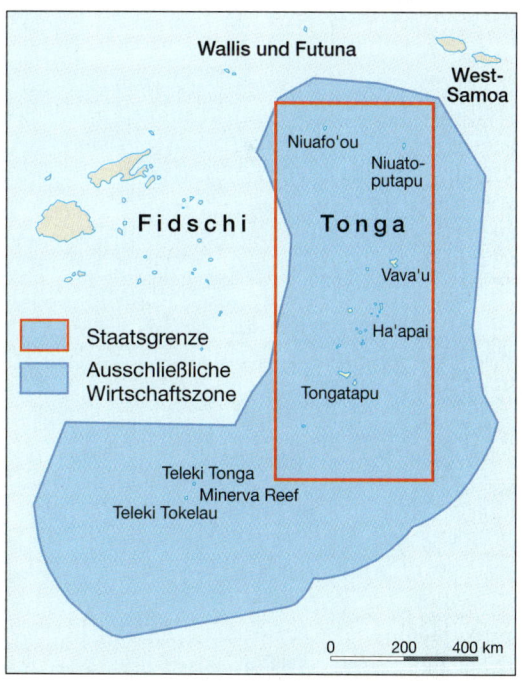

31.2 Ausschließliche Wirtschaftszone von Tonga
Landfläche 779 km², Wirtschaftszone 700 000 km²
Verhältnis Land-Meer 1: 900

Ho-Tschi-Minh-Stadt

Wirtschaftsexperten meinen: „Der pazifische Raum ist das Kräftezentrum des 21. Jahrhunderts."

Der Pazifikraum: Motor der Weltwirtschaft?

Die höchsten Wolkenkratzer

Petronas Tower: 452 m
fertiggestellt 1996
(Kuala Lumpur/Malaysia)

Jin Mao Tower: 421 m
fertiggestellt 1997
(Schanghai/China)

World Trade Center: 412 m
fertiggestellt 1973
(New York/USA)

Kuala Lumpur

Projekt
Vorstellungen von Japan

Olympische Spiele in Japan

Sommer	1964	Tokio
Winter	1972	Sapporo
Winter	1998	Nagano

Warum Japans Autobauer einfach schneller sind
Techno-Trippelschritte statt großer Sprünge

Taifun „Brenda" hat Ostasien heimgesucht – Wirbelsturm fordert sieben Menschenleben

60 Quadratmeter für 2000 Mark monatlich
Tokios Wohnungsmarkt spielt immer mehr verrückt

Schweres Erdbeben in Japan
Über 5000 Tote in Kobe. Schäden auch in Kioto und Osaka

Die Angst der Japaner vor der Computer-Krise
Großkonzerne setzen Hoffnung auf die neue Bildschirmtechnik

Arbeitswut der Japaner fordert ihren Tribut
Stresserkrankungen nehmen zu
Seelische Krankheiten kaum behandelt

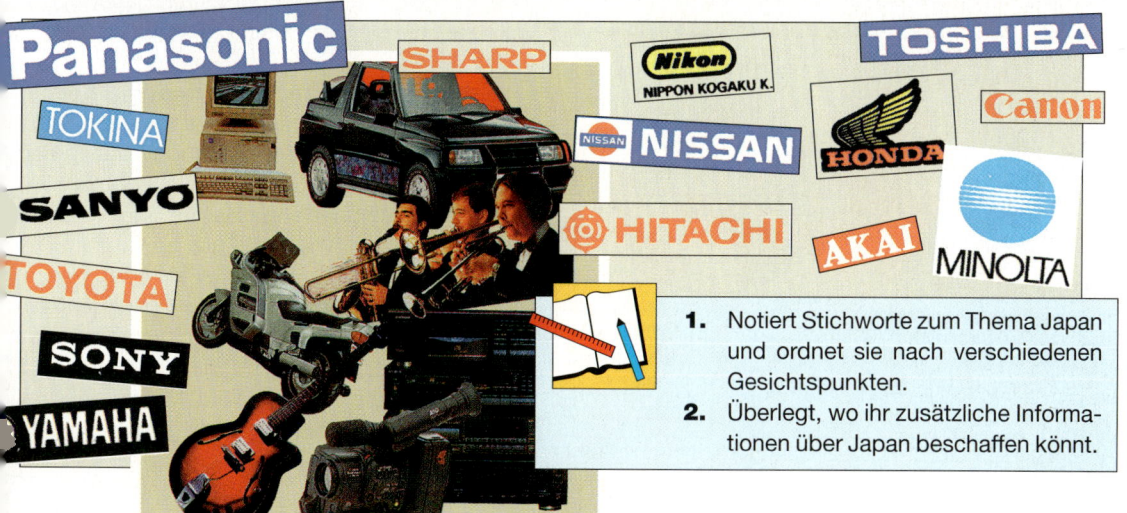

1. Notiert Stichworte zum Thema Japan und ordnet sie nach verschiedenen Gesichtspunkten.
2. Überlegt, wo ihr zusätzliche Informationen über Japan beschaffen könnt.

Japan: Industriegigant und Welthandelsmacht

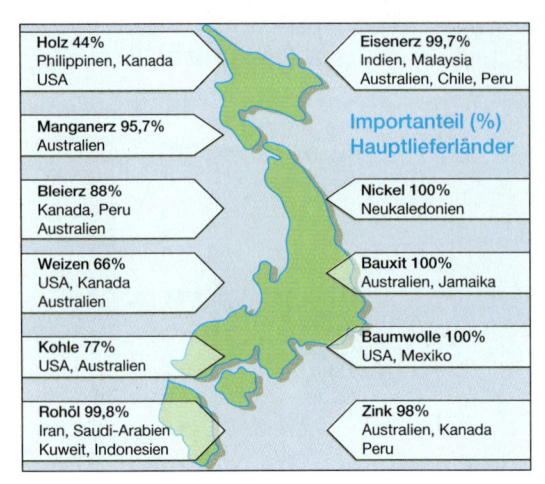

1. Rohstoffzwerg und Handelsriese

Trotz seiner Wirtschaftskraft bleibt Japan abhängig, zum Beispiel
- **von Rohstoffen:**

Japan muss alle wichtigen Rohstoffe einführen. Geschickt hat es seine Abhängigkeit verringert, indem es mehr technisch hochwertige Produkte wie Videorekorder und Computer baut. Diese brauchen weniger Rohstoffe als z. B. der Schiffbau, in dem das Land früher führend war.
- **vom Wohlstand anderer:**

Japan kann viele Produkte in andere Länder nur dann verkaufen, wenn es den Menschen dort so gut geht, dass sie sich die angenehmen, aber nicht lebensnotwendigen Waren kaufen können.
- **vom Devisenkurs:**

Innerhalb von nur 10 Jahren ist der Yen mehr als doppelt so viel wert wie vorher. Das verteuert japanische Produkte im Ausland teilweise so sehr, dass kaum noch ein Preisunterschied zu anderen Industrieländern besteht. Zu Beginn der 90er-Jahre gingen die Exportzahlen zurück und die Betriebe mussten Arbeitskräfte entlassen.
- **von der Wirtschaftspolitik anderer Länder:**

Japan gehört keiner Wirtschaftsgemeinschaft an. Sein Binnenmarkt (125 Mio. Einw.) ist gering gegenüber dem *Europäischen Wirtschaftsraum* (380 Mio. Einw.) und der *Nordamerikanischen Freihandelszone* (392 Mio. Einw.). Wenn Japan Waren ausführt, muss es die Einfuhrpolitik anderer berücksichtigen. Viele Länder erschweren die Einfuhr japanischer Waren um die eigene Industrie zu schützen.

Änderung in den Handelsbeziehungen

Seit Mitte der 80er-Jahre baut Japan neue Handelsbeziehungen auf. Die USA sind weiterhin der größte Handelspartner, doch an zweiter Stelle stehen die benachbarten „Schwellenländer" Südkorea, Taiwan und Singapur. Dann erst kommt die EU. Für die meisten Länder des asiatisch-pazifischen Raumes und für Australien ist Japan der wichtigste Handelspartner und der wichtigste Investor. Japanische Firmen haben in China und Südostasien, aber auch in Nordamerika, Europa und Australien Produktionsstätten gebaut um Einfuhrbeschränkungen zu vermeiden.

36.1 Importabhängigkeit bei Rohstoffen (1995)

Rang '86/'96		Unternehmen (Land)	Branche/Umsatz* Mrd. DM	
1	1	General Motors (USA)	Kfz	253,2
4	2	Ford (USA)	Kfz	221,0
3	3	Royal Durch/Shell (GB, NL)	Mineralöl	192,8
2	4	Exxon (USA)	Mineralöl	179,5
8	5	Toyota (Japan)	Kfz	163,5
9	6	General Electric (USA)	Elektro	119,1
5	7	IBM (USA)	Elektronik	114,1
13	8	Hitachi (Japan)	Elektronik	113,8
6	9	Mobil Oil (USA)	Mineralöl	108,7
12	10	Daimler-Benz (D)	Kfz	106,3

* 1996; mittlerer Dollarkurs: 1 US-$ = 1,50 DM

36.2 Die zehn größten Industrieunternehmen der Welt

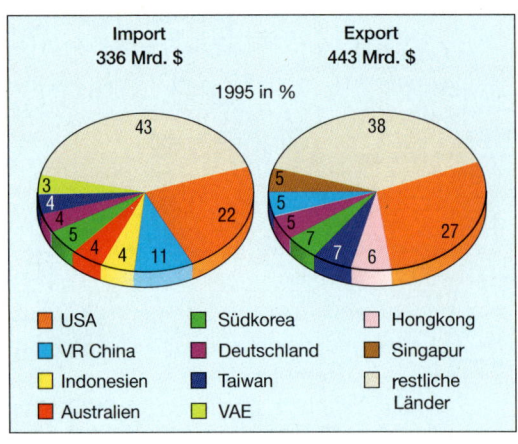

36.3 Anteile am Import und Export Japans

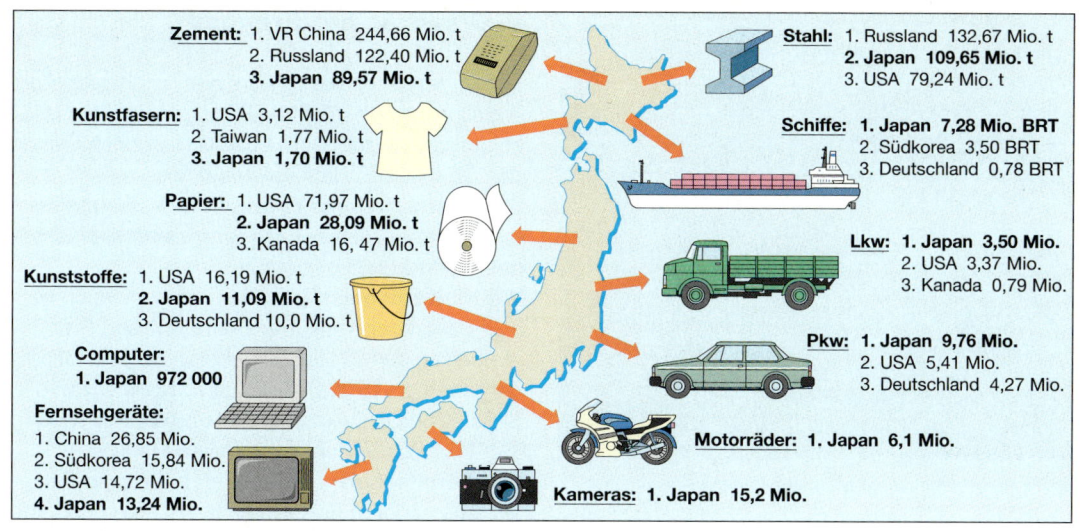

Zement: 1. VR China 244,66 Mio. t
2. Russland 122,40 Mio. t
3. Japan 89,57 Mio. t

Kunstfasern: 1. USA 3,12 Mio. t
2. Taiwan 1,77 Mio. t
3. Japan 1,70 Mio. t

Papier: 1. USA 71,97 Mio. t
2. Japan 28,09 Mio. t
3. Kanada 16,47 Mio. t

Kunststoffe: 1. USA 16,19 Mio. t
2. Japan 11,09 Mio. t
3. Deutschland 10,0 Mio. t

Computer: 1. Japan 972 000

Fernsehgeräte:
1. China 26,85 Mio.
2. Südkorea 15,84 Mio.
3. USA 14,72 Mio.
4. Japan 13,24 Mio.

Stahl: 1. Russland 132,67 Mio. t
2. Japan 109,65 Mio. t
3. USA 79,24 Mio. t

Schiffe: 1. Japan 7,28 Mio. BRT
2. Südkorea 3,50 BRT
3. Deutschland 0,78 BRT

Lkw: 1. Japan 3,50 Mio.
2. USA 3,37 Mio.
3. Kanada 0,79 Mio.

Pkw: 1. Japan 9,76 Mio.
2. USA 5,41 Mio.
3. Deutschland 4,27 Mio.

Motorräder: 1. Japan 6,1 Mio.

Kameras: 1. Japan 15,2 Mio.

37.1 Japans Stellung in der Welt bei Industrieprodukten (Stand Anfang der 90er-Jahre)

Standorte der Industrie

Die Industrie drängt sich in wenigen Ballungsräumen, da vier Fünftel Japans schwer zugängliches Bergland sind. Die beiden wichtigsten Verdichtungsräume sind der Großraum Tokio mit den Zentren Tokio und Jokohama und der Großraum Osaka, der sich mit den Zentren Osaka, Kioto, Kobe und Okajama rund 200 km am Meer entlang hinzieht. In den Ballungsräumen ist die Infrastruktur sehr gut ausgebaut; leistungsfähige Häfen sorgen für eine rasche und kostengünstige Anfuhr der Rohstoffe und die Ausfuhr der Produkte.

Die starke Abhängigkeit der Kleinbetriebe von ihren Konzernen wirkt sich räumlich aus. Um Transportkosten zu sparen und die von den Konzernen geforderte genau festgelegte Lieferzeit der Teile zu gewährleisten befinden sich die Zulieferbetriebe in der Nähe der Großbetriebe. Eine industrielle Erschließung von entfernteren Räumen unterblieb meist. In Deutschland dagegen wurden viele ländliche Gebiete industriell erschlossen.

Diese enge Ballung auf wenige Räume ist nicht nur durch die Natur, sondern auch durch die Wirtschaft bedingt. In den wenigen größeren Küstenebenen drängen sich nicht nur die Industriebetriebe, hier wohnen die meisten Menschen. Die Verkehrswege beanspruchen ebenfalls viel Platz. Durch Terrassierung der Hänge und Aufschüttung in flachen Meeresbuchten wurden neue Industrieflächen gewonnen. Dabei gingen wertvolle Biotope und mehrere Badestrände verloren.

1. Erläutere, wie Japan seinen Rohstoffbedarf deckt.
2. Welche Bedeutung haben japanische Produkte für den Weltmarkt?
3. Stelle die Vor- und Nachteile einer Industrieballung auf engem Raum gegenüber.

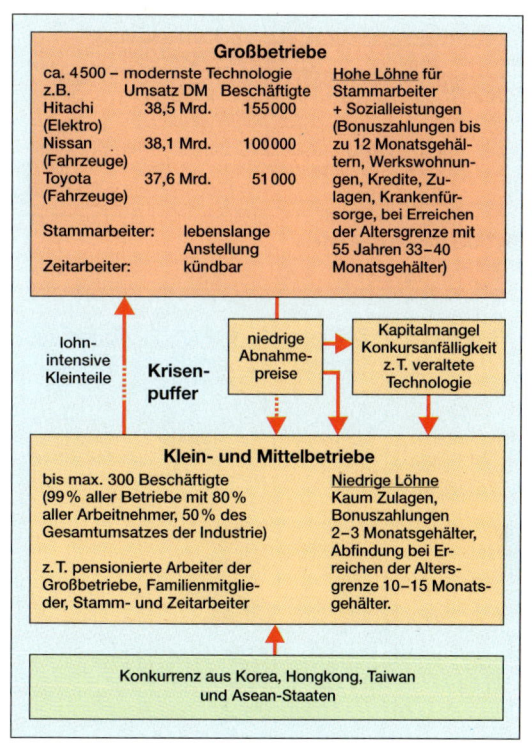

Großbetriebe

ca. 4500 – modernste Technologie
z.B. Umsatz DM Beschäftigte
Hitachi (Elektro) 38,5 Mrd. 155 000
Nissan (Fahrzeuge) 38,1 Mrd. 100 000
Toyota (Fahrzeuge) 37,6 Mrd. 51 000

Stammarbeiter: lebenslange Anstellung
Zeitarbeiter: kündbar

Hohe Löhne für Stammarbeiter + Sozialleistungen (Bonuszahlungen bis zu 12 Monatsgehältern, Werkswohnungen, Kredite, Zulagen, Krankenfürsorge, bei Erreichen der Altersgrenze mit 55 Jahren 33–40 Monatsgehälter)

lohnintensive Kleinteile | Krisenpuffer | niedrige Abnahmepreise | Kapitalmangel Konkursanfälligkeit z.T. veraltete Technologie

Klein- und Mittelbetriebe

bis max. 300 Beschäftigte (99% aller Betriebe mit 80% aller Arbeitnehmer, 50% des Gesamtumsatzes der Industrie)

z.T. pensionierte Arbeiter der Großbetriebe, Familienmitglieder, Stamm- und Zeitarbeiter

Niedrige Löhne, Kaum Zulagen, Bonuszahlungen 2–3 Monatsgehälter, Abfindung bei Erreichen der Altersgrenze 10–15 Monatsgehälter.

Konkurrenz aus Korea, Hongkong, Taiwan und Asean-Staaten

37.2 Betriebsstrukturen

38.1 Werftarbeiter bei der Morgengymnastik

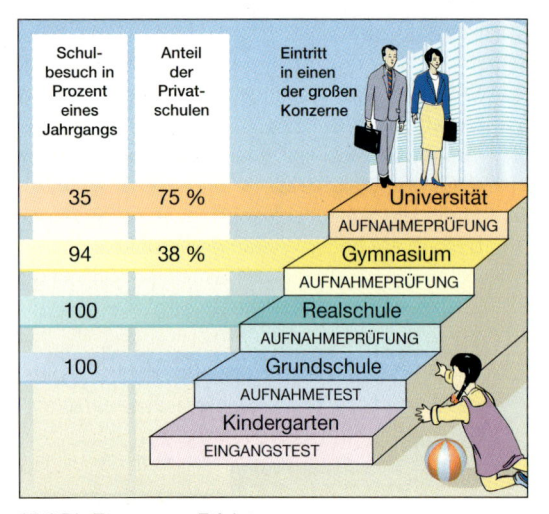

38.2 Die Treppe zum Erfolg

38.3 Lohnsystem in japanischen Konzernen

2. Ursachen des Erfolges

Lange wurde zu wenig beachtet, wie wichtig die Tradition und die Wertvorstellungen für einen wirtschaftlichen Erfolg sind. Fünf Kennzeichen prägen den japanischen Nationalcharakter:

Streben nach Übereinstimmung. Man sucht Harmonie, nimmt sich viel Zeit um zu einer gemeinsamen Auffassung zu kommen.

Wettbewerbsgeist. Trotz des Strebens nach Harmonie wird der Konkurrenzkampf bejaht. Das Bestreben zu den Besten zu gehören beginnt im Kindergarten. Es setzt sich im Auswahlsystem an den Schulen und Universitäten fort und endet im harten Wettbewerb der Anbieter auf dem Markt.

Lernbereitschaft. Die Japaner haben die Fähigkeit aus anderen Gesellschaftssystemen und von anderen Technologien das Beste zu übernehmen ohne ihre eigene Kultur aufzugeben.

Langfristiges Denken. Man plant auf Jahrzehnte hinaus. So hatte sich Japan bereits hohe Anteile am chinesischen Markt gesichert, als dort noch wenig zu verdienen war und Europäer wie Amerikaner erst einmal abwarteten.

Hohes Qualitätsbewusstsein. Man tüftelt auch an Kleinigkeiten, bis sie möglichst vollkommen sind. So waren in einer einzigen Neuentwicklung einer japanischen Kamera 200 Patente enthalten.

Fortschrittsoptimismus. Es gibt viele und schwere Probleme. Mit Fleiß und Intelligenz sind sie lösbar, denken viele Japanerinnen und Japaner.

Diese Wertvorstellungen gehen auf die 2500 Jahre alte Lehre des chinesischen Philosophen Konfuzius zurück, die vor weit über 1000 Jahren nach Japan kam. Die wichtigsten Tugenden sind Fleiß und Einordnung in ein soziales System, das von den Untergebenen Unterordnung, von den Herrschern und Vorgesetzten Fürsorge verlangt.

In den letzten Jahren hat ein Wertewandel eingesetzt. Viele Japaner wollen sich stärker selbst verwirklichen und weder ihr Leben lang bei einer einzigen Firma angestellt sein noch die Freizeit mit den Arbeitskollegen verbringen.

Wenig Chancen hatten die Frauen im Wirtschaftsleben. Spätestens mit 30 Jahren sollten sie verheiratet sein und aus dem Berufsleben ausscheiden. Kehrten sie in den Beruf zurück, nachdem die Kinder groß waren, fingen sie in der Hierarchie wieder von unten an. Mit ihrer guten Ausbildung verlangen sie heute mehr Chancengleichheit.

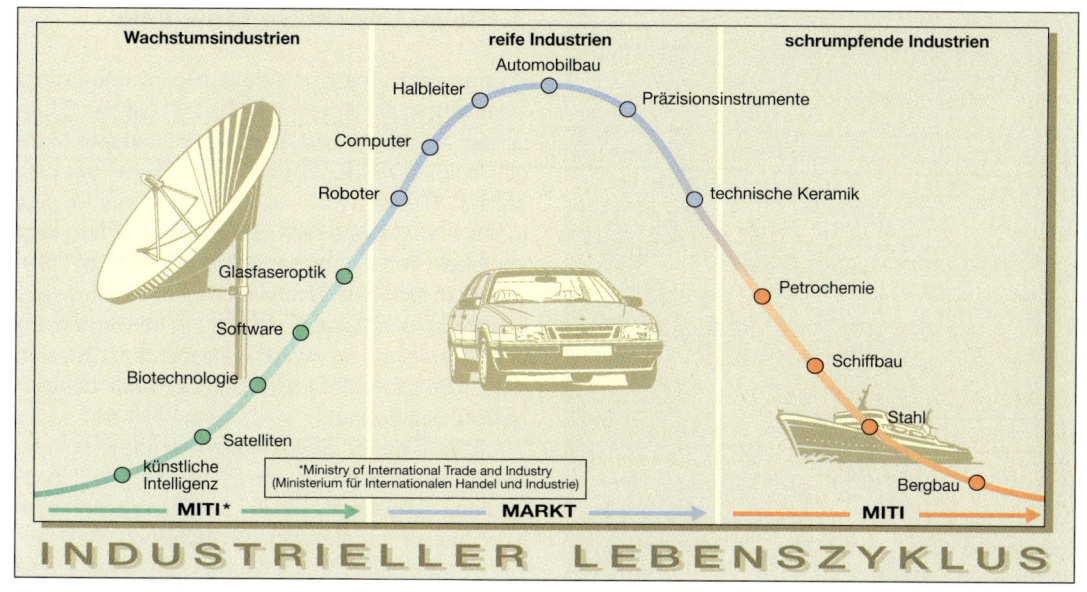

INDUSTRIELLER LEBENSZYKLUS

Wachstumsindustrien | reife Industrien | schrumpfende Industrien
- künstliche Intelligenz, Satelliten, Biotechnologie, Software, Glasfaseroptik, Roboter, Computer, Halbleiter
- Automobilbau, Präzisionsinstrumente, technische Keramik
- Petrochemie, Schiffbau, Stahl, Bergbau

MITI* → MARKT → MITI

*Ministry of International Trade and Industry (Ministerium für Internationalen Handel und Industrie)

39.1 Die Rolle des Ministry of International Trade and Industry (MITI) im industriellen Lebenszyklus

Der Staat fördert die Wirtschaft

Das Ministerium für Internationalen Handel und Industrie (MITI) fördert die Ausfuhr, begrenzt Importe durch viele Vorschriften, unterstützt den Strukturwandel und hilft zukunftsorientierten Wachstumsbranchen. Schon um 1960 hatten die MITI-Planer die Bedeutung der Elektronikindustrie erkannt. Der US-Konzern IBM brachte ein neues Computersystem heraus, das nicht nur die japanischen Exporte, sondern auch den Absatz japanischer Firmen im Inland bedrohte. Daraufhin versammelte das MITI die Vertreter von Industrie, Universitäten und Regierung um einen „runden Tisch".

Das Ergebnis:
- In sechs Labors wurde gleichzeitig intensiv an der Entwicklung größerer Speichereinheiten für Computer gearbeitet.
- Das Parlament erließ ein Gesetz zur zeitweiligen Förderung der Informationsindustrie.
- Als IBM eine Fabrik in Japan bauen wollte, verbot dies das MITI. Erst als die Amerikaner wichtiges Computer-Knowhow per Lizenzvertrag an 15 japanische Firmen freigaben, erhielten sie die Produktionserlaubnis. Trotzdem musste IBM für jeden Computer, der in Japan verkauft werden sollte, eine Erlaubnis von MITI einholen.

1. Welche Rolle spielen Tradition und Wertvorstellungen für den wirtschaftlichen Erfolg Japans?
2. Überprüfe die Behauptung, Europa müsse den Weg Japans nachahmen um Erfolg zu haben.
3. Wie schützt Japan seine eigene Industrie vor ausländischer Konkurrenz?

39.2 Japans Erfolg aus der Sicht der anderen

40.1 Brücke zwischen Honschu und Schikoku

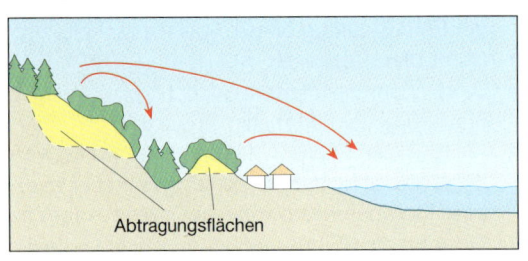

40.2 Neulandgewinnung
Abtragungsflächen

3. Raum- und Umweltprobleme

Raumenge in Tokio. In der Megalopolis leben acht Millionen, in der Agglomeration 26 Millionen Menschen. An Wohn- und Arbeitsraum herrscht Mangel. In Tokio werden die höchsten Mieten der Welt gezahlt. Mehrere tausend Mark im Monat für eine Kleinwohnung sind nicht ungewöhnlich. Das liegt vor allem daran, dass der vorhandene Raum überwiegend sehr unwirtschaftlich genutzt wird. Der Bau von Hochhäusern war wegen der Erdbebengefahr auf eine Höhe von 31 m beschränkt. So sind die 23 Stadtbezirke im Durchschnitt nur zweieinhalbstöckig bebaut.

Tokios erster Wolkenkratzer wurde erst 1968 fertiggestellt, nachdem die Begrenzung für Hochbauten aufgehoben war. Seitdem bestimmen Hochhäuser zunehmend das Stadtbild. Das teuerste Stück Land liegt im Zentrum von Tokio, ist mit einem Bürohochhaus bebaut und kostet pro Quadratmeter 470 000 DM.

Die Stadt plant die Umwandlung der bisher traditionell bebauten Küstenebene im Westteil der Bucht in eine Industrie- und Handelszone mit Wohnungen, Freizeiteinrichtungen und Dutzenden von Bürohochhäusern. Das Gebiet umfasst 112 km^2, davon 17 km^2 Aufschüttungsfläche im Meer.

Täglich strömen fast 2 Millionen Pendler in die Hauptstadt, zum Teil aus einem Umkreis von 100 km. Da die Bodenknappheit den Ausbau der Nahverkehrsstrecken behindert, soll der U-Bahnbau besonders gefördert werden.

40.3 Tokio, im Hintergrund der Fudschijama

Japans Umweltpolitik ist schlechter als ihr Ruf
Die Hightech-Nation ignoriert ökologische Zeitbomben

TOKIO (dpa). Umweltpolitiker aus aller Welt pilgern nach Japan um sich anzusehen, was sie für das zur Zeit beste Konzept zur Aussöhnung von Natur und Industriegesellschaft halten. Doch hinter den beeindruckenden japanischen Umweltstatistiken ticken nach Ansicht von Fachleuten ökologische Zeitbomben, die für die führende Hochtechnologie-Nation der Erde schon längst zu einer ernsten Bedrohung geworden sind.

Vereinzelte Meldungen lassen das Ausmaß der ökologischen Bedrohung ahnen. Anfang August gab die Stadtverwaltung von Tokio Ergebnisse einer Studie bekannt, nach der jeder Fisch in der Bucht von Tokio mit Dioxin belastet ist. Japan verbrennt 70 Prozent seines Hausmülls in 1900 zumeist veralteten Verbrennungsanlagen. Der Abfallberg, der 1989 zum ersten Male die Grenze von 50 Millionen Tonnen erreichte, enthält einen hohen Anteil von Kunststoffen und Sondermüll wie zum Beispiel Batterien, Krankenhausabfälle oder Elektronikschrott.

Vieles davon wird bei niedrigen Temperaturen von 600 bis 900 Grad verbrannt, bei denen nach heutigem Wissensstand Dioxin entsteht. Die hochbelastete Schlacke wird zur Landgewinnung ins Meer gekippt oder auf Deponien in die Provinz gebracht. Nach Schätzungen gibt es in Japan außerdem 10 000 vergessene Müllkippen. Da das Land vor allem in seinen dicht besiedelten Ballungsräumen jeden Quadratmeter nutzen muss, sind viele dieser ehemaligen Deponien mittlerweile überbaut. Industrie, Landwirtschaft und Haushalte belasten das Trinkwasser erheblich. Giftige Reinigungsmittel – vor allem aus den vielen Kleinbetrieben rund um Tokio – gehen oft direkt in den Kanal. In der Umgebung japanischer Agrarbetriebe übersteigen die Schadstoffwerte im Grundwasser bei weitem international geltende Grenzen. Japans Hausfrauen greifen auf aggressive Chemikalien zurück, die in Europa längst nicht mehr in den Regalen stehen.

(Zeitungsmeldungen zu Beginn der 90er-Jahre)

Umweltbelastung. Die Industrialisierung hatte zu einer starken Belastung von Boden, Luft und Wasser geführt. An vielen Stellen wurde die Lebensgrundlage der Meerestiere zerstört, Fischer wurden arbeitslos, die Aquakultur geriet in Gefahr. In den 60er-Jahren starben Menschen, weil giftiges Quecksilber mit den Abwässern der chemischen Industrie in die Meeresbuchten gelangt war und von dort über den Fisch in den menschlichen Organismus.

Seit 1970 gelten strenge Umweltgesetze:
- Betriebe mussten nachträglich Filteranlagen zur Reinigung von Abgasen einbauen.
- Verbleites Benzin ist verboten.
- Überall gibt es Geschwindigkeitsbegrenzungen.
- Wegen der Quecksilberbelastung wird empfohlen höchstens 570 g Fisch je Woche zu essen.
- Neue Industriebetriebe sollen zur Entlastung der Verdichtungsräume dezentralisiert werden.

Erste Erfolge stellten sich ein: Japan wurde bei der Umwelttechnik führend, die Luftbelastung ist insgesamt zurückgegangen. Die Verseuchung der Buchten durch Schwermetalle lässt sich jedoch auf Jahrzehnte hinaus nicht beheben.

1. Erläutere, wie Japan versucht dem Mangel an Wohn- und Industrieflächen zu begegnen.
2. Zeige Gefahren auf, die mit der Industrieballung verbunden sind. Bewerte die Abhilfen.

41.1 Luftwerte und Lärmpegel auf einer Anzeigetafel

Im vergangenen Jahr fielen in Japan 390 Millionen Tonnen Industriemüll an. Das war fast achtmal so viel wie der Hausmüll, obwohl der allein im Großraum Tokio in den letzten Jahren um jeweils 15 Prozent zunahm. Zur Zeit rollen jeden Tag 5000 Lkw aus der japanischen Hauptstadt hinaus zum Wellenbrecher und schütten die Abfälle in das durch Betondämme vom Meer abgetrennte Becken. Bei diesen Mengen reicht die Kapazität der Deponie in der Bucht von Tokio wahrscheinlich nicht einmal drei Jahre.

(nach: JAPAN ECHO 1/1994)

Projekt

Die Tigerstaaten – Partner oder

Die „Vier Kleinen Tiger" werben bei den Nachbarn mit Stellenangeboten

Aufbruch ins asiatische Jahrhundert hat begonnen

Den Tigern geht die Puste aus

Westliches Wissen und östliche Löhne – Gastarbeiter aus Europa in Ostasien

China erwacht zur Wirtschaftsmacht

SÜDOSTASIEN – EIN SCHLAFENDER RIESE ERWACHT

Die Wirtschaft im südlichen Ostasien entwickelt sich explosionsartig; man kann von einem Wirtschaftswunder sprechen. Viele Länder sind „auf dem Sprung" ein moderner Industriestaat zu werden. An der Spitze solcher „Schwellenländer" *(UN-Bezeichnung NICs: Newly Industrializing Countries)* stehen Singapur, Südkorea, Hongkong und Taiwan. Sie werden auch die *Vier Kleinen Tiger* oder *Kleinen Drachen* genannt. Die Länder sind klein, haben aber eine hohe Bevölkerungsdichte.

Die Tigerstaaten folgen dem Beispiel Japans. Mit westlicher Technologie und japanischem Geld wird eine auf den Export ausgerichtete Industrie aufgebaut. Die Produkte, die im eigenen kleinen Land nicht abgesetzt werden können, werden preiswert auf dem Weltmarkt verkauft.

Laos, Kambodscha und Vietnam leiden noch an den Folgen langer Kriege. Auch Myanmar, das als sozialistische Republik einen anderen Weg geht, ist wirtschaftlich wenig entwickelt. Malaysia, Thailand, die Philippinen und Indonesien dagegen weisen beachtliche wirtschaftliche Erfolge auf.

Wählt euch einen Themenschwerpunkt aus (z. B. Produkte aus den Tigerstaaten, Wirtschaftswachstum, Arbeitsplätze). Sammelt Informationen über die Tigerstaaten. Die Materialien auf den Seiten 42 – 45 sind Informationen aus Zeitungen, Zeitschriften und Nachschlagewerken.

① Siemens nimmt in Taiwan eine neue Chip-Fabrik in Betrieb

Ein Gemeinschaftsunternehmen von Siemens und dem taiwanesischen Partner Mosel Vitelic eröffnete eine neue Chip-Fabrik, die für 1,7 Mrd. Dollar gebaut worden war. In der neuen taiwanesischen Chip-Fabrik sollen zunächst Chips der modernen Leistungsstufe 64 Megabit gebaut werden. In einer zweiten Stufe sollen in der Fabrik ab 1998 64- und 256 Megabit-Chips nach einer noch moderneren Technologie gebaut werden. Das Gemeinschaftsunternehmen beschäftigt 1100 Menschen.

(Die Welt 22. 10. 97)

② Forschen, wo die Märkte sind

Immer mehr Unternehmen aus den Industrieländern verlagern nicht nur die Produktion, sondern auch ihre Entwicklungsabteilungen nach Fernost. Elektronikteile aus Taiwan sind seit vielen Jahren Nummer eins in der Welt. Jetzt will sich Singapur einen Platz in der internationalen Forschergemeinde erobern. Die Chancen stehen nicht schlecht: Innerhalb kürzester Zeit verdoppelten sich die Forschungs- und Entwicklungsausgaben der Industrie in Singapur. (Wirtschaft im Überblick 17.11.95)

③ Führende Welthandelsländer

1996 konnten die Tigerstaaten ihren Außenhandel weiter festigen. Hongkong lag bei der Ausfuhr an 7. Stelle (vor den Niederlanden), Südkorea an 11., Singapur an 13. und Taiwan an 15. Stelle (vor der Schweiz). (Fischer Weltalmanach '98)

Gegner?

④ Die südostasiatischen Staaten hatten innerhalb weniger Jahrzehnte konkurrenzfähige Industrien aufgebaut und sich unter die führenden Welthandelsnationen geboomt. Doch nun greifen erste Zweifel an der wirtschaftlichen Zukunft der Tigerstaaten um sich. Die einstigen Billiglohnländer sind zu teuer geworden. Aus Kostengründen verlagerten z. B. rd. 70 % der produzierenden Industrie Hongkongs (darunter nahezu alle Spielwarenhersteller) ihre Fertigungsstätten in die VR China und südkoreanische Textilfirmen lassen in Guatemala nähen. Die abgewanderten Industrien sollen durch Elektronik-, Maschinenbau- und Umwelttechnologieunternehmen ersetzt werden. Selbst Singapur verlor Hightech-Produktion an die USA und Großbritannien, weil dort die Kosten wieder stimmen.

(Praxis Geographie 9/96)

⑤ **Expatriates oder Locals?**
Immer mehr Gastarbeiter aus Europa finden einen Arbeitsplatz in der aufstrebenden Wirtschaft Singapurs. Bedingt durch die wachsende Arbeitslosigkeit in den westlichen Industrieländern sind viele junge Leute trotz einiger Nachteile bereit nach Asien zu wechseln um dort beruflich tätig zu werden. Fachkräfte aus den Niedriglohnländern Asiens bewerben sich ebenfalls um diese Arbeitsplätze. Sie alle erhalten nicht die hohen Gehälter plus Auslandszulagen der Firmenvertreter aus anderen Industrieländern, sondern ein lokales Gehalt. Sie wohnen nicht in den Luxusvillen mit Pool, sondern in einer ortsüblichen Wohnung. Sie fahren nicht mit der Luxuslimousine und Chauffeur ins Büro, sondern mit dem Bus. Der Niederländer Aldus Muller: „Ich bin froh, dass ich überhaupt in meinem Beruf arbeiten kann. Hier verdiene ich monatlich 4500 DM, davon bezahle ich 800 DM für die Miete meiner 1-Zimmer- Wohnung. Eine aus Holland entsandte Fachkraft würde die Firma mindestens 15 000 DM monatlich kosten, deshalb werde ich hier wohl noch lange arbeiten."

(Juli 1997)

⑥ Durch starken Lohnanstieg entfernten sich die Tigerstaaten vom Status der „Billiglohnländer". Während 1996 in Südkorea der Stundenlohn für einen Industriearbeiter 13 $ betrug (1985: 2 $), kostete die Arbeitsstunde in Malaysia 2 $, in China 0,96 $. Arbeitsintensive Industriebranchen verlagerten 1996 ihre Produktion nach Indonesien und China.

(Harenberg Aktuell '98)

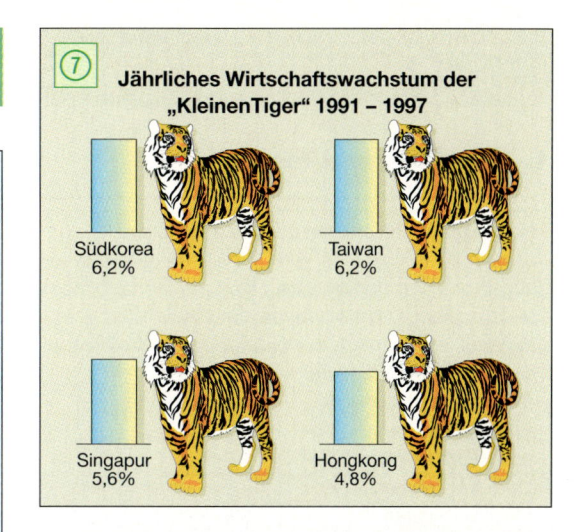

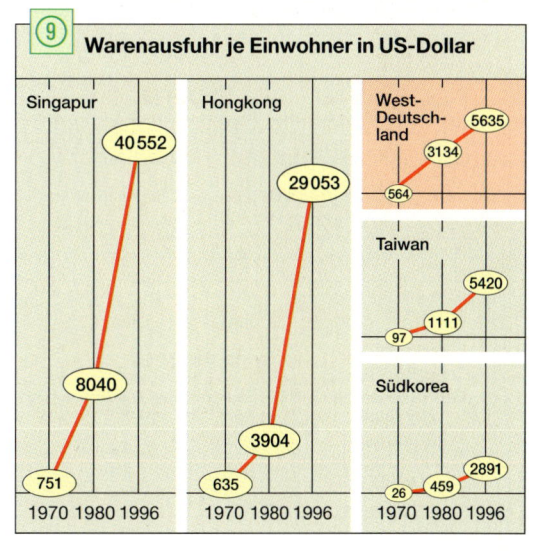

⑦ **Jährliches Wirtschaftswachstum der „Kleinen Tiger" 1991 – 1997**

Südkorea 6,2%
Taiwan 6,2%
Singapur 5,6%
Hongkong 4,8%

DAEWOO der dritte Koreaner in Deutschland

⑧ **Ich war ein Kadett:**
Der Nexia, Daewoos Kompaktwagen auf Opel-Kadett-Basis.
Der Einstiegspreis liegt bei 20 000 Mark.
Airbag, ABS, Color-Glas inklusive.

⑨ **Warenausfuhr je Einwohner in US-Dollar**

Singapur: 751 (1970), 8040 (1980), 40552 (1996)
Hongkong: 635 (1970), 3904 (1980), 29053 (1996)
West-Deutschland: 564 (1970), 3134 (1980), 5635 (1996)
Taiwan: 97 (1970), 1111 (1980), 5420 (1996)
Südkorea: 26 (1970), 459 (1980), 2891 (1996)

Dynamische Wachstumsländer im Wandel

1. Hongkong und Taiwan

Hongkongs Geschichte als Wirtschaftszentrum begann 1842, als die Insel von China an Großbritannien abgetreten werden musste. Die Kolonialmacht baute Hongkong zum Vorhafen für China aus. Diese Funktion entfiel nach der Gründung der Volksrepublik China 1949, weil der Chinahandel fast völlig zum Erliegen kam. Hongkong wurde ein auf Billigprodukte ausgerichtetes Fertigungszentrum von Bekleidung, Spielwaren, Uhren, Radios für westliche Industrieländer.

Die Stadt (6 Mio. Einw.) verfügt über den leistungsfähigsten Tiefwasserhafen des gesamten südlichen Chinas. Über Hongkong wurden z. B. Waren aus Taiwan eingeführt, als es offiziell noch keine Kontakte zwischen beiden Teilen Chinas gab. Über Hongkong hatte Taiwan 25 Mrd. US-$ in ca. 30 000 Unternehmen auf dem chinesischen Festland investiert. Hongkongs entscheidendes Datum war der 1. 7. 1997. Die ehemalige britische Kronkolonie wurde an China angegliedert und erhielt einen besonderen Status. Als Sonderverwaltungsgebiet wurde sie direkt der Regierung in Peking unterstellt. Diese garantiert unter dem Schlagwort „Ein Land, zwei Systeme" für die nächsten 50 Jahre ein hohes Maß an Eigenständigkeit.

Das kapitalistische Wirtschaftssystem und die bisherige Lebensweise können beibehalten werden. So soll das Privateigentum an Produktionsmitteln weiterhin erlaubt sein und Hongkong Freihafen bleiben. Nach wie vor herrscht ein Bauboom. Dennoch setzte vor der Rückgliederung eine Abwanderung von Führungskräften, Kapital und Konzernen ein. Bevorzugte Ziele waren die USA, Kanada, Australien und die pazifischen Inselstaaten. Ob Hongkong seine Stellung als internationales Finanzzentrum behalten kann, ist ungewiss. Kurz nach der Übergabe verloren viele Aktien an Wert (Kurssturz an der Börse).

Hongkong: größter Containerhafen der Welt
Umschlag: 13,3 Mio. Container (1996)

Kaohsiung: drittgrößter Containerhafen der Welt
Umschlag: 5,2 Mio. Container (1996)

Taiwan nennt sich selbst Republik China. Für die meisten Länder der Welt existiert der Staat mit seinen 22 Mio. Einwohnern (1996) nicht, weil die Volksrepublik China offizielle Beziehungen zu anderen Staaten von der Nichtanerkennung Taiwans abhängig macht. Die VR China erhebt den Alleinvertretungsanspruch für Gesamtchina; Taiwan gilt als eine abtrünnige Provinz.

Taiwan erlebte einen ähnlichen Wirtschaftsaufschwung wie Südkorea. Er setzte früher ein und ist deshalb weiter vorangeschritten. Wie in Südkorea werden neben Textilien und Elektronik auch schwerindustrielle Produkte hergestellt. In diesen Produktionsbereichen sind Taiwan und Südkorea heute wettbewerbsfähiger als Japan. Vor allem die Exporte aus dem Bereich der Elektronikgüter treiben Taiwans Wirtschaft weiter voran, verursacht durch die weltweite Nachfrage nach Computern.

2. Die Tiger stellen sich vor

Die **Philippinen** sind im Gegensatz zu Indonesien, Malaysia und Thailand arm an Rohstoffen, verfügen jedoch über gut ausgebildete Arbeitskräfte. Als in den früheren Billiglohnländern Hongkong und Taiwan die Löhne stark stiegen, wurde ein Teil der Textilindustrie auf die Philippinen verlagert. Das Land beliefert den Weltmarkt mit Mikrochips und Computerteilen und wirbt mit niedrigen Löhnen sowie den niedrigsten Steuern und Zöllen in Südostasien.

Südkorea besitzt keine bedeutenden Rohstoffe. Während des Koreakrieges (1950 bis 1953) wurde das Land fast völlig zerstört. Ein wesentlicher Faktor für den Aufschwung waren die Menschen, die eine Verwirklichung des konfuzianischen Ideals anstrebten, d. h. „in harter Arbeit und in Harmonie mit ihrer Gesellschaft leben".

Die Wirtschaftsentwicklung wird oft mit der Japans verglichen. Es gibt mehrere Großunternehmen, die ähnlich den japanischen Konzernen eine breite Palette von Gütern und Dienstleistungen anbieten. Südkorea mit seinen 46 Mio. Einwohnern gilt als das wirtschaftlich dynamischste Land Ostasiens. Der wirtschaftliche Aufschwung stützt sich auf wenige Konzerne der Auto-, Textil- und Elektroindustrie, die nur über ein verhältnismäßig geringes Eigenkapital verfügen. Deshalb geriet das Land 1998 in eine schwere Wirtschaftskrise.

Malaysia wirbt mit seiner idealen wirtschaftsstrategischen Lage sowie den gut ausgebildeten und meist Englisch sprechenden Fachkräften. Alle modernen Kommunikationsmittel stehen zur Verfügung. Hauptziel ist die Entwicklung der Hightech-Industrie.

Für **Thailand** sind neben der Nahrungsmittelproduktion die Textilindustrie, die Elektronikbranche und der Maschinenbau wichtig. Das Land wirbt intensiv um ausländische Investoren. An der Spitze liegen hier die Japaner: Sie lassen in Thailand für den heimischen Markt und für den Weltmarkt produzieren. Die Abhängigkeit von der Ausfuhr mineralischer und agrarischer Produkte ist noch hoch. Die notwendigen Einfuhren, z. B. Maschinen, können damit nur teilweise bezahlt werden. Deshalb wächst in Thailand die Auslandsverschuldung.

Singapur ist eines der größten Handels-, Finanz- und Industriezentren mit über 3000 multinationalen Unternehmen. Der Stadtstaat besitzt keine Rohstoffe, liegt aber im Zentrum des rohstofffreien Südostasiens und am Knotenpunkt bedeutender Schifffahrts- und Flugrouten. Mehr als drei Viertel der drei Millionen Einwohner sind Chinesen. Sie wurden ursprünglich von der britischen Kolonialmacht als billige Arbeitskräfte geholt. Ihr Fleiß, ihre Arbeitsdisziplin und die anfangs niedrigen Löhne boten den Betrieben ausgezeichnete Startbedingungen.

Die 200 Millionen Einwohner von **Indonesien** sind ein großes Käuferpotential. Vor allem Japan hat als Lieferant von Industrieprodukten und als Käufer von Rohstoffen einen hohen Anteil an der Entwicklung. Neben Japan investieren auch Südkorea und Taiwan. Die Regierung will die Hightech-Industrie weiter ausbauen. Wie in Malaysia wurden große Flächen des tropischen Regenwaldes zur Abholzung freigegeben. Hauptabnehmer des Holzes ist Japan.

3. Thailand – an der Spitze der neuen Tiger?

Wirtschaftsfachleute sehen Thailand an der Spitze der „zweiten Generation" der Tigerstaaten, zu denen noch Malaysia, Indonesien und die Philippinen gezählt werden. Das Land hat reichhaltige natürliche Ressourcen. Thailand exportiert weltweit den meisten Reis. Mit Indonesien und Malaysia gehört es zu den wichtigsten Exportländern für Kautschuk; bei Ananas nimmt es die erste Stelle ein. Tapioka (als Futtermittel), Mais, Mango, Bananen, Sago, Zuckerrohr, Kokosnüsse und Jute sind weitere wichtige Produkte. Das Land verfügt außerdem über eine Vielzahl an Bodenschätzen.

Thailand hat – wie andere Staaten Südostasiens – damit begonnen die Rohstoffe selbst zu verarbeiten. So sind die reichen Erdgasvorkommen im Golf von Thailand über Pipelines mit dem Festland verbunden und haben zum Bau eines großen Chemiekomplexes bei Bangkok geführt. Die Zahl der Unternehmen, die Produkte der Landwirtschaft und Fischerei weiterverarbeiten, steigt gegenwärtig unvermindert an. Bei einigen Produkten wie Ananaskonserven und Meeresfrüchten – tiefgekühlt oder in Dosen – befindet sich Thailand an der Weltspitze.

Schon ein Schwellenland?

In der Elektronik- und Textilindustrie sowie im Maschinenbau holte Thailand schnell auf. Das *Board of Investment* mit Büros in Frankfurt, Paris, New York, Sydney, Tokio und Hongkong wirbt um ausländische Firmen und Kapitalgeber. Bei allen Fortschritten weist Thailand aber noch viele der Probleme auf, die typisch für die Staaten der Dritten Welt sind. Die Abhängigkeit von der Ausfuhr mineralischer und agrarischer Rohstoffe ist hoch. Die Situation der ländlichen Bevölkerung hat sich wenig verändert. Gerade in den nördlichen und nordöstlichen Regionen herrscht große Armut. Viele Bauern haben zu wenig Land. Der Ertrag reicht nicht einmal für den Eigenbedarf; Verschuldung ist die Folge. Die schwierige Lage der Landbewohner, des größten Teils der Bevölkerung, ist auch die Ursache für die sich ausweitende Kinderprostitution. Viele Familien sehen keinen anderen Ausweg aus ihrer Not, als ihre Kinder an Mädchenhändler „abzugeben". Mit der Zunahme der Prostitution steigt die gesundheitliche Bedrohung: Die Zahl der HIV-infizierten Menschen in Thailand soll bei 200 000 liegen; Schätzungen für das Jahr 2000 sprechen von einigen Millionen. Um den Tourismus nicht zu gefährden wurden diese Probleme von der Regierung lange Zeit geleugnet.

Die Ausweitung der Ackerfläche zur Versorgung der Bevölkerung und für die Cash-crops ging zu Lasten des Waldes. Der Ackerbau drang auf ungeeignete Böden vor, die oft nach wenigen Jahren verlassen werden mussten. Zur Waldvernichtung trug auch der Holzeinschlag für den Export bei; das traditionelle Ausfuhrgut Teak darf heute nicht mehr als Rohholz exportiert werden.

Zu den großen Problemen Thailands gehört auch die Landflucht: Über 200 000 Menschen ziehen jedes Jahr nach Bangkok, wo ohnehin schon 10 % der Gesamtbevölkerung leben. Sie hoffen hier ihr Auskommen zu finden und vergrößern doch nur das Heer der Armen in den Slums.

Die Umweltverschmutzung im Raum Bangkok ist enorm. Der größte Teil der Stadt hat keine Kanalisation. Der Menam ist eine Kloake; auf den 30 Flusskilometern zwischen Bangkok und der Mündung kam die Fischerei zum Erliegen. Durch das starke Abpumpen von Grundwasser zur Versorgung der Stadt versinkt diese allmählich im Meer.

Entlastung für den Raum Bangkok?

In anderen Landesteilen sollen mithilfe ausländischer sowie inländischer Investoren Wachstumspole entstehen – zum Beispiel um Chiengmai im Norden, um Nakhon Ratchasima im Nordosten, um Surat Thani im Süden. Dafür soll auch das Verkehrsnetz ausgebaut werden.

Ansätze sind gemacht, doch dürften diese Gebiete die Probleme des Großraums Bangkok bestenfalls auf längere Sicht mildern und werden vorerst auch nur wenig dazu beitragen die sozialen Verhältnisse in diesen Räumen zu verbessern. Von Thailands kleinem Wirtschaftswunder profitiert lediglich eine dünne Oberschicht. Und so werden wohl auch künftig zehntausende von Bauernkindern nach Bangkok ziehen um dort mit ihrer „Arbeit" die Familie auf dem Land zu unterstützen.

1. Welche Merkmale sind für das Tigerland Thailand typisch?
2. Entnimm den Textkästen auf S. 47 weitere Tatsachen, die für eine wirtschaftliche Entwicklung Thailands günstig sind.
3. „Das Problem Bangkok kann nur auf dem Land gelöst werden." – Erkläre diese Aussage.

Bevölkerung und Sprache
Die Bevölkerungszahl beträgt 59 Mio. (1996). Sie hat sich von 1960 bis heute zwar mehr als verdoppelt, jedoch ist die Steigerungsrate dank erfolgreicher Familienplanung auf 1,5 % gefallen. Die thailändische Sprache kennt kaum Dialekte. Englisch als Zweitsprache ist fester Bestandteil im modernen thailändischen Erziehungssystem.

Religion
95 % der Bevölkerung sind Buddhisten. Die Religion ist einer der Eckpfeiler der Stabilität in Thailand. Die Grundgedanken des Buddhismus werden auch im Alltagsleben praktiziert. Hier liegen die Wurzeln für die Toleranz der Thais.

Der Tourismus hat einen enormen Zuwachs erlebt und ist zur wichtigsten Deviseneinnahmequelle des Landes geworden. Die Zahl ausländischer Touristen ist von 1,8 Mio. (1980) auf mehr als 7,2 Mio. (1996) gestiegen.

Staat und Geschichte
Der Name „Thailand" bedeutet: Land der Freien. Im Gegensatz zu den meisten anderen Ländern Asiens war das Königreich Thailand (oder „Siam", wie es früher hieß) zu keiner Zeit kolonialisiert. Wenn sich das Land dem Kolonialbestreben fremder Mächte auch erfolgreich widersetzt hat, so haben sich die Herrscher doch modernem westlichen Gedankengut stets geöffnet. Das Königshaus hat zur politischen Stabilität im Lande wesentlich beigetragen.

Aus einem Reiseprospekt
Entdecken Sie die Schönheit und Faszination des Königreiches Thailand. Farbenfrohe, goldverzierte Tempelanlagen – etwa 20 000 im ganzen Land – liebenswerte Menschen, dichte Palmenhaine, berühmte Traumstrände und eine hervorragende Küche haben Thailand zu einem beliebten Urlaubsparadies werden lassen.

Kinderprostitution
Thailand ist wahrscheinlich stärker als jedes andere Land vom weltweiten Prostitutionstourismus betroffen. Von etwa einer Million Menschen, die in Thailand in der Prostitution arbeiten, sind mindestens 200 000 Kinder zwischen 6 und 15 Jahren. Sie können ihre „Arbeit" in der Regel nicht ohne Drogen und Alkohol ertragen.

Neue Wirtschaftsgemeinschaften im Pazifikraum

1. ASEAN
(**A**ssociation of **S**outh**E**ast **A**sian **N**ations)

In Bangkok schlossen sich 1967 Indonesien, Malaysia, die Philippinen, Singapur und Thailand zu einem Staatenbund zusammen. Brunei trat 1984 bei, Vietnam 1995. Laos und Myanmar folgten 1997. Die Aufnahme von Kambodscha wurde wegen der Unruhen im Land verschoben. Die Vereinigung südostasiatischer Nationen hat als Ziel die wirtschaftliche, soziale und kulturelle Zusammenarbeit zwischen den Staaten zu festigen um den Frieden zu sichern. Eine Asiatische Freihandelszone (AFTA = ASEAN Free Trade Area) tritt im Jahr 2000 in Kraft. Um den stagnierenden Warenaustausch zwischen den Mitgliedsstaaten zu beschleunigen sollen die Zölle für Industrieprodukte und landwirtschaftliche Erzeugnisse aus den ASEAN-Ländern gesenkt werden. Laos, Myanmar und Vietnam dürfen ihre Zollschranken noch bis zum Jahr 2006 beibehalten. 1997 vereinbarten die ASEAN und die EU den Austausch von Waren und Dienstleistungen zu verstärken.

ASEAN-Staaten 1996	Einw. Mio.	BSP/Kopf/$
Brunei	0,3	14 240
Indonesien	200,6	980
Laos	5,0	350
Malaysia	20,6	3 890
Myanmar	47,5	250
Philippinen	69,0	1 050
Singapur	2,9	26 730
Thailand	59,4	2 740
Vietnam	76,2	240
(Deutschland)	81,8	27 510

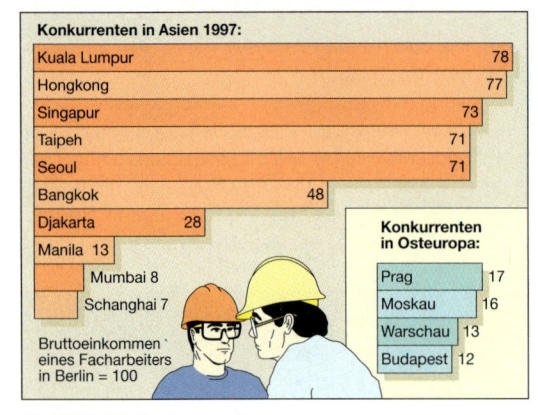

Konkurrenten in Asien 1997:
- Kuala Lumpur: 78
- Hongkong: 77
- Singapur: 73
- Taipeh: 71
- Seoul: 71
- Bangkok: 48
- Djakarta: 28
- Manila: 13
- Mumbai: 8
- Schanghai: 7

Bruttoeinkommen eines Facharbeiters in Berlin = 100

Konkurrenten in Osteuropa:
- Prag: 17
- Moskau: 16
- Warschau: 13
- Budapest: 12

48.1 Billiglohnkonkurrenz?

2. NAFTA
(**N**orth **A**merican **F**ree **T**rade **A**greement)

Mexiko braucht mehr ausländische Investitionen und einen freien Absatzmarkt für seine Produkte. Auch Kanada, das traditionell mit den USA eng in den Außenhandelsbeziehungen verbunden war, wollte seine Waren ohne Hemmnisse durch

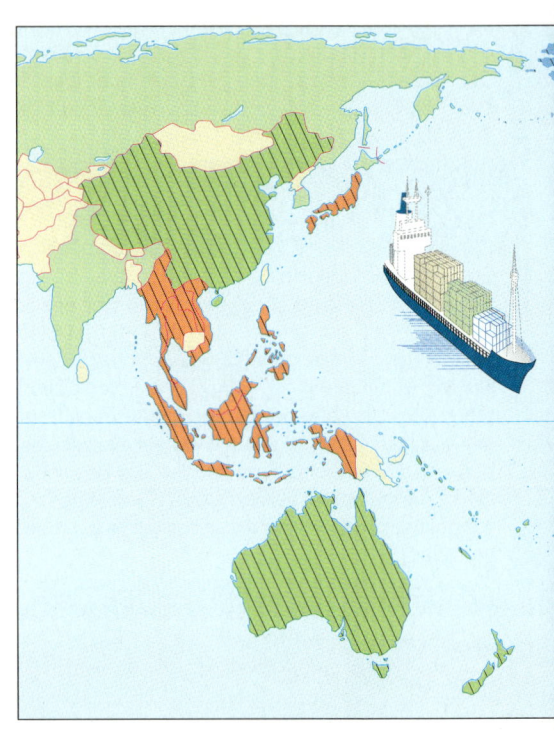

48.2 Wirtschaftsbündnisse im Pazifikraum

Schutzzölle in den USA verkaufen können. So begannen auf Vorschlag der Kanadier Ende 1987 Verhandlungen zwischen Kanada und den USA.

Ein **Freihandelsabkommen** trat am 1. 1. 1989 in Kraft. 1990 nahm Mexiko Verhandlungen mit dem Ziel auf als drittes Mitglied in das neue Wirtschaftsbündnis aufgenommen zu werden.

Die USA, Kanada und Mexiko verglichen ihre Situation mit der der EG-Staaten. Sie stellten fest, dass die Europäische (Wirtschafts-) Gemeinschaft allen beteiligten Ländern zu einer günstigen Wirtschaftsentwicklung und zu einer bedeutenden Stellung auf dem Weltmarkt verholfen hatte.

Eine Ankurbelung ihrer eigenen Wirtschaft wäre eher durch einen freien Markt als durch Abschottung zu erreichen. Die drei Länder waren sich einig, dass sie mit einer Freihandelszone zu einer mächtigen Wirtschaftseinheit werden könnten, in der sich die Unterschiede zwischen dem Schwellenland Mexiko und den beiden Industriestaaten allmählich abbauen würden. Sie beschlossen die Einrichtung der NAFTA zum 1. 1. 1994. Die USA denken daran andere lateinamerikanische Staaten einzubeziehen. Der neue Markt hätte für US-Waren mehr Abnehmer als die EU und Japan zusammen.

3. APEC
(**A**sia **P**acific **E**conomic **C**ooperation)

Die Vorstellungen von einem gemeinsamen Markt mit dem Pazifik als Binnenmeer übertreffen den NAFTA-Zusammenschluss bei weitem. Mit der 1989 gegründeten APEC entstand ein Handelsbündnis zwischen den asiatischen und amerikanischen Ländern. Die APEC ist das größte Wirtschaftsbündnis der Welt. Bis zum Jahr 2020 soll die Freihandelszone verwirklicht sein. Reiche Industrieländer wie die USA, Singapur und Neuseeland wollen schon bis 2010 alle Importzölle abschaffen. Schwellenländer wie Malaysia befürchten jedoch, dass sie bei elektronischen Bauteilen und Computern der Konkurrenz aus Japan, Südkorea, Singapur oder den USA nicht gewachsen sind.

Anteil am	Import aus (%):	Export nach (%):
Australien	USA 23, Japan 18	Japan 25, USA 11
Brunei	Singapur 31, Malaysia 13, USA 11	Japan 59, Südkorea 15
Chile	USA 24	USA 17, Japan 17
China	Japan 22, USA 12, Taiwan 8	Japan 19, USA 17; Südkorea 5
Indonesien	Japan 23, USA 11	Japan 27, USA 14
Japan	USA 22, China 11, Südkorea 5	USA 27, Südkorea 7, China 7
Kanada	USA 75, Japan 4	USA 80, Japan 4
Malaysia	Japan 27, USA 16, Singapur 12	Singapur 20, USA 20, Japan 13
Mexiko	USA 70, Japan 5	USA 85, Kanada 2
Neuseeland	Australien 20, USA 17	Australien 21, Japan 16, USA 10
Papua-Neug.	Australien 46	Japan 33
Philippinen	Japan 22, USA 19	USA 38, Japan 15
Singapur	Japan 16, Malaysia 15, USA 15	Malaysia 19, USA 18
Südkorea	Japan 24, USA 23	USA 14, Japan 9
Taiwan	Japan 29, USA 20	USA 24, China 23
Thailand	Japan 31, USA 12	USA 18, Japan 17
USA	Kanada 19, Japan 17, Mexiko 8	Kanada 22, Japan 11, Mexiko 8

49.2 Wichtigste Handelspartner der APEC (1996)

ASEAN
NAFTA
APEC
Beitrittswillige Staaten zur APEC

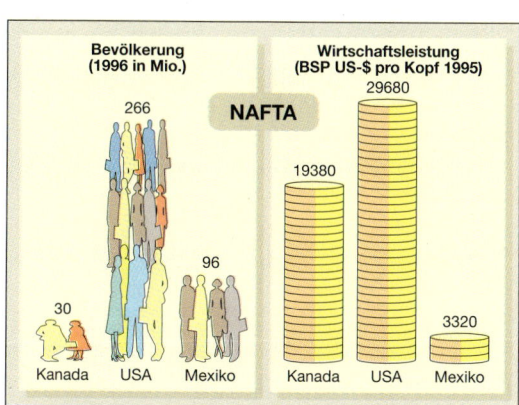

49.1 Ungleiche Partner

1. Vergleiche die Wirtschafts- und Strukturdaten der drei NAFTA-Länder.
2. Erläutere, welche Erwartungen sich mit der APEC verbinden.
3. Stelle die Entfernungen zwischen einigen ASEAN-Staaten fest. Welche Probleme ergeben sich beim Warenverkehr?
4. Gib Gründe an, warum Laos, Myanmar und Vietnam bei der allgemeinen Zollsenkung innerhalb der AFTA noch ausgespart bleiben.

Wissenswertes
Welthandelsmächte

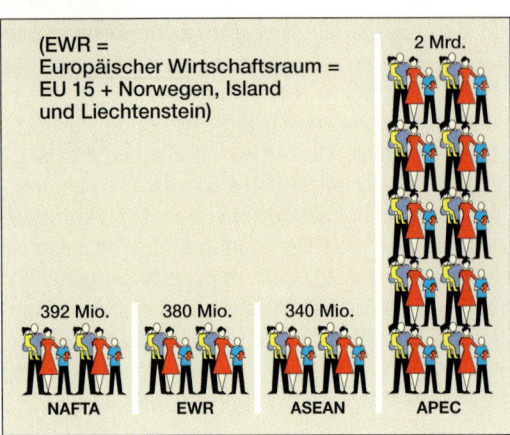

(EWR = Europäischer Wirtschaftsraum = EU 15 + Norwegen, Island und Liechtenstein)

NAFTA 392 Mio. · EWR 380 Mio. · ASEAN 340 Mio. · APEC 2 Mrd.

50.1 Bevölkerung der wichtigsten Handelsbündnisse (1996)

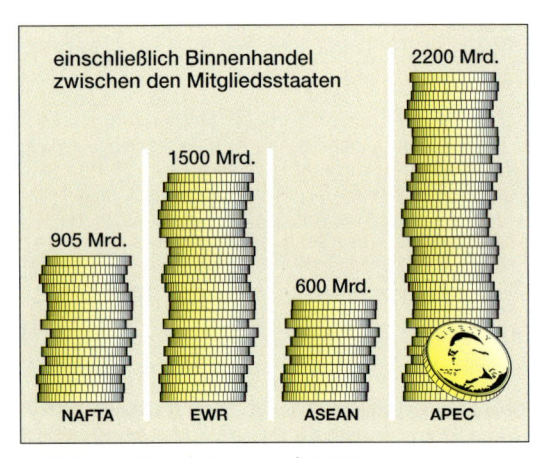

einschließlich Binnenhandel zwischen den Mitgliedsstaaten

NAFTA 905 Mrd. · EWR 1500 Mrd. · ASEAN 600 Mrd. · APEC 2200 Mrd.

50.2 Wert der Exporte (Mrd. US-$, 1996)

Handelsbeziehungen über Ländergrenzen und Kontinente hinweg sind die Voraussetzung für den Welthandel. Der internationale Warenverkehr erfolgt auf weltumspannenden Handelswegen. Waren jeder Art, z. B. Autos, Erze, Obst, Gemüse, Maschinen, sind aber nur ein kleiner Teil des Welthandels. Auch Kapital- und Informationsströme, z. B. Daten- und Nachrichtenübermittlung über Satelliten, zählen zu den Welthandelsgütern.

In den westlichen Industrieländern führten die zunehmende Industrialisierung und der steigende Lebensstandard zu einem erhöhten Güterbedarf. Produktionssteigerungen waren die Folge. Eine starke „Ankurbelung" der Wirtschaft setzte nach dem Zweiten Weltkrieg ein. Zur Deckung der ständig wachsenden Rohstoffnachfrage kauften die Industrieländer zunehmend in Übersee ein und erschlossen dort gleichzeitig neue Absatzmärkte. Dadurch boomten die Exportwirtschaft und der Welthandel.

Vertreter eines freien Welthandels stehen in heftigem Streit mit Wirtschaftsexperten und Politikern, die meinen, dass ein freier Welthandel nur zwischen Ländern mit gleichem oder ähnlichem Entwicklungsstand möglich sei.

1. Vergleiche die Wirtschaftsblöcke. Welche Räume sind kaum am Welthandel beteiligt?

2. Beurteile die Chancen von Entwicklungsländern am Welthandel teilzunehmen.

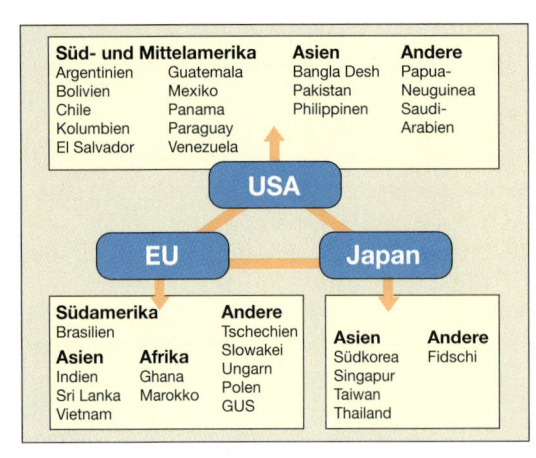

Süd- und Mittelamerika: Argentinien, Bolivien, Chile, Kolumbien, El Salvador, Guatemala, Mexiko, Panama, Paraguay, Venezuela
Asien: Bangla Desh, Pakistan, Philippinen
Andere: Papua-Neuguinea, Saudi-Arabien

USA — EU — Japan

Südamerika: Brasilien
Asien: Indien, Sri Lanka, Vietnam
Afrika: Ghana, Marokko
Andere: Tschechien, Slowakei, Ungarn, Polen, GUS
Asien: Südkorea, Singapur, Taiwan, Thailand
Andere: Fidschi

50.3 Welthandelsmächte und ihre Beziehungen

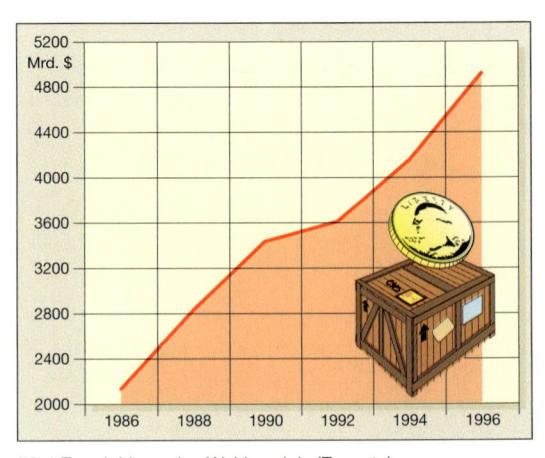

50.4 Entwicklung des Welthandels (Exporte)

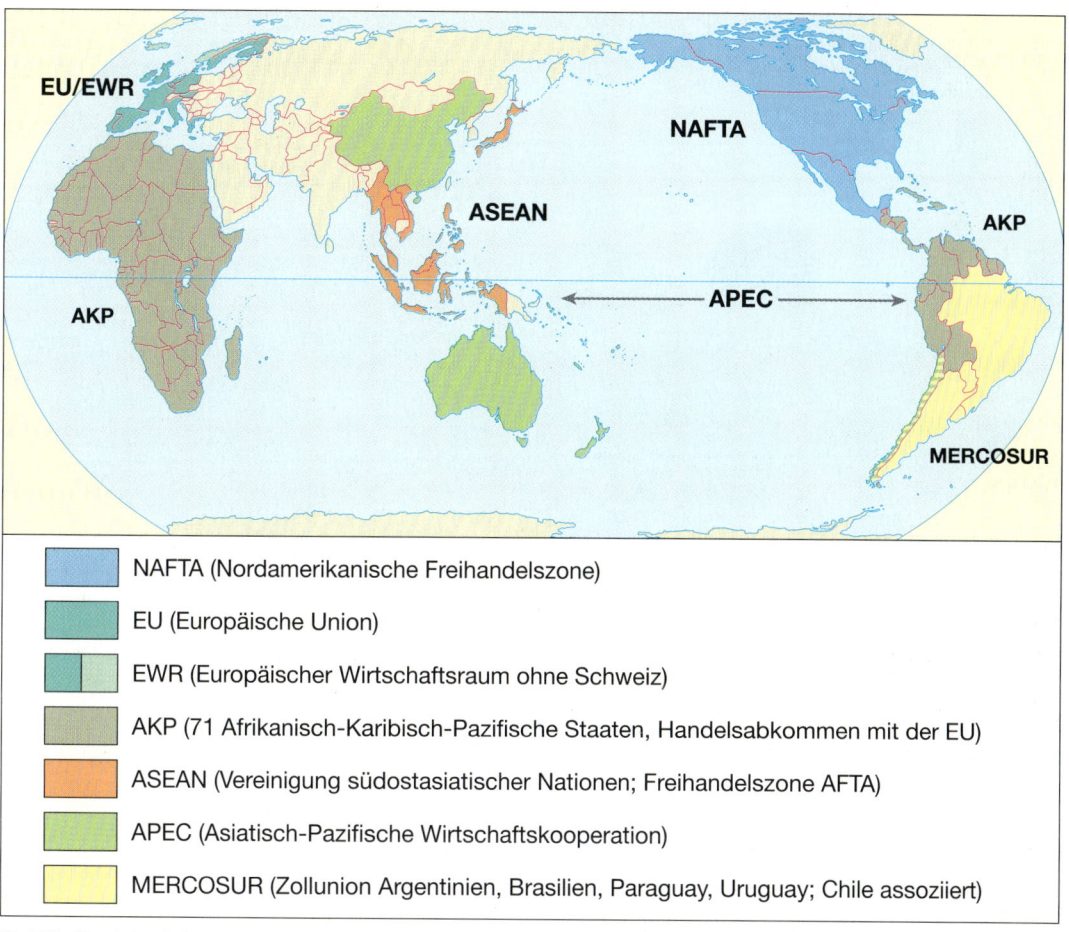

51.1 Die Handelsmächte

- NAFTA (Nordamerikanische Freihandelszone)
- EU (Europäische Union)
- EWR (Europäischer Wirtschaftsraum ohne Schweiz)
- AKP (71 Afrikanisch-Karibisch-Pazifische Staaten, Handelsabkommen mit der EU)
- ASEAN (Vereinigung südostasiatischer Nationen; Freihandelszone AFTA)
- APEC (Asiatisch-Pazifische Wirtschaftskooperation)
- MERCOSUR (Zollunion Argentinien, Brasilien, Paraguay, Uruguay; Chile assoziiert)

*Heißt die Zukunft **Festung Europa** gegen **Festung Amerika** und **Festung Pazifik** gegen alle?*

51.2 Sieht so die Zukunft des Welthandels aus?

Vietnam 1996: Mithilfe eines alten Fahrrads wird ein Blasebalg betrieben.

Kernkraftwerk Brokdorf: Inbetriebnahme 1986, Leistung 1395 MW, Stromerzeugung 1986–1996: 12,5 Mrd. kWh

Energie: Krise aus Mangel oder Überfluss?

Land	Verbrauch je Einw. in t/RÖE*	Kohle	Öl	Gas	Kern-kraft	Wasser-kraft
		Anteil der Energieträger am Primärenergieverbrauch in %				
USA	7,86	23,9	39,0	27,0	8,8	1,2
Russland	4,25	19,1	23,4	50,9	4,1	2,4
Deutschland	4,12	27,5	40,2	19,9	11,8	0,5
Japan	3,92	17,5	54,5	11,2	15,2	1,6
Portugal	1,79	22,2	73,3	–	–	4,0
Mexiko	1,16	4,2	66,1	25,8	2,1	1,8
VR China	0,69	76,9	18,9	1,9	0,4	1,9
Brasilien	0,67	9,7	64,9	4,1	0,6	20,7
Ägypten	0,53	2,7	65,2	29,1	–	3,0
Indien	0,24	56,4	31,9	7,5	0,9	3,3

Windpark in Kalifornien

Verbrauch an Primärenergie 1995 *RÖE = Rohöleinheit
(Statistisches Jahrbuch für das Ausland, Wiesbaden 1997)

Energie – Grundlage unseres Wohlstandes

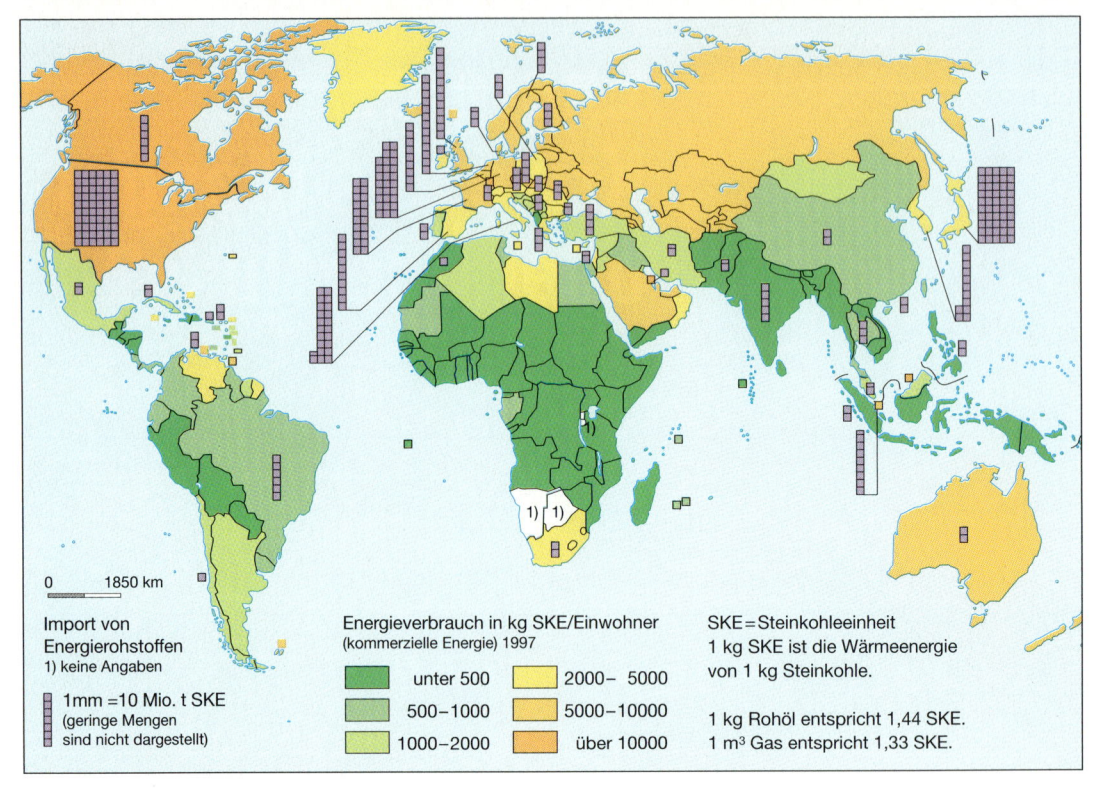

54.1 Energieverbrauch und Energieimport

Legende Karte:
- Import von Energierohstoffen: 1) keine Angaben
- 1 mm = 10 Mio. t SKE (geringe Mengen sind nicht dargestellt)
- Energieverbrauch in kg SKE/Einwohner (kommerzielle Energie) 1997:
  - unter 500
  - 500–1000
  - 1000–2000
  - 2000–5000
  - 5000–10000
  - über 10000
- SKE = Steinkohleeinheit
- 1 kg SKE ist die Wärmeenergie von 1 kg Steinkohle.
- 1 kg Rohöl entspricht 1,44 SKE.
- 1 m³ Gas entspricht 1,33 SKE.

Energiebedarf und Energieverbrauch

Die Energieversorgung der Menschheit ist eine unendliche Geschichte: Sie beginnt mit der Nutzung von Wind, Wasser und Holz und geht über die kurze Zeit von Kohle, Öl und Gas. Danach folgen der ungewisse Werdegang der Kernenergie, der wechselhafte Einsatz von Sonnenenergie und Windkraft und schließlich die Erforschung von erneuerbaren Energieträgern für die zukünftigen Generationen.

Seit jeher hängen Lebensweise und Leistung der Menschen von der Menge der Energie ab, die ihnen zur Verfügung steht. Jahrtausendelang waren die Menschen auf ihre eigene Muskelkraft sowie auf die Kraft von Sonne, Wasser und Wind angewiesen. Erst durch die Nutzung der **fossilen Energieträger** Kohle, Öl und Gas konnte im 19. Jahrhundert die Industrialisierung beginnen. Dort, wo diese Voraussetzungen fehlten, blieb die industrielle Entwicklung aus.

Die USA sind heute die größten Energieverbraucher der Welt. Ihr Anteil an der Weltbevölkerung beträgt 6 %, am Weltenergieverbrauch aber 25 %.

Die Energieprobleme der meisten Länder der Dritten Welt sind in der ungleichen Verteilung der fossilen Energieträger begründet. Zwar befinden sich rund 84 % der Erdöl- und 47 % der Erdgasreserven auf der nördlichen Halbkugel, aber der größte Teil davon gehört den wenigen OPEC-Ländern. Rund 90 Entwicklungs- und Schwellenländer besitzen nahezu keine fossilen Energieträger; sie sind auf teure Importe angewiesen.

Die Weltbank hat ausgerechnet, dass ein Mensch zur Sicherung des Existenzminimums für Nahrung, Schutz vor Kälte und für ein Grundmaß an Gesundheitspflege und Bildung jährlich mindestens 1200 bis 1400 kg SKE benötigt. Etwa drei Viertel der Weltbevölkerung müssen jedoch mit einer Energiemenge von 700 kg SKE pro Kopf und Jahr auskommen.

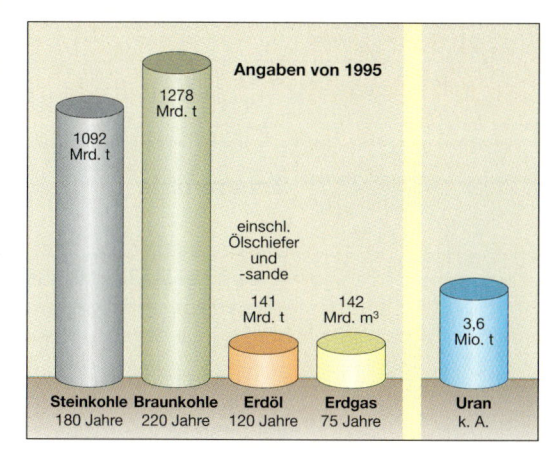

55.1 Weltvorräte an Energieträgern und Reichweite

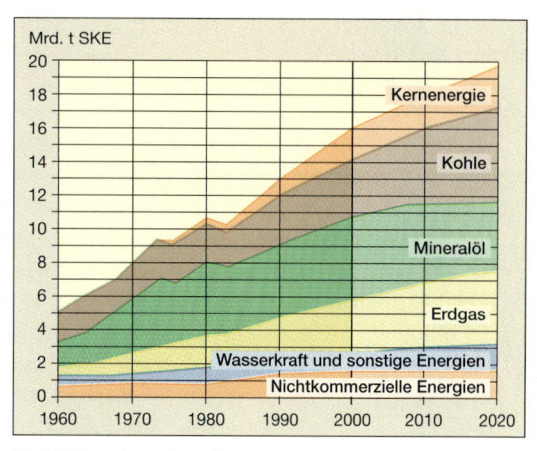

Angaben von 1995

- Steinkohle: 1092 Mrd. t, 180 Jahre
- Braunkohle: 1278 Mrd. t, 220 Jahre
- Erdöl (einschl. Ölschiefer und -sande): 141 Mrd. t, 120 Jahre
- Erdgas: 142 Mrd. m³, 75 Jahre
- Uran: 3,6 Mio. t, k. A.

55.3 Weltverbrauch an Energieträgern (Mrd. t SKE, 1960–2020): Kernenergie, Kohle, Mineralöl, Erdgas, Wasserkraft und sonstige Energien, Nichtkommerzielle Energien

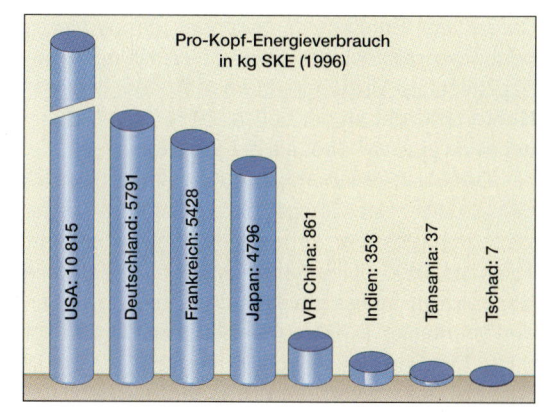

55.2 Energiegefälle – Pro-Kopf-Energieverbrauch in kg SKE (1996)

- USA: 10 815
- Deutschland: 5791
- Frankreich: 5428
- Japan: 4796
- VR China: 861
- Indien: 353
- Tansania: 37
- Tschad: 7

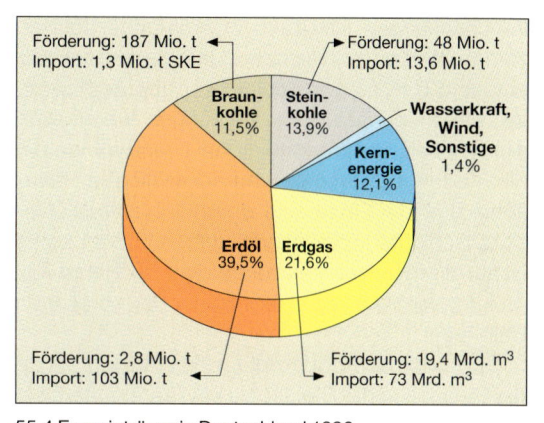

55.4 Energieträger in Deutschland 1996

- Braunkohle 11,5 % – Förderung: 187 Mio. t, Import: 1,3 Mio. t SKE
- Steinkohle 13,9 % – Förderung: 48 Mio. t, Import: 13,6 Mio. t
- Kernenergie 12,1 %
- Wasserkraft, Wind, Sonstige 1,4 %
- Erdgas 21,6 % – Förderung: 19,4 Mrd. m³, Import: 73 Mrd. m³
- Erdöl 39,5 % – Förderung: 2,8 Mio. t, Import: 103 Mio. t

In den ländlichen Gebieten der Entwicklungsländer beruht die Energieversorgung überwiegend auf den traditionellen Energiequellen wie Brennholz und getrocknetem Dung. Mehr als 2,5 Mrd. Menschen sind auf diese Quellen angewiesen. Der Brennholzbedarf steigt ständig. In der Umgebung von Städten und Siedlungen werden daher die Bäume radikal abgeholzt. In Tansania und Nepal z. B. sind auf diese Weise ganze Regionen völlig entwaldet worden. Die Folgen sind verheerend: Der Boden wird durch die Erosion abgetragen und das Land verwandelt sich in eine Steppen- oder Wüstenlandschaft.

Deutschland besitzt nur wenige Energierohstoffe. Die Ölvorräte und die Reserven an Erdgas reichen vielleicht noch für Jahrzehnte. Bei der Steinkohle schätzen Experten die Reichweite, d. h. bis wann die Vorräte erschöpft sind, auf 80 bis 100 Jahre. Die Braunkohlenvorräte sind hingegen deutlich größer als die der Steinkohle.

„Nur die reichen Industrieländer können Auswege aus den Energie- und Klimaproblemen weisen. Denn was und wie sie konsumieren, wird unvermeidlich den Maßstab liefern für den Rest der Welt. „Wie im Westen, so auf Erden" – dieser Traum von Milliarden ist bislang unerfüllbar: Allein beim Verbrauch von Kohle, Öl und Gas leisten sich 81 Mio. Deutsche anderthalbmal so viel wie 930 Mio. Inder. Wollte die ganze Menschheit so leben wie wir, brauchten wir noch drei weitere Planeten."

(Der Spiegel 13/1995)

1. Die Energieversorgung der Menschheit ist eine „unendliche Geschichte". Erläutere.
2. Ermittle mithilfe von Karte 54.1 Länder mit sehr geringem Energieverbrauch.
3. Begründe den Begriff „Nord-Süd-Gefälle" in Bezug auf den Energieverbrauch.
4. Überlege, warum wir uns über die Energievorräte Gedanken machen müssen.

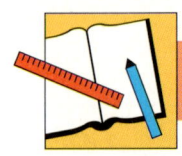

Wir werten Texte aus:

Steinkohle

Voraussetzungen für die Entstehung waren ein tropisches Klima, Moore und Sumpfwälder mit einem üppigen Pflanzenwachstum wie in der **Karbonzeit** vor etwa 350 Millionen Jahren (s. hinteren Buchdeckel). Landsenkungen und Überschwemmungen führten zum Absterben der Pflanzen. Unter Luftabschluss entstand **Torf,** der von Sedimenten überdeckt wurde. Landhebungen und -senkungen wechselten sich ab; die Erdwärme und großer Druck wandelten den Torf in **Braunkohle** und schließlich in Steinkohle um. Die **Flöze** sind durch kohlefreie Zwischenschichten voneinander getrennt. Steinkohle ist auf allen Kontinenten vorhanden. Die Hauptverbreitungsgebiete liegen jedoch auf der nördlichen Halbkugel.

Erst mit der **Industriellen Revolution** setzte der Siegeszug der Steinkohle als Brennmaterial in Haushalten und bei der Eisenherstellung ein. Bis zum Ersten Weltkrieg betrug die Förderung weltweit 1,2 Mrd. t. Diese Menge förderte allein China im Jahr 1995. Die **Weltförderung** betrug 1996 3,6 Mrd. t. Der Anteil am **Weltenergieverbrauch** ist von 58% (1950) auf unter 30% (1996) gesunken.

Unterschiedliche Nutzung der Steinkohle:
a) Die Steinkohle dient zur Erzeugung von Wärme. Sie wird auch in „veredelter" Form als Koks oder Briketts in Kohleöfen von privaten Haushalten verbrannt oder in Kraftwerken eingesetzt. Hier erfolgt die Umwandlung über eine Dampfmaschine in mechanische Energie und weiter in elektrische Energie.
b) Die Metallindustrie setzt Kohle, die in Koks umgewandelt wird, in der Hüttenindustrie ein.
c) Die Kohlechemie verwendet Steinkohle als Rohstoff und verarbeitet, neben den Nebenprodukten Gas und Teer, die bei der Verkokung anfallen, die in der Steinkohle enthaltenen Kohlenwasserstoffe.

Braunkohle

Die Braunkohle ist ähnlich wie die Steinkohle aus abgestorbenen Wäldern entstanden. Sie bildete sich hauptsächlich im **Tertiär** aus. Die großen Vorkommen im Moskauer Becken stammen aus dem Karbon. Da bei der Entstehung geringere Temperaturen herrschten als bei der Steinkohle und auch gebirgsbildende Vorgänge kaum auftraten, liegt der **Kohlenstoffgehalt** nur bei ca. 70 %. Der Wassergehalt ist jedoch höher als bei Steinkohle.

Der Steinkohlebergbau kann wegen des Gebirgsdrucks, der Temperaturzunahme und der Wasserprobleme im Untertagebau nicht tiefer als 1500 bis 1600 m betrieben werden. Braunkohle liegt meist in ungestörten Schichten relativ nahe an der Oberfläche. Die **Braunkohleförderung** erfolgt oft im Tagebau. Die bis zu 200 m mächtigen Deckgebirge aus Tonen und Sanden werden abgeräumt. Die größten **Braunkohlevorräte** besitzt Russland mit 3200 Mrd. t, gefolgt von den USA mit 1000 Mrd. t. Weltweit größter **Braunkohleproduzent** war 1996 Deutschland mit 192 Mio. t. Hauptfördergebiete sind das Rheinische Revier, die Lausitz und das mitteldeutsche Revier um Halle/Leipzig. Die **Weltförderung** belief sich 1996 auf 1 Mrd. t.

Braunkohle wird in zwei Bereichen eingesetzt:
a) Wegen des geringeren Heizwertes im Vergleich zur Steinkohle und des Wassergehaltes der Rohbraunkohle sind weite Transportwege zu kostspielig. Die Kraftwerke liegen daher meist in der Nähe der Tagebaue. Sie verfeuern den Energierohstoff und erzeugen elektrischen Strom.
b) Veredlungsbetriebe stellen Briketts, Braunkohlestaub, Braunkohlekoks und Synthesegas (künstliches Erdgas) her. Braunkohlestaub wird vor allem in den Drehöfen der Zement- und Kalkindustrie sowie zum Einblasen in die Hochöfen eingesetzt.

Fossile Energien

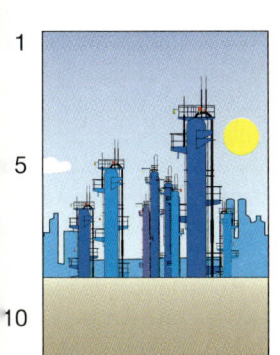

Erdöl

Vor mehreren hundert Millionen Jahren lagerte sich auf dem Meeresboden **abgestorbenes Plankton** ab, das anschließend von Sedimenten überdeckt wurde. Unter Luftabschluss entstand Faulschlamm. Bakterien wandelten den Faulschlamm in Bitumen um, den Grundstoff des Erdöls. Sobald der Druck der darüberliegenden Sedimente zunimmt, verlässt das Erdöl das **Muttergestein,** in dem es sich gebildet hat, und steigt in Rissen und Poren auf. An der Erdoberfläche oxidiert es zu Bitumen oder Ölsanden. Versperren undurchlässige Schichten wie Salz oder Ton den Aufstieg, sammelt sich das Erdöl im darunter liegenden **Speichergestein.** Zwei Drittel der erdölhöffigen Felder liegen auf dem Festland, ein Drittel befindet sich **offshore.**

Der Nahe Osten ist das erdölreichste Gebiet der Erde. 1996 betrug die gesamte **Weltförderung** 3,4 Mrd. t. Größter Produzent war Saudi-Arabien mit 400 Mio. t. Der Anteil des Erdöls am **Weltenergieverbrauch** ging von 48% (1974) auf 36% (1996) zurück.

In reiner Form findet Erdöl kaum Verwendung. Es wird in Raffinerien physikalisch in seine Bestandteile getrennt und chemisch behandelt. Das Gemisch besteht aus Kohlenstoff- und Wasserstoffatomen, an die oft Schwefel, Stickstoff und Sauerstoff angebunden sind. Beim Destillieren und Aufspalten (Kracken) der Kohlenwasserstoffe entstehen neue Verbindungen wie Benzin, Kerosin und Dieselkraftstoff. Die **petrochemische Industrie** verwendet den Rohstoff für die Erzeugung von Kunststoffen, Mineraldünger und Farben.

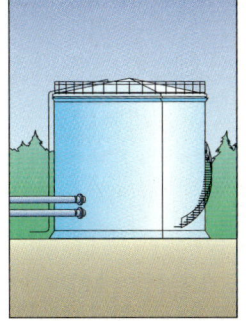

Erdgas

Das geruchlose und leicht entzündliche Gas entstand unter den gleichen Bedingungen wie Erdöl und tritt häufig in den gleichen Lagerstätten auf. Es bildete sich im Muttergestein und stieg in das Speichergestein auf. Aufgrund des spezifischen Gewichtes sammelt sich Erdgas oben in der Lagerstätte und darunter das Wasser, auf dem das Erdöl schwimmt. Bei der Bohrung nach Erdöl entweicht das Erdgas wegen der Druckentlastung. Erdgas kommt auch in der Erdkruste vor. Es bildet sich ebenfalls bei der **Inkohlung,** d. h. bei der Umwandlung pflanzlicher Organismen zu Torf, Braunkohle und Steinkohle.

Das Gemisch flüchtiger Kohlenwasserstoffe aus reinen Erdgaslagerstätten besteht zu 80 bis 95 % aus Methan sowie geringen Anteilen von Äthan, Propan und Butan, außerdem Schwefelwasserstoff, Stickstoff und Kohlendioxid. Die größten **Erdgaslagerstätten** liegen in Russland und im Nahen Osten. 1996 betrug die **Weltförderung** 2255 Mrd. m^3. Die beiden größten Produzenten waren Russland (591 Mrd. m^3) und die USA (573 Mrd. m^3). Größere Mengen von Erdgas werden bei der Ölförderung abgefackelt. Der Anteil von Erdgas am **Weltenergieverbrauch** lag 1996 bei 25 %.

Der Rohstoff und Energieträger findet in folgenden Bereichen Verwendung:
a) für die Raumheizung: In den Industrieländern werden veraltete Kohle- und Ölheizungen durch Gasheizungen ersetzt.
b) zur Stromerzeugung in Kraftwerken.
c) als Motorentreibstoff für Pkw.
d) als Grundstoff in der Petrochemie.

Energieträger	Entstehung	Lagerstätte	Förderung	Verbrauch	Nutzung
Steinkohle					
Braunkohle					
Erdöl					
Erdgas					

1. Übertrage die Tabelle in dein Heft und fülle sie aus.
2. Vergleiche die fossilen Energieträger.

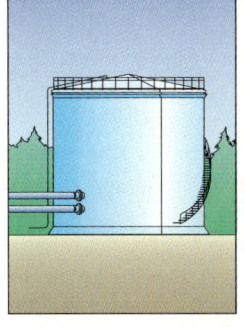

Umweltbelastung

1960

1985

Kohlendioxid-Emissionen

Kohlendioxid entsteht bei der Verbrennung fossiler Brennstoffe, aber auch beim Abbrennen tropischer Regenwälder (vgl. S. 26 und S. 174). Beim Verbrennen einer Tonne Steinkohle werden 2,2 Tonnen CO_2 frei. CO_2 ist mit 0,03% ein natürlicher Bestandteil der Atmosphäre. Es verhindert, dass zu viel Wärme in den Weltraum zurückgestrahlt wird. Zusätzlich gelangen jährlich drei Milliarden Tonnen vom Menschen verursachtes Kohlendioxid in die Atmosphäre. Weitere sechs Milliarden vom Menschen erzeugte Tonnen werden vermutlich durch chemische und biologische Prozesse größtenteils von den Ozeanen aufgenommen (s. S. 26 – 27). Ein Übermaß an CO_2 führt jedoch zu einer allmählichen Erwärmung des Erdklimas.

1. Betrachte den Kohlenstoffkreislauf und nenne die Mengen in den Kohlenstoffspeichern.
2. Stelle eine Verbindung zwischen Atmosphäre und Kohlendioxid her.
3. Erläutere die Auswirkungen bei der Verbrennung von fossilen Brennstoffen.
4. Beschreibe die Entstehung von SO_2-Smog und O_3-Smog.
5. Erörtere Probleme der Luftverschmutzung, über die die Medien berichten.

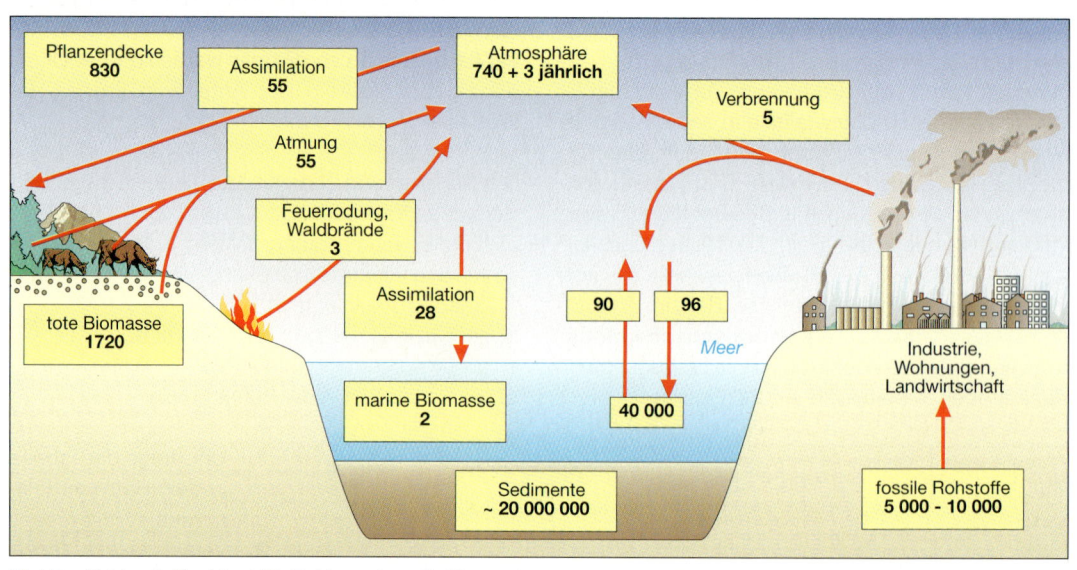

Pflanzendecke **830**

Assimilation **55**

Atmosphäre **740 + 3 jährlich**

Verbrennung **5**

Atmung **55**

Feuerrodung, Waldbrände **3**

Assimilation **28**

90   96

Meer

tote Biomasse **1720**

marine Biomasse **2**

40 000

Industrie, Wohnungen, Landwirtschaft

Sedimente **~ 20 000 000**

fossile Rohstoffe **5 000 - 10 000**

58.1 Der Kohlenstoffkreislauf (Die Zahlen geben die Menge des gespeicherten Kohlenstoffs in Milliarden Tonnen an.)

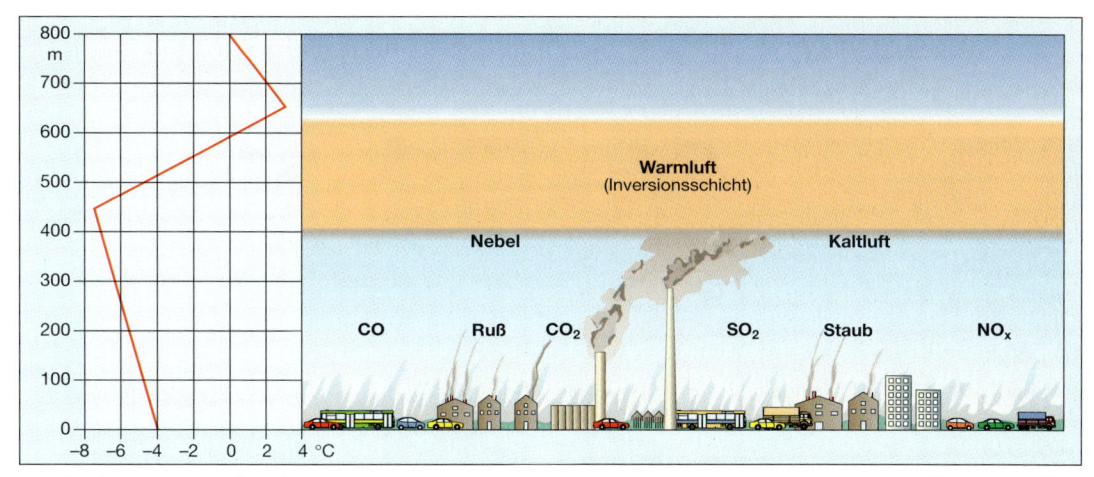

59.1 Die Entstehung von SO₂-Smog

Wintersmog

In Verdichtungsräumen kann besonders im Winter die Konzentration an Schadstoffen in der Luft sehr hoch werden. Der Grund für die Entstehung von **Smog** (engl. smoke = Rauch, fog = Nebel) ist eine **Inversionswetterlage.** Normalerweise nimmt die Lufttemperatur mit zunehmender Höhe ab. Bei einer Inversion liegt in der Höhe eine wärmere Luftschicht über kälterer Bodenluft. Die Warmluft verhindert das Aufsteigen der bodennahen Luft, in der sich gesundheitsschädliche Stoffe ansammeln. Wegen des hohen Anteils an Schwefeldioxid wird der Wintersmog SO_2-Smog genannt. Überschreitet die SO_2-Konzentration einen bestimmten Wert, lösen die Behörden **Smog-Alarm** aus. Autos haben Fahrverbot, Kraftwerke und Industriebetriebe müssen die Produktion drosseln.

Sommersmog

Gasförmige Schadstoffe aus Schornsteinen und von Kraftfahrzeugen wandeln sich unter dem Einfluss des Sonnenlichts vor allem in giftiges Ozon (O_3) um. Besteht eine Inversionswetterlage, reichert sich Ozon in den bodennahen Luftschichten an. Die höchsten Ozonbelastungen treten in den frühen Nachmittagsstunden auf. In der Nacht wird das tagsüber gebildete Ozon größtenteils abgebaut. Der Mensch reagiert auf **Ozon-Smog** ähnlich wie beim SO_2-Smog mit Kopfschmerzen, Mattigkeit und ist anfällig für Infektionskrankheiten.

Schwefeldioxid und Stickstoffoxide wandeln sich in der Atmosphäre zu Schwefelsäure und Salpetersäure um und gelangen als **saurer Regen** zur Erde zurück. Auswirkungen sind Gebäudeschäden und das **Waldsterben** (s. S. 178 – 181).

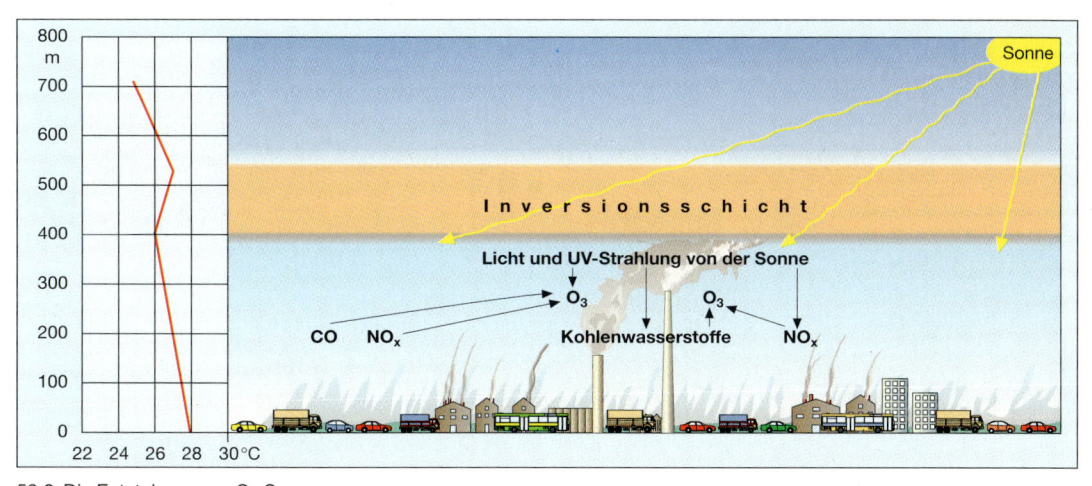

59.2 Die Entstehung von O_3-Smog

Ausstieg aus der Kernenergie?

**Viel Strom.
Wenig
Zustimmung.
Kein CO_2.**

*Kernkraft: viel Strom.
Kein CO_2.
Künftig mehr Zustimmung?*

Ihre Stromversorger

60.1 Werbung der Stromversorger

Dafür und dagegen

Das erste deutsche Kernkraftwerk ging 1966 ans Netz. In der friedlichen Nutzung der Kernenergie sahen die verantwortlichen Politiker und auch die Stromversorgungsunternehmen eine Möglichkeit die Abhängigkeit von Erdölimporten zu verringern. Zusammen mit der heimischen Kohle sollte die Kernenergie unsere Stromversorgung langfristig sichern. Heute wird etwa ein Drittel des deutschen Stromverbrauchs aus Kernkraftwerken gedeckt.

Der Ausbau der Kernenergie war in der Diskussion von Anfang an umstritten: Während die Befürworter die Versorgungssicherheit in den Vordergrund stellen, weisen die Gegner auf die unkalkulierbaren Gefahren bei einem Unfall hin. Nach dem Reaktorunfall von Harrisburg (USA, 1979) und der Katastrophe von Tschernobyl (Ukraine, 1986) ist die Diskussion um die Kernenergie nicht mehr abgerissen.

Während die einen den völligen Ausstieg fordern, sehen die anderen in der Nutzung der Atomkraft weiterhin einen Beitrag die knapper werdenden Energierohstoffe zu schonen und die Umwelt zu entlasten. Nur so könne Deutschland seine Zusage erfüllen bis zum Jahr 2005 den Ausstoß an Kohlendioxid um 25 Prozent zu senken.

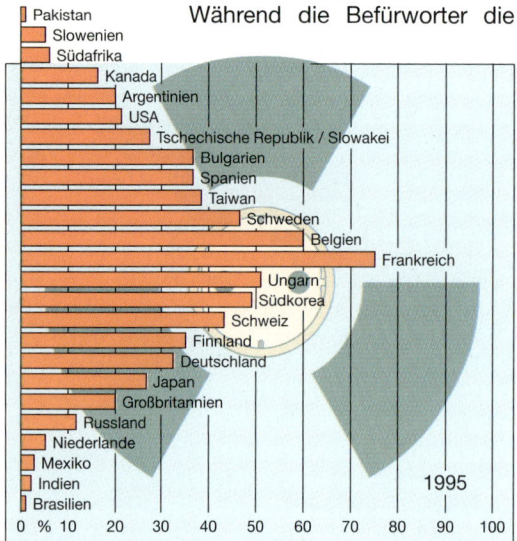

60.2 Anteil der Kernenergie an der Stromversorgung

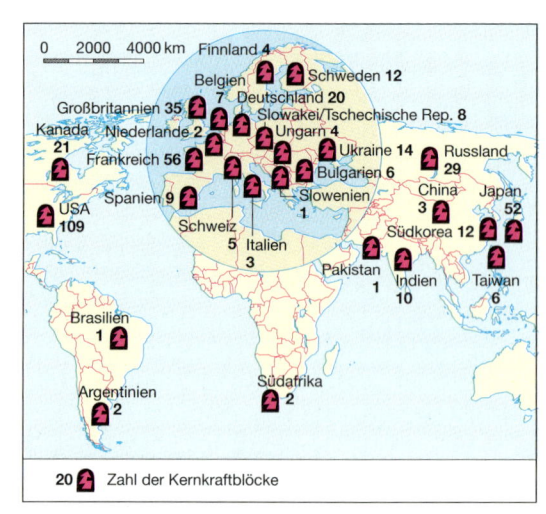

60.3 Kernkraftwerke weltweit (1997)

Kernenergie wirkt still und umweltfreundlich. Kein Rauch, kein Ruß, keine Schadstoffe belasten unser Leben. Das Kernkraftwerk ist eine der umweltfreundlichsten Anlagen zur Stromerzeugung. Es gibt keine Schadstoffe wie bei der Verbrennung von Stein-, Braunkohle und Erdöl ab. Es verbraucht keinen Sauerstoff und es erzeugt kein Kohlendioxid. Seine kontrollierte Abgabe von Radioaktivität ist geringfügig und liegt weit unter der Grenze, bei der sie Schaden anrichten könnte. Ein Kernkraftwerk gibt praktisch nichts Belastendes an die Umwelt ab.
(Kernenergie in Deutschland, 1986)

Als am 26. April 1986 der Reaktor 4 des Kernkraftwerks Tschernobyl außer Kontrolle gerät, lösen 180 000 kg hochradioaktiven Materials – das entspricht der Ladung von 1000 Hiroshima-Atombomben – die bis dahin größte Explosion der Menschheitsgeschichte aus. Trotz größten Einsatzes von Menschen und Material brennt das atomare Höllenfeuer 14 Tage lang. Dann ist es endlich eingedämmt und mit Tausenden von Tonnen Beton von Hubschraubern aus zugeschüttet. Die Retter der ersten Stunde sind schon nach wenigen Tagen gestorben.
Die Zahl der Menschen, die an den Folgen der Katastrophe gestorben sind, geht in die Tausende. Sechsmal ziehen die radioaktiven Wolken um die Welt. Sie haben dabei das Moos in Lappland, die erste Heuernte am Bodensee, den feinen Sandstrand Kaliforniens und das ewige Eis Grönlands verstrahlt.
(Der Spiegel, 17/1990)

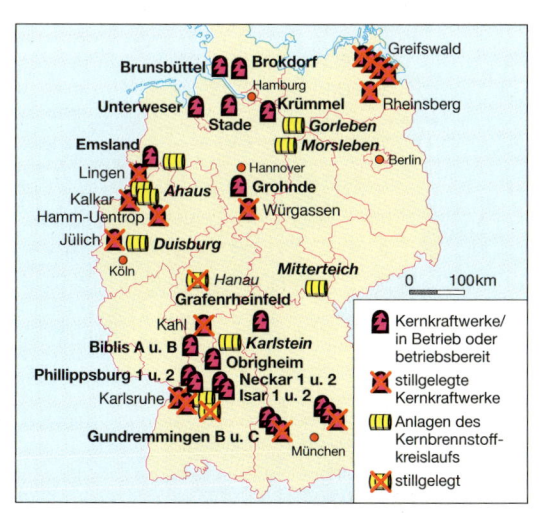

61.1 Kernenergie-Anlagen in Deutschland (1997)

1. Informiere dich, wie ein Kernkraftwerk arbeitet (Lexikon, Physikunterricht).
2. Vergleiche die Nutzung der Kernenergie in den verschiedenen Staaten.
3. Erkundige dich über die Wirkung von radioaktiver Strahlung (Lexikon: Hiroschima).
4. Nenne Folgen der Atomkatastrophe von Tschernobyl.
5. Sammle Informationen darüber, was mit dem radioaktiven Müll geschieht (s. auch S. 71).
6. Diskutiert die Argumente der Befürworter und Gegner der Kernenergie. Welche Interessengruppen könnten dahinter stehen?

Größter **A**nzunehmender **U**nfall (GAU).
Kernschmelze: Austreten radioaktiven Materials, Verstrahlung der Umgebung, weltweite Auswirkungen für Menschen, Tiere und Pflanzen

Kernkraftbefürworter argumentieren:

– KKW sind umweltfreundlich: keine CO_2- und SO_2-Emissionen.
– KKW haben einen hohen Sicherheitsstandard; die Wahrscheinlichkeit eines GAU ist 1:1 Milliarde.
– KKW vermindern die Abhängigkeit vom Erdöl.
– Kernenergietechnik sichert Arbeitsplätze.
– KKW erzeugen preiswerten Strom und tragen damit zur Sicherung unseres Lebensstandards bei.
– Kernenergie schont fossile Brennstoffe, die auch als Rohstoffe benötigt werden.

Kernkraftgegner argumentieren:

– KKW sind umweltschädigend: Emission radioaktiver Gase.
– Kernenergie birgt Risiko durch menschliches Versagen.
– Das Schadenausmaß bei atomaren Unfällen ist räumlich und zeitlich höher als bei allen anderen Technologien.
– Die Endlagerung von radioaktiven Abfällen ist nicht gesichert.
– Radioaktiver Müll strahlt Jahrtausende.
– Die Strahlenbelastung durch kerntechnische Anlagen führt zu erhöhtem Krebsrisiko.
– Strom aus Kernenergie ist teuer: Außer den laufenden Kosten müssen auch die Kosten für die Entsorgung berücksichtigt werden.

Alternative Energiequellen

1. Wasserkraft

Eine besonders umweltfreundliche Art der Elektrizitätsgewinnung ist die Stromerzeugung aus Wasserkraft. Hierbei lässt sich das Dynamo-Prinzip einfach anwenden: Das Wasser treibt Turbinenschaufeln, die sich drehen und in Generatoren den Strom erzeugen. Bei Öl-, Gas-, Kohle- und Kernkraftwerken muss dagegen erst Dampf erzeugt werden, der die Turbinen antreibt. Dabei gehen zwischen 50 % und 64 % der Energie durch Umwandlungs- und Wärmeverluste verloren.

In Deutschland decken Wasserkraftwerke ca. 5 % der Stromerzeugung. Würde man die stillgelegten kleinen Wasserkraftwerke wieder in Betrieb nehmen, weitere Laufwasserkraftwerke und wieder Wassermühlen an Bächen oder kleineren Flüssen bauen, könnte der Anteil an der Stromerzeugung von 5% auf mehr als 10% erhöht werden.

Gezeitenkraftwerke: Diese Anlagen nutzen die Gezeitenenergie, die durch den Höhenunterschied zwischen Ebbe und Flut zustande kommt. Dabei ist allerdings ein Tidenhub von mehreren Metern notwendig. Außerdem muss eine Trichtermündung vorhanden sein, die den Wasserdruck erhöht. Deshalb gibt es in Europa nur ein Gezeitenkraftwerk bei Saint-Malo in Frankreich. Dort beträgt der Tidenhub durchschnittlich 8,4 m, in der Deutschen Bucht weniger als 3 m.

Langzeitspeicher: Diese Kraftwerke sind als Talsperren oder Stauseen bekannt – obwohl sie auch nur Trinkwassertalsperren sein können und nicht immer der Stromerzeugung dienen. Es gibt sie vor allem in Mittel- und Hochgebirgen, also in Landschaften mit großen Höhenunterschieden. Im Kraftwerk von Silvretta beträgt der Höhenunterschied über 1000 m. Nachteilig ist, dass die Landschaft durch ein solches Bauwerk stark verändert wird. Aus den Tälern müssen Menschen und Tiere umgesiedelt werden. Daher werden in Deutschland solche Langzeitspeicher nicht mehr gebaut.

Laufwasserkraftwerke stehen an Flüssen mit starker Wasserführung. Sie wandeln die Bewegungsenergie des Wassers in elektrische Energie um. Die niedrige Bauweise stört das Landschaftsbild kaum. Da in den letzten Jahren die Turbinentechnik verbessert wurde, muss die Fließgeschwindigkeit nicht mehr so hoch sein. Deshalb könnten weitere Laufwasserkraftwerke gebaut werden.

Pumpspeicher: Er dient der Stromerzeugung während der Hauptverbrauchszeit. In der Nacht und zu Zeiten, an denen der Stromverbrauch gering ist, wird der Strom genutzt um Wasser in einen höher gelegenen Speicher zu pumpen. Während der Hauptverbrauchszeit stürzt das Wasser hinunter, treibt die Turbinen an und erzeugt Strom. Dies ist eine der wenigen Möglichkeiten elektrische Energie auf dem Umweg über die Bewegungsenergie des Wassers zu speichern.

Wasserkraft in der EU

Land	%	Land	%
Österreich	69,6%	Griechenland	9,9%
Luxemburg	66,9%	Irland	6,6%
Schweden	46,7%	Deutschland	4,8%
Portugal	27,6%	Großbritannien	2,1%
Finnland	19,9%	Belgien	1,2%
Italien	18,1%	Dänemark	0,1%
Frankreich	16,1%	Niederlande	0,1%
Spanien	15,5%		

62.1 Anteil an der Stromerzeugung in % (1995)

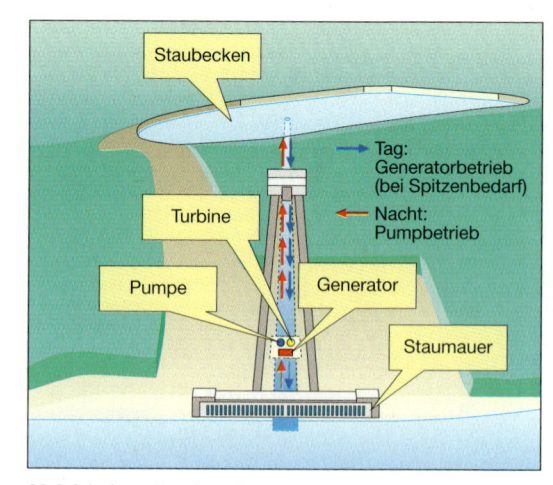

62.2 Arbeitsweise eines Pumpspeicherwerkes

2. Windenergie

Einfache Formen der Windnutzung waren schon vor tausenden von Jahren bekannt. Segel unterstützten die Muskelkraft von Ruderern und Galeerensklaven. Vom Wind getriebene Wasserpumpen bewässerten die Felder an Euphrat und Tigris. Noch um 1900 gehörten zahllose Windräder und Windmühlen in Europa zum gewohnten Bild. Allein in Deutschland drehten sich 20 000 Windmühlen.

Nachdem die technische Nutzung des elektrischen Stroms gelungen war, liefen schon vor 100 Jahren in Norddeutschland Windräder, die mithilfe von Generatoren nach dem Dynamoprinzip Gleichstrom erzeugten.

Die heute am häufigsten aufgestellten Windkraftanlagen besitzen eine waagerecht angeordnete Welle, eine horizontale Achse, wie sie auch schon bei den historischen Windmühlen gebaut wurde. Die sich drehende Achse treibt einen Generator an. Flügelblätter (Rotoren) übertragen die Rotationsenergie auf die Windradwelle. Die Zahl der Rotoren kann unterschiedlich sein: Es gibt sie als Ein-, Zwei- und Dreiblattrotoren.

„Windstrom" hat nicht dieselbe Qualität wie Strom aus Wärmekraftwerken. Im Unterschied zu diesen Kraftwerken steht bei den Windkraftanlagen, in der Fachsprache Windkonverter, die installierte Leistung nicht ständig zur Verfügung. Sie laufen nur dort, wo die Windgeschwindigkeit ungefähr 3 m/sec beträgt. Windkonverter können die Stromversorgung nur ergänzen, aber jedes vom Wind erzeugte Megawatt (MW) spart 215 000 Liter Heizöl und verringert den CO_2-Ausstoß um 500 t.

Leistung von Windenergieanlagen (1996):
Weltweit: 6000 MW
USA: 1600 MW , Dänemark 825 MW
Deutschland: 1550 MW mit 4 326 Anlagen
Anteil an der deutschen Stromversorgung: 0,5 %
(Schleswig-Holstein 8 %; bis 2010: 25 %)

1. Suche zu jedem Typ von Wasserkraftwerk mindestens ein Beispiel im Atlas.
2. Warum ist die Energieversorgung durch Wasserkraft nicht beliebig zu steigern?
3. Stelle fest, wo in Deutschland günstige Standorte für Windenergieanlagen sind.
4. Bildet zwei Gruppen und diskutiert die Vor- und Nachteile von Windkraftanlagen.

Mittlere Windgeschwindigkeit, gemessen in 10 m Höhe:
4-5 m/s | 5-6 m/s | 6-7 m/s | über 7 m/s

63.1 Windenergie

„Natürlich wollen wir „die Windkraft", diese saubere Stromerzeugung aus der erneuerbaren Ressource Wind. Keine Abgase, kein Fallout aus Atomkraftwerken.
Haben wir nicht alle Ursachen, die Erfindungskraft der Ingenieure, der Mechaniker, der Handwerker zu achten, wenn sie uns Gebilde schaffen, die die Gesellschaft vor den Folgen der atomaren Zeitbombe retten? Sind die Windrotoren nicht sehr hübsche Erscheinungen? Sind sie nicht sogar vielversprechend als Wirtschaftsfaktor?
Windkraftanlagen müssen dort aufgestellt werden, wo der Wind weht. Mitten in den Großstädten, den Ballungsräumen, da wo der meiste Strom verbraucht wird, geht es nicht. Sie brauchen nämlich viel Platz, wegen des Lärms, den sie erzeugen, wegen der Unfalldistanz (rund 80 m), die sie aus Sicherheitsgründen brauchen. Eine 500 kW-Anlage ist nämlich so hoch wie ein zwanzigstöckiges Hochhaus. Man braucht jene Landstriche, die von der Industrie bisher verschont waren..."

(nach Uwe Herms:
in Norddeutsche Rundschau 29. 6. 1994)

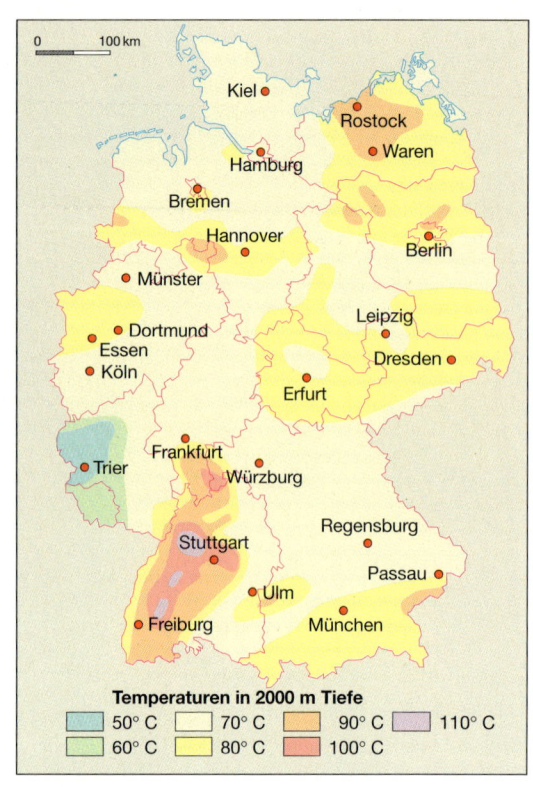

64.1 Erdwärme

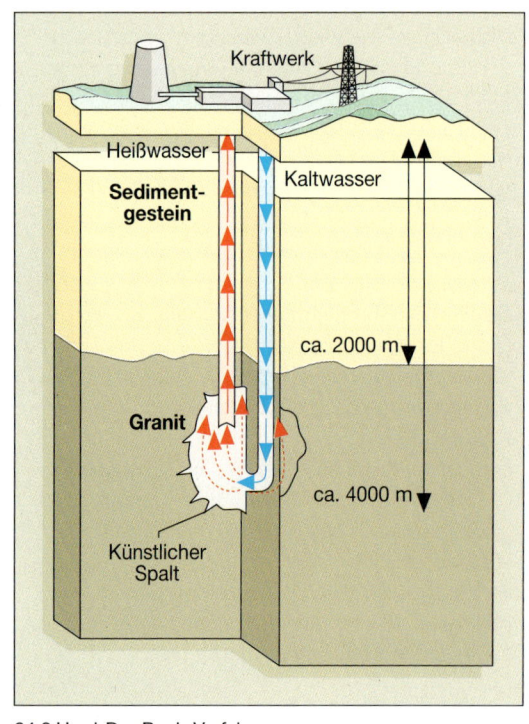

Temperaturen in 2000 m Tiefe
- 50° C
- 60° C
- 70° C
- 80° C
- 90° C
- 100° C
- 110° C

64.2 Hard-Dry-Rock-Verfahren

3. Erdwärme

Seit über hundert Jahren beheizen die Isländer ihre Gewächshäuser mit warmem Wasser aus dem vulkanischen Untergrund. San Francisco deckt fast seinen gesamten Strombedarf durch Erdwärme. Günstige Standorte für **Thermalquellen** und **geothermische Kraftwerke** sind Gebiete mit Vulkanen und Störungszonen der Erdkruste, wie die Ränder der Platten, die die Kontinente und Ozeane tragen (s. S. 80 ff.).

Auch durch den Sandstein der Norddeutschen Tiefebene verlaufen Wasser führende Schichten, in denen das Wasser zwischen 40 und 97 °C warm ist. In Waren wurde 1984 eine Erdwärme-Anlage in Betrieb genommen, die aus 1600 m Tiefe 60 °C warmes Wasser fördert. Es kann jedoch nicht direkt in die Heizung eingespeist werden, weil es zu salzhaltig ist und die Rohre korrodieren würden. Stattdessen gibt das Wasser seine Wärme in Wärmetauschern an den Heizwasserkreislauf.

Vorzugsräume für die Nutzung von Erdwärme in Schleswig-Holstein wären die Gebiete Pinneberg-Kaltenkirchen, Preetz und Horst-Elmshorn-Barmstedt-Uetersen-Pinneberg. Bei dem jetzigen Stand der Energiepreise ist die Beheizung von Wohnhäusern, Schwimmbädern oder Treibhäusern mit warmem Wasser aus 2000 m Tiefe in Schleswig-Holstein noch unwirtschaftlich. Auch zur Gewinnung von elektrischer Energie eignet sich die Erdwärme in Deutschland kaum. Dafür müsste es Dampflagerstätten mit einer Temperatur von mindestens 175 °C geben.

Darum arbeiten Wissenschaftler an dem **Hard-Dry-Rock-Verfahren**. In über 4000 m Tiefe ist das Gestein an einigen Stellen über 200 °C heiß. Wegen des gewaltigen Drucks des Deckgebirges kann kein Tiefenwasser zirkulieren. Durch ein Bohrloch wird Wasser mit hohem Druck eingepresst und das Gestein aufgebrochen. Durch ein zweites Bohrloch kann das erhitzte Wasser zur Erdoberfläche zurückkehren. Es steht noch unter hohem Druck. Beim Absenken des Druckes entsteht Dampf, der Turbinen antreibt und Strom erzeugt. Weltweit werden aber erst 2 % des Energieverbrauchs in Geothermie-Anlagen erzeugt.

1. Stelle zusammen, wo es in Deutschland nutzbare Erdwärme gibt.
2. Welchen Beitrag könnte die Erdwärme in Zukunft zur Energieversorgung leisten?

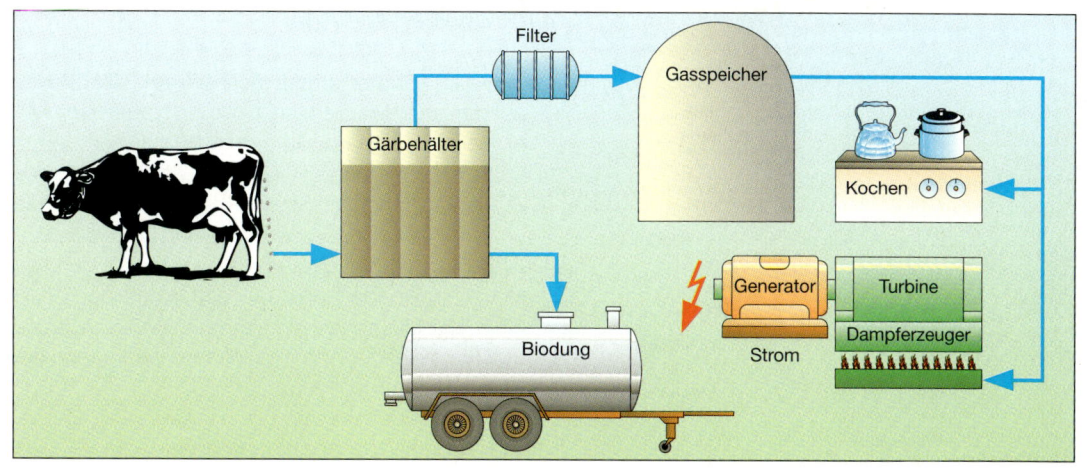

65.1 Biogas-/Biodung-Anlage

4. Energie aus Biomasse

Biomasse enthält die von Pflanzen mithilfe der Sonne (Fotosynthese) gespeicherte Energie. Jährlich erzeugt die Natur zehnmal so viel Biomasse wie auf der Erde an Energie verbraucht wird. Zur Energieerzeugung eignen sich alle Pflanzen mit hohem Zucker- oder Stärkeanteil wie Zuckerrüben, Mais und Kartoffeln, aber auch Holz aus schnell wachsenden Weiden und Pappeln sowie pflanzliche Abfälle und Fäkalien. Biomasse kann in Wärme, Treibstoff oder elektrische Energie umgewandelt werden.

Unter Luftabschluss zersetzen sich die organischen Bestandteile mithilfe von Bakterien zu **Faulgas**. Die Hauptbestandteile sind Methan, Kohlendioxid und Wasser. Das Gas Methan bildet sich auch in den Faultürmen von Kläranlagen. Der zurückbleibende Faulschlamm gilt in der Landwirtschaft als hochwertiger Dünger.

Mit einfachen Anlagen decken Chinesen und Inder seit längerem einen Teil ihres Energiebedarfs. In Deutschland hatten 1995 die 700 Biogasanlagen einen Anteil von 0,2 % an der Stromerzeugung. Da die landwirtschaftliche Nutzfläche in Deutschland begrenzt ist, können **nachwachsende Rohstoffe** langfristig höchstens 10 % des Energiebedarfs decken.

1. Erkläre die Funktionsweise einer Biogas/Biodung-Anlage.
2. Nenne Vorteile und Hinderungsgründe, die sich bei der Verwendung von Biomasse als Energieträger ergeben.

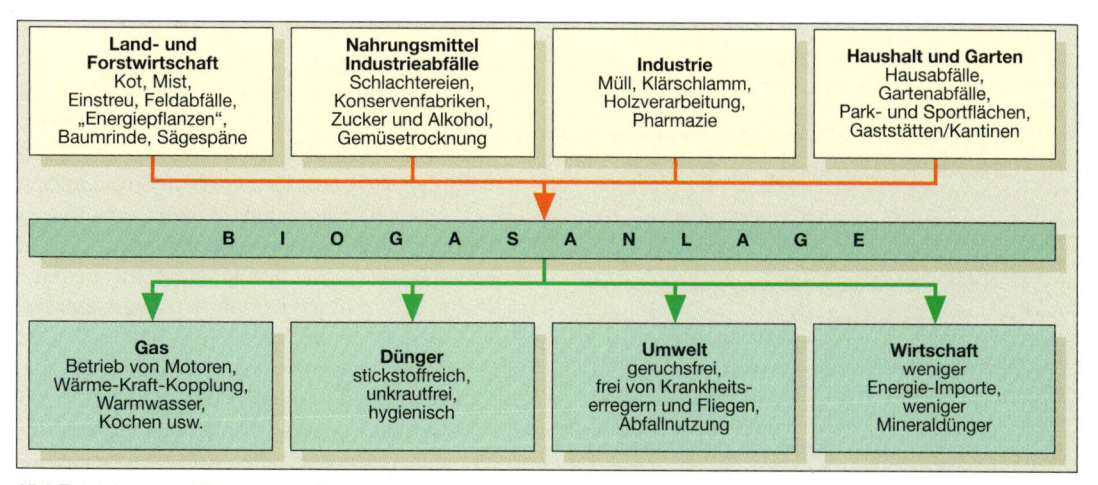

65.2 Entstehung und Nutzung von Biogas

5. Sonnenenergie

In nur 20 Minuten strahlt die Sonne so viel Energie auf die Erde, wie die Menschheit in einem Jahr verbraucht. Doch fast alle Industrieländer mit ihrem hohen Energiebedarf liegen in den gemäßigten Breiten, in denen die Strahlungsleistung der Sonne im Verhältnis z. B. zur Sahara gering ist. In den Monaten November bis Februar mit dem höchsten Heizenergiebedarf wird nur ein Achtel der jährlichen Energiemenge eingestrahlt. In Deutschland machte 1996 der Anteil der Sonnenenergie an der Stromversorgung 1 % aus.

Die Nutzung der Sonnenenergie:

- **Sonnenkollektoren für die Warmwasserbereitung:** Ein Kollektor in Form eines rechteckigen Kastens sammelt die einfallende Sonnenenergie und gibt sie an Wasser ab. Damit lässt sich ein Haus heizen. Für 200 – 300 Liter Warmwasser werden ca. 58 m^2 Kollektorfläche benötigt. Kollektoren kann man sinnvoll mit einer Zusatzheizung kombinieren, die dann Wärme liefert, wenn die Sonne nicht scheint.

- **Sonnenkraftwerke zur Stromerzeugung:** Spiegel bündeln auf „Sonnenfarmen" die aufgefangene Sonnenenergie und lenken sie an einen Empfänger. Dieser gibt die thermische Energie über einen Wärmetauscher in einen Wasser-Dampf-Kreislauf. Nachteilig sind der geringe Wirkungsgrad und der hohe Flächenbedarf. Nördlich des 40. Breitengrades sind Sonnenkraftwerke unwirtschaftlich, weil die direkte Sonneneinstrahlung zu gering ist.

- **Direkte Umwandlung von Licht in elektrische Energie (Fotovoltaik):** Sonnenzellen sind aus zwei verschiedenen, dünnen Silizium-Schichten aufgebaut. Fällt direktes Sonnenlicht oder diffuse Strahlung bei bedecktem Himmel auf die Solarzellen, entsteht eine elektrische Spannung. Der Vorteil der Fotovoltaik (von griechisch Foto = Licht, Strahlung; Voltaik: von Volt = Maßeinheit für elektrische Spannung) liegt beim Rohstoff: Silizium ist fast unbegrenzt in der Erdkruste, z. B. im Sand vorhanden. Wegen der hohen Produktionskosten für die Solarzellen ist der Strom noch etwa zehnmal teurer als herkömmlich erzeugter Strom. Das größte Fotovoltaik-Kraftwerk der Welt wurde 1994 in Serre (Italien) in Betrieb genommen. Die Solarzellen bedecken eine Fläche von 70 000 m^2.

66.1 Durchschnittliche Sonnenscheindauer

---

kW (Kilowatt = 1000 Watt) steht für Leistung
kWh (Kilowattstunde) steht für Energie. Die Sonne strahlt auf einen Quadratmeter bis etwa 1 kW ein. Ein 40-Watt-Fernsehgerät, das 25 Stunden läuft, verbraucht 1 kWh.

Energieeinheiten:

1 kWh Strom entspricht	0,123 kg	SKE.
1 kg Steinkohle entspricht	1,0	SKE.
1 kg Rohöl entspricht	1,44	SKE.

100 kWh mit Solarstrom erzeugt

- ersparen bis zu 26 l Heizöl oder 30 kg Steinkohle oder 50 kg Braunkohle,
- vermeiden die Entstehung von 57 kg Kohlendioxid, 71 g Schwefeldioxid und 75 g Stickoxiden.

Auf Kreta wird bis 2003 das weltweit größte Fotovoltaik-Kraftwerk mit einer Leistung von 50 MW gebaut. Mit dem Solarstrom kann ein Achtel des Bedarfs der 800 000 Inselbewohner gedeckt werden. Die Gesamtkosten für die Anlage werden auf 120 Mio. US-Dollar geschätzt. Für den ersten Bauabschnitt übernimmt Griechenland 55 % der Kosten. Davon stammen drei Viertel aus dem Regionalfonds der EU.   *(Stromthemen 8/97)*

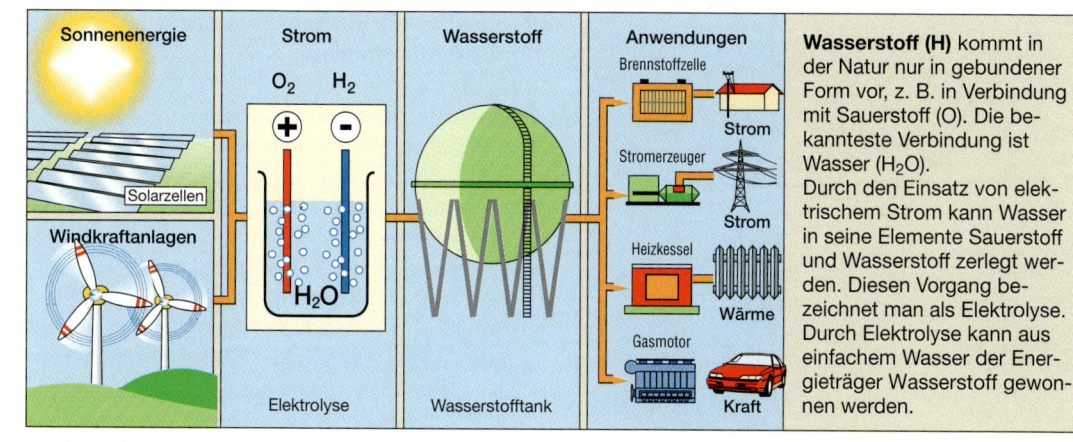

67.1 Herstellung von Wasserstoff mit regenerativen Energien

Wasserstoff (H) kommt in der Natur nur in gebundener Form vor, z. B. in Verbindung mit Sauerstoff (O). Die bekannteste Verbindung ist Wasser (H_2O).
Durch den Einsatz von elektrischem Strom kann Wasser in seine Elemente Sauerstoff und Wasserstoff zerlegt werden. Diesen Vorgang bezeichnet man als Elektrolyse. Durch Elektrolyse kann aus einfachem Wasser der Energieträger Wasserstoff gewonnen werden.

6. Energieträger Wasserstoff

Auf der Erde liegt Wasserstoff chemisch gebunden vor, vor allem im Wasser (H_2O) und in **Kohlenwasserstoffen.** Um Wasserstoff herzustellen ist ein Primärenergieträger nötig. Umweltfreundlich ist Wasserstoff nur, wenn man bei der Gewinnung „sauberen" Strom einsetzt. Diesen können die Wasserkraftwerke in Norwegen und Kanada ebenso zur Verfügung stellen wie Sonnenkraftwerke.

Als nachteilig erweist sich, dass bei der Elektrolyse verwendetes Süßwasser zuvor entmineralisiert und Meerwasser kostenaufwendig entsalzt werden muss. Für den Wasserstofftransport eignen sich Erdgaspipelines nicht, weil die Stahlrohre spröde würden. Folglich müssen anders beschaffene Rohre und neue Kompressoren gebaut werden. Kostengünstig ist dagegen die Nutzung der bisherigen Trassen für Erdgaspipelines. Beim Seetransport sind die Kühltankschiffe für flüssiges Erdgas – z. B. von Algerien nach Europa oder von Bahrain nach Japan – ein Vorbild. Ähnlich wie beim Erdgas muss Wasserstoff verdichtet, d. h. verflüssigt werden. Es hat dann eine Temperatur von –235 °C. Gut isolierte Tanks für Flüssigwasserstoff sind bei Raketen schon im Einsatz.

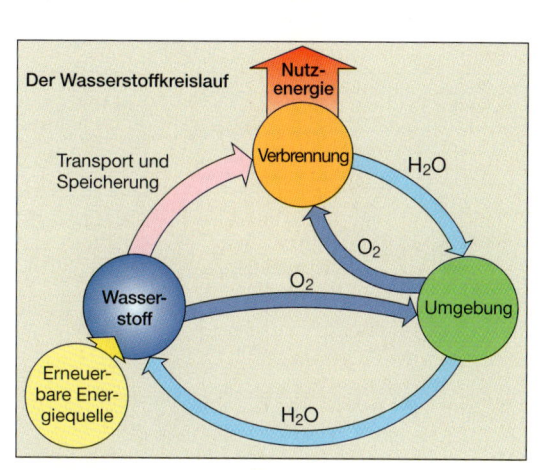

67.2 Ein Energiesystem der Zukunft?

1. Welche Nutzungsformen der Sonnenenergie kennst du aus eigener Anschauung?
2. Erläutere die Vor- und Nachteile, die bei der Nutzung der Sonnenenergie auftreten.
3. Vergleiche die Energiegewinnung aus fossilen Brennstoffen mit der aus Wasserstoff.
4. Stelle Möglichkeiten und Grenzen der regenerativen Energieträger gegenüber.

Zukunftsversionen:
Jules Vernes 1870: *„Ich glaube, dass Wasser eines Tages als Brennstoff verwendet werden wird, dass Wasserstoff und Sauerstoff, aus welchen es besteht, entweder zusammen oder getrennt verwendet, eine unerschöpfliche Quelle für Wärme und Licht sein werden und zwar von einer größeren Stärke, als Kohle es vermag. Das Wasser ist die Kohle der Zukunft."* (aus: Die geheimnisvolle Insel)

1997: Daimler-Benz und das kanadische Unternehmen Ballard Power Systems stellten den ersten Linienbus mit Brennstoffzelle vor. Die Brennstoffzelle wandelt den mitgeführten Wasserstoff bei der „kalten Verbrennung" mit Sauerstoff abgasfrei in Strom um. Dieser dient zum Antrieb des Elektromotors. Als Abfallprodukt wird während des Betriebs lediglich Wasserdampf freigesetzt. Pkw mit Brennstoffzelle sollen im Jahr 2005 auf dem Markt sein. (aus: Stromthemen 7/97)

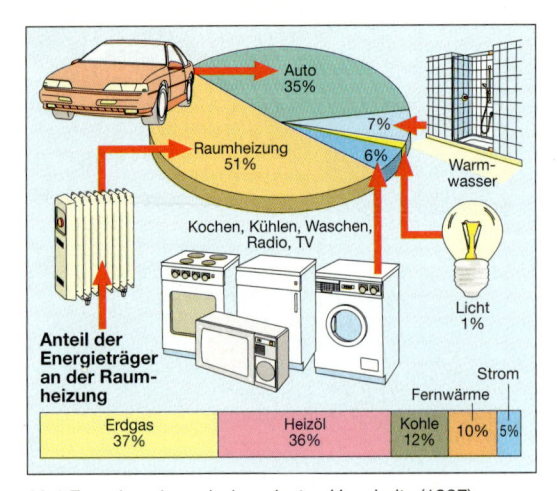

68.1 Energieverbrauch der privaten Haushalte (1997)

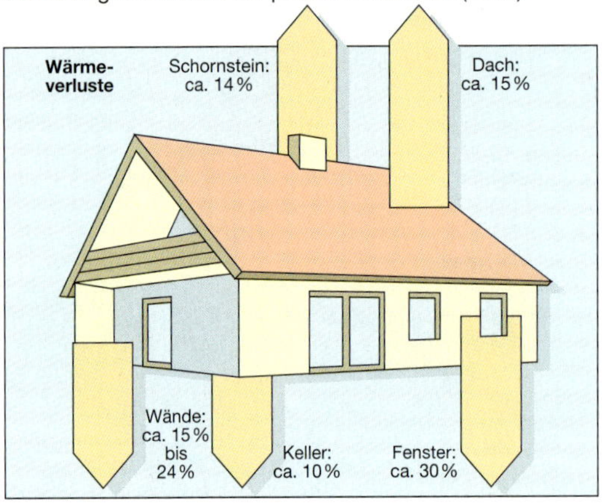

68.2 Wärmeverlust eines Hauses (1996)

7. Die beste Energiequelle: Energiesparen

Fakten, die jeder kennen sollte:

- Fernsehgeräte, Videorekorder, Anrufbeantworter und Computer haben eine Bereitschaftsschaltung. Ist dieses Standby bei allen Geräten immer angeschaltet, wird in einem Jahr in Deutschland genau so viel Strom verbraucht wie eine Großstadt mit 1 Million Einwohnern benötigt.
- Eine einzige **Energiesparlampe,** die anstelle einer Glühlampe eingesetzt wird, spart im Laufe ihres Lebens den Einsatz von 250 kg Kohle oder einem Fass Erdöl. Sie verhindert damit den Ausstoß von 400 kg CO_2.
- Insgesamt könnten in Deutschland jährlich durch **Wärmedämmung,** neue Heizungen und durch sparsameren Umgang mit Strom 41 Mio. t CO_2 weniger an die Atmosphäre abgegeben werden.
- In einem **Null-Energiehaus** erzeugt eine fotovoltaische Anlage auf dem Dach und an den Außenwänden Strom. Überschüssiger Strom wird gespeichert und liefert zusammen mit Sonnenkollektoren Wärme.

1. Wie trägst du selber mit dazu bei Energie zu sparen? Orientiere dich an Abb. 68.1 und 68.2.

2. Erkläre die Wirkungsweise der Kraft-Wärme-Kopplung.

*Der Bau eines Großkraftwerkes kostet ca. 600 Mio. DM. 20 000 kleine **Blockheizkraftwerke** zu je 10 000 DM liefern für 200 Mio. DM genau so viel Strom und zusätzlich das Zweieinhalbfache der Energie als Wärme. Solche Blockheizkraftwerke, die gegen die großen Konzerne schwer durchzusetzen sind, arbeiten nach dem Prinzip der **Kraft-Wärme-Kopplung** und erzielen einen Wirkungsgrad von 85 %. Der Wirkungsgrad bezeichnet das Verhältnis zwischen eingesetzter und der am Ende gewonnenen Energie. Bei einem zentralen Großkraftwerk ohne Kraft-Wärme-Kopplung kann der Verlust bis zu 68 % ausmachen, das heißt, die Wärme geht verloren. Meist liegt der Wirkungsgrad nur zwischen 37 und 42 %.*

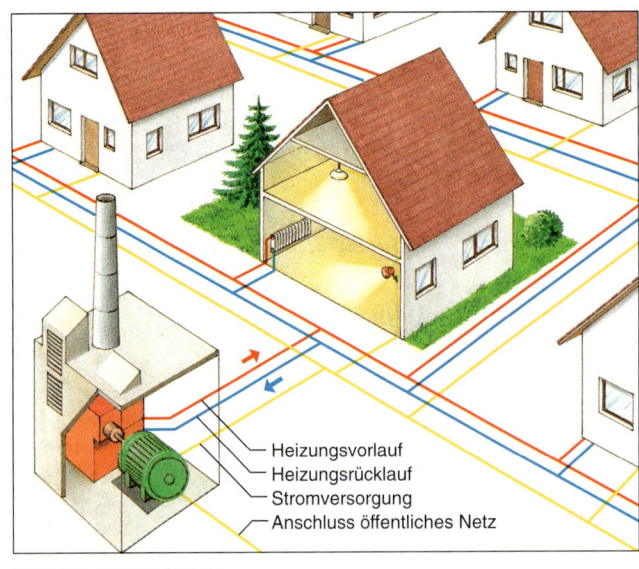

68.3 Blockheizkraftwerk

Projekt
Unsere Schule spart Heizenergie und Strom

Heizenergie
- Standort der zentralen Heizanlage _____
- Womit wird die Schule beheizt? _____
- Wieviel Heizenergie (Heizöl, Erdgas, Fernwärme, sonstiges) benötigt die Schule jährlich? _____
- Messt die Temperatur in der Klasse morgens, mittags und nachmittags. Stellt den Mittelwert fest. _____
- Wie hoch sind die Kosten für die Heizenergie im Jahr? _____
  Preise: Informiert euch beim Ölhändler, beim Versorgungsunternehmen, in der Tagespresse. _____
- Welche Möglichkeiten seht ihr, den Energieverbrauch für die Heizung in der Schule zu senken? _____

1 l Heizöl entspricht 10 kWh, 1 m^3 Erdgas 9,6 kWh, Fernwärme wird in kWh oder MWh abgerechnet; 1 kWh kostet 0,25 – 0,30 DM.
Wird die Heiztemperatur um 1 °C verringert, ergibt sich eine Energieersparnis von ca. 6 %.

Stromverbrauch bei elektrischen Geräten

Gerät, z. B.	Standort/Zahl	Leistung (W) auf dem Typenschild	Betriebsdauer für 1 kWh Strom	Stromverbrauch (kWh) pro Jahr	Vorschlag zum Energiesparen
Overheadprojektor Kopiergerät Computer Fernsehgerät Videorekorder Filmprojektor Diaprojektor Brennofen Kühlschrank Kaffeemaschine		500 W	2 Stunden		Stufe 1 genügt

- Ermittelt bei einem Rundgang durch die Schule die Zahl der Geräte.
- Schätzt die durchschnittliche Benutzungsdauer und berechnet die jährlichen Stromkosten.

Beleuchtung

Raum	Beleuchtungssituation	Vorschlag zum Energiesparen	Gesparte Kosten
Klassen Fachräume Eingangshalle Treppenhaus Außen			

- Zählt die Lichtquellen in eurer Klasse und notiert die elektrische Leistung.
- Beobachtet eine Woche lang die Einschaltdauer der Lichtquellen. Leuchtstoffröhren und Energiesparlampen dürfen nicht zu oft aus- oder eingeschaltet werden, da sich sonst ihre Lebensdauer verkürzt. Geringste Brenndauer: 2 Stunden
- Berechnet die Stromkosten für eure Klasse pro Jahr (200 Schultage).

Energiestandorte/Energiepolitik in Deutschland

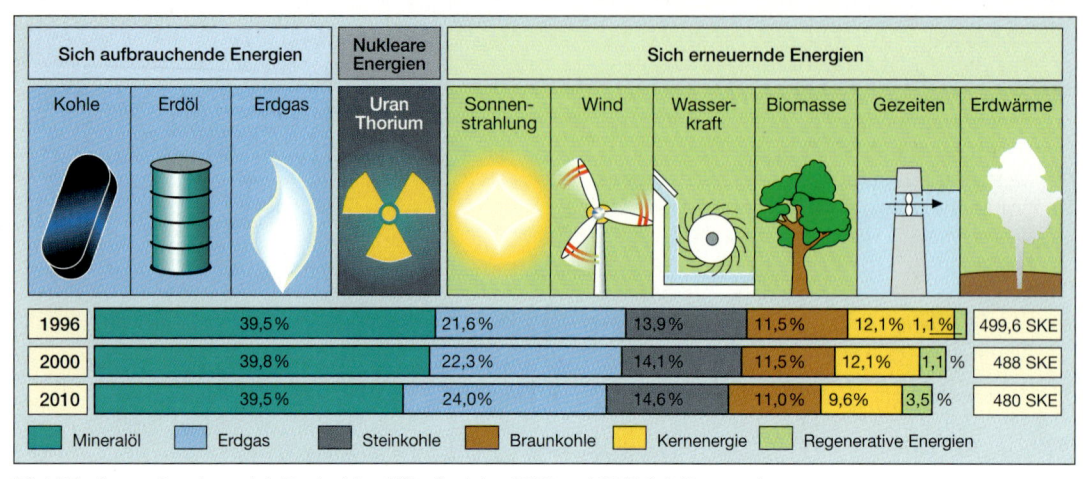

	Sich aufbrauchende Energien			Nukleare Energien	Sich erneuernde Energien					
	Kohle	Erdöl	Erdgas	Uran Thorium	Sonnenstrahlung	Wind	Wasserkraft	Biomasse	Gezeiten	Erdwärme
1996		39,5%		21,6%		13,9%		11,5%	12,1% 1,1%	499,6 SKE
2000		39,8%		22,3%		14,1%		11,5%	12,1% 1,1%	488 SKE
2010		39,5%		24,0%		14,6%		11,0%	9,6% 3,5%	480 SKE

Legende: Mineralöl, Erdgas, Steinkohle, Braunkohle, Kernenergie, Regenerative Energien

70.1 Primärenergieverbrauch in Deutschland (für die Jahre 2000 und 2010 Schätzungen)

In der BR Deutschland stieg die Steinkohleförderung 1981 auf 88,9 Mio. t, die Haldenbestände wuchsen auf 21,7 Mio. t (einschl. nationale Kohlenreserve). Um eine Jahresförderung von 90 Mio. t aufrecht erhalten zu können müssen in den nächsten 20 Jahren 30 neue Schächte abgeteuft werden. Bei einer Ausweitung der Förderung auf 100 Mio. t bis 1990 werden 30 000 zusätzliche Bergleute benötigt. (Fischer Weltalmanach '82/'83)

Jahr	Fördermenge Mio. t	Beschäftigte	Preis in DM für deutsche Kohle	Preis in DM für Importkohle	Subventionen Mrd. DM
1980	87,1	188 000	195	110	6,0
1985	88,8	166 000	255	159	5,3
1990	76,5	138 000	270	95	10,7
1995	53,6	92 588	291	76	9,8
1996	48,2	85 200	291	74	11,2
1997	46,0	84 000	–	–	10,0
1998	–	–	–	–	9,3
1999	–	–	–	–	8,8
2000	–	–	–	–	8,5
2001	–	–	–	–	8,0
2002	–	52 000	–	–	7,4
2003	–	–	–	–	6,7
2004	–	–	–	–	6,1
2005	30,0	36 000	–	–	5,5

1985: 33 Kohlebergwerke, davon Ruhrrevier 24, Saar 6, Aachen 2, Ibbenbüren 1; 2005: 11 (10) Kohlebergwerke im Ruhr- und Saar-Revier

70.2 Entwicklung des deutschen Steinkohlebergbaus

Parteiübergreifende Verständigung notwendig

Wissenschaftler fordern eine neue Energiepolitik, die sich am Energiesparen, an der Solartechnik und an erneuerbaren Energien orientiert. Seit Mitte der 70er-Jahre gibt es zwischen den politischen Parteien Versuche zu einem **Energiekonsens** zu kommen. Die Energieversorgung soll *sicher, umweltverträglich* und *kostengünstig* sein.

Beim Thema Sicherheit ging es zunächst um die heimische Kohle, die vor ausländischer Konkurrenz geschützt werden sollte. 1986 machte die Reaktorkatastrophe von Tschernobyl Sicherheitsmängel in Kernkraftwerken deutlich. Die Diskussion über Umweltverträglichkeit setzte 1975 mit dem Waldsterben ein und mündete in ein Nachdenken über internationalen Klimaschutz. „Die Strompreise sollen steigen" fordern Umweltpolitiker, „damit wir sparsamer mit Energie umgehen." „Die Strompreise müssen sinken", verlangt die Industrie, „damit der Standort Deutschland wettbewerbsfähig bleibt."

Die **Liberalisierung der Energiemärkte** verbietet Monopole bei der Strom- und Gasversorgung. Die Energieversorger müssen auch fremden Anbietern, z. B. den Erzeugern von Strom aus Windenergie, die Durchleitung ermöglichen. Nur die ostdeutsche Braunkohle erhält bis 2003 eine Sonderstellung, weil billige Stromimporte aus Polen, Tschechien und der Ukraine die Förderung noch weiter zurückgehen lassen würden.

Schrumpfung im Steinkohlenbergbau

Der Bund, Nordrhein-Westfalen und das Saarland, die Bergbauunternehmen sowie die Gewerkschaft IG Bergbau kamen 1997 überein die Subventionen für deutsche Steinkohle herunterzusetzen. Von 1998 bis 2005 erhält der Steinkohlebergbau noch Beihilfen in Höhe von 70 Mrd. DM. Die Zechenkapazität wird um ein Drittel gedrosselt. Von den 18 Kohlebergwerken 1997 bleiben zehn übrig. Sie garantieren auch späteren Generationen den Zugriff auf die Steinkohle. Außerdem bleibt die Möglichkeit bestehen die Nordwanderung des Ruhrbergbaus fortzuführen.

Braunkohle – eine nationale Energiereserve

Deutschland ist der größte Produzent von Braunkohle, die zu 80 % in den Kraftwerken der Stromerzeuger eingesetzt wird. Im Gegensatz zur subventionierten Steinkohle gibt der Staat keine Beihilfe. Den größten Einbruch mussten nach 1989 die ostdeutschen Braunkohlereviere durch Stilllegung und Modernisierung hinnehmen. Ihr Anteil an der Förderung sank von 73 auf 43 %. Dennoch verringert die heimische Braunkohle eine noch größere Abhängigkeit von Energieimporten.

Der durch den Tagebau verursachte Landschaftsverbrauch führte im Rheinischen Revier zu Protesten der Bevölkerung wegen der geplanten Umsiedlung von 7600 Menschen aus 13 Ortschaften. Im größten Braunkohle-Tagebau Europas, Garzweiler II, soll ab 2006 mit dem Abbau der bis zu 30 m mächtigen Flöze begonnen werden.

Kein Konsens bei Kernenergie

Die Meinungsverschiedenheiten der Gegner und Befürworter konzentrieren sich auf
- die Laufzeit der bestehenden Kernkraftwerke,
- die Transportmöglichkeiten und -wege für radioaktiven Abfall und
- die Endlagerung von Atommüll.

Ein ungelöstes Problem sind die in einem Kernkraftwerk abgebrannten und hoch radioaktiven Brennstäbe. Weltweit gab es Ende der 90er-Jahre keine Anlage für die Endlagerung, d. h. für eine zeitlich unbegrenzte Deponierung von strahlendem und dabei Wärme entwickelnden Atommüll. Das Endlager für schwach und mittelradioaktiven Müll in Morsleben wird spätestens im Jahr 2005 geschlossen. In Salzgitter laufen die Untersuchungen für eine geplante Deponie im Schacht Konrad weiter. In Gorleben sollen die Untersuchungen über die Endlagerung in einem Salzstock bis 2005 abgeschlossen sein. Gorleben dient aber weiter als **Zwischenlager** für abgebrannte Brennelemente und radioaktive Abfälle aus den Wiederaufbereitungsanlagen in La Hague (Frankreich) und Sellafield (Großbritannien). Umstritten bleibt auch die Zwischenlagerung von radioaktivem Müll an den Standorten der Kraftwerke bis ein Endlager verfügbar ist.

Revier	Förderung (Mio.t)		Beschäftigte	
	1989	1996	1989	1996
Rheinland	104,2	102,6	15 565	12 620
Lausitz	195,1	63,6	59 815	5 013
Mitteldeutschland	105,7	16,8	79 016	13 883
Helmstedt	4,4	3,9	1 693	1 200
Hessen	1,2	0,2	637	110
Bayern	0,1	0,1	5	5

71.1 Braunkohle in Deutschland

1. Zeichne drei Liniendiagramme (Abb. 70.2, Spalten 2, 3, 6). Vergleiche und werte aus.
2. Kritiker behaupten, die 70 Mrd. DM für die Steinkohlesubvention von 1998 bis 2005 könnten besser angelegt werden. Nimm Stellung.
3. Welche Bedeutung nimmt die Braunkohle in der Energiediskussion ein?
4. Erläutere, warum bei der Kernenergie keine Einigung erzielt werden konnte. Vgl. S. 60 – 61.
5. „Deutschland wird nicht das Ziel erreichen bis 2005 den CO_2-Ausstoß um 25 % zu verringern." Überprüfe die These (vgl. S. 26 und 58).

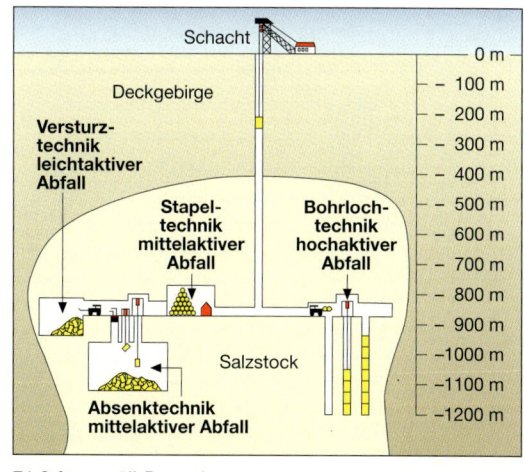

71.2 Atommüll-Deponie

Wissenswertes
Europäischer Stromverbund

Der Strom-Binnenmarkt der EU

Unterschiedliche Stromnetze verhinderten bis 1991 den Stromaustausch zwischen Westeuropa und den osteuropäischen Ländern. Auch die DDR war an das osteuropäische Netz angebunden. Polen, Ungarn, Tschechien und die Slowakei unterstützten den Bau von Großkraftwerken durch westliche Energieversorger mit der Absicht, Strom nach Westeuropa zu exportieren. Ende 1995 wurden die neuen Bundesländer sowie Polen, die Slowakei, Tschechien und Ungarn an das westeuropäische Netz angeschlossen.

Mit Dänemark, Norwegen und Schweden schlossen die deutschen Stromunternehmen Verträge, die einen Stromaustausch über Seekabel ermöglichen. Norwegen und Schweden liefern Strom aus Wasserkraftwerken, während Deutschland in den Wintermonaten Strom aus Kohle- und Atomkraftwerken liefert. Von Island aus, das über geothermische Energie verfügt, wird ein 2000 km langes Seekabel Strom nach Hamburg leiten.

Die Energieminister der EU erwarten von der Zusammenführung der bis 1996 eigenständigen nationalen Stromsysteme eine bessere Nutzung. Strom soll dort gekauft werden, wo er kostengünstig und umweltverträglich produziert werden kann. Bis zum Jahr 2003 müssen sich ein Drittel der nationalen Märkte dem Wettbewerb öffnen.

1. Vergleiche die Energieträger bei den Strom erzeugenden Ländern.
2. Welche Erklärung gibt es für die unterschiedlichen Strompreise in der EU?
3. Erläutere die Vorteile, die sich aus einem europäischen Stromverbund ergeben.

Land	Ausfuhr	Einfuhr
Deutschland	489	794
Belgien/Lux.	112	436
Dänemark	147	31
Finnland	14	169
Frankreich	2 881	193
Griechenland	–	17
Großbritannien	–	589
Irland	–	–
Italien	9	–
Niederlande	9	223
Österreich	366	135
Portugal	–	14
Schweden	134	91
Spanien	5	76
Norwegen	94	104

72.1 Aus- und Einfuhr von elektrischem Strom in Mio. US-$ (1995)

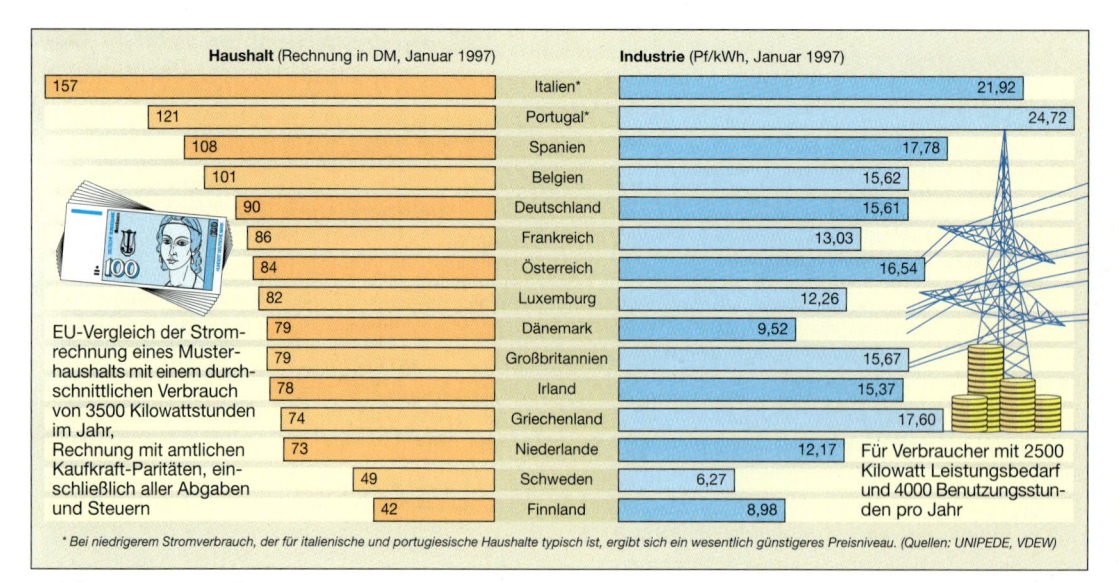

Haushalt (Rechnung in DM, Januar 1997) | **Industrie** (Pf/kWh, Januar 1997)

Land	Haushalt	Industrie
Italien*	157	21,92
Portugal*	121	24,72
Spanien	108	17,78
Belgien	101	15,62
Deutschland	90	15,61
Frankreich	86	13,03
Österreich	84	16,54
Luxemburg	82	12,26
Dänemark	79	9,52
Großbritannien	79	15,67
Irland	78	15,37
Griechenland	74	17,60
Niederlande	73	12,17
Schweden	49	6,27
Finnland	42	8,98

EU-Vergleich der Stromrechnung eines Musterhaushalts mit einem durchschnittlichen Verbrauch von 3500 Kilowattstunden im Jahr, Rechnung mit amtlichen Kaufkraft-Paritäten, einschließlich aller Abgaben und Steuern

Für Verbraucher mit 2500 Kilowatt Leistungsbedarf und 4000 Benutzungsstunden pro Jahr

* Bei niedrigerem Stromverbrauch, der für italienische und portugiesische Haushalte typisch ist, ergibt sich ein wesentlich günstigeres Preisniveau. (Quellen: UNIPEDE, VDEW)

72.2 Strompreise in der EU

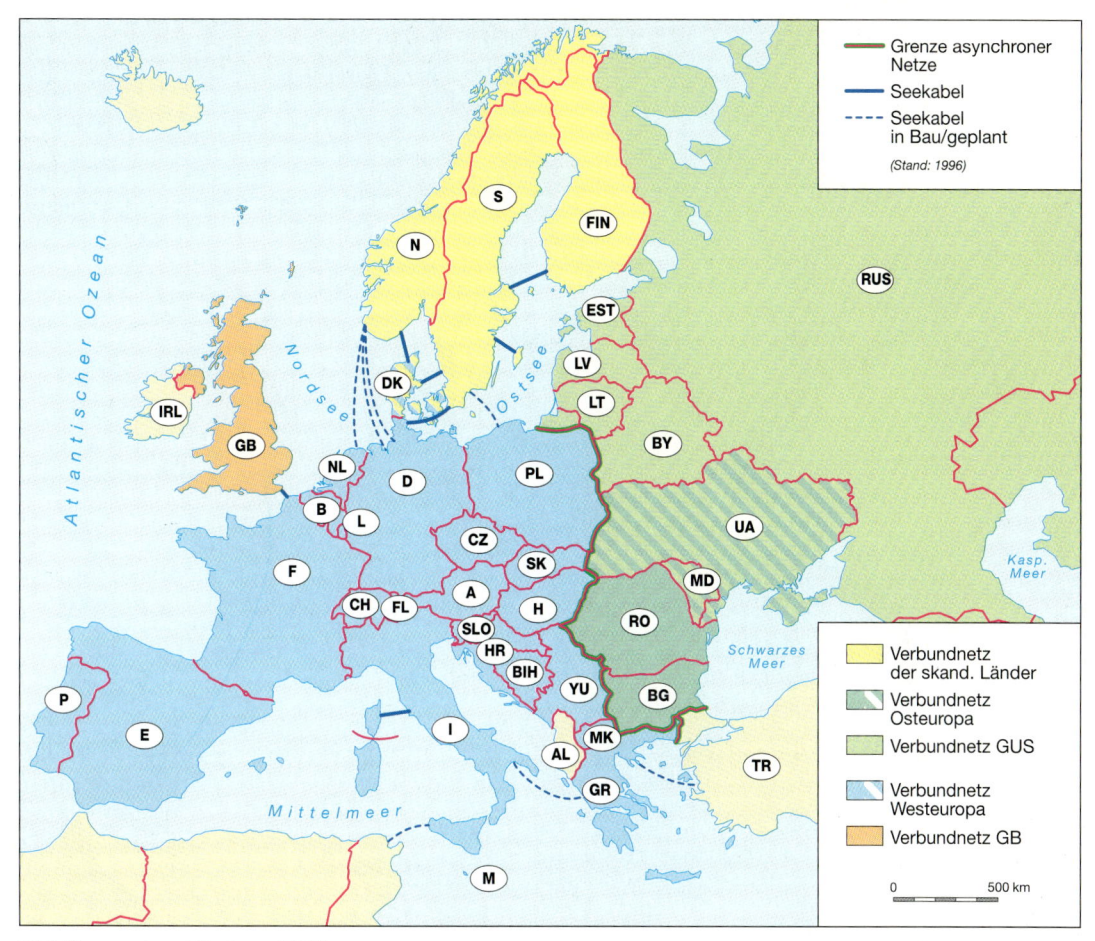

73.1 Stromverbund-Systeme (1996)

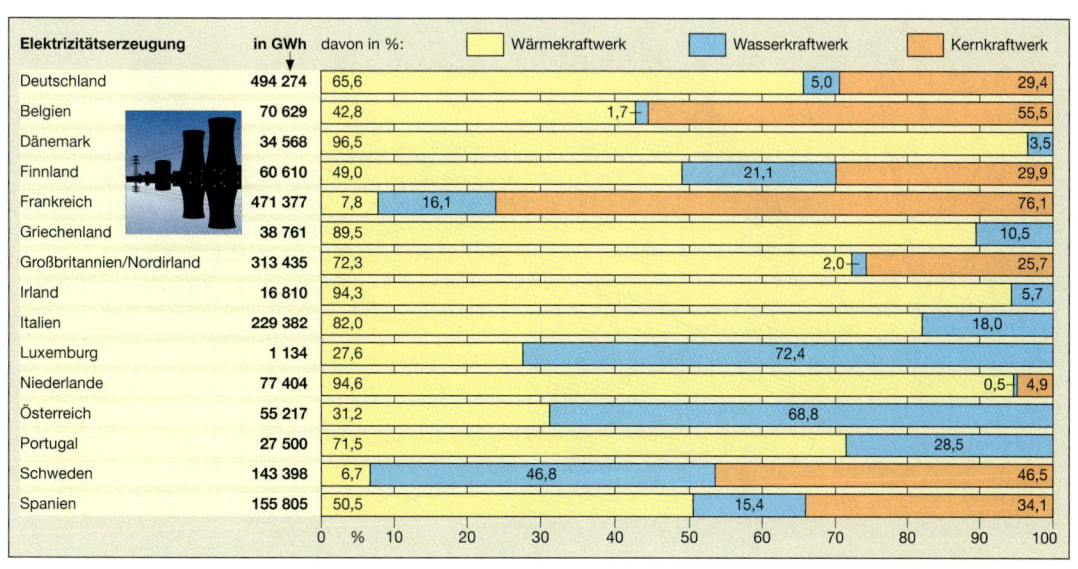

Legend:
- Grenze asynchroner Netze
- Seekabel
- Seekabel in Bau/geplant
- (Stand: 1996)
- Verbundnetz der skand. Länder
- Verbundnetz Osteuropa
- Verbundnetz GUS
- Verbundnetz Westeuropa
- Verbundnetz GB

Elektrizitätserzeugung	in GWh	Wärmekraftwerk (%)	Wasserkraftwerk (%)	Kernkraftwerk (%)
Deutschland	494 274	65,6	5,0	29,4
Belgien	70 629	42,8	1,7	55,5
Dänemark	34 568	96,5		3,5
Finnland	60 610	49,0	21,1	29,9
Frankreich	471 377	7,8	16,1	76,1
Griechenland	38 761	89,5		10,5
Großbritannien/Nordirland	313 435	72,3	2,0	25,7
Irland	16 810	94,3		5,7
Italien	229 382	82,0	18,0	
Luxemburg	1 134	27,6	72,4	
Niederlande	77 404	94,6	0,5	4,9
Österreich	55 217	31,2	68,8	
Portugal	27 500	71,5	28,5	
Schweden	143 398	6,7	46,8	46,5
Spanien	155 805	50,5	15,4	34,1

73.2 Stromerzeugung in der EU (1995)

73

Reliefkarte der Erde

Die Erdkruste in ständigem Wandel

Die Erde im Weltraum

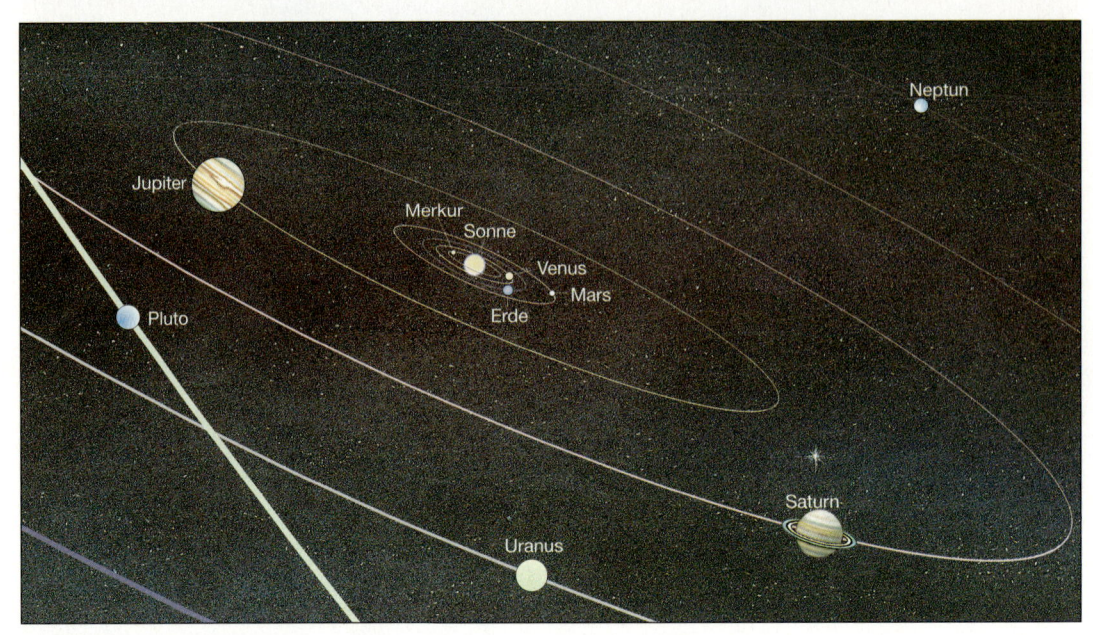

76.1 Die Planeten unseres Sonnensystems

Als erste Menschen sahen die amerikanischen Apollo-Astronauten auf ihren Reisen zum Mond, wie eine blaue Erde, von weißen Wolken verziert, über einem kahlen Mondhorizont aufging. Heute geht man davon aus, dass unsere Erde der einzige unter den neun **Planeten** unseres Sonnensystems ist, auf dem Leben existiert. Dieser „blaue Planet" umrundet die Sonne zusammen mit seinem Mond auf einer fast kreisrunden Umlaufbahn in einer mittleren Entfernung von etwa 150 Millionen Kilometern. Dieser Abstand ist offenbar genau richtig, denn so konnte sich auf der Erde mit ihrer ausgewogenen Atmosphäre Leben entwickeln.

Neben der Erde gibt es in unserem Sonnensystem acht weitere Planeten, die mit Ausnahme von Merkur und Venus einen oder mehrere Monde besitzen. Im Zentrum dieses Systems liegt die Sonne. Alle neun Planeten und noch eine Vielzahl kleinerer Himmelskörper (Kleinplaneten, Meteore, Kometen) umrunden mit unterschiedlichen Geschwindigkeiten auf einer fast gleichen Ebene die Sonne. Die Naturgesetze, die sie in ihrer Umlaufbahn halten, erkannte Isaac Newton 1687 im Zusammenwirken von Flieh- und Anziehungskraft.

Die moderne **Astronomie** (Himmels- und Sternenkunde) erlaubt mit ihren Beobachtungsmethoden einen tieferen Einblick in das grenzenlose **Universum** (Weltall). Dabei wird uns erst bewusst, dass unsere Erde nur ein winziges Staubkorn in einer unendlichen Weite ist. Die Betrachtung des Sternenhimmels in einer dunklen, klaren Nacht macht dies deutlich. Wir erkennen das leuchtende Band der Milchstraße. Es ist der sichtbare Teil unserer **Galaxis** (Milchstraße), einem spiralförmigen Sternensystem aus etwa 100 Milliarden Sternen, zu dem auch unsere Sonne gehört. Doch unser Milchstraßensystem ist nicht einzigartig. Es gibt Milliarden von anderen Galaxien im Universum. In den Michstraßen scheinen die Sterne dicht gedrängt nebeneinander zu liegen. In Wirklichkeit liegen sie jedoch **Lichtjahre** voneinander entfernt. Ein Lichtjahr ist die Strecke, die das Licht mit 300 000 km pro Sekunde in einem Jahr zurücklegt. Die Entfernung unserer Sonne zum nächstgelegenen Stern, dem Proxima Centauri, beträgt 4,25 Lichtjahre.

1. Erkläre eine Galaxie.
2. Berichte, warum die Erde eine Sonderposition in unserem Sonnensystem einnimmt.

77.1 Unsere Galaxis (Seitenansicht und Draufsicht)

Wusstest du, dass
- die Galaxis einen Durchmesser von rund 100 000 Lichtjahren hat,
- die Galaxis im Zentrum 20 000 Lichtjahre dick ist,
- die Entfernung unserer Sonne zum galaktischen Zentrum etwa 30 000 Lichtjahre beträgt,
- die Umlaufzeit der Sonne fast 225 Mio. Jahre beträgt,
- die Galaxis sich dreht – im Zentrum schnell, langsam am äußeren Rand?

Planeten: kugelähnliche Himmelskörper, die die Sonne umlaufen und deren Licht reflektieren. Die Planeten bewegen sich auf elliptischen Bahnen.

Monde: kleine Himmelskörper, die einen Planeten umlaufen und das Licht der Sonne reflektieren.

Planetoiden (oder Asteroiden): planetähnliche Kleinkörper, die ellipsenförmig zwischen Mars und Jupiter die Sonne umlaufen. Ihr Durchmesser ist kleiner als 100 km.

Meteoriten (Sternschnuppe): Kleinkörper aus gefrorenen Gasen, Wasser und Staub. Treten sie in die Erdatmosphäre ein, kommt es zu einer Leuchterscheinung.

Kometen bestehen aus gefrorenen Gasen und Meteoritenstaub. Sie bewegen sich auf Ellipsenbahnen um die Sonne. Typisch für Kometen ist ein Schweif, den der Sonnenwind (eine Teilchenstrahlung) bildet.

Versuch
So bekommst du eine ungefähre Vorstellung über Entfernungen und Größenverhältnisse in unserem Sonnensystem:
Die Entfernung Sonne – Pluto setzen wir einer Strecke von 3 m gleich. Die Sonne befindet sich in der Ecke unseres Klassenzimmers. Die Planetenbahnen markieren wir mit Hilfe von Stecknadeln und Papierfähnchen für jeden einzelnen Planeten. Die Plutofahne stellen wir in 3 m Entfernung zur Sonne auf. Neptun steht dann in 2,3 m, Uranus in 1,5 m, Saturn in 70 cm, Jupiter in 40 cm, Mars in 11,5 cm, die Erde in 7,5 cm, Venus in 5,5 cm und Merkur in 3 cm Entfernung von der Zimmerecke. Dieses Modell macht deutlich, dass die inneren, sonnennahen Planeten ziemlich dichtgedrängt stehen, während die Abstände der äußeren, sonnenfernen Planeten untereinander größer werden.

Die unterschiedlichen Größenverhältnisse in unserem Sonnensystem lassen sich ähnlich darstellen. Der größte Planet Jupiter entspräche danach einem Strandball mit 35 cm Durchmesser und Saturn einem solchen mit 30 cm. Uranus und Neptun wären so groß wie eine Pampelmuse, Venus und Erde so groß wie eine Kastanie. Mars entspräche einer Haselnuss, Merkur einem Kirschkern und Pluto schließlich einer kleinen Erbse. Die Sonne selbst würde mit einem Durchmesser von 3,5 m nicht mehr in das Zimmer hineinpassen.

Die Entstehung der Erde

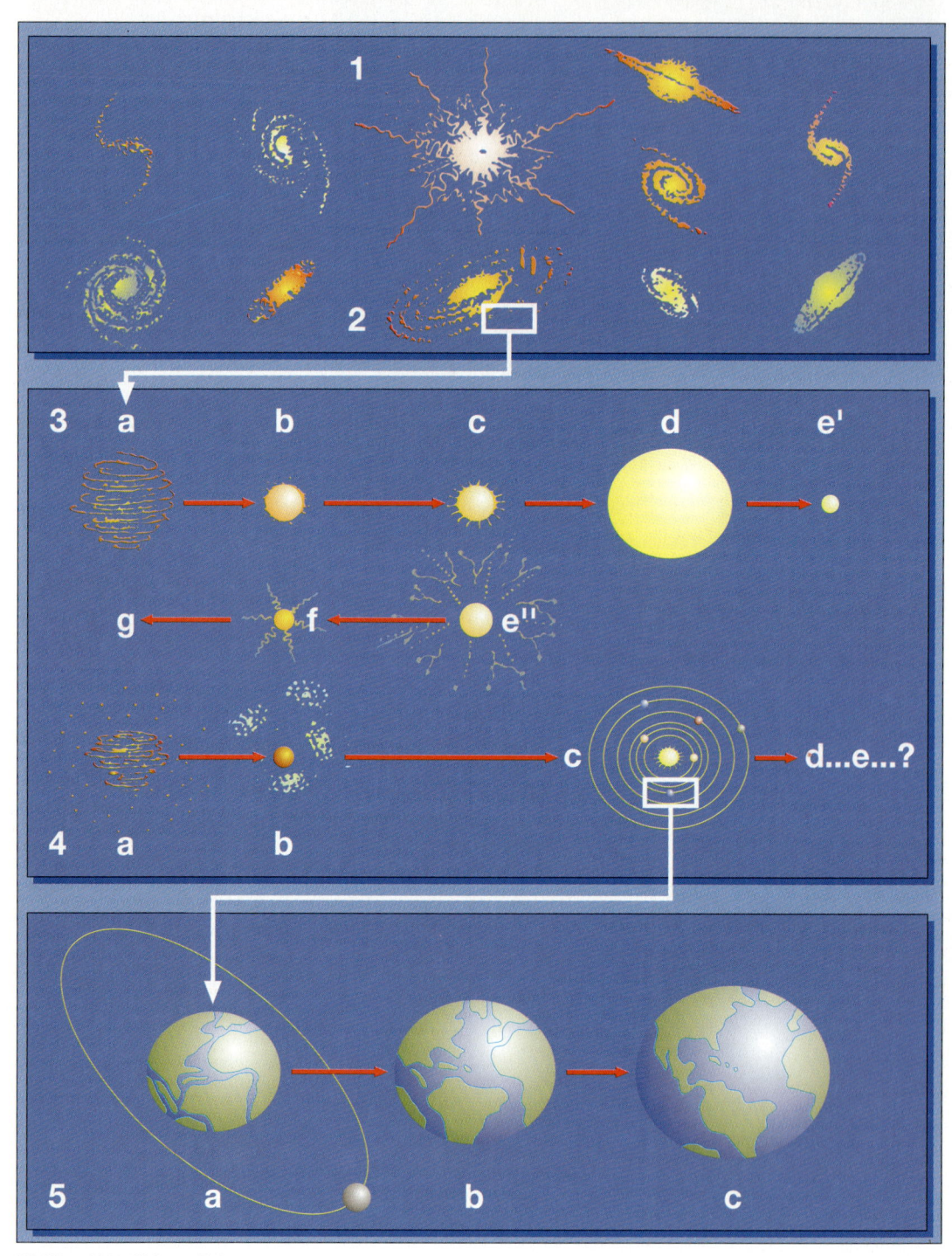

78.1 Vom Urknall bis zur Erde

Vom Urknall bis zur Erde

❶ Urknall, elektromagnetische Strahlung, Elementarteilchen, Wasserstoffgas.

❷ Entstehung von Spiralnebeln (Galaxien) aus vergewirbelten Teilen der Wasserstoff-Urwolke.

❸ Die Entstehungsgeschichte der Sterne in unserer Milchstraße:
a) Schwerkraft zieht Wasserstoffatome zueinander; immer dichter wirbeln sie zusammen.
b) Unter Druck und Hitze zündet Atomfeuer.
c) Wasserstoffkerne verschmelzen zu Helium, bis das Atomfeuer erlischt.
d) Weiter zieht Schwerkraft den Stern zusammen, bis die Heliumasche im Atomfeuer sich entzündet und den Stern zu einem roten, riesigen Gasball aufbläht. Heliumkerne verbacken zu Kohlenstoff und Sauerstoff.
e) Im weiteren Schrumpfen zu einem „weißen Zwerg". Immer neue Atomfeuer backen schwerere Elemente zusammen: Aluminium, Schwefel, Eisen. Enthält der Stern weniger als 1,44 Sonnenmasse dann erkaltet er.
f) Sterne mit mehr als 1,44 Sonnenmasse lässt die größere Schwerkraft weiter schrumpfen, bis sie noch einmal im Atomfeuer erstrahlen. Sie explodieren (Supernova) und zerstieben den Stoff ihrer äußeren Hülle in den Weltraum. Es entstehen Staubwolken von schwereren Elementen.
g) Der Reststern schrumpft weiter zu einem schnell drehenden Stern und verschwindet als ein „schwarzes Loch" im Weltraum.

❹ Aus Wasserstoff und dem Explosionsstaub einer Supernova entsteht unsere Sonne mit ihrem Planetensystem (Phasen a bis c). Die Phasen d und e stehen der Sonne noch bevor.

❺ Nach einer Theorie des englischen Physikers Dirac hat die schwächer werdende Schwerkraft den Erdball ausgedehnt, die Erdteile auseinanderdriften lassen und die Berge wie Quetschfalten emporgehoben. Andere Theorien erklären dies mit Strömungen im zähflüssigen Erdinneren. Gebirge werden danach durch den Zusammenstoß von Erdteilen aufgewölbt, die Alpen z. B., als Afrika mit Italien gegen Europa stieß, der Himalaya beim Zusammenprall Indiens mit Asien.

Das geheimnisvolle Rauschen

Im Frühjahr 1965 wollten Arno A. Penzias und Robert W. Wilson in Holmdel/USA mit einer Spezialantenne von einem Echo-Satelliten zurückgespiegelte Funksignale auffangen. Doch ein Störungsrauschen in ihrem Empfänger brachte sie zur Verzweiflung. Seine Quelle konnten sie trotz aller Bemühungen nicht aufspüren, in welche Richtung sie auch ihre Antenne drehten. War es eine innere Störung? Doch kein Fehler ließ sich in der Empfangsapparatur entdecken.

Durch einen Zufall erfuhr der Physiker Robert H. Dicke, der an der Princeton-Universität arbeitete, von den Schwierigkeiten der beiden Nachrichtentechniker. Dicke hatte seit Jahren an Problemen der Entstehung des Kosmos gearbeitet und bisher vergeblich versucht eine bestimmte Art von Strahlung nachzuweisen, die er aufgrund theoretischer Überlegungen vorausgesagt hatte. Er alarmierte seine Mitarbeiter und fuhr nach Holmdel. Er fand: Das geheimnisvolle Rauschen kam von außen aus dem Kosmos! Ohne es zu wissen, hatten Penzias und Wilson den elektronischen Widerschein des gewaltigen Blitzes, des „Ur-Knalls", aufgefangen, mit dem vor rund 13 Milliarden Jahren das Weltall entstanden ist, einen fassbaren Anhaltspunkt dafür, dass das Weltall weder unendlich noch ewig ist. Wenn wir nach Programmschluss unser Fernsehgerät angeschaltet lassen, beobachten wir auf dem Bildschirm eine Art „Schneefall". Ein Teil dieser „Störung" ist das Echo der Weltentstehung.

(Nach: H. v. Ditfurth, Im Anfang war der Wasserstoff, Hamburg, 1972)

– Eine durchgehende Kruste entstand nach fortgeschrittener Abkühlung des Erdballs. Vulkane rissen die Kruste immer wieder auf, die ausgestoßenen Gase bildeten die Uratmosphäre.

– Erster Niederschlag fiel auf die Erde, als diese auf 300 °C abgekühlt war. Jedoch verdampfte das niedergehende Wasser sofort. Bei einer Erdtemperatur von 100 °C bildeten sich während Jahrtausende anhaltender Regenfälle die Urmeere. Nach einer Abkühlung auf 70 °C entstand in großen Meerestiefen das erste Leben.

1. Beschreibe die Entstehung der Erde.
2. Wodurch wurde Leben auf der Erde möglich?

Projekt
Kräfte aus dem Erdinnern

Aktuelle Weltkarte: Erdbeben und Vulkanausbrüche

- Nimm eine Folie mit den Umrissen der Kontinente und vergrößere diese mithilfe des Tageslichtprojektors auf Plakatkarton.
- Sammle über einen längeren Zeitraum hinweg Zeitungsmeldungen über Vulkanausbrüche und Erdbeben.
- Markiere auf dem Plakat mit farbigen Klebepunkten die Orte der Naturereignisse.
- Nummeriere die Klebepunkte und schreibe auf die ausgeschnittenen und am Rand aufgeklebten Zeitungsmeldungen die gleichen Zahlen. Was fällt dir auf, wenn die Karte sich allmählich füllt?

Die folgenden Seiten geben dir einige Hilfen.

Versuch: Kontinentalverschiebung

Du kannst die Umrisse von Afrika und Südamerika aus einem Atlas auf Transparentfolie abpausen. Achte dabei darauf, dass beide den gleichen Maßstab haben und dass du die Schelfränder (Gebiete mit einer Meerestiefe bis 200 m) als Umriss abzeichnest. Vergrößere die Zeichnungen mit einem Tageslichtprojektor auf jeweils eine dünne Styroporplatte. Schneide mit einem Styroporschneider die beiden Umrisse aus. Feuchte die Modelle auf der Rückseite etwas an. Nun kannst du sie an eine Wandtafel „kleben", aber trotzdem beliebig verschieben.

Überprüfe so die Theorie der Kontinentalverschiebung von Alfred Wegener. Siehe auch Seite 85.

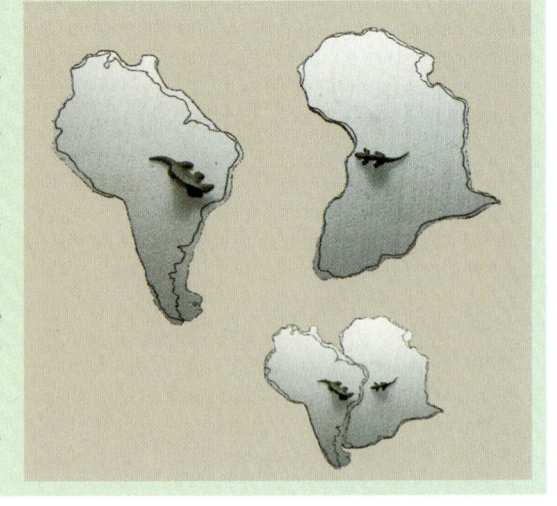

Versuch: Kontinentalverschiebung

Fülle eine feuerfeste Glasform zur Hälfte mit Speiseöl und tropfe mit einer Pipette ein wenig Farbe auf den Boden der Schüssel.

Erwärme die Glasform über einer Flamme. Die Konvektionsströme werden sichtbar.

Den Versuch kannst du auch mit einer dickflüssigen Erbsensuppe durchführen.

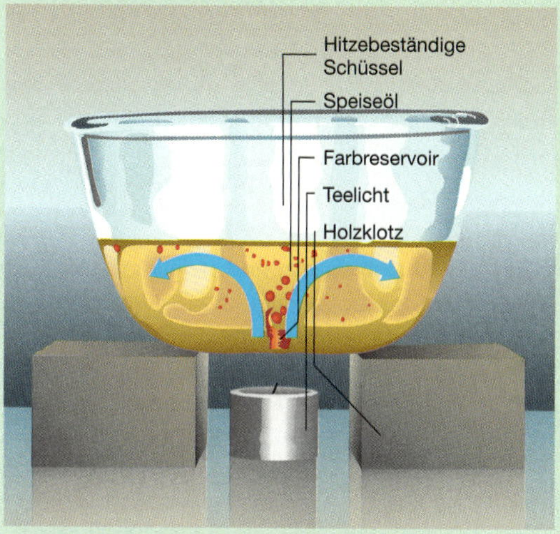

- Hitzebeständige Schüssel
- Speiseöl
- Farbreservoir
- Teelicht
- Holzklotz

Versuch: Bruchtektonik

Nimm eine Schraubzwinge und spanne ein neues Stück Tafelkreide ein. Färbe die Kreide mit dunkler Plakatfarbe und belaste sie durch vorsichtiges Drehen langsam immer stärker. Ähnlich wie diese Kreide verhält sich die Erdkruste. Wird sie durch seitlichen Druck gestaucht, entstehen Risse und dann Brüche.

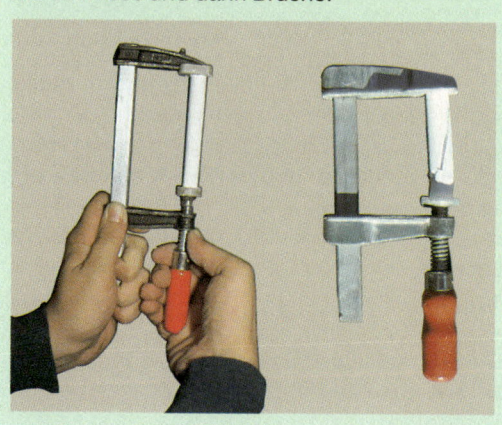

Bücher, die zum Thema passen

Der Schalenbau der Erde

Hitziges Ende

Die kontinentale Tiefbohrung in der Oberpfalz ist am 12. Oktober 1994 beendet worden. Etwa eine halbe Milliarde Mark hat das wissenschaftliche Unternehmen gekostet.

Es ging dabei nicht um Rohstoffe, sondern um Grundlagenforschung: Erkenntnisse über den Aufbau der Erdkruste, Spannungen und Temperaturen im Untergrund, Ursachen von Erdbeben und Zusammensetzung des Gesteins. Das ehrgeizige Ziel 12 oder sogar 14 Kilometer Tiefe zu erreichen wurde allerdings verfehlt.

Nach vier Jahren Arbeit blieb der Meißel bei Kilometer 9,1 stehen – ein Mückenstich für die Erde, die bis zum Mittelpunkt 6371 Kilometer misst. Unerwartet hohe Temperaturen – zuletzt herrschten im Bohrloch mehr als 260 Grad Celsius – bereiteten dem Vorhaben ein vorzeitiges Ende. In diesem Hexenkessel verhielt sich das Gestein bereits plastisch und verformte sich, anstatt zu brechen. Zudem quetschte der enorme Druck den Bohrkanal immer wieder zusammen und verklemmte das Gestänge.

(nach: Bild der Wissenschaft 12/1994)

Über den Aufbau der Erdkugel wissen wir aus direkten Beobachtungen nur wenig. Folgende Methoden verhelfen uns zu Erkenntnissen:
- Bohrungen in den obersten Schichten der Erdkruste,
- seismische Messungen bei künstlich erzeugten und natürlichen Beben,
- Untersuchungen von Lava und Meteoritenmaterial.

Die bisher tiefste **Bohrung** erreichte auf der russischen Halbinsel Kola (zwischen Weißem Meer und Barentssee) eine Tiefe von 12 km.

Für **seismische Messungen** werden oft einige Tonnen Sprengstoff gezündet und dadurch Schallwellen erzeugt. Aus der Geschwindigkeit, mit der die Wellen durch die Erdschichten dringen, lassen sich Schlüsse auf die Abfolge der Schichten ziehen: Jedesmal wenn die Schallwellen eine andere Schicht erreichen, wird von im Boden verteilten hochempfindlichen Mikrofonen ein Echo aufgefangen und in einem Messwagen aufgezeichnet (Abb. 83.1). Die aufgezeichneten Echokurven (Seismogramme) legen folgende Grobgliederung der Erdkugel nahe: Obere Kruste – Untere Kruste Mantel – Kern (Abb. 83.2).

Mit seismischen Methoden kann im wesentlichen nur geklärt werden, dass es verschiedene Materialschichten gibt. Will man jedoch Auskunft über die Zusammensetzung des Erdinneren erhalten, also von Material, das kein Bohrer je erreicht und kein Vulkan fördert, so muss man sich anderer Methoden bedienen.

Aus den Anziehungskräften zwischen Erde und Mond können Geophysiker die Gesamtmasse der Erde errechnen und ihre durchschnittliche Dichte bestimmen. Hierbei ergibt sich, dass ein Kubikzentimeter „Erdkugelmaterial" etwa sechs Gramm wiegt. Das erscheint relativ hoch, wenn man es mit einem Stück aus der Oberen Kruste (Granit 2,7 g/cm^3) vergleicht. Die hohe Durchschnittsdichte kann nur zustande kommen, wenn das Erdinnere besonders schwer ist. Zur Klärung dieser Frage bedient man sich eines indirekten Beweises, indem man Meteoritenfunde untersucht und analysiert, denn man geht davon aus, dass die Erde ähnlich wie andere Himmelskörper aufgebaut ist. Die Untersuchungsergebnisse derartiger Meteoritenfunde sind vier typischen Grundmustern zuzuordnen:
- Glasmeteore,
- Steinmeteore,
- Eisen-/Steinmeteore,
- Nickeleisenmeteore.

Ungeklärt ist bis heute die Zustandsform (Aggregatzustand), in dem sich das Material in den tieferen Zonen der Erdkugel befindet. Man nimmt an, dass der Mantel zähplastisch und der Kern – trotz seiner hohen Temperatur bis zu 5000 °C – fest ist, da auf ihn ein enormer Druck der äußeren Schichten wirkt. Selbst der Aufbau der Oberen und Unteren Kruste ist nicht in allen Einzelheiten untersucht.

1. Beschreibe den Schalenbau der Erde.
2. Wie erfahren wir, wie es im Inneren der Erde aussieht?

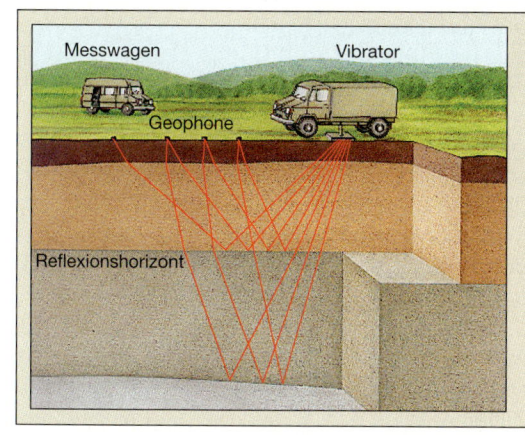

Statt den Boden durch Explosionen von Sprengstoff in Schwingungen zu versetzen, fahren heute Lastwagen 1 m² große Rüttelplatten aus und versetzen mit ihren 14 Tonnen schweren Fahrzeugen 20 Sekunden lang den Boden in gleichmäßige Schwingungen. Dieser Vorgang wird unzählige Male in kurzen Entfernungsabständen wiederholt. Mit empfindlichen Spezialmikrophonen (Geophone) werden in einem Messwagen die von den unterschiedlichen Erdschichten reflektierten Bodenschwingungen aufgenommen und aufgezeichnet. Aus ihrem Verlauf lassen sich Aussagen über die Beschaffenheit des Untergrunds machen. Auch Erdbeben erzeugen Schwingungen, die oft die gesamte Erdkugel durchlaufen. Ihre Aufzeichnung gibt Aufschluss über die tiefsten Schichten der Erde.

83.1 Seismische Messungen

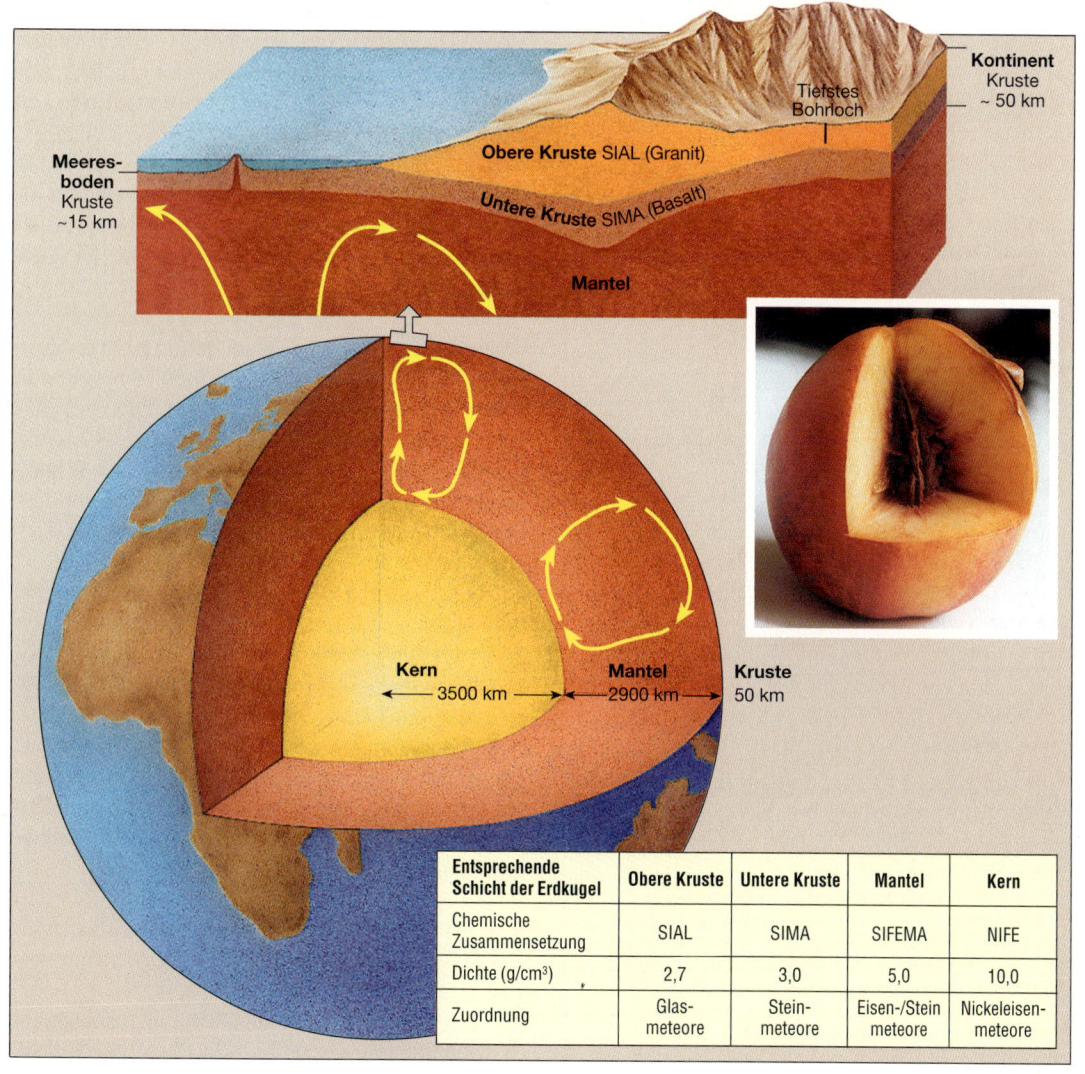

Entsprechende Schicht der Erdkugel	Obere Kruste	Untere Kruste	Mantel	Kern
Chemische Zusammensetzung	SIAL	SIMA	SIFEMA	NIFE
Dichte (g/cm³)	2,7	3,0	5,0	10,0
Zuordnung	Glasmeteore	Steinmeteore	Eisen-/Steinmeteore	Nickeleisenmeteore

83.2 Der Aufbau der Erde

Die Erdkruste als Plattenmosaik

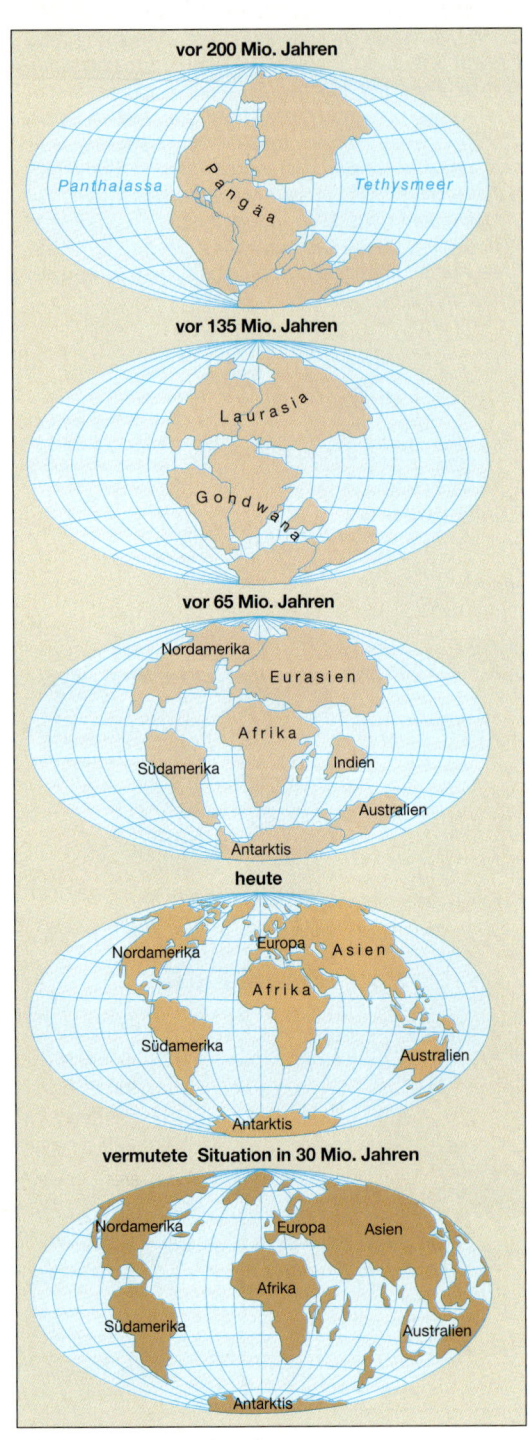

vor 200 Mio. Jahren

Panthalassa — Pangäa — Tethysmeer

vor 135 Mio. Jahren

Laurasia
Gondwana

vor 65 Mio. Jahren

Nordamerika, Eurasien, Afrika, Südamerika, Indien, Australien, Antarktis

heute

Nordamerika, Europa, Asien, Afrika, Südamerika, Australien, Antarktis

vermutete Situation in 30 Mio. Jahren

Nordamerika, Europa, Asien, Afrika, Südamerika, Australien, Antarktis

84.1 Das Wandern der Kontinente

Jeder Mensch neigt dazu die Erdoberfläche als etwas Festes, Unwandelbares anzusehen und meint, dass die Landschaftsformen immer so ausgesehen haben und in Zukunft immer so aussehen werden. Dies gilt jedoch nur für kurze Zeiträume, z. B. das Lebensalter eines Menschen.

Die meisten Veränderungen der Erdoberfläche vollziehen sich sehr langsam: In Jahrmillionen entstehen Gebirge und werden dann wieder durch Witterungseinflüsse abgetragen und eingeebnet; Kontinente werden auseinander gerissen und zusammen geschoben. Die Geschwindigkeit, mit der sie auseinanderdriften, ist sehr klein: Schätzungen belaufen sich auf wenige Zentimeter pro Jahr, wobei die Geschwindigkeit sich im Verlauf der Zeit stark verändern kann.

Aufgrund der heutigen Kenntnisse kann man das Bild der Erde während des Erdmittelalters rekonstruieren. Damals waren alle Kontinente zu einem **Superkontinent** vereinigt, den ein einziger Ozean umgab.

Welche Kräfte sind aber stark genug Kontinente in Bewegung zu versetzen? Die hohen Temperaturen im Erdkern und die Energie, die durch den radioaktiven Zerfall entsteht, erwärmen die Gesteinsschichten im Erdmantel ungleichmäßig. An Stellen, an denen die Temperaturerhöhungen besonders groß sind, steigt das Magma langsam zur Erdoberfläche auf.

Die Gesteine des Erdmantels verhalten sich bei hohem Druck und hohen Temperaturen in der Tiefe wie eine Wachskerze. Die ist zwar augenscheinlich fest; setzt man sie aber der Wärme aus, so verbiegt sie sich. Das aus dem Erdmantel nach oben gelangende Magma kühlt sich teilweise wieder ab, sinkt nach unten und bildet einen Kreislauf mit dem aufsteigenden Material. Diese **Konvektionsströmungen** sind die Ursache für die Bewegung der Kontinente.

1. Erläutere die Kontinentalverschiebungstheorie Alfred Wegeners. Wie kam er zu seinen Annahmen?
2. Beschreibe anhand der Abb. 84.1 die Bewegungen der Kontinente im Laufe der Erdgeschichte.

6. Januar 1912

Bei der Hauptversammlung der Geologischen Gesellschaft in Frankfurt am Main herrschte helle Aufregung. Die Wissenschaftler waren entrüstet, nachdem ein gewisser Dr. Wegener seinen Vortrag beendet hatte.

Sein Thema lautete: *„Die Herausbildung der Großformen der Erdrinde (Kontinente und Ozeane) auf geophysikalischer Grundlage."*

Die empörten Proteste gelten einem Außenseiter. Alfred Wegener, gerade 31 Jahre alt, ist von Haus aus Meteorologe. Mit dem Aufbau der Erde, dem Forschungsgebiet der Geologie, hat er direkt nichts zu tun. Und doch stellt er die herrschende Lehrmeinung gerade dieses Faches auf den Kopf. In seinem einstündigen Vortrag behauptet er: „Die Kontinente bewegen sich! Vor vielen Millionen Jahren gab es auf der Erde nur eine einzige zusammenhängende Landmasse. Dieser Urkontinent ist in mehrere Teile zerbrochen. Seither schwimmen auf der inneren Erdflüssigkeit große Platten und Bruchstücke als Kontinente umher."

Er legte für seine Annahme Beweise vor. Trotzdem wurde ihm von den Mitgliedern der Geologischen Gesellschaft heftig widersprochen. Woher sollten die Kräfte kommen, die die Kontinente bewegen? Zu gering waren damals die Kenntnisse über das Innere der Erde um gesicherte Vorstellungen entwickeln zu können. Wegeners Theorie wurde deshalb zuerst abgelehnt.

Dabei hätte Alfred Wegners kühne Theorie über den Urkontinent einen Sachverhalt klären können, der um die Jahrhundertwende große Schwierigkeiten bereitete: Vor etwa 300 Millionen Jahren fand eine Eiszeit statt, deren Spuren man in Gebieten findet, die heute durch Ozeane getrennt sind und in unterschiedlichen Breiten liegen – in Südafrika, Südamerika, Indien und Australien. Danach hätte damals die halbe Erdkugel vom Eis bedeckt sein müssen. Nimmt man jedoch an, dass diese Gebiete als ein Urkontinent zusammenhingen und in der Nähe des Südpols lagen, dann wäre eine Eiszeit in diesem Raum vorstellbar.

Alfred Wegener erlebte die Anerkennung seiner Ideen nicht mehr. 1930 starb er bei einer meteorologischen Grönland-Expedition. Er gilt bis heute als verschollen.

Erst in den 60er-Jahren führte seine Theorie zu einer neuen Vorstellung der Vorgänge innerhalb des Erdkerns und Erdmantels bei der Entstehung von Kontinenten und Ozeanen, Gebirgen und Tiefseegräben, Erdbeben und Vulkanen.

Die Theorie der Plattentektonik

Aufgrund von Echolotvermessungen der Ozeane und Tiefbohrungen entwickelte man die Wegnersche Theorie der Kontinentalverschiebung weiter.

Die Kontinente und Ozeane liegen auf einer Lithosphäre genannten Gesteinszone der Erde. Sie besteht aus großen und zahlreichen kleinen Gesteinsmassen oder Platten. Unter der Lithosphäre liegt die Asthenosphäre, eine Zone aus plastisch verformbaren Material, das von dem darunter befindlichen Erdmantel ständig erhitzt wird. Einige Bereiche hier sind heißer und lassen das Material darüber aufsteigen und sich ausdehnen. Erfolgt das Erhitzen unter einem Ozean, wird die Erdkruste angehoben, die Platten driften auseinander und bilden den mittelozeanischen Rücken. Der Ozean verbreitert sich, ein neuer Meeresboden entsteht.

Kühlt sich das Material in der Asthenosphäre ab, sinkt es und nimmt Teile der Lithosphäre mit nach unten. Den Vorgang nennt man **Subduktion**. Taucht ozeanische Kruste unter Kontinente ab, schmilzt sie und bildet flüssiges Gestein (Magma). Manchmal steigt dieses flüssige Gestein unter hohem Druck zur Erdoberfläche auf, bricht aus und bildet Vulkane. Die meisten Vulkane der Erde liegen in Zonen, in denen ozeanische Platten unter kontinentale Platten abtauchen. Stoßen Kontinentalplatten aufeinander, werden die Krustenteile zusammengepresst und übereinandergeschoben. Die jungen Faltengebirge von den Alpen bis zum Himalaya sind so entstanden. An anderen Stellen gleiten Platten horizontal aneinander vorbei. Bekanntestes Beispiel ist die San Andreas-Verwerfung in Kalifornien. Die Platten der Erdkruste bewegen sich nur wenige Zentimeter im Jahr.

Auf den folgenden Seiten findest du Raumbeispiele für Plattenbewegungen. Suche sie heraus und erkläre dir die Vorgänge.

Beispiel 1

86.1 Erdspalten auf Island

Ein Schiff revolutioniert die Wissenschaft

Wir verließen mit der „Glomar Challenger" Dakar am 3. Dezember 1968.

[...] Es war ein aufreizend langsamer Prozess, den Bohrmeißel, eine Schwerstange und einige Teleskoprohre zusammenzufügen, die Bohrrohre zusammenzusetzen und schließlich den Bohrstrang in den Moonpool in der Mitte des Schiffes hinabzulassen. Wir blieben Tag und Nacht wach. Schließlich traf der Bohrmeißel am frühen Nachmittag des 21. Dezembers in 4346 m Tiefe auf den Boden.

(K. Hsü: Ein Schiff revolutioniert die Wissenschaft, Hoffmann und Campe, S. 85)

1. Erkläre die Plattenbewegungen im Gebiet von ozeanischen Rücken. Warum kommt es hier immer wieder zu Vulkanausbrüchen?

2. Was versteht man unter „sea-floor-spreading"?

Der mittelatlantische Rücken

Untersuchungen der Bohrkerne aus dem Atlantischen Ozean ergaben, dass sich die Gesteine der Ozeanböden im chemischen Aufbau völlig von den Gesteinen des Festlandes unterscheiden. Sie scheinen nicht zur Erdkruste zu gehören, sondern aus dem oberen Erdmantel zu stammen. Auch ist ihr Alter mit höchstens 220 Millionen Jahren wesentlich geringer. Untersuchungen des Atlantikbodens durch die „Glomar Challenger" ergaben, dass dieser von einem bis zu 3000 m mächtigen Gebirge, dem **mittelatlantischen Rücken,** durchzogen wird (vgl. auch Abb. 86.2).

Wie ist er entstanden? Die langsam im Erdmantel aufsteigenden Konvektionsströme teilen sich vor Erreichen der Oberfläche. Dabei zerbrechen sie die Krustengesteine und ziehen sie auseinander. In den nun entstehenden Bruch kann Magma hinein fließen und ihn ausfüllen. Immer neue Lavaströme bilden allmählich einen Gebirgsrücken. Es handelt sich also um ein untermeerisches Gebirge, das durch Vulkanismus entstanden ist. Aufnahmen mit Fernsehkameras bestätigen diese Annahmen. Viele der Inseln mitten im Atlantik sind nichts anderes als besonders hohe Vulkanberge, die die Wasseroberfläche durchstoßen.

Altersbestimmungen haben ergeben, dass die Gesteine, die den mittelatlantischen Rücken aufbauen, immer älter werden, je weiter sie vom Zentrum der Bruchstelle entfernt sind. Das hier nachdrängende, flüssige Mantelmaterial verbreitet das Gebirge und reißt Platten – und damit Kontinente – auseinander **(sea-floor-spreading).**

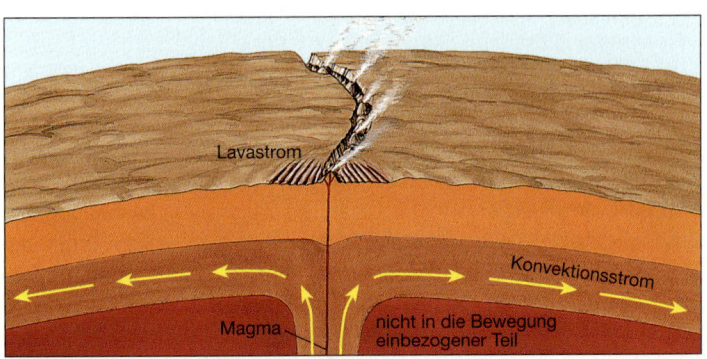

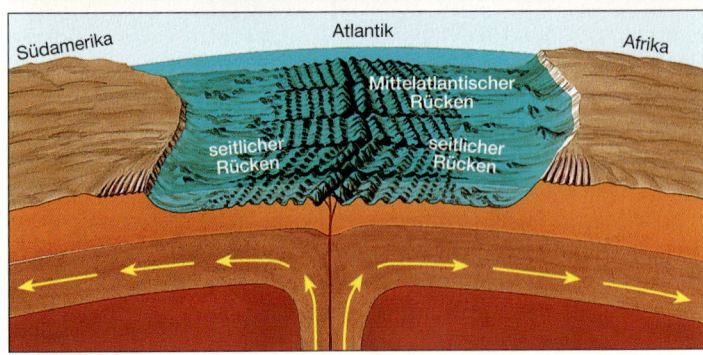

86.2 Mittelatlantischer Rücken

Beispiel 2

Anden und Atacamagraben

Die südamerikanische Platte driftet infolge der Konvektionsströmungen nach Westen. Westlich von Südamerika stößt sie mit der in entgegengesetzter Richtung driftenden ozeanischen Nazca-Platte zusammen. Die schwerere ozeanische Platte wird dabei nach unten gedrückt und taucht in den Erdmantel ab. Eine Reihe von Tiefseegräben bildet sich. Das Gesteinsmaterial, das hier absinkt, wird in den Erdmantel zurücktransportiert und taucht infolge der Konvektionsströmungen an den mittelozeanischen Rücken wieder auf. Aber auch die Kontinentalplatte wird zusammengestaucht: Es entsteht ein Faltengebirge. Fast um den gesamten pazifischen Ozean herum finden solche Vorgänge – die man zusammengefasst als **Subduktion** bezeichnet – statt. Folgen des Zusammenstoßes zweier Platten sind viele aktive Vulkane sowie häufige Erdbeben.

Die Theorie der Plattentektonik erklärt also,
- weshalb die Ozeane im Laufe der Jahrmillionen nicht immer größer werden,
- warum die ozeanischen Böden jünger als die kontinentalen sind.

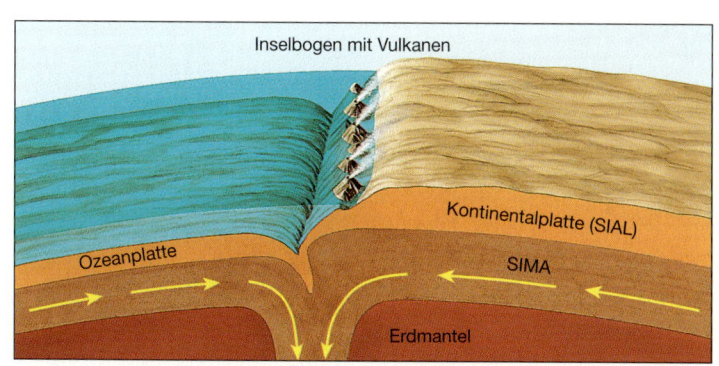

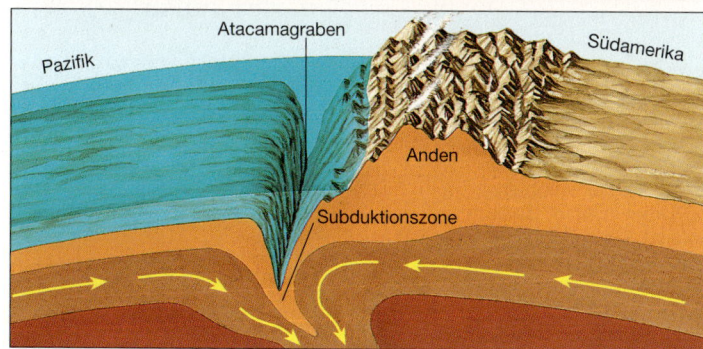

87.2 Vulkankette

Methoden der Vorhersagen

Ziel aller Untersuchungen an Vulkanen und in Erdbebengebieten ist es plötzliche Veränderungen vorherbestimmen zu können. Dies ist vor allem für die rechtzeitige Evakuierung dichtbesiedelter Gebiete wichtig. Geologische Untersuchungen der vulkanischen Vorgeschichte erlauben Vorhersagen über Größe und Wahrscheinlichkeit zukünftiger Aktivitäten. Den genauen Zeitpunkt jedoch kann man nicht voraussagen. Die zur Zeit genauesten Methoden sind die Analyse von Erdbeben und Deformationen der Erdkruste über einer Magmakammer, sowie ständig regelmäßige Messungen der vulkanischen Temperatur und der Gasemissionen.

In erdbebengefährdeten Zonen werden die Vorgänge in Erdbebenherden mithilfe von seismologischen Untersuchungen erfasst. Gleichzeitig werden Verschiebungen und Dehnungen der Erdkruste gemessen. Genaue und zuverlässige Voraussagen kann man allerdings nicht daraus ableiten.

3. Erkläre die Plattenbewegungen im Gebiet von Subduktionszonen.
4. Bewerte die Voraussagemöglichkeiten bei Erdbeben und Vulkanausbruch.

87.1 Subduktionszone

Beispiel 3

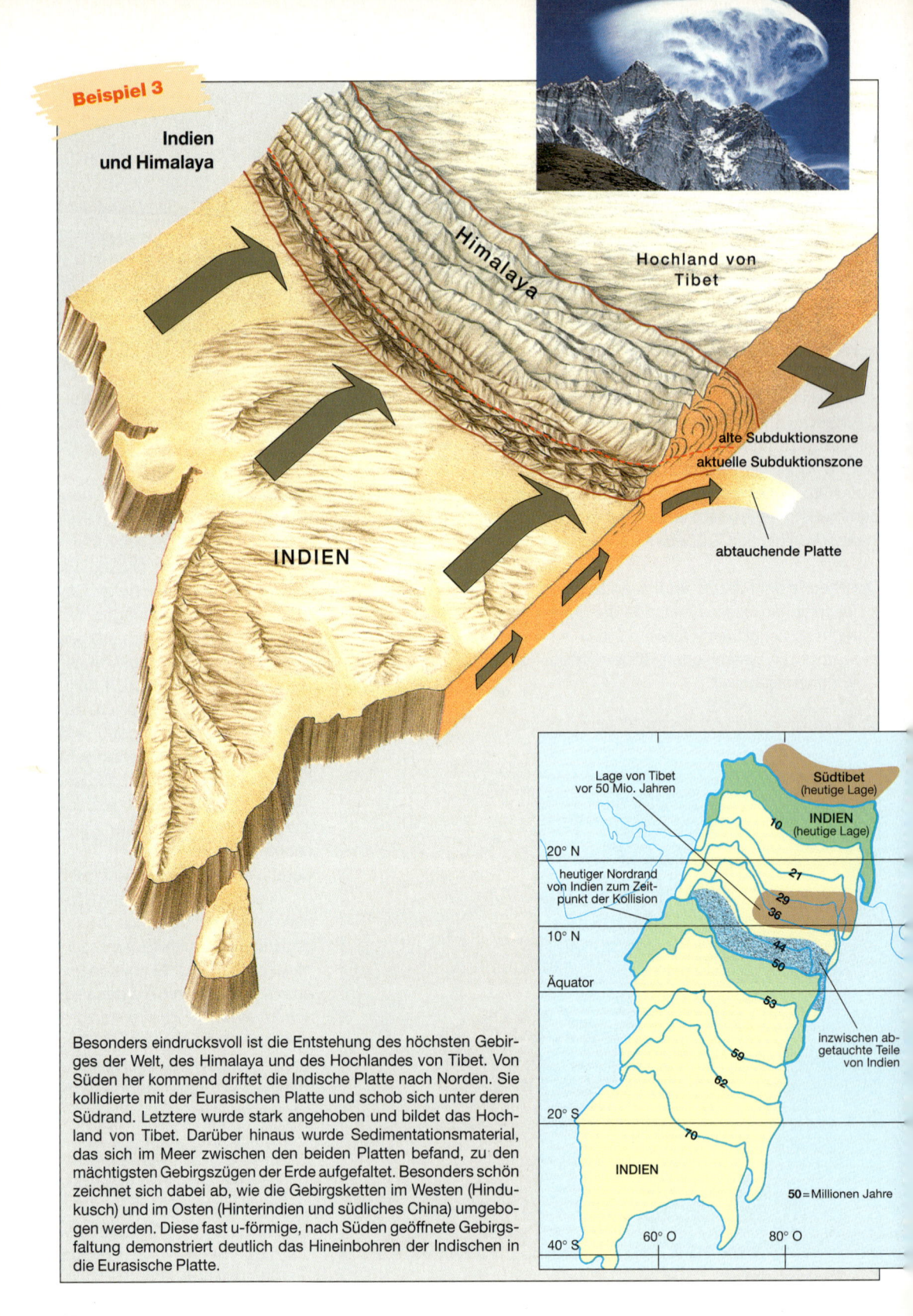

Indien und Himalaya

Himalaya

Hochland von Tibet

alte Subduktionszone
aktuelle Subduktionszone

INDIEN

abtauchende Platte

Lage von Tibet vor 50 Mio. Jahren

Südtibet (heutige Lage)

INDIEN (heutige Lage)

heutiger Nordrand von Indien zum Zeitpunkt der Kollision

inzwischen abgetauchte Teile von Indien

INDIEN

50 = Millionen Jahre

Besonders eindrucksvoll ist die Entstehung des höchsten Gebirges der Welt, des Himalaya und des Hochlandes von Tibet. Von Süden her kommend driftet die Indische Platte nach Norden. Sie kollidierte mit der Eurasischen Platte und schob sich unter deren Südrand. Letztere wurde stark angehoben und bildet das Hochland von Tibet. Darüber hinaus wurde Sedimentationsmaterial, das sich im Meer zwischen den beiden Platten befand, zu den mächtigsten Gebirgszügen der Erde aufgefaltet. Besonders schön zeichnet sich dabei ab, wie die Gebirgsketten im Westen (Hindukusch) und im Osten (Hinterindien und südliches China) umgebogen werden. Diese fast u-förmige, nach Süden geöffnete Gebirgsfaltung demonstriert deutlich das Hineinbohren der Indischen in die Eurasische Platte.

Beispiel 4

San Andreas-Verwerfung

Überall, wo auf der Erde Platten aufeinander stoßen oder auseinander gerissen werden, ist die Gefahr von Beben und Vulkanismus groß. Besonders gefährdet durch Erdbeben sind jedoch die Gebiete, an denen sich Platten horizontal aneinander vorbeibewegen.

Dies geschieht beispielsweise in Kalifornien, wo sich eine der bekanntesten Schwächezonen der Erde – die San Andreas-Verwerfung – durch das Land zieht.

Die Verschiebungen erfolgen meist ruckartig. An der Nahtstelle der Platten baut sich infolge der Reibungskräfte eine Spannung auf. Erst wenn diese Spannung eine bestimmte Größe überschreitet, findet ein plötzlicher Ausgleich statt: Die beiden Platten verschieben sich in einem einzigen Ruck, die Erde bebt. 1906, beim großen Beben von San Francisco, betrug die Verschiebung etwa sechs Meter. Während der letzten 140 Millionen Jahre haben sich die beiden Platten um etwa 560 km gegeneinander verschoben. Die Folgen der oft katastrophalen Erdbeben sind große Schäden an Pipelines, Bewässerungskanälen, Häusern und Straßen.

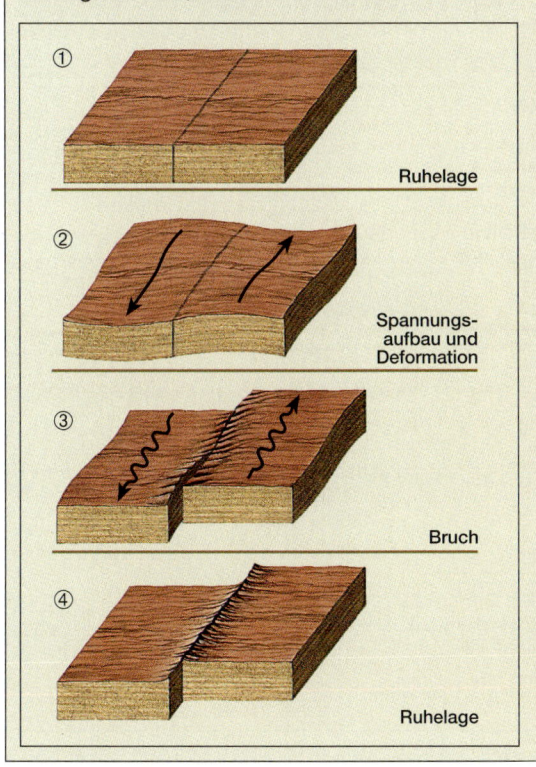

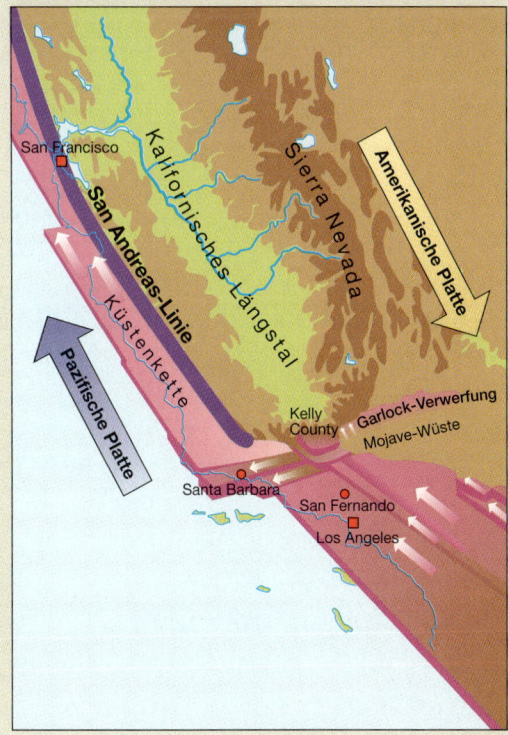

① Ruhelage
② Spannungsaufbau und Deformation
③ Bruch
④ Ruhelage

Projekt
Erdbeben und Vulkane

Schau noch einmal auf den Seiten 84 bis 88 nach.
1. Stelle einen Zusammenhang zwischen hot spots, Erdbeben und Vulkanismus her.
2. Erkläre, wie Menschen versuchen sich vor Vulkanen und Erdbeben zu schützen.
3. Unterscheide langfristige und kurzfristige Katastrophenvorhersagen.

Katastrophentag – 13 Mio. Japaner übten mit
Über 13 Mio. Japaner folgten dem Aufruf der Regierung am „Katastrophentag" ihr Wissen über das Verhalten bei Erdbeben aufzufrischen und Schutzmaßnahmen zu üben. Die Erstklässler setzten ihre Erdbebenschutzkappen auf. In Behörden und Unternehmen fanden die Übungen während der Frühstückspause statt. Hausfrauen und Kinder kamen zu den Vorführungen der Polizei und Feuerwehr in die Parks. *(Rheinische Post)*

Platte: starre, größere oder kleinere, 70 bis 100 km mächtige Scholle der oberen und der unteren Erdkruste.
Sea-floor-spreading (Ausdehnung des Ozeanbodens): Aufquellendes Magma türmt die Hochgebirge der mittelozeanischen Rücken auf und neuer Ozeanboden entsteht. Magmaströme schleppen die Krustenplatten der Kontinente auseinander.
Hot spots (heiße Flecken): Wärmebeulen aus aufsteigendem Magma wölben die Kruste auf. Durch diese Bewegungen entstehen Erdbeben und Vulkanismus.
Kontinentale Scholle: die obere Erdkruste, die als Kernstück einer Platte überwiegend über den Meeresspiegel hinausragt.

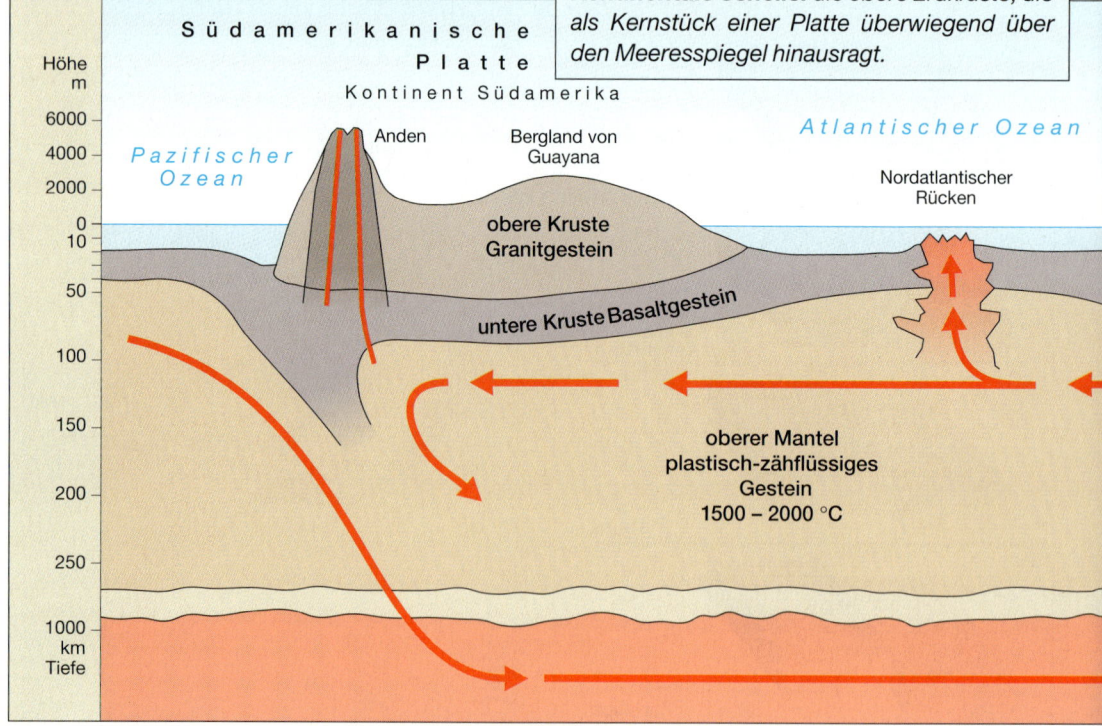

90.1 Querschnitt durch die Erdkruste und den Erdmantel bei etwa 5° N

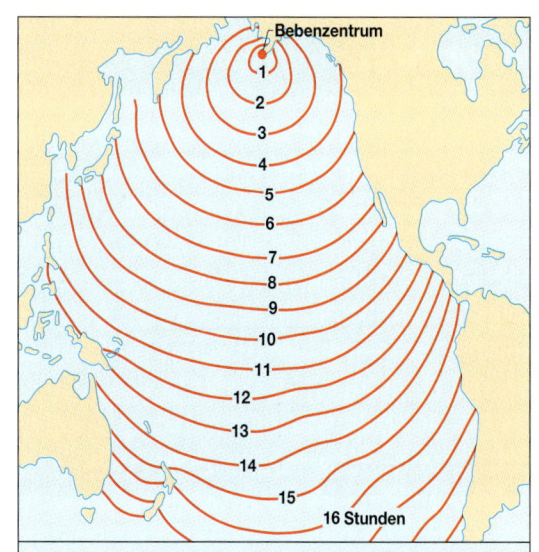

91.1 Tsunamis nach einem Erdbeben

Beben unter dem Meeresgrund (Seebeben) oder an der Küste, aber auch Vulkanausbrüche unter Wasser lösen bis zu 40 Meter hohe Meereswogen **(Tsunamis;** tsu = Hafen, nami = Welle) aus. Sie können an Küsten weitab vom Bebenherd noch große Verwüstungen anrichten.

Bebenzentrum — 1, 2, 3, 4, 5, 6, 7, 8, 9, 10, 11, 12, 13, 14, 15, 16 Stunden

91.2 Folgen einer Erdbeben- oder Vulkanwarnung

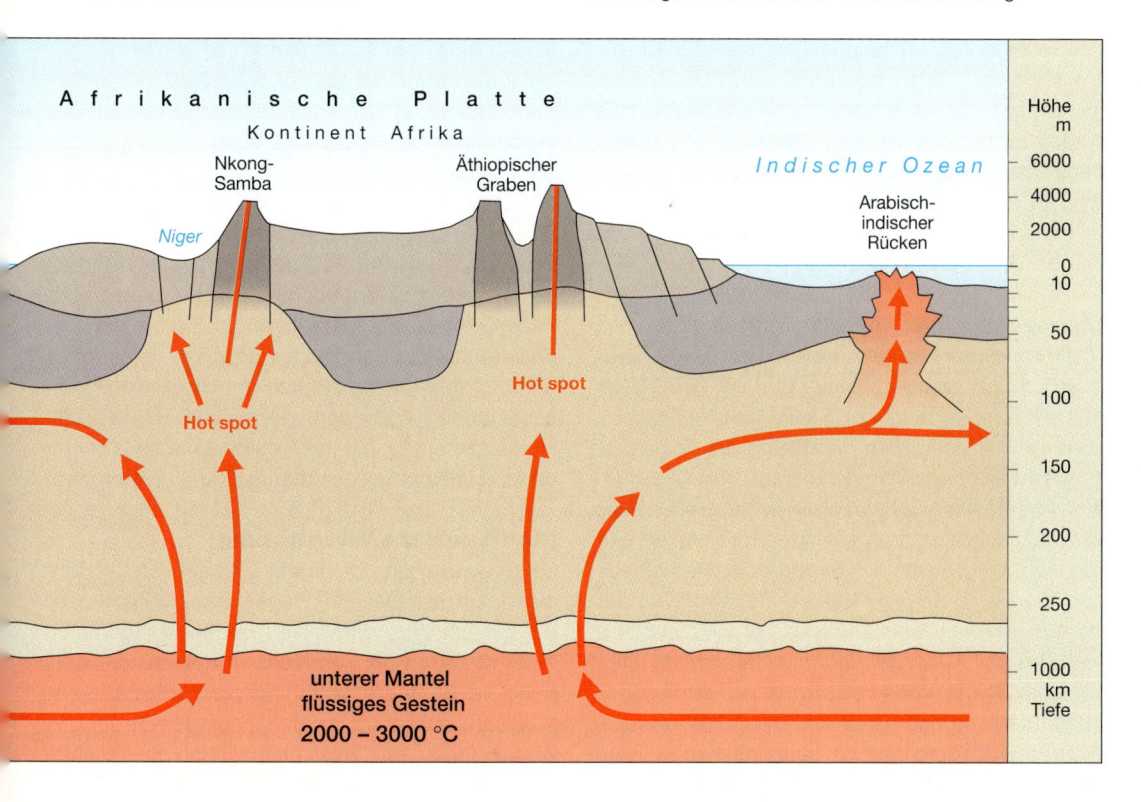

Veränderungen für die Bevölkerung
Menschen ziehen vorläufig weg.
Menschen verlassen für immer die Region.
Bestimmte Stadtgebiete dürfen nicht betreten werden, Gefahr durch Gasleitungen, Tankstellen, Hochhäuser.

Veränderungen für die Wirtschaft
Die Preise für Häuser und Grundstücke gehen zurück.
Es wird weniger gebaut.
Die Gemeinden erhalten weniger Steuern.
Versicherungsschutz kostet viel Geld.

Veränderungen für staatl. Einrichtungen
Die Bevölkerung muss geschult werden.
Krankenhäuser, Feuerwehr und Hilfsdienste müssen in Bereitschaft sein.
Die Gemeinde muss Evakuierungszentren bauen.
Öffentliche Verkehrsmittel fahren nicht.
Es gibt kein Gas und keinen Strom.

Afrikanische Platte — Kontinent Afrika — Nkong-Samba — Niger — Äthiopischer Graben — Indischer Ozean — Arabisch-indischer Rücken — Hot spot — Hot spot — unterer Mantel flüssiges Gestein 2000 – 3000 °C

Höhe m: 6000, 4000, 2000, 0, 10, 50, 100, 150, 200, 250, 1000 km Tiefe

Oberflächenformen

92.1 Bryce-Canyon (Utah/USA)

1. Berge wachsen nicht in den Himmel

Kaum haben unvorstellbar große Kräfte aus dem Erdinnern die Gebirge emporgehoben und aufgetürmt, sorgen von außen wirkende Kräfte dafür, dass die Berge nicht in den Himmel wachsen.

Hitze, Kälte, Wasser und **Wind, Eis** und die **Schwerkraft** zermürben, zernagen und zerstören die Gebirge, füllen Senken auf, ebnen Hügelländer ein und modellieren das unverwechselbare Gesicht einzelner Landschaften. Schon immer gilt für diesen ewigen Kreislauf des Werdens und Vergehens das Gesetz: Was am weitesten herausragt, wird am stärksten abgetragen. Wo sich heute weite Tiefländer ausdehnen, gab es vor Millionen von Jahren Meere oder Hochgebirge.

Die mechanische Verwitterung

„Nein, nein, das sind keine Gewehrschüsse", beruhigte uns auf unserer Saharatour der Reiseleiter, den wir besorgt aus dem Schlaf gerüttelt hatten. „Das ist das Zerknallen der Steine als Folge von starken Temperaturschwankungen. Am Tag dehnen sich die Mineralien im Gestein bei großer Hitze aus und nachts, wenn die Temperaturen fallen, ziehen sie sich zusammen. Temperaturunterschiede von über 40 °C sind hier keine Seltenheit. Und das jahraus, jahrein. Dabei entstehen große Spannungen. Das hält selbst der härteste Granit nicht aus - er platzt. Selbst große Felsbrocken erleiden regelrechte Kernsprünge – sie zerplatzen. Diese **Insolationsverwitterung** *kommt besonders in Wüsten und an sonnigen Steilhängen im Hochgebirge vor."*

„Felsenfest" ist in manchen Situationen gar nicht so fest, wie üblicherweise angenommen wird. Bei der **Frostverwitterung** dringt Wasser in Spalten und Poren des Gesteins, gefriert, dehnt sein Volumen um ca. 10 % aus und sprengt dadurch das Gestein. Sicher ist dir bekannt, was passiert, wenn man die Sprudelflasche im Eisfach vergisst.

In trocken-heißen Gebieten kommt es zur **Salzsprengung.** Durch hohe Verdunstung steigt Wasser kapillar auf. Die Salzkristalle wachsen dabei ständig und üben einen Sprengdruck auf das sie umgebende Gestein aus. Plattenförmig platzen die obersten Schichten ab.

Die biologische Verwitterung

Wer aufmerksam durch die Landschaft wandert, kann an Felsmauern und Steilhängen biologische Verwitterungsformen beobachten. Bei der **Wurzelsprengung** dringen Baumwurzeln in Felsspalten ein und sprengen sie durch ihr Dickenwachstum auseinander. Außerdem geben die Haarwurzeln Huminsäuren ab, die das Gestein anätzen. Dies ist dann schon ein Teil der chemischen Verwitterung.

Die chemische Verwitterung

Sickerwasser und die darin gelösten Stoffe dringen tief in das Gestein. Regenwasser nimmt z. B. auf seinem Weg durch den Boden Kohlendioxid auf und kann Kalk auflösen. Im Kalkgestein werden so z. B. Tropfsteinhöhlen geschaffen. Die Lösungsprozesse sind um so stärker, je wärmer das Wasser ist. In den Tropen reichen die chemischen Verwitterungsvorgänge bis in 100 m Tiefe.

93.1 Wurzelsprengung

93.2 Kernsprung

Die Endstufe der Verwitterung ist die **Bodenbildung.** Sie setzt ein, wenn zu den bisher genannten Verwitterungsformen dunkle Zersetzungsprodukte toter Tiere und Pflanzen hinzukommen und das durchlüftete Mineral-Humusgemisch von unzähligen Bodenlebewesen wie Springschwänzen, Asseln oder Spinnen mit Leben erfüllt wird.

Ergebnisse der Verwitterung

Meist wirken mehrere Verwitterungsformen zusammen und schaffen wie im Bryce-Canyon ein bezauberndes Wunderland von Tausenden unterschiedlicher Zinnen, Pfeiler, Türme, Labyrinthgängen und Steinsäulen. Bei der Entstehung der zu den „Naturwundern der Erde" zählenden Arches, den natürlichen Felsbrücken in Utah, sind ebenfalls mehrere Verwitterungskräfte beteiligt. Die Sandsteinschichten bestehen aus unterschiedlich harten Teilen. Das leicht kohlensäurehaltige Wasser löst zunächst die weichen mittleren auf: So entstehen zuerst kleine Nischen, dann Höhlen und Löcher, die sich im Laufe von Jahrtausenden zu Steinbögen ausweiten. Stürzen sie ein, dann bleiben Pfeiler und Steinsäulen zurück, die manchmal abenteuerlich anmutende „Kopfsteine" tragen.

1. Warum wachsen Berge nicht in den Himmel?

Bildet eine Arbeitsgruppe und untersucht, inwieweit zunehmende Luftverschmutzung Verwitterungsvorgänge beschleunigt.

93.3 Felsbrücken

94.1 Im Tal der Ardèche (Südfrankreich)

2. Wie Wasser eine Landschaft formt

Die Gestaltung der Erdoberfläche im Laufe von Jahrmillionen ist ein Vorgang, der nicht nur von Kräften aus dem Erdinnern bewirkt wird, sondern gleichzeitig von **exogenen Kräften.** Das sind Kräfte, die durch Wasser, Eis und Wind von außen auf die Erdoberfläche einwirken. Sie hätten die Oberfläche der Erde längst eingeebnet, wenn nicht die endogenen Kräfte dem entgegenwirkten. Im Gegensatz zu den endogenen Kräften lassen sich die exogenen Vorgänge an der Erdoberfläche beobachten. Ihre zerstörenden und aufbauenden Wirkungen führen zu bestimmten Oberflächenformen.

Bäche, Flüsse und das Meer bearbeiten die Oberfläche der Erde ständig. Auch Regenschauer oder strömender Regen wirken auf die Erdoberfläche. Dabei lassen sich manche Veränderungen kaum beobachten, da sie sehr langsam ablaufen (z. B. Abtragung eines Gebirges). Andere jedoch vollziehen sich schneller (z. B. Veränderungen eines Flusslaufs) und können direkt beobachtet werden. Der Mensch misst solchen Veränderungen meist erst dann Bedeutung bei, wenn er dadurch direkt betroffen ist.

Das fließende Wasser entwickelt durch seine Bewegung eine Kraft, die von der Menge des mitgeführten Wassers und der Fließgeschwindigkeit abhängt. Die Fließgeschwindigkeit selbst ist vom Gefälle abhängig: Je steiler das Gefälle und je größer die Wassermenge ist, desto höher ist die Transportkraft. So können Gebirgsbäche aufgrund ihrer hohen Transportkraft sehr große Gesteinsblöcke bewegen oder Brücken zum Einsturz bringen

Die **Abtragung (Erosion)** beginnt sofort an der Quelle. Der Fluss gräbt sich ein und es entsteht ein Geländeeinschnitt, ein Tal. Je nach Beschaffenheit des Untergrundes und der Transportkraft bilden sich dabei unterschiedliche Talformen wie z. B. im Oberlauf die Klamm oder das Kerbtal. Mit zunehmender Entfernung von der Quelle und bei abnehmendem Gefälle lässt die Transportkraft des Wassers nach, mehr und mehr Material wird abgelagert **(Sedimentation).** Es entstehen breitere Täler, z. B. Muldentäler. Die Korngröße des Materials nimmt ab (vgl. Abb. 95.1). Treten die Flüsse aus dem Gebirge in die Ebene hinaus, schwächt sich die Fließgeschwindigkeit durch das geringere Gefälle ab. Dabei bilden sich in Strömungsschatten Schwemmfächer aus erodiertem Material.

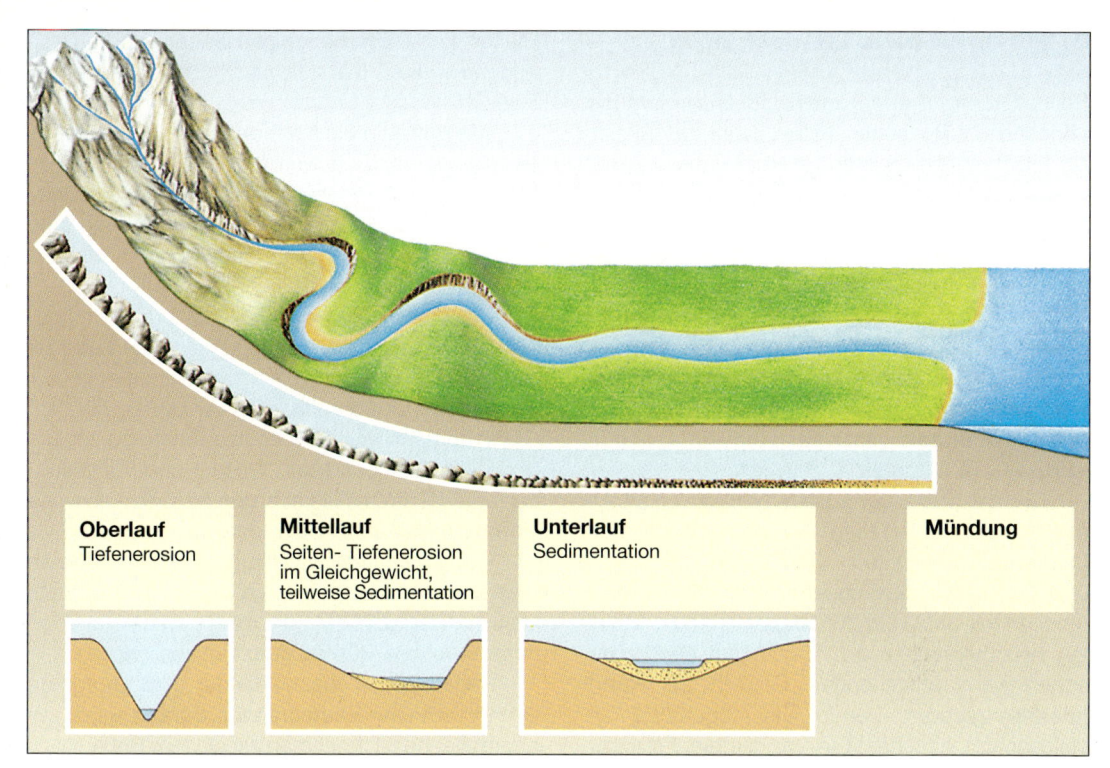

95.1 Die Abschnitte eines Flusses

Oberlauf — Tiefenerosion
Mittellauf — Seiten- Tiefenerosion im Gleichgewicht, teilweise Sedimentation
Unterlauf — Sedimentation
Mündung

Die Arbeit eines Flusses

Wer schon einmal mit Wasser und Sand gespielt hat, z. B. am Meer oder an der Uferböschung eines Sees, weiß aus eigener Beobachtung, was das fließende Wasser bewirkt. Dabei spielt sich immer der gleiche Vorgang zwischen Erosion, Materialtransport und Sedimentation ab. Die Beschaffenheit der Uferböschung, die Wassermenge und seine Fließgeschwindigkeit sowie die Art des Untergrundes bestimmen die Verschiedenartigkeit der entstehenden Formen.

Im **Oberlauf** eines Flusses ist die Transportkraft von Material aller Korngrößen infolge der hohen Fließgeschwindigkeit sehr groß. Hier wird selbst gröbstes Gestein weiterbewegt. Dabei prallen die Steine gegeneinander, werden zerkleinert. Feineres Material schmirgelt zusätzlich das grobe Material. Es wird dabei abgerundet. Dieser Prozess setzt sich so lange fort, bis aus den Steinen feinstes Material geworden ist. Dann reicht selbst bei geringerem Gefälle die Kraft des Wassers zum Weitertransport aus. Zur gleichen Zeit wirkt das transportierte Material scheuernd auf den Untergrund ein und legt das Flussbett tiefer **(Tiefenerosion)**.

Im **Mittellauf** nimmt das Gefälle und damit auch die Fließgeschwindigkeit ab. Die Transportkraft wird geringer und der Fluss lagert zunehmend Material ab. Tiefenerosion und Sedimentation halten sich etwa die Waage. Der Fluss beginnt zu pendeln und bildet Schleifen. In diesen **Mäandern** kommt es verstärkt auch zur Seitenerosion. Es entstehen asymmetrische Talformen mit **Prall-** und **Gleithängen**. Dabei kommt es manchmal auch zur Bildung von **Umlaufbergen**.

Im Unterlauf nimmt die Sedimentation zu. Werden bei der Einmündung ins Meer die Sinkstoffe vom Sog der Ebbe ins Meer hinausgezogen, entsteht eine **Trichtermündung**. Dort, wo keine Verfrachtung durch den Ebbstrom stattfindet, lagern sich die Sinkstoffe an der Mündung ab. Dadurch verbaut sich der Fluss seinen Lauf und muss sich durch Seitenarme neue Abflüsse schaffen. Auf diese Weise bildet sich ein **Delta**, das ins Meer hinauswächst.

1. Erkläre die Begriffe Erosion und Sedimentation.
2. Beschreibe die verschiedenen Mündungsformen von Elbe, Donau, Nil, Hwangho, Mississippi. Erkläre die Entstehung.

3. Eis formt neue Landschaften

Sechs Eiszeiten haben, unterbrochen von Wärmeperioden, in der letzten Million Jahre das Gesicht der Erdoberfläche geprägt. In Nordamerika, Asien, Nordeuropa oder in den Alpen ragten nur die höchsten Gipfel aus dem Eis heraus.

Heute sind rund 10 % der Landflächen von Gletschern bedeckt. **Gebirgsgletscher** passen sich dem Untergrund (Relief) an und fließen aus den Firnmulden des Nährgebietes zungenförmig in das Zehrgebiet talwärts. Die weitaus größeren **Plateaugletscher** überdecken weite Hochflächen oder als **Inlandeis** ganze Festlandteile wie Grönland oder die Antarktis.

Die bis dreitausend Meter dicken Eispanzer der Eiszeiten hinterließen deutliche Spuren in der Landschaft. Eismassen üben einen gewaltigen Druck auf den Untergrund aus, brechen Gesteinsbrocken los, schürfen Zungenbecken aus, schleifen Felsoberflächen ab. Durch den **Gletscherschliff** wird anstehendes Gestein zu **Rundhöckern** geformt. Der im Eis mitgeführte Gesteinsschutt hinterlässt in der glatten Felsoberfläche deutliche **Gletscherschrammen.** Die schleifende und abtragende Wirkung des Eises wandelt von Flüssen geschaffene Kerbtäler um. Ihre Talsohle wird verbreitert. Steilwandige **Trogtäler** (U-Täler) entstehen.

Hielten sich Gletscherzungen länger, bildeten sich Zungenbecken, die sich nach Abschmelzen des Eises mit Wasser füllten.

Wie gewaltig die Kraft des Eises ist, zeigt uns die Ostsee. Ihr Bett wurde von skandinavischen Eismassen ausgehoben und dann mit Schmelzwasser gefüllt. Fjorde, Förden und Bodden sind Küstenformen, die ihre Entstehung dem Eis verdanken.

Das vom Eis losgesprengte und mitgeschleppte Geschiebe aus Fels, Kies, Sand und Erde lagert sich unsortiert als Material ab, als Grund-, Seiten- und Endmoränen. Oft versperren sie dem Gletscherbach den Abfluss und führen so zur Bildung von Gletscherseen. Wasser und Wind sondern die feineren Teile aus den Moränen aus und lagern sie als Sander oder Löss ab.

Wo das Schmelzwasser in reisenden Strömen dem Meer zufloss, haben sich bis zu 20 km breite Urstromtäler gebildet, die heute noch von den norddeutschen Flüssen durchflossen werden.

Regelmäßig nacheinander angeordnete Grundmoränen, Endmoränen, Sander und Urstromtäler bezeichnet man als glaziale Serie.

1. Erkläre den Satz „Eis arbeitet".
2. Was verstehst du unter „glazialer Serie"?
3. Beschreibe eiszeitliche Formen aus deiner Umgebung.

96.1 Gletscher und Gletscherschliff

4. Die Arbeit des Windes

Neben dem fließenden Wasser, der Meeresbrandung und dem Eis hat auch der **Wind** bei der Gestaltung der Erdoberfläche eine Bedeutung. In Gebieten, in denen die Reibung an der Erdoberfläche gering ist, kann er seine Kraft fast ungehindert entfalten. Dies geschieht vor allem in vegetationsarmen und trockenen Gebieten. Seine Transportkraft nimmt dabei mit der Geschwindigkeit zu. Der Wind nimmt Material unterschiedlicher Korngröße auf, verweht es und bearbeitet damit jedes Hindernis wie ein Sandstrahlgebläse. Dadurch entstehen je nach Gesteinshärte Formen wie Hohlkehlen und Pilzfelsen. Beim Pilzfelsen wird weicheres Material ausgeblasen, härtere Schichten bleiben erhalten.

Dort, wo die **Ausblasung** durch den Wind vorherrscht, werden feine Bodenbestandteile fortgetragen. Nur das gröbere Material bleibt zurück. So entstehen unter anderem die Fels- und Kieswüsten. Es kann auch vorkommen, dass landwirtschaftlich genutzte Flächen durch Ausblasung zerstört werden: In den USA wehten Stürme in den 30er-Jahren hunderttausende Tonnen fruchtbaren Ackerbodens davon. In Schleswig-Holstein wurden bei Flurbereinigungen und durch den Einsatz großer Landmaschinen hunderte Kilometer Knicks beseitigt. Heute achten die Behörden streng darauf, dass Knicks die Ackerflächen schützen.

Wenn der Mensch die Pflanzendecke entfernt, hat der Wind leichtes Spiel. Im Sahel dringt die Wüste weiter nach Süden vor, weil die Nomaden die letzten Bäume als Viehfutter oder Feuerholz verwenden. In Kasachstan führte die Ausdehnung der Ackerflächen regelmäßig zu verheerenden Staubstürmen.

Nehmen die Windstärken ab, kommt es zur **Ablagerung** des transportierten Materials. So entstehen die **Dünen,** die große Flächen der Küsten und Trockengebiete der Erde bedecken. Ein riesiges Ablagerungsgebiet ist die Sandwüste in der Sahara, aber auch in Südspanien und in Dänemark (Nordjütland) kommen Sandverwehungen vor.

Eine Windablagerung von besonderer wirtschaftlicher Bedeutung ist der Löss, ein feinkörniges Material, das durch eiszeitliche Auswehung und Ablagerung entstanden ist. Aus Sandern und Moränen hat der Wind Quarz und Kalk ausgeblasen und z. B. in der Magdeburger Börde oder am Kaiserstuhl abgelagert. Am Oberlauf des Hwangho in China sind solche Lössschichten mehrere hundert Meter mächtig.

1. Beschreibe die Arbeit des Windes und die dadurch entstehenden Oberflächenformen.
2. Welche Bedingungen begünstigen die Abtragung durch Wind? Beschreibe Ablagerungsformen.

97.1 Dünen in Dänemark

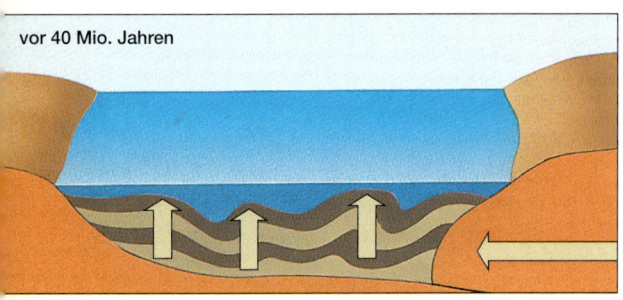

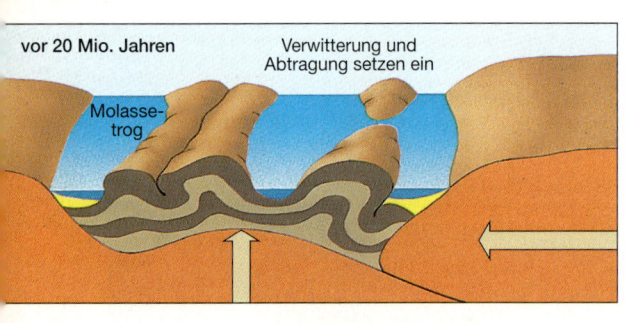

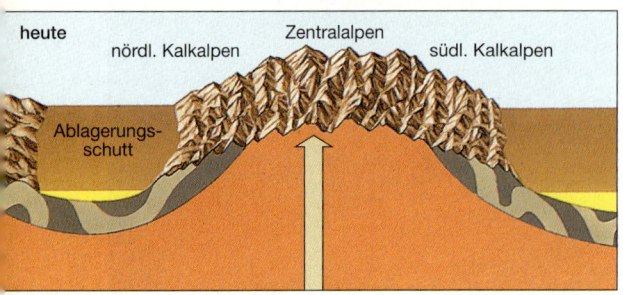

Wissenswertes

Alpen und

Grundgebirge aus dem Erdaltertum

Vor über 300 Millionen Jahren zieht sich ein Hochgebirge, gewaltiger als die Alpen, durch Mitteleuropa. Am Ende des Erdaltertums haben Erosionskräfte dieses Gebirge aus **Granit** und **Gneis** weitgehend abgetragen. Übrig bleibt ein eingeebneter Gebirgsrumpf als **Grundgebirge**.

Deckschichten aus dem Erdmittelalter

In der **Triaszeit** schwemmen Flüsse Sand und Geröllmassen auf dieses Grundgebirge. In einem wüstenhaften Trockenklima bilden sich die rötlichen **Buntsandsteinschichten.** Während der **Muschelkalkzeit** ist das Gebiet Süddeutschlands von einem flachen Meer bedeckt. Mächtige Kalkschichten lagern sich am Meeresboden über dem Buntsandstein ab. Darin sind Muscheln, Seelilien und andere Meeresbewohner als **Fossilien** eingebettet. In der **Keuperzeit** wechseln Land und Flachmeer mehrfach, wie sich aus dem Wechsel von weichen Tonmergeln, Gipslagern, harten Kalksteinbänken und unterschiedlich festen Sandsteinschichten schließen lässt. In abgeschnürten Meeresbuchten bilden sich Steinsalzlager. In der **Jurazeit** herrscht wieder Meer vor. Auch die Kalkschichten des Jura enthalten Fossilien. Die Sedimentschichten des Erdmittelalters bilden heute das **Deckgebirge** des **Südwestdeutschen Schichtstufenlandes.** Mit dem Ende der Jurazeit wird Südwestdeutschland Festland und ist seither Abtragungsgebiet.

Die Alpen entstehen in der Erdneuzeit

Im **Tertiär** ist Mitteleuropa ein geologisches Unruhegebiet. Die Afrikanische Platte bewegt sich nach Norden gegen die Eurasische. Dadurch werden die zwischen den Kontinenten abgelagerten Sedimentschichten eingeengt und gefaltet. Als sich die Afrikanische Platte über die Europäische schiebt, heben sich die gefalteten Gesteinsschichten aus dem Meer.

Als Gegenbewegung bildet sich im Norden eine Senke, die vom Meer überflutet wird. Der Abtragungsschutt der aufsteigenden Alpen und des nördlichen Festlandes liefert das Material für das Molassegestein. Am Ende der Erdneuzeit ist dieses Molassebecken aufgefüllt.

98.1 Die Entstehung der Alpen

Oberrheingraben

Der Oberrheingraben bricht ein

Im Zusammenhang mit der Alpenauffaltung stellen Kräfte aus dem Erdinnern die Gesteinsschichten Südwestdeutschlands schräg. Die Aufwölbung ist dort am höchsten, wo heute das Oberrheinische Tiefland verläuft. Hohe Spannungen im Gestein führen zu Verbiegungen, Brüchen und Rissen in der Erdkruste. Das Mittelstück des Bogens zerreißt in Schollen, die absinken und den Oberrheingraben bilden. In dieser unruhigen Zeit erschüttern Erdbeben unseren Raum, zahlreiche Vulkane durchschlagen das Deckgebirge.

Flüsse modellieren das Schichtstufenland

Durch die Schrägstellung der Deckschichten fließen die Gewässer zunächst in Richtung der heutigen Donau. Mit dem Einbruch des Oberrheingrabens verändern sich die Fließrichtungen: Die zum Rhein gerichteten Flüsse haben ein viel stärkeres Gefälle und schneiden sich deshalb schnell rückwärts in die Landschaft ein. Viele Donauzuflüsse werden von Nebenflüssen des Rheins angezapft und umgelenkt. Die Wasserscheide zwischen Donau und Rhein wird immer weiter zur Donau hin zurückverlegt (vgl. Abb. 99.1).

In den Sedimentschichten Südwestdeutschlands wechseln sich harte und weiche Schichten ab. Weichere werden vom Wasser schneller ausgeräumt als härtere. Die harten Deckschichten bilden deshalb die Kanten der **Stufenränder**. Besonders ausgeprägt sind die Stufen des **Buntsandsteins** im Nordschwarzwald und Odenwald mit gewaltigen Abbrüchen zum Oberrheinischen Tiefland. Im Neckarland erheben sich die Stufen der **Keuperberge** über die ebene **Schichtfläche des Muschelkalks** in den Gäuen. Unübersehbar sind die Stufen des **Juras**. Die Steilstufe der Schwäbischen Alb, der Albtrauf, erhebt sich wie eine Mauer bis zu 300 m über das Albvorland.

Die am höchsten herausragenden Schichten werden am stärksten abgetragen. Deshalb sind die Sedimentschichten im Südschwarzwald heute vollständig verschwunden, sodass das Grundgebirge an der Oberfläche ansteht.

1. Beschreibe die Entstehung von Alpen und Oberrheingraben (vgl. hinteren Buchdeckel).

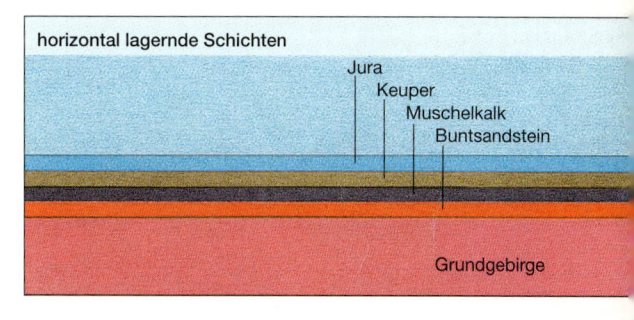

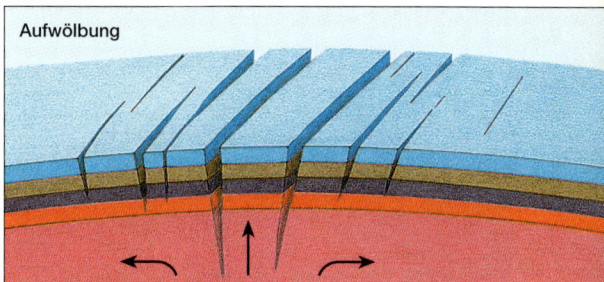

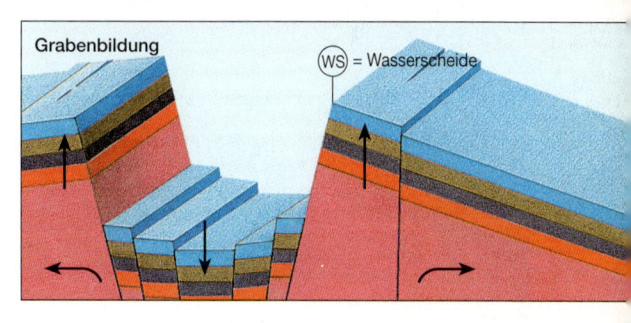

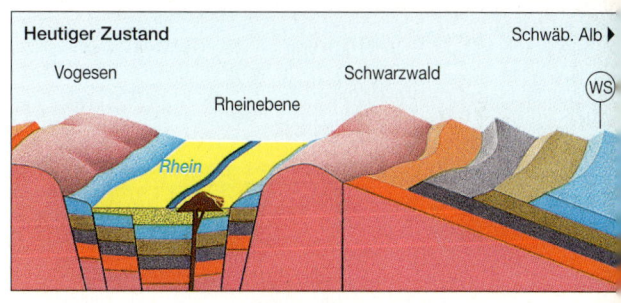

99.1 Die Entstehung des Oberrheingrabens

Naturlandschaft

| Traubeneichen-Birkenwald | trockener Stieleichen-Birkenwald | feuchter Stieleichen-Birkenwald | Birken-Bruch | Grauseggen-Sumpf | Hochmoor |

Alte und neue Anlagen der Großchemie in Bitterfeld/Wolfen

Flächennutzung in Deutschland (1997)

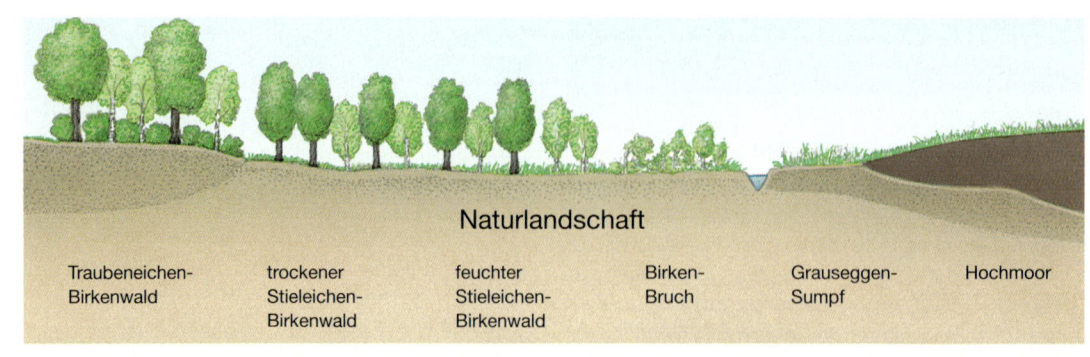

Landwirtschaftsfläche (einschließlich Moor und Heide)	54,7 %
Waldfläche	29,2 %
Gebäudefläche	5,8 %
Verkehrsfläche	4,6 %
Wasserfläche	2,2 %
Industriegelände (unbebaut)	0,7 %
Freizeitfläche	0,6 %
Sonstige Fläche	2,2 %

(Gesamtfläche der Bundesrepublik Deutschland 356 970 km^2)

Wirtschaftslandschaft im Jahr 2000

| intensiver Ackerbau | extensiver Ackerbau | extensives Weidegrünland | intensives Grünland (Mahd) | extensive Nasswiese | Silomais |

Potsdamer Platz (1997)

Deutschland: Räume verändern sich

Berlin, Potsdamer Platz 2010 – Computersimulation

Landwirtschaft in West und Ost

	1989		1996	
	BRD	DDR	alte Länder	neue Länder
Betriebe	648 722	4 500	509 000	30 248
LNF (Mio. ha)	11,79	6,17	11,67	5,56
Arbeitskräfte	1 411 800	850 000	839 000 [1]	152 100 [2]

[1] Familien + 70 000 fremde Lohnarbeitskräfte
[2] davon 103 600 fremde Lohnarbeitskräfte

102.1 Strukturdaten zur Landwirtschaft

	1950	1970	1996
Anzahl der Menschen, die ein Landwirt ernährt	10	29	104
Nahrungsmittelverbrauch in kg je Kopf	800	1150	1290
Anteil der Nahrungsmittel an Ausgaben eines Vierpersonenhaushalts in %	45	27	15

102.2 Landwirte und Verbraucher

Strukturwandel und Erwerbsformen: Vollerwerbsbetriebe, Zuerwerbsbetriebe mit nichtlandwirtschaftlichen Einkünften, Nebenerwerbsbetriebe (Einkommen aus nichtlandwirtschaftlichem Bereich überwiegt, „Feierabendbauern").

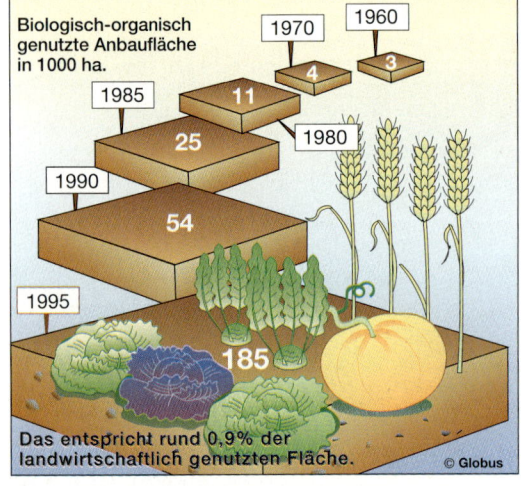

102.3 Biobauern auf dem Vormarsch

1. Strukturwandel in den alten Bundesländern

Nach dem Zweiten Weltkrieg hatten zahlreiche Heimatvertriebene und Flüchtlinge ihren Lebensunterhalt in der Landwirtschaft bestreiten können. 1950 gab es in den alten Bundesländern 1,6 Mio. Höfe, 1996 war die Zahl auf ein Drittel gesunken.

Der „Grüne Plan" der Bundesregierung von 1955 sollte die Landwirtschaft in die Lage versetzen die „naturbedingten und wirtschaftlichen Nachteile gegenüber anderen Wirtschaftsbereichen auszugleichen und ihre Produktivität zu steigern." Mit Steuergeldern konnten die Landwirte
– die Fläche der vielen unrentablen Kleinbetriebe mit geringer Produktivität und hohem Arbeitsaufwand vergrößern oder die Gehöfte aufgeben,
– größere Maschinen anschaffen, sich spezialisieren und damit auf die weitgehende Selbstversorgung ihrer Betriebe verzichten,
– unrentable, marktferne Betriebe mit Grenzertragsböden entweder aufgeben oder nur noch extensiv bewirtschaften.

Seit 1950 hat sich die Agrarfläche des früheren Bundesgebietes um 16 % verringert. Der Rückgang der landwirtschaftlichen Nutzfläche betraf sowohl Haupterwerbs- als auch Nebenerwerbs- und Zuerwerbsbetriebe. Meist wurden die Höfe im Zuge des Generationswechsels aufgegeben. Die möglichen Hoferben gingen in andere Berufe, der Hofinhaber schied mit Erreichen des Rentenalters aus der Landwirtschaft aus. Durch den Ausbau der landwirtschaftlichen Altersversorgung lief dieser Prozess überwiegend sozial verträglich ab. Die frei gewordenen Flächen wurden von umliegenden Betrieben meist in Pacht übernommen. In der Größenordnung von 2 bis 5 ha waren 1995 die meisten Betriebe vertreten, insgesamt 92 600. Nur 12 114 Betriebe verfügten über 100 und mehr ha. Der Trend hält an, dass die Zahl der Betriebe unter 72 ha weiter abnimmt und über 72 ha zunimmt.

Auch die Mitgliedschaft in der **Europäischen Wirtschaftsgemeinschaft** (EWG, heute EU) zwang die Landwirte Anbau und Tierhaltung zu intensivieren, den Arbeitsablauf zu rationalisieren und sich politischen Vorgaben anzupassen.

Jahr	Maßnahmen zur Umgestaltung	Ziel
1945 bis 1949	**„Bodenreform"** Entschädigungsloses Enteignen aller Betriebe über 100 ha, einrichten von 210 000 Neubauernstellen für ehemalige Landarbeiter und vertriebene Bauern auf 3 Mio. ha, gründen von Volkseigenen Gütern (VEG) auf ehemaligen Gutshöfen	Vergrößern der Zahl der Kleinbauern, eingliedern der Heimatvertriebenen
1952 bis 1960	**Kollektivierung** Gründen von Landwirtschaftlichen Produktionsgenossenschaften (LPG), zunächst freiwilliger Beitritt, später unter Zwang	Übergang zur genossenschaftlich-sozialistischen Produktion
ab 1968	**Spezialisierung** Zusammenlegen zu Großbetrieben der LPG mit Betriebsflächen zwischen 500 und 8000 ha, trennen in LPG Tierproduktion (T) und Pflanzenproduktion (P), Zusammenarbeit mit Verarbeitungs- und Vermarktungsbetrieben in Agrar-Industrie-Komplexen	Industrieähnliche Produktion gewährleisten, Arbeit in mehreren Schichten, Organisation konzentrieren
nach 1990	**Privatisierung** Umwandeln – Auflösen – Neugründen Familienbetriebe Agrargenossenschaften	Angleichung an westdeutsche und EU-Verhältnisse

103.1 Veränderungen in der sowjetischen Besatzungszone / in der DDR / in den neuen Bundesländern

2. Abschied von der LPG

Nach der politischen Wende in der ehemaligen DDR vollzieht sich auch ein Strukturwandel in der Landwirtschaft. Gravierende Veränderungen zeigen sich dabei vor allem in der Flächennutzungs- sowie in der Anbau- und Betriebsstruktur.

Die Trennung der Tierhaltung von der Pflanzenproduktion wie sie in der DDR typisch war, die Großfeldstrukturen, der übermäßige Einsatz von Dünge- und Schädlingsbekämpfungsmitteln waren wirtschaftlich und ökologisch nicht mehr tragbar. Unwirtschaftlich war auch die zu hohe Zahl der Arbeitskräfte im Vergleich zur vorhandenen Arbeit.

Zur einer starken Absatzkrise trug bei, dass die Bevölkerung nach der Wende zunächst kaum noch Nahrungsmittel aus der heimischen landwirtschaftlichen Produktion kaufte. Westprodukte waren erst einmal gefragter. All diese Gründe führten zu einem spürbaren Wandel der Landwirtschaft. Die Zahl der Landwirtschaftsbetriebe und der Beschäftigten sank.

Auch der Industriesektor war nach 1990 fast völlig zusammengebrochen, moderne Industrie wurde kaum angesiedelt. Aus Mangel an Arbeitsplätzen betrieb man die Landwirtschaft daher auch unter ungünstigen Umständen weiter. In erster Linie entstanden **Agrargenossenschaften,** da es den Landwirten an Eigenkapital mangelt.

Ein weiterer Grund ist die einseitig ausgerichtete Spezialisierung der ehemaligen Beschäftigten in den LPG der DDR. Ihre Mitglieder übten so stark spezialisierte Tätigkeiten aus, dass sie das breite Arbeitsspektrum eines Einzelbauern nicht vollständig beherrschen können.

Auf den guten Böden bemühen sich die neu gegründeten Agrargenossenschaften und Einzelbauern sowie Familienbetriebe um hohe Erträge. Aber auch Bauern aus den alten Bundesländern und dem Ausland haben hier fruchtbares Land erworben. Inzwischen sind nach den ersten Jahren der Umstrukturierung wieder Erfolge in der Landwirtschaft zu verzeichnen. Das drückt sich unter anderem auch darin aus, dass in den neuen Bundesländern wieder mehr Nahrungsmittel aus einheimischer Produktion gekauft werden.

1. Was bedeutet Strukturwandel in der Landwirtschaft? Erläutere den Vorgang am Beispiel der alten Bundesländer.
2. Werte die Abb. auf S. 100 oben und unten aus. Welche Zahlen spiegeln den Strukturwandel besonders stark wider? Weitere Zahlen hierzu auf den Seiten 104 und 105.
3. Beschreibe die Entwicklung der Landwirtschaft in der DDR bzw. in den neuen Ländern.
4. Begründe die Notwendigkeit des Umstrukturierungsprozesses in der Landwirtschaft der fünf neuen Länder.

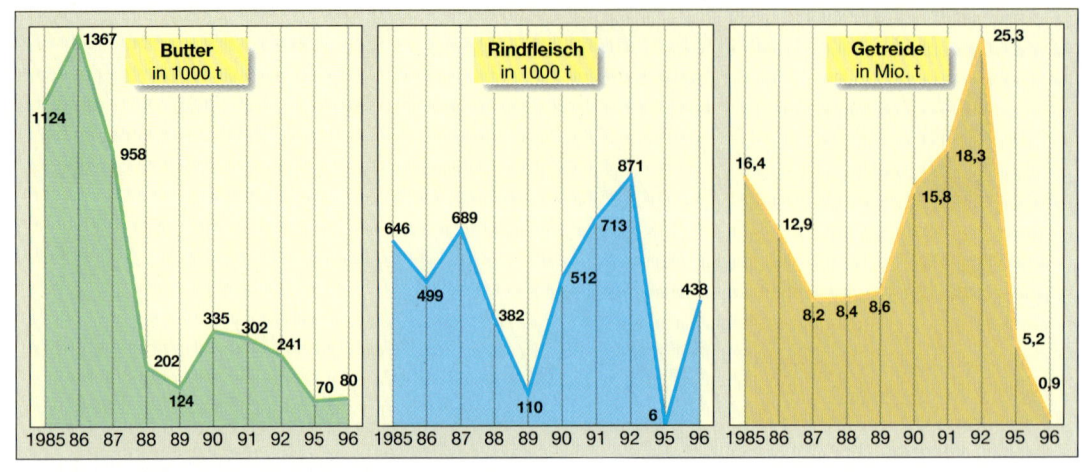

104.1 Von der EG/EU aufgekaufte landwirtschaftliche Güter (Interventionsbestände)

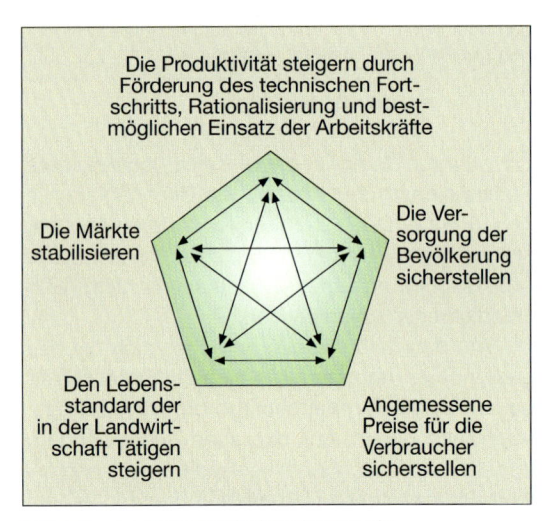

104.2 Das magische Fünfeck im Agrarmarkt

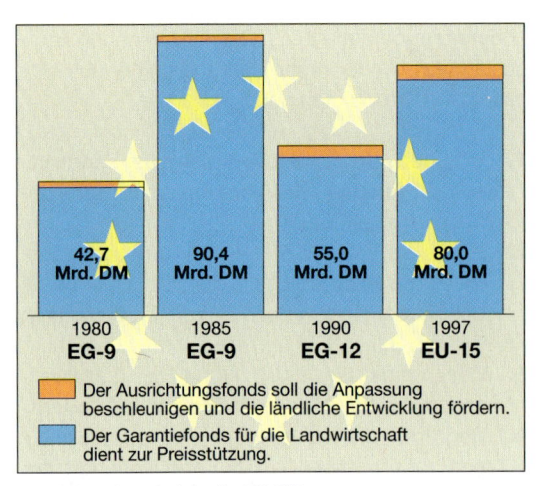

104.3 Agrarhaushalt in der EG/EU

3. Der verwaltete Agrarmarkt in der EU

Der europäische Agrarmarkt wurde 1962 Wirklichkeit und brachte den Landwirten zuerst Vorteile. Der wichtigste Produktionsanreiz kam von der EG. Sie legte jährliche Mindestpreise für Getreide, Milchprodukte und Rindfleisch fest. Sank der Marktpreis unter den Garantiepreis oder konnten die Bauern einen Teil der Ernte sowie der Milch- und Fleischproduktion nicht verkaufen, „intervenierte" die EG. Sie kaufte die überschüssigen Erzeugnisse auf und lagerte sie ein. Die Landwirte erzeugten jedoch so viel, dass Mitte der 80er-Jahre „Butterberge", „Milchseen" und „Getreideberge" entstanden. Da die EG sich verpflichtet hatte, die Erzeugnisse in unbegrenzter Menge aufzukaufen, sicherte sie so hohe Einkommen der Landwirte. Andererseits regte sie damit zu noch höherer Produktion an.

Der Preis für landwirtschaftliche Produkte in der EU liegt in der Regel höher als der Weltmarktpreis. Will ein Importeur Weizen zu niedrigeren Weltmarktpreisen einführen, muss er den Unterschiedsbetrag zwischen dem Weltmarktpreis und dem EU-Preis bezahlen. Die EU nennt den Betrag „Abschöpfung". Ein Exporteur erhält dagegen von der EU eine „Erstattung", wenn er EG-Agrarprodukte ausführt.

Die Kosten für die Abnahmegarantie, für Lagerhaltung und Exportsubvention, für Verkaufsförderung und Verbesserungen in der Landwirtschaft stiegen unaufhörlich. Der Agrarfonds, der Topf, den die Mitgliedsländer mit Steuergeldern füllen mussten, verschlang Milliarden.

Da die Landwirtschaft nicht den Marktkräften mit Angebot und Nachfrage ausgesetzt war, stiegen die Erzeugermengen weiter an. Überschüsse wurden nicht nur gelagert, sondern verbilligt auf dem Weltmarkt angeboten oder vernichtet.

Die Agrarreform von 1992 hat das Ziel:
– die Mindestpreise zu senken,
– Einkommenseinbußen für die Landwirte durch flächenbezogene Prämien auszugleichen. Die Höhe richtet sich nach den durchschnittlichen Erträgen der verschiedenen Erzeugergebiete.
– 15 Prozent der Anbaufläche von Betrieben mit mehr als 15 ha stillzulegen. Für die stillgelegten Flächen erhalten die Landwirte Prämien.

1. Erläutere, warum die garantierten Mindesterzeugerpreise zu Überschüssen führten.
2. Beschreibe das bisherige Subventionssystem und vergleiche es mit dem nach der Agrarreform von 1992. Zu EU siehe S. 124 ff.
3. Erörtere mögliche Nachteile einer rein marktwirtschaftlichen Regulierung der Agrarüberschüsse.
4. Überlege, ob es noch weitere Möglichkeiten gibt die Überschüsse zu verringern.

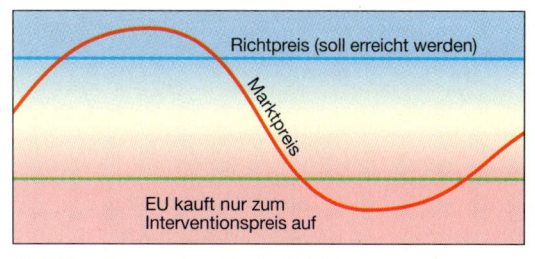

105.2 Das Agrarpreissystem in der EU

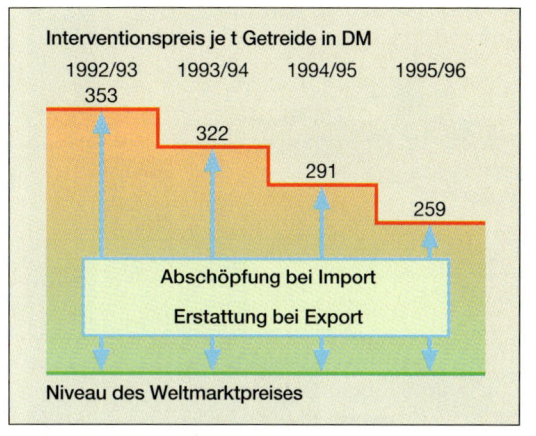

105.3 Marktordnung für Getreide

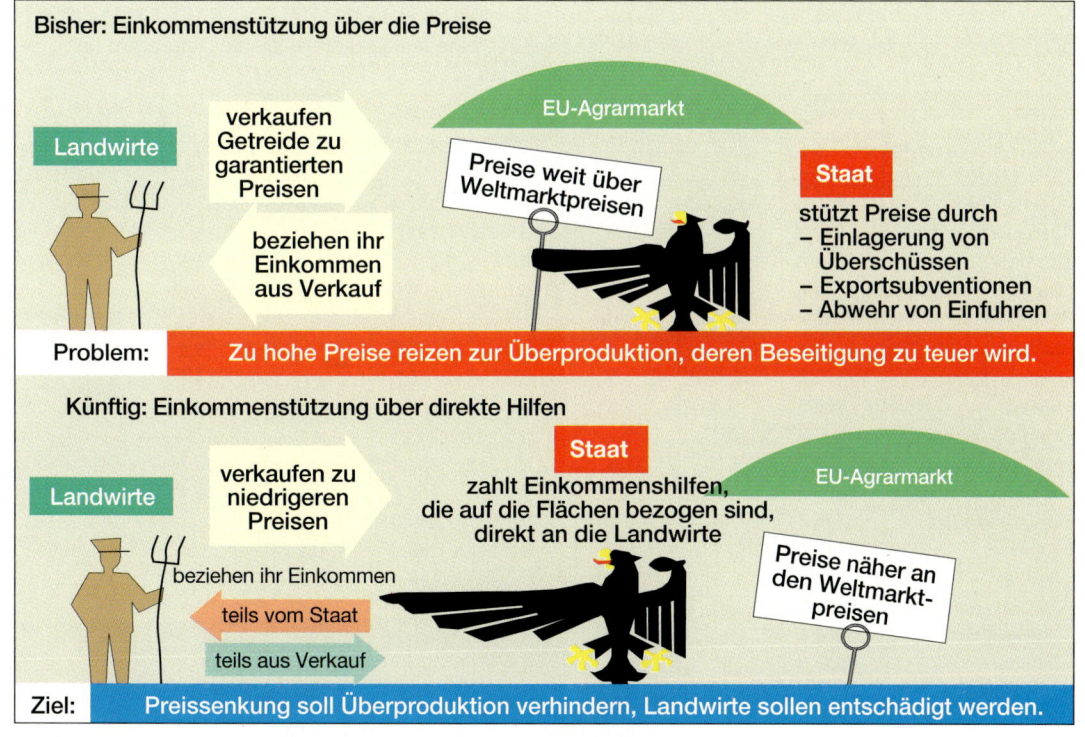

105.1 Agrarreform der EU, dargestellt am Beispiel der Getreidemarktreform

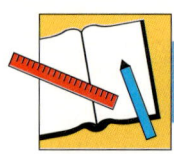

Wir arbeiten mit Statistiken:

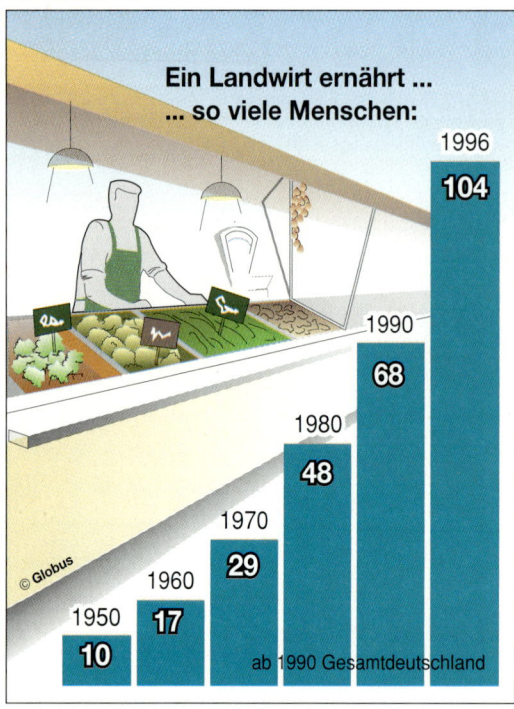

**Ein Landwirt ernährt ...
... so viele Menschen:**

- 1950: 10
- 1960: 17
- 1970: 29
- 1980: 48
- 1990: 68
- 1996: 104

ab 1990 Gesamtdeutschland

106.1 Grafisch dargestelltes Diagramm

Für viele sind Tabellen und Statistiken nur schwer zu lesen, da Entwicklungen und Veränderungen, die in den Daten enthalten sind, nicht so leicht zu erkennen sind. Deshalb werden die Daten oft in Diagramme übertragen. Ein zur Grafik gehörender Text dient der Erläuterung. Dabei kann es vorkommen, dass die Grafik kein echtes Diagramm darstellt. Vielmehr soll durch die grafische Aufbereitung eine Entwicklung vorgespiegelt werden. In Zeitungen dargestellte Diagramme sind oft zeichnerisch geschönt, ergänzt oder verfremdet.

Daten zur Landwirtschaft werden veröffentlicht in:
– Fischer Weltalmanach, Frankfurt a. M.
– Harenberg Aktuell, Dortmund
– Statistisches Bundesamt (Herausgeber): Statistisches Jahrbuch für die Bundesrepublik Deutschland und das Ausland, Wiesbaden
– IMA (Herausgeber): Agrimente, Hannover

1. Werte die Daten in Abb. 104. 1 und 106. 1 nach der Anleitung aus.
2. Wähle aus Abb. 106.2 oder 107.1 eine Zahlenreihe aus und stelle sie als Diagramm dar.

Land Bundesland	Acker- land	Garten- land	Obst- anlagen	Baum- schulen	Dauer- grünland	Reb- anlagen	Ins- gesamt
				1 000 ha			
Deutschland	11 832,3	19,5	70,1	27,5	5 273,4	101,0	17 335,4
Baden-Württemb.	840,3	3,2	21,0	3,1	582,0	25,0	1 475,4
Bayern	2 134,8	4,2	7,4	2,9	1 219,2	5,8	3 375,6
Berlin	1,6	–	–	0,1	0,5	–	2,2
Brandenburg	1 046,7	1,0	4,5	1,2	295,6	–	1 349,5
Bremen	1,8	–	–	–	7,6	–	9,4
Hamburg	6,2	0,1	1,5	0,2	6,2	–	14,1
Hessen	489,5	0,8	1,3	0,9	269,8	3,4	775,0
Meckl.-Vorpomm.	1 060,3	0,3	2,2	0,6	283,1	–	1 347,0
Niedersachsen	1 777,5	2,9	11,0	5,2	907,4	–	2 706,7
Nordrh.-Westfalen	1 094,4	2,4	3,5	4,6	451,2	–	1 559,1
Rheinland-Pfalz	396,3	1,0	6,4	0,9	244,6	66,0	715,7
Saarland	38,6	0,1	0,2	0,2	33,9	0,1	73,1
Sachsen	718,8	0,6	4,5	0,9	182,4	0,3	907,7
Sachsen-Anhalt	1 004,9	0,4	2,7	0,6	161,0	0,4	1 170,2
Schlesw.-Holstein	568,4	2,4	1,1	5,8	455,2	–	1 052,1
Thüringen	625,1	0,2	2,8	0,4	173,7	–	802,6

Quelle: Statistisches Jahrbuch für die Bundesrepublik Deutschland. Wiesbaden 1997.

106.2 Landwirtschaftlich genutzte Fläche nach Kulturarten (1996)

Beschriftungen: Kopfleiste, Randspalte, Spalten, Summenspalte, Zeile, Quelle, Unterschrift

Landwirtschaft in Deutschland

Erster Schritt: Einlesen	
1. Worum geht es in der Statistik/Tabelle?	⇨ Überschrift / Unterschrift nennen
2. Welche Angaben sind zur Quelle vorhanden?	⇨ Herausgeber, Erscheinungsort/-jahr nennen
3. Welcher Inhalt ist dargestellt?	⇨ Maßeinheiten, Begriffe, Gliederung der Spalten und Zeilen erfassen
4. Welcher Raum und welche Zeit sind erfasst?	⇨ Raum und Zeit (Jahr, Monate) aufzeigen
5. Wie ist der Sachverhalt dargestellt?	⇨ Zahlenart erkennen (absolute Zahlen; relative Zahlen geben Anteile wieder – Angabe in %; Zahlenreihen, Teilmengen)
Zweiter Schritt: Beschreiben	
1. Welche Zahlen fallen besonders auf?	⇨ Höchst-/Tiefstwerte / Mittelwerte herausarbeiten
2. Welche Richtung (Tendenz) ist erkennbar?	⇨ Zu- oder Abnahme, Auffälligkeiten, Unterschiede, Umkehr erkennen
3. Wie stehen die Zahlen in Beziehung zueinander?	⇨ Daten vergleichen, in Beziehung zur Gesamtsumme setzen, Durchschnittswerte errechnen
4. Welche Zusammenhänge zeigt die Statistik?	✎ Hauptaussage formulieren
Dritter Schritt: Erläutern	
1. Welche Vermutungen / Gründe / Ursachen lassen sich über den Inhalt anstellen?	☞ Mutmaßungen (These) über die Entwicklung aufstellen
2. Wie kann der Sachverhalt erklärt werden?	☞ In einen zeitlichen oder räumlichen Zusammenhang einordnen, eigene Kenntnisse einbringen, weitere Informationen beschaffen
3. Welche weitere Entwicklung lässt aus den Zahlen ableiten?	✎ Entwicklungsmöglichkeiten abschätzen, Zahlenmaterial erweitern

		\multicolumn{5}{c}{Einwohner – Betriebe: alte Bundesländer}	D*
		1960	1970	1980	1990	1995	1996
Einwohner	Mio.	53,6	60,7	61,6	63,3	66,4	82,0
Erwerbstätige in Land- und Forstwirtschaft	Mio.	3,6	2,3	1,4	1,0	0,8	1,0
Anteil der Land- und Forstwirtschaft am BSP	%	6,0	3,4	2,2	1,6	1,5	1,4
Landwirtschaftliche Betriebe	1 000	1 385	1 083	797	630	509	540
Durchschnittliche Betriebsgröße	ha	8,6	11,7	15,3	18,7	22,3	22,9
		\multicolumn{6}{c}{Viehbestand, Fleisch- und Milcherzeugung}
Rinder	Mio.	12,9	14,0	15,1	20,0	13,2	15,9
– darunter Milchkühe	Mio.	5,8	5,6	5,5	6,6	4,2	5,2
Milchleistung	kg/Kuh	3 395	3 812	4 527	4 857	5 413	5 513
Schweine	Mio.	15,8	21,0	22,6	22,0	21,3	24,2
Fleischerzeugung	Mio. t	2,9	k. A.	5,5	5,3	3,8	4,9
		\multicolumn{6}{c}{Erträge und Erntemengen}
Getreideertrag	dt/ha	31,7	33,4	44,3	54,1	61,1	62,8
Getreideernte	Mio. t	15,5	17,3	23,1	25,9	26,0	42,2
Kartoffelertrag	dt/ha	235,8	272,3	259,4	256,5	316,9	395,7
Kartoffelernte	Mio. t	24,5	16,2	6,7	7,2	9,3	12,5
Zuckerrübenertrag	dt/ha	419,9	440,19	483,7	503,2	507,9	505,6
Zuckerrübenernte	Mio. t	12,3	13,3	19,1	23,3	26,0	26,0

IMA: Agrimente. Hannover 1996. Statist. Jahrbuch für die Bundesrepublik Deutschland. Wiesbaden, verschied. Jg.

107.1 Entwicklung der deutschen Landwirtschaft in den alten Bundesländern (D* = Gesamtdeutschland)

Industrieräume im Wandel: Arbeitsplätze

108.1 Aufgelassener Betrieb im Erzgebirge

108.2 Sprengen eines Förderturms im Ruhrgebiet

1. Von der Industrie- zur Dienstleistungsgesellschaft

So wie im 19. Jahrhundert das Deutsche Reich dem englischen Vorbild und im 20. Jahrhundert Japan der amerikanischen industriellen Entwicklung gefolgt waren, industrialisierten sich nach dem Zweiten Weltkrieg die Länder Ost- und Südostasiens und eroberten den Weltmarkt zu Lasten der Europäer. Dennoch exportiert Deutschlands Industrie heute fast so viel wie die amerikanische und etwas mehr als die japanische. Aber unser auf diesen Exporten beruhender Wohlstand ist gefährdet.

Mit der Industrie entstanden Siedlungen und Verkehrswege, Städte wuchsen rasch. In der Anfangszeit der Industrialisierung waren viele Industriestandorte eng mit dem Gedeihen einiger weniger Wirtschaftszweige verbunden. Veränderungen in der Produktions- und Beschäftigtenstruktur hatten regionale Auswirkungen. Der sektorale wurde durch einen regionalen Strukturwandel begleitet.

Ein Blick zurück zeigt, dass neue Erfindungen einen Wachstumsschub herbeiführten oder verstärkten. Heute bestimmen Computer und Mikroelektronik die moderne Welt. Nach der Jahrtausendwende wird der Reichtum einer Nation auch davon abhängen, ob sie bei der Informations- und Kommunikationstechnik, der Biotechnologie und der Produktion neuer Werkstoffe an der Spitze der Entwicklung steht oder nicht.

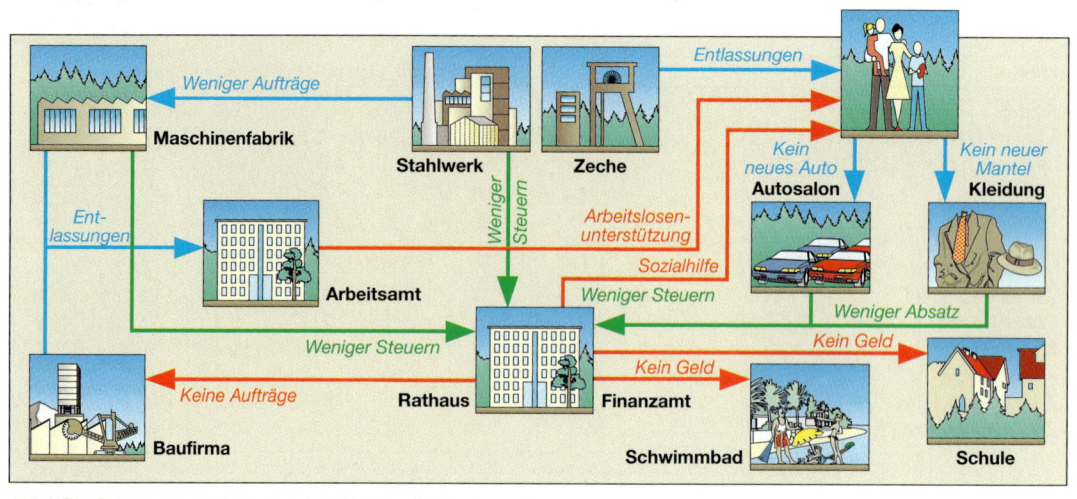

108.3 Die Folgen, wenn eine Zeche/ein Stahlwerk Arbeiter entlassen muss

verändern sich

109.1 Ruhr-Universität Bochum

Der regionale Strukturwandel ist besonders auffällig in den altindustrialisierten Gebieten. Hier beherrschten wenige Branchen die Wirtschaft: Montanindustrie an Saar und Ruhr, Porzellan- und Textilindustrie in Nordostbayern und im Vogtland, Werftindustrie an Nord- und Ostsee. Ein Bedeutungsverlust dieser Branchen erzeugt Arbeitslosigkeit, Abwanderung, hohe Sozialausgaben.

Der Strukturwandel begünstigt Regionen mit bedeutenden Dienstleistungszentren, so das Rhein-Main-Gebiet mit Frankfurt/M. Neue Industriezweige wie Gen- und Informationstechnologie werten Räume auf. Sie bevorzugen die Nähe von Universitäten und Forschungseinrichtungen. In der veränderten Produktionsstruktur spiegelt sich der Übergang zur Dienstleistungsgesellschaft. Während in der Produktion immer intelligentere Maschinen mehr und besser produzieren, was zu Rationalisierung und Arbeitslosigkeit führt, werden im Dienstleistungssektor immer mehr Menschen beschäftigt. Diese Entwicklung hin zur Dienstleistungsgesellschaft vollzieht sich seit der Wende besonders schnell in den neuen Ländern.

1. Kennzeichne die Industrieräume in Deutschland (Atlas und Seite 123).
2. Nenne Probleme der altindustrialisierten Räume in Deutschland.
3. Welche Rolle spielt der Dienstleistungsbereich für die Schaffung von Arbeitsplätzen?
4. Ermittelt in eurer Klasse den prozentualen Anteil der Eltern an den Wirtschaftsbereichen. Weitere Informationen hierzu auf S. 122.

Beispiel Ruhrgebiet
Der eigentliche Strukturwandel vollzog sich mit der ständigen Verstärkung des Dienstleistungsbereiches. Selbst ehemals reine Montankonzerne wie Thyssen und Krupp-Hoesch haben ihre Monostruktur aufgegeben und machen ihren Hauptumsatz im Handels- und Dienstleistungsbereich. Inzwischen verdienen über die Hälfte aller Beschäftigten im Ruhrgebiet ihr Geld mit Dienstleistungen, in Essen sind es bereits 72 %. In dieser „Ruhrmetropole" haben auch große Unternehmer wie RWE, Ruhrgas und Ruhrkohle ihre Hauptverwaltungen.

An der Ruhr-Universität in Bochum sind etwa 6000 Menschen beschäftigt. Technologiezentren und -parks wurden angelegt, in denen Firmen in enger Zusammenarbeit mit den Hochschulen neue zukunftsträchtige Produkte schaffen sollen. Dortmund hat sich zum Zentrum der Entwicklung auf Gebieten wie Logistik und Materialfluss, Werkstofftechnologie, Qualitätssicherung, Handhabungstechnologie und Robotik sowie Elektronik und Informatik entwickelt.

Neue Technologiezentren oder die Ausweitung der Umwelt-, Energie- und Kommunikationstechnik sowie die Ansiedlung der Biotechnologieforschung in Bochum stärken die Wirtschaftskraft der Region, helfen aber den vom Strukturwandel Betroffenen oft nicht. Bergleute und Stahlarbeiter finden in den neu entstandenen Industriezweigen mit anspruchsvollen Berufsanforderungen keine Arbeit. Auch der Dienstleistungssektor ist zunehmend durch den Einsatz von Computern und Mikroelektronik gekennzeichnet.

2. Strukturwandel in Bochum

Bochum 1996

Die letzte Zeche wurde 1973 geschlossen. Die Stilllegung aller 22 Schachtanlagen führte zum Verlust von 42 000 Arbeitsplätzen. Die Hochöfen sind aus dem Stadtbild verschwunden. Lediglich ein Stahlwerk ist noch erhalten geblieben.

Auf ehemaligem Zechengelände begann 1961 der Bau für die Opelwerke (Werk I westlich des Ortsnamens Laer auf der 1960 stillgelegten Zeche Dannenbaum I; Werk III am Kartenrand nördlich des Containerbahnhofes, Werk II liegt außerhalb des Kartenausschnitts). Die Stadt übernahm die Haftung für Bergschäden und beteiligte sich an der Finanzierung einer Stadtautobahn zum Werk I. Die Opelwerke beschäftigten viele umgeschulte Bergarbeiter. Zeitgleich mit den Opelwerken entstand auf einer 5 km² großen Fläche die Ruhr-Universität mit heute 44 000 Studierenden. In günstiger Lage, am Schnittpunkt von Autobahn und Ruhrschnellweg, wurde 1964 nach amerikanischem Vorbild das damals größte deutsche Shopping Center errichtet, das Einkaufszentrum Ruhrpark.

Aber Opelwerke, Ruhr-Universität und Einkaufszentrum Ruhrpark konnten die ursprüngliche Ausrichtung auf Großbetriebe nicht aufbrechen. Der eigentliche Strukturwandel setzte erst ein, als sich Klein- und Mittelbetriebe auf den Flächen von früheren Zechen und Stahlwerken ansiedelten. Vorher musste ein Teil der aufgelassenen Industrieflächen von Altlasten befreit werden. Dazu zählen der Abriss von Gebäuden und die Sanierung der durch Asche, Öl und andere Schadstoffe verseuchten Böden. Auf ehemaligem Zechengelände in Langendreer stellen heute nur neun Betriebe Güter her. Die anderen 59 entwickeln Programme und beraten Firmen. Der Gewerbepark in Weitmar spezialisierte sich auf Umwelttechnologie, auf dem Gelände der Ruhr-Universität wurde ein Technologiezentrum angesiedelt.

Die unbebauten Flächen haben abgenommen, teilweise sind darauf Wohngebiete entstanden. Andere Flächen rundeten bereits vorhandene Industrie- und Gewerbezonen ab. Industriegleise wurden stillgelegt. Das Straßennetz hat man durch Autobahnen und Schnellstraßen erweitert.

> **Beschreibung der Karte Bochum 1960:**
> Die Karte zeigt einen Ausschnitt von Bochum mit 15 Kohlenzechen, vier Stahlwerken und acht Walzwerken bzw. Gießereien und zwei Metall verarbeitenden Betrieben. Der Maschinenbau konzentriert sich auf zehn Standorte. Die Großbetriebe der Montanindustrie (bergbauliche Industrieunternehmen) nehmen eine beherrschende Stellung ein. Die Flächen für den Bergbau und für die Eisen- und Stahlindustrie sind durch Industriebahnen miteinander verbunden. Andere Verkehrswege – außer dem z. T. als Schnellstraße gekennzeichneten Ruhrschnellweg – treten in der Darstellung zurück. Während der Westen eine dichte Bebauung aufweist, durchmischen sich im östlichen Teil Siedlungen und landwirtschaftliche Flächen.

1. Beschreibe nach dem vorgegebenen Muster die Karte „Bochum 1996".
2. Setze die Veränderungen der Beschäftigung mit dem Strukturwandel in Beziehung.
3. Erläutere am Beispiel von Bochum, dass Strukturwandel mehr bedeutet als nur Industriewandel.

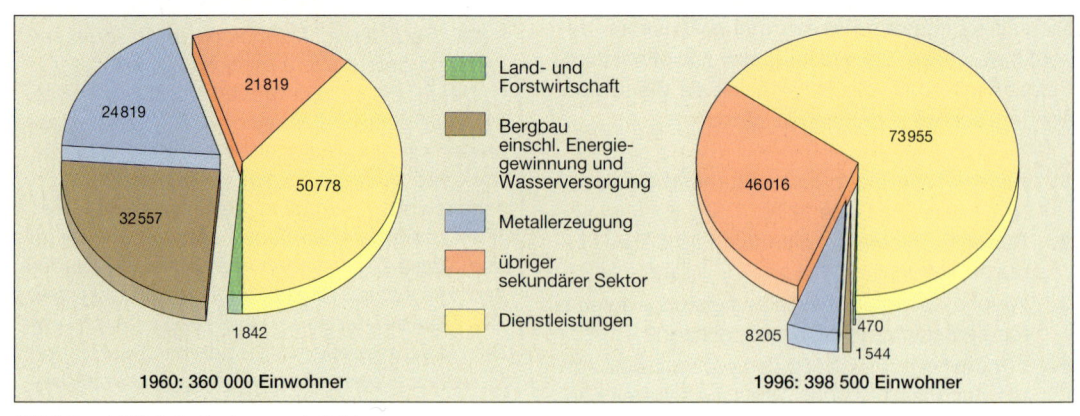

1960: 360 000 Einwohner — 24 819; 21 819; 32 557; 50 778; 1 842

1996: 398 500 Einwohner — 73 955; 46 016; 8 205; 1 544; 470

Legende: Land- und Forstwirtschaft; Bergbau einschl. Energiegewinnung und Wasserversorgung; Metallerzeugung; übriger sekundärer Sektor; Dienstleistungen

110.1 Beschäftigte in Bochum nach Sektoren

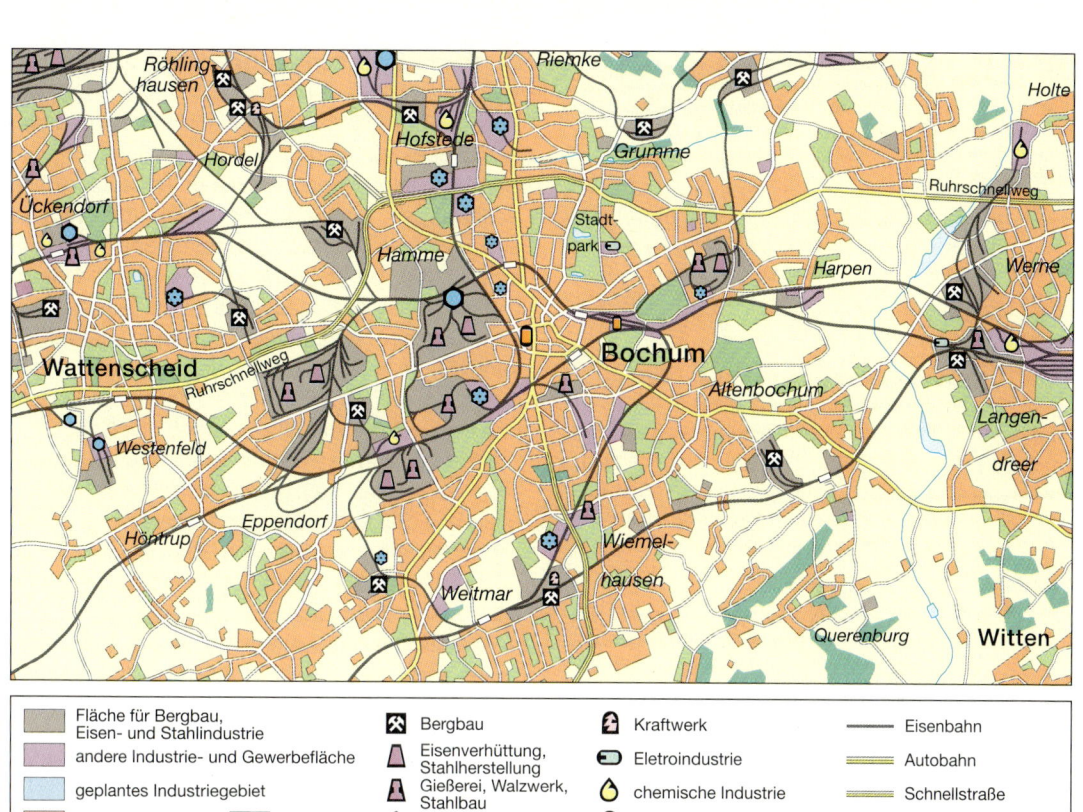

▓	Fläche für Bergbau, Eisen- und Stahlindustrie	⚒	Bergbau	⚡	Kraftwerk	── Eisenbahn
▓	andere Industrie- und Gewerbefläche	▲	Eisenverhüttung, Stahlherstellung	⬭	Eletroindustrie	══ Autobahn
▓	geplantes Industriegebiet	▲	Gießerei, Walzwerk, Stahlbau	⬯	chemische Industrie	══ Schnellstraße
▓	Siedlungsfläche	Friedhof	⬡	Metallverarbeitung	▮	Nahrungsmittelindustrie	── Hauptverkehrsstraße
▓	Grünanlagen, Park	Wald	✻	Maschinenbau	▲	Industrie-, Gewerbepark	⋯ übrige Straßen
0 1 2 3 km		⬡	Kraftfahrzeugbau	⬤	Technologiezentrum	

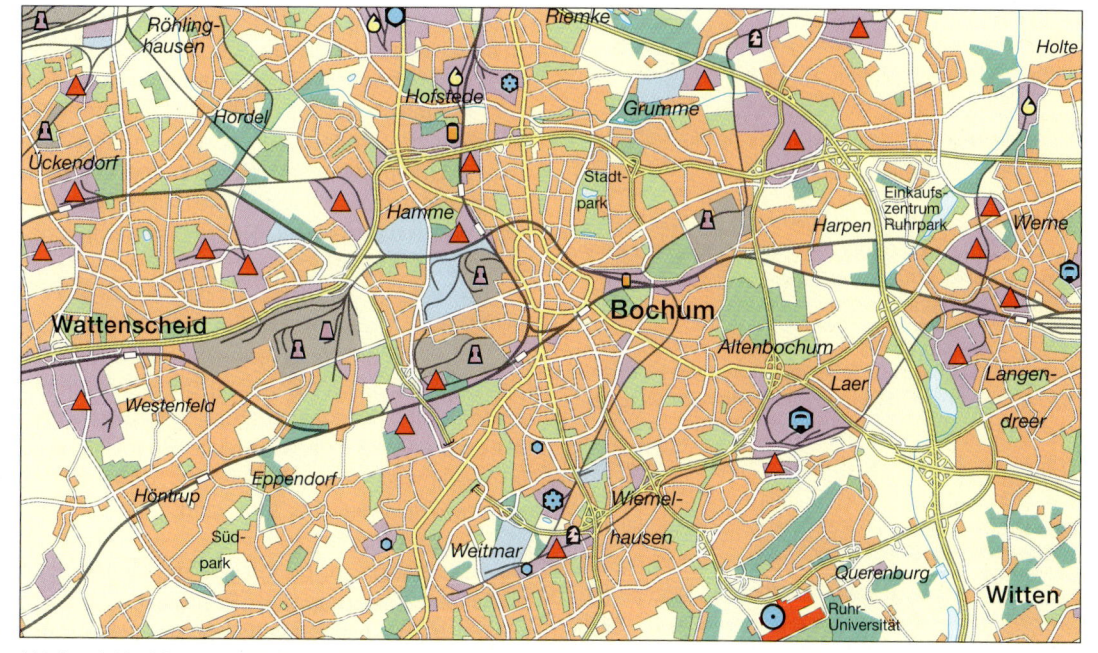

111.1 und 111.2 Bochum 1960 und 1996

111

Brockhaus 1936: Leipzig, größte Stadt in Sachsen, Reichsgericht, Universität (seit 1409), Handelshochschule, Hochschule für Musik, Lehrerbildung, grafische Künste, Buchgewerbe und Buchhandel. Deutsche Bücherei, Große Industrie- und Handelsstadt: Chemie, Maschinenbau, Weberei, Rauchwarenhandel, Hauptsitz des Buchhandels, viele Verlagsanstalten und Druckereien; im Frühjahr und Herbst Leipziger Messe, eine Musterschau für die ganze Welt.

Dienstleistungsstandort Leipzig in Schlagzeilen (1998)

Leipzig mit knapp 500 000 Einwohnern ist das beherrschende Zentrum der Wirtschaftsregion Leipzig-Halle. Wegen seiner geographischen Lage ist der Standort für die Wirtschaft attraktiv. Außerdem leben im Umkreis von 50 km rund 2,4 Millionen Menschen.

Die Region Leipzig-Halle profitiert von den Verkehrsprojekten Deutsche Einheit. Das schon bestehende dichte Schienen- und Straßennetz wurde erneuert, neue Projekte werden mit hohem finanziellen Einsatz verwirklicht.

Durch den Neubau der Messe (1995 – 1997) entstand im Norden Leipzigs eine neue Stadtlandschaft. Außerhalb des Messegeländes wurden noch einmal 500 Mio. DM im Zusammenhang mit dem Messeneubau investiert.

Anspruchsvoll ausgestattete Hotelzimmer waren auch in der Region Leipzig-Halle Mangelware. Diesem Missstand wurde bereits mit vielen Neu- und Umbauten abgeholfen. Kenner befürchten jetzt schon Überkapazitäten.

„Leipzig kommt!" Kein anderer Wirtschaftsbereich könnte diesen Slogan, mit dem die Stadt wirbt, wohl mehr für sich in Anspruch nehmen als das Bankgewerbe. Leipzig konnte sich seit 1990 wieder zu einem bedeutenden Bankenplatz entwickeln und knüpft damit an eine erfolgreiche Vergangenheit an.

Der Flugplatz Leipzig war der erste der staatseigenen Flughäfen der DDR, der privatisiert wurde. Er verzeichnete danach das schnellste Wachstum aller deutschen Verkehrsflughäfen.

Hinsichtlich der Bemühungen, Medienstadt zu werden, ist Leipzig bisher nicht erfolgreich. Es besitzt zwar gute Chancen, kann aber nicht mit schnellen Ergebnissen rechnen.

Leipzig möchte an seine Tradition als Modestadt vor 1939 anknüpfen. Doch gilt auch hier nach 1990: Aller Anfang ist schwer.

3. Dienstleistungszentrum Leipzig

In seiner über 800-jährigen Geschichte entwickelte sich Leipzig, begünstigt durch Verkehrs- und Handelsbeziehungen, von einer mittelalterlichen Ackerbürger-, Handels- und Universitätsstadt zu einem führenden Wirtschaftsstandort und zur fünftgrößten Stadt im Deutschen Reich. Leipzig war nicht nur eine bedeutende Industriestadt, sondern auch ein internationales Handelszentrum, besonders im Verlagswesen und im Pelzhandel; außerdem war es Platz der Mustermesse Leipzig und ein Zentrum von Wissenschaft und Kultur.

Heute befinden sich die Stadt und die Region Halle-Leipzig in einem grundlegenden wirtschaftlichen Wandel. In der Zeit der sozialistischen Planwirtschaft hatten die Betriebe Güter produziert, die nach 1990 im Wettbewerb nicht konkurrenzfähig waren. Die notwendige Erneuerung begann mit einem radikalen Abbau von Industriearbeitsplätzen. Deren Anteil sank von 34 % auf 17 % aller Arbeitsplätze. Die seit 1993 einsetzende Aufwärtsentwicklung wird von Klein- und Mittelbetrieben getragen. Die zu DDR-Zeiten vorherrschende Struktur der Großbetriebe besteht nicht mehr.

Wachstumsmotoren sind seit 1990 das Baugewerbe und der Dienstleistungssektor. Dienstleistungen wurden zu DDR-Zeiten gegenüber der Industrie vernachlässigt; heute erfahren sie in Leipzig einen rasanten Bedeutungszuwachs. Eine Vorreiterrolle haben die Banken übernommen. Seit 1992 wurden über 80 Filialen in- und ausländischer Kreditinstitute eröffnet. Hinzu kommen Versicherungen, Unternehmensberatungen und Immobilienunternehmen sowie Konsulate und Handelsvertretungen. Sie besonders fördern die Internationalisierung der Region.

Ein weiterer Schwerpunkt liegt auf dem Feld der Medien, wobei an die Tradition Leipzigs als Zentrum der Printmedien angeknüpft werden soll. Die Bemühungen zur Stärkung der visuellen und elektronischen Medien werden im Aufbau des MDR sichtbar, der gemeinsamen Rundfunk- und Fernsehanstalt der Länder Sachsen, Sachsen-Anhalt und Thüringen. Bis 1995 sind dafür 500 Mio. DM investiert worden.

Für Leipzig wird bis zum Jahr 2000 mit einer jährlichen Steigerung der Bruttowertschöpfung von gut 10 Prozent gerechnet. Solch ein Wert wird in Deutschland sonst nirgendwo erreicht.

Leipziger Messe

Bedeutende Impulse werden von der Neuen Messe erwartet. Nach dem politischen und wirtschaftlichen Zusammenbruch der sozialistischen Staaten Mittel- und Osteuropas war deutlich geworden, dass nur eine radikale Erneuerung das Ende der traditionsreichen Leipziger Messe verhindern konnte.

Bereits 1497 hatte Kaiser Maximilian I. der Stadt das Privileg für Reichsmessen erteilt. Ende des 19. Jahrhunderts traten regelmäßige Mustermessen an die Stelle der Warenmessen. Als die Messehäuser im Stadtzentrum zu eng geworden waren, wurde 1920 im Südosten die Technische Messe eröffnet. Zur DDR-Zeit fanden Universalmessen statt.

Seit 1996 bestimmen Fachmessen, Kongresse, Symposien (wissenschaftliche Tagungen) und Workshops das Profil der Messe. Dafür wird das Congress Center Leipzig mit einer Kapazität von 2800 Personen in die Neue Messe integriert. Diese Konzeption muss sich jedoch erst gegen inländische Konkurrenz durchsetzen.

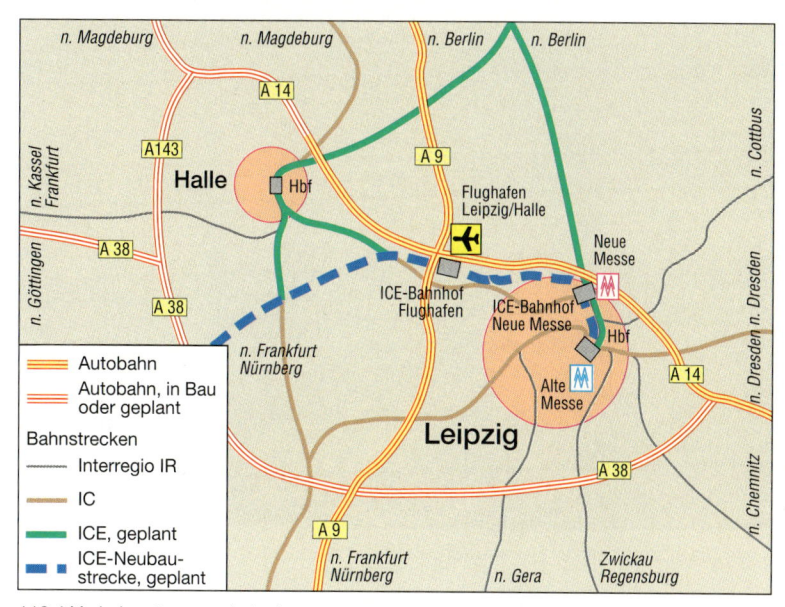

113.1 Verkehrsstern von Leipzig

Beschäftigte in Leipzig

(Angaben in 1000)	1985	1989	1996
Land- und Forstwirtschaft	–	0,3	0,5
produzierendes Gewerbe	–	130,0	51,9
Handel und Verkehr	–	63,4	35,2
Dienstleistungen	–	92,1	111,3
gesamt	295,0	286,2	198,9

1. Charakterisiere den heutigen Standort Leipzig anhand der Schlagzeilen.
2. Leipzig war früher eine bedeutende Industriestadt. Worauf gründet sich die Veränderung?
3. Erläutere die Bedeutung der neuen Verkehrsverbindungen für den Standort Leipzig.
4. Werte die Werbung für Leipzig aus. Welche Vorzüge werden besonders herausgestellt?
5. Untersuche die Zahl der Beschäftigten mit Blick auf einen Strukturwandel.

„Leipzig kommt"

jetzt als Kultur-, Messe- und Kongressstadt Leipzig Tourist Service e. V. kurbelt seit 1996 den Fremdenverkehr in Leipzig an.
Neuer Name, neues Tourismus-Marketing, neue Projekte, große Ziele – so könnte man in Kurzform die aktuelle Marschroute des Leipzig Tourist Service e. V. definieren.

Seit Januar 1996 ist der Verein für die touristische Vermarktung Leipzigs verantwortlich und konzentriert sich auf Marketing, Werbung und Kommunikation zu Gunsten der Stadt. Im Mittelpunkt steht die Qualitätssicherung.

Touristisch gesehen sind es zwei Bereiche, in denen Leipzig Alleinstellungsattribute hat. Das ist zum einen der Bereich Kongresse, Seminare und Tagungen. Durch die Neue Messe, die modernste in Europa, und durch eine in den letzten Jahren entstandene einzigartige Infrastruktur bestehen dafür die besten Bedingungen.

Den zweiten Bereich bilden Kunst und Kultur. Leipzig hat mit Gewandhaus, Oper, Thomanerchor, den Kabaretts, Museen, der freien Szene und anderen Kultureinrichtungen eine ungewöhnliche kulturelle Dichte vorzuweisen.
Unter der Adresse http://www.uni-leipzig/lts finden interessierte „Surfer" Informationen.

113.2 Werbung für Leipzig (1996)

114.1 Die Altstadtinsel der Hansestadt Lübeck

4. Leben in einem Denkmal: Lübeck

Lübeck – ein Weltkulturerbe

Im europäischen Denkmaljahr 1975 wurde die Altstadt von Lübeck in den Rang einer erhaltenswerten mittelalterlichen Stadt erhoben. 1987 hat die UNESCO, die Organisation für Erziehung, Wissenschaft und Kultur der Vereinten Nationen, den Kern der traditionsreichen Hansestadt auf die Liste des schützenswerten kulturellen Erbes der Menschheit gesetzt. Diese Liste umfasst rund 440 Kulturstätten, Naturlandschaften und Gebäude in der Welt, unter anderem auch Altstädte wie die von Venedig, Florenz, Warschau und Lübeck.

(nach: Stadtinformation, Hansestadt Lübeck, 1995)

Siebzehn Kilometer von der Ostsee entfernt, auf einer 2000 m langen und 1000 m breiten Insel in der Trave, wurde im Jahre 1143 Lübeck gegründet. Als „Tor zur Ostsee" wurde Lübeck Hauptsitz der Hanse, eines Zusammenschlusses von mehr als 200 Städten, die im 14. und 15. Jhd. den deutschen Binnen- und Fernhandel beherrschten. Zur Blütezeit der Hanse war Lübeck mit 24 000 Einwohnern die bevölkerungsreichste Stadt im Norden Europas. Mittelalterliche Bauten wie das Rathaus, das Holstentor, Speicher und Patrizierhäuser bezeugen noch heute die Macht und den Wohlstand der Freien Reichs- und Hansestadt. Die Silhouette der „Stadt mit den sieben Türmen" ist weltberühmt.

Seit Anfang 1970 verfielen wegen mangelnder Unterhaltungsmaßnahmen die Altbauten. Hinzu kamen Mängel in der sanitären Ausstattung: Rund 30 % der Haushalte in der Innenstadt hatten keine eigene Toilette, 60 % kein Bad. Eine umfassende Sanierung der Lübecker Altstadt war notwendig geworden. Gleichzeitig verstopfte der steigende Individualverkehr die Innenstadt.

Lübeck ist für die umliegenden Kreise Lauenburg und Ostholstein, aber auch für das Land Mecklenburg-Vorpommern ein zentraler Ort mit Hochschuleinrichtungen, hochwertigen Kulturangeboten und interessanten Geschäftsbereichen. Gerade diese Angebote zusammen mit dem historischen Altstadtkern ziehen auch viele Skandinavier an, die zu Kurzbesuchen nach Lübeck kommen.

Altstadtbewohner schlossen sich zu Straßengemeinschaften zusammen um auf eine deutliche Verbesserung der Innenstadtqualität hinzuwirken. Neben bauerhaltenden Maßnahmen sollte der Verkehrsfluss gestoppt werden. Lärm- und Luftschadstoffemissionen beeinträchtigten nachhaltig die Wohn-, Einkaufs- und Aufenthaltsqualitäten in den historischen Gebäuden. Erste Maßnahmen, wie die Konzentration des ruhenden Verkehrs am Altstadtrand, reichten nicht aus um das Verkehrsaufkommen von privaten Pkw in der Altstadt zu reduzieren. Die Bürgerschaft beschloss daher 1996 die Innenstadt in der Zeit von 11^{30} – 18 Uhr für den Individualverkehr bis auf Fahrten zu Parkhäusern zu sperren. Geschäftsleute befürchteten eine Kundenabwanderung trotz der Fußgängerzonen.

RITA BERGLÖF KOMMT EXTRA AUS STOCKHOLM.

Touristen aus aller Welt freuen sich auf die einzigartige Lübecker Altstadt. Sie lassen sich durch Straßen und verwinkelte Gassentreiben. Bewundern Kirchen und Museen. Sie genießen die vielfältige Gastronomie und schätzen die attraktiven Läden. Am Tourismus verdienen alle Branchen.

Über 2 Millionen Besucher jährlich sorgen dafür. Begrüßen wir unsere Gäste an Wochenenden autofrei.

Lübeck in aller Ruhe genießen. Unsere Gäste kommen gerne wieder.

HANSESTADT LÜBECK

Bitte nutzen Sie unsere City-Parkhäuser oder unseren kostenlosen P+R Service während der Geschäftsöffnungszeiten

115.1 Werbung für Lübeck

City-Sperrung gescheitert

Die seit eineinhalb Jahren bestehende Sperrung der Lübecker Altstadt für Autos ist nach Ansicht der Wirtschaft gescheitert. Maßgebende Wirtschaftsverbände kündigten deshalb jetzt ihre Mitarbeit im Lenkungsausschuss der Stadt auf. Die Gründe: Umsatzeinbußen von bis zu 50 Prozent und der Verlust Hunderter von Arbeitsplätzen als Folgen der City-Sperrung.

Zwischen 1992 und 1996 ist der Umsatz um 300 Millionen Mark auf 2,6 Milliarden gesunken. Ein Bekleidungshaus reduzierte seine Mitarbeiterzahl in den vergangenen 18 Monaten von 300 auf 217, das Kaufhaus Karstadt entließ 150 seiner 800 Mitarbeiter. Das Technik-Kaufhaus Warter schrumpfte um 25 auf 145 Mitarbeiter und erwog den Standort in der Lübecker City aufzugeben. Damit werden die von vielen Fachleuten geäußerten Befürchtungen wahr, weil die Stadt auf die starre Sperrung statt auf eine flexible Lenkung des Verkehrs setzte.

Seit 1990 hat die Hansestadt 78 Millionen Mark in die Verkehrsberuhigung investiert, weitere 20 Millionen Mark fließen in laufende Baumaßnahmen. Einigungsmöglichkeiten zeichneten sich in Richtung auf eine flexible Handhabung ab, die zahlreichen Ge- und Verbotsschilder werden wieder abgeschraubt.

(aus: ADAC motorwelt 11/97)

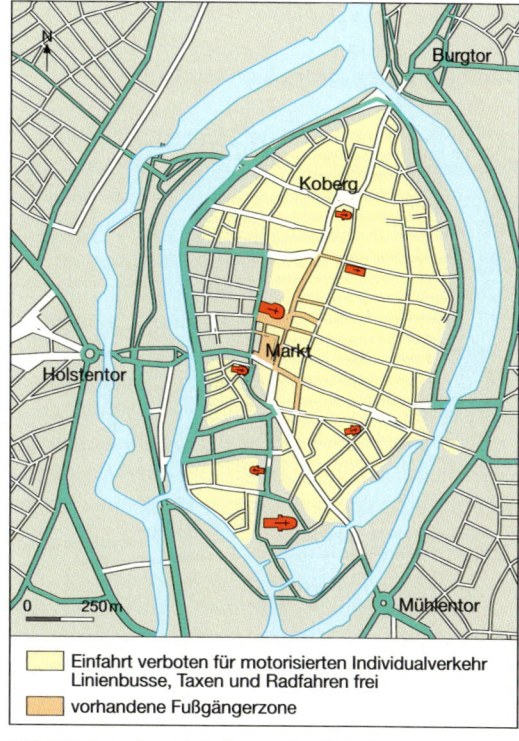

115.2 Verkehrsberuhigte Zonen der Altstadt

- Einfahrt verboten für motorisierten Individualverkehr Linienbusse, Taxen und Radfahren frei
- vorhandene Fußgängerzone

1. Erläutere den Sinn eines „Weltkulturerbes".
2. Nenne Gründe für eine Verkehrsberuhigung der Innenstadt Lübecks.
3. Bewerte den Artikel aus der ADAC motorwelt. Vergleiche ihn mit dem politischen Auftrag „Verantwortung für Mensch und Umwelt".

116.1 Sanierungsobjekt Alsheide 17

Sanierung der Lübecker Altstadt

1970 begann der Senat der Hansestadt Lübeck in Zusammenarbeit mit den Ämtern für Denkmalspflege und für Verkehrsanlagen eine gründliche Bestandsaufnahme der Gebäude der Altstadt. Die anschließende öffentliche Diskussion über die Ziele der Sanierung dauerte mehrere Jahre. Im Jahr 1971 entschied sich der Senat für die „erhaltende Erneuerung". Die Bestandsaufnahme legte fest, welche Gebäude komplett unter Denkmalschutz gestellt werden (der ursprüngliche Zustand ist zu erhalten oder wiederherzustellen), bei welchen nur die Fassade erhalten werden sollen und wo künftig die Schwerpunkte privater oder städtischer Sanierungen gesetzt werden.

Mehrere denkmalgeschützte Häuser in Lübeck drohen zu verfallen. Zehn Jahre nach Aufnahme der Altstadt in die Unesco-Liste des Weltkulturerbes fehlt es an Geld für notwendige Sanierungen. Bis 1991 bekam Lübeck 15 Mio. DM Zuschuss jährlich. Der private Finanzeinsatz war entsprechend hoch. Seit der deutschen Vereinigung werden öffentliche Mittel schwerpunktmäßig in den neuen Ländern eingesetzt. Lübeck erhält nur noch 0,8 Mio. DM pro Jahr. (nach: Lübecker Nachrichten vom 30. 11. 1997)

1. Nenne die Merkmale einer mittelalterlichen Stadt (Straßenführung, Grundstücke).
2. Bewerte die Notwendigkeit und den Aufwand der Sanierungsarbeit in der Lübecker Altstadt.

Sanierung umfasst Maßnahmen, durch die ein Gebiet städtebaulich verbessert oder umgestaltet wird. Auf die Gebäude bezogen unterscheiden die Stadtplaner dabei:
- ***Einfache Sanierung:*** *Der Gebäudezustand ist noch gut. WC, Bad/Dusche, Heizung werden erneuert oder neu eingebaut. Während des Umbaus können Mieter und Pächter in den Wohnungen und Betrieben bleiben.*
- ***Durchgreifende Sanierung:*** *Tragende Wände, Decken und Sanitäranlagen sind zu erneuern. Bei zu geringer Raumhöhe ist der Grundriss zu verändern. Während der Bauzeit ist das Wohnen in den Häusern nicht möglich. Bewohner und Betriebe werden an anderer Stelle untergebracht und können meist wieder in das Haus zurückkehren. Die Eigentümer erhalten Finanzierungshilfen.*
- ***Abbruch:*** *Eine Sanierung ist nicht mehr möglich. Der Raum wird künftig Freifläche. Bewohner und Betriebe werden umgesiedelt und entschädigt.*
- ***Abbruch und Neubau:*** *Der Bauzustand schließt eine Sanierung aus. Bewohner und Betriebe müssen umziehen. Sie können auf Wunsch in den Neubau einziehen.*

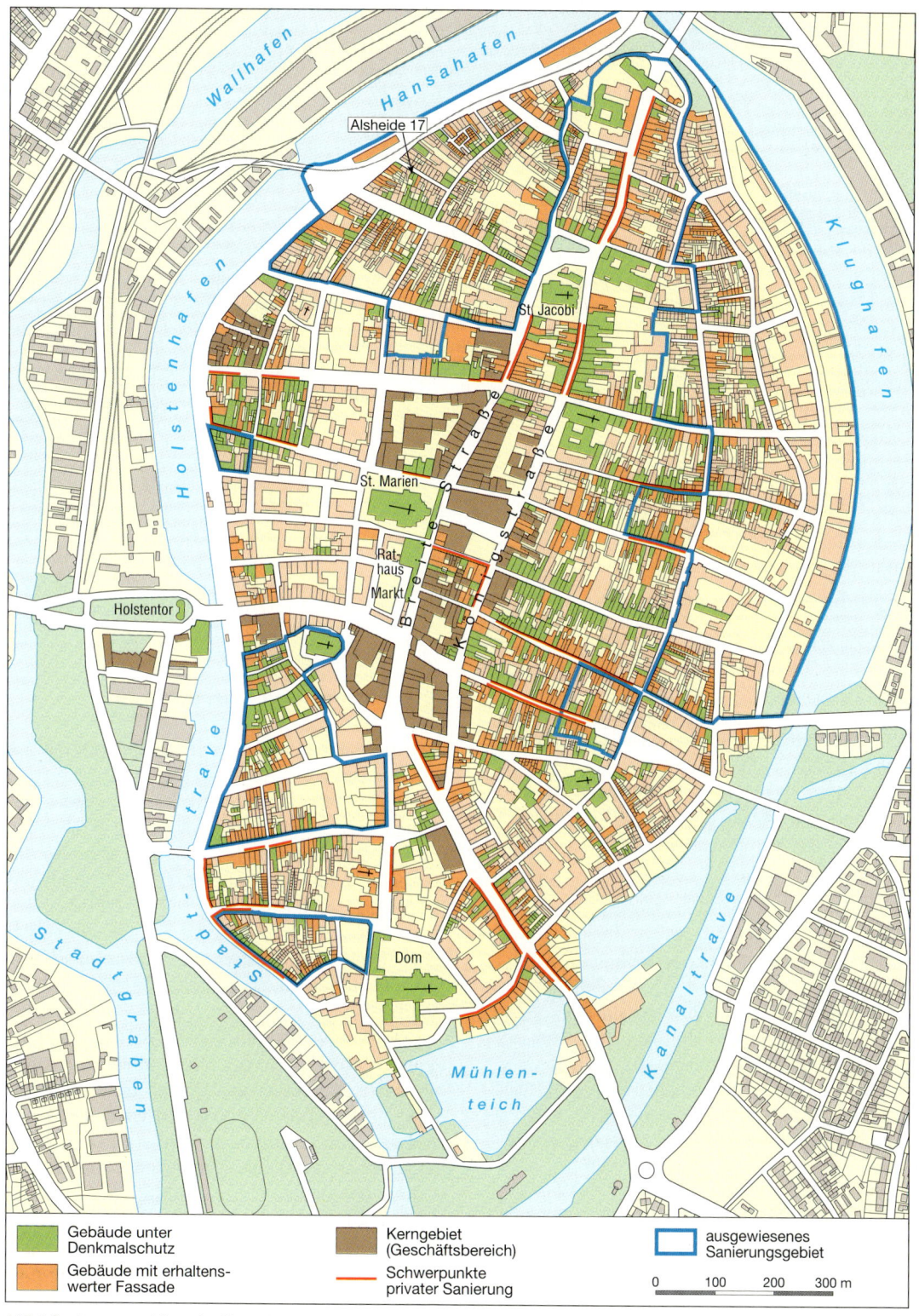

🟩	Gebäude unter Denkmalschutz	🟫	Kerngebiet (Geschäftsbereich)	▭	ausgewiesenes Sanierungsgebiet
🟧	Gebäude mit erhaltenswerter Fassade	▬	Schwerpunkte privater Sanierung		0 100 200 300 m

117.1 Sanierungsgebiete der Altstadt von Lübeck

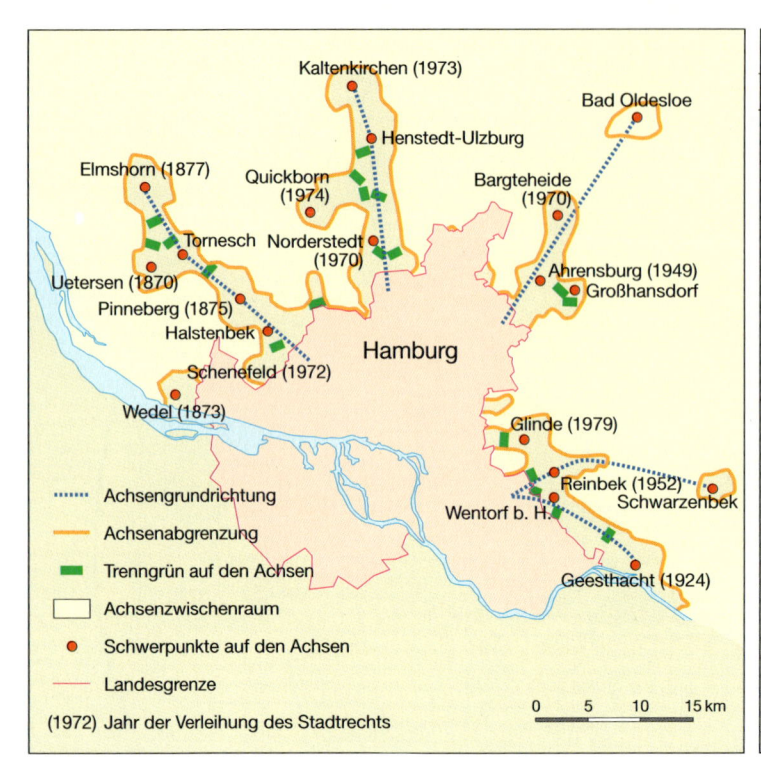

Gemeinde	Einwohner	
	1961	1997
Wedel	32 325	31 976
Schenefeld	9 136	17 097
Halstenbek	7 331	15 531
Pinneberg	28 397	39 286
Uetersen	16 032	18 101
Tornesch	6 686	12 393
Elmshorn	35 168	47 233
Quickborn	9 710	19 440
Kaltenkirchen	5 069	17 116
Henstedt-Ulzburg	5 773	23 996
Norderstedt	31 083	70 492
Bargteheide	5 730	12 740
Bad Oldesloe	16 831	23 365
Ahrensburg	21 674	28 760
Großhansdorf	6 015	8 651
Glinde	6 829	16 142
Reinbek	16 015	24 702
Schwarzenbek	7 812	13 045
Wentorf	5 244	8 703
Geesthacht	20 809	28 711

118.1 Das Achsenkonzept für das schleswig-holsteinische Umland

Um die Nachteile einer weitläufigen, ringförmigen Ausbreitung von Siedlungsflächen im Umland großer Städte zu vermeiden soll sich die Siedlungsentwicklung vorrangig an „Achsen" orientieren. Das Achsenkonzept für Hamburg und die Nachbarkreise wurde bereits in den 60er-Jahren festgelegt.

Die Achsen knüpfen an vorhandene oder geplante Verkehrslinien insbesondere des öffentlichen Nahverkehrs an. Sie sind nicht als geschlossene Siedlungsbänder konzipiert, sondern auch durch „Freiräume" (Grünzonen auf den Achsen) untergliedert. Die 40 km vom Stadtzentrum Hamburgs entfernten Achsenendpunkte Elmshorn, Kaltenkirchen, Bad Oldesloe, Schwarzenbek und Geesthacht sollen als „Mittelzentren" entwickelt werden. Innerhalb der Achsen soll die Siedlungsdichte zu den Haltestellen der Verkehrslinien deutlich zunehmen.

Die zwischen den Siedlungsachsen liegenden Räume sollen weitgehend in ihrer vorhandenen Struktur als „ökologische Ausgleichsräume" und für die Landwirtschaft und die Naherholung erhalten bleiben.

(aus: Das ist Landesplanung. Kiel 1992)

5. Hamburg und sein Umland

Die Stadtplaner rechneten um 1960 noch mit 2,2 Mio. Menschen in Hamburg. Aber nach wenigen Jahren ging die Einwohnerzahl in den dicht bebauten Stadtvierteln zurück. Während in die Wohnungen oft Singles und junge Paare ohne Kinder einzogen, bauten viele Familien mit Kindern am Stadtrand Einfamilienhäuser. In den Außenzonen, die bisher nicht bebaut waren, entstanden neben Einzelhäusern auch zahlreiche Großwohnsiedlungen. Das führte zu einer starken Zersiedlung der Randgebiete.

Die Randwanderung überschritt auch bald die Grenzen des Hamburger Staatsgebietes, sodass die Nachbarkreise einen höheren Bevölkerungszuwachs hatten als Hamburg selbst. Um die **Stadt-Umland-Wanderung** zu steuern sollten Entwicklungsachsen die Siedlungstätigkeit in bestimmte Richtungen lenken. Dazu gehörte der Aus- oder Neubau von Verkehrswegen, also der Autobahnen, der Eisenbahnen, der U- und S-Bahnen. Schleswig-holsteinische Landgemeinden im Hamburger Umland erhielten von 1970 bis 1979 in schneller Folge das Stadtrecht.

Jahr	Einwohner Hamburg	Einwohner Umland
1961	1 832 000	830 000
1978	1 680 000	900 000
1987	1 593 000	1 439 000
1995	1 708 000	1 607 000
2000	1 710 000	1 610 000

Motive für die Abwanderung von Arbeitsplätzen aus Hamburg:

Mangel an geeigneten Gewerbeflächen in der Stadt, zu hohe Preise für noch freie Grundstücke, zu stark belastende Auflagen von der Baubehörde, bessere staatliche Förderung in Schleswig-Holstein, Niedersachsen und Mecklenburg-Vorpommern

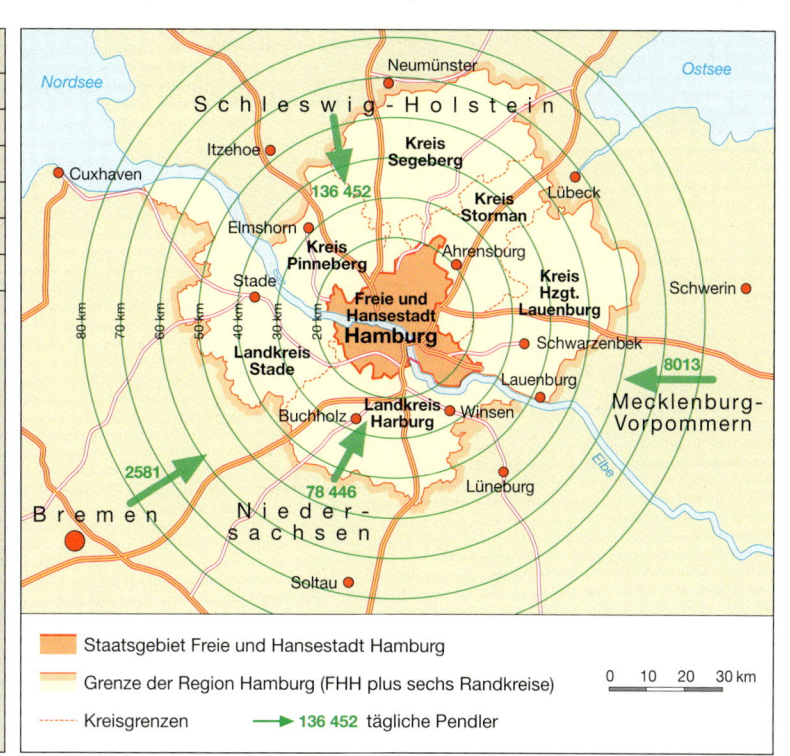

119. 1 Die Metropolregion Hamburg (1996)

Die Vorstellung von den Entwicklungsachsen hat sich nicht voll durchsetzen können. Einige Gemeinden blieben hinter dem erwarteten Bevölkerungszuwachs zurück, andere nahmen überdurchschnittlich zu. Statt der geplanten strahlenförmigen Entwicklung legten sich Siedlungsbänder in konzentrischen Kreisen um Hamburg, weil auch die Achsenzwischenräume erschlossen wurden. Da zudem Unternehmen Hamburg verließen und im billigeren Umland Niederlassungen bauten, sprach man bald vom „Hamburger Speckgürtel".

Die Trennung von Wohn- und Arbeitsort ist typisch für eine Kernregion wie Hamburg. Längst ist die **Metropolregion** über den 40-km Radius hinausgewachsen. 1996 arbeiteten hier mehr als 1,3 Mio. Menschen, davon 66 % in Hamburg.

1. Vergleiche die Einwohnerzahlen Hamburgs und der Nachbargemeinden.
2. Erläutere, welche Vorstellungen dem Achsenkonzept zu Grunde lagen.
3. Die Wirklichkeit weicht vom Achsenkonzept ab. Wie ist das zu erklären?
4. „Ein Ausgleich ist fällig." Worauf bezieht sich die Forderung?

Die Anziehungskraft der Metropole auf das Umland ist ungebrochen. Täglich kommen mehr als 250 000 Pendlerinnen und Pendler zur Arbeit nach Hamburg. Jeden Morgen und jeden Abend steht der größte Teil von ihnen im Stau. Gäbe es einen leistungsfähigen Nahverkehr auf der Schiene oder mit dem Bus, würden sicher viele vom Pkw, der meist doch nur mit einer Person besetzt ist, auf öffentliche Verkehrsmittel umsteigen.

Warum soll man sich für die Pendler ins Zeug legen, heißt es in Hamburg, wo sie doch ihre Lohn- und Einkommenssteuer an ihrem Wohnort abliefern. Man habe doch nichts davon, den täglichen Zustrom zeitsparend zu lenken. Das ist wohl zu kurz gedacht. Denn 65 000 Hamburger pendeln zu Arbeitsstellen außerhalb der Stadt. Der Kreis Stormarn ist für 13 000 von ihnen besonders attraktiv. Segeberg verzeichnet über 10 000 Pendler aus der Hansestadt. Es folgt der Kreis Pinneberg mit 9000 Berufstätigen von der Elbe. 4350 Hamburger haben ihre Arbeitsstelle im Landkreis Harburg, 2700 im Herzogtum Lauenburg. Nahezu zwei Drittel der Hamburger Pendler arbeiten in der Metropolregion.

(aus: Die Welt vom 13. 1. 1998)

Projekt

Zentrale Orte

120.1 Zentrale Orte in Schleswig-Holstein

Legende:
- ◉ Oberzentrum
- ● Mittelzentrum
- Mittelzentrum im Verdichtungsraum
- Unterzentrum mit Teilfunktion eines Mittelzentrums
- Stadtrandkern I. Ordnung mit Teilfunktion eines Mittelzentrums
- ■ Unterzentrum
- □ ländlicher Zentralort
- ◆ Stadtrandkern I. Ordnung
- ◇ Stadtrandkern II. Ordnung

Wenn ein Ort auch die Bevölkerung des Umlandes mit Gütern und Dienstleistungen versorgt, ist er für dieses Umland Mittelpunkt (Zentrum) oder **zentraler Ort**. Einrichtungen, die der Versorgung dienen, werden deshalb als **zentrale Einrichtungen** bezeichnet. Jede zentrale Einrichtung hat einen Einzugsbereich, also ein Gebiet, aus dem die Nutzer kommen. Die Ausdehnung eines Einzugsbereiches hängt von verschiedenen Faktoren ab, etwa von den Verkehrsverbindungen zwischen Stadt und Umland oder der Konkurrenz zu anderen ähnlichen Einrichtungen.

Das **Oberzentrum** ist die höchste Stufe mit Einrichtungen (z. B. Hochschule, Großkaufhaus, überregionales Krankenhaus), die einen spezialisierten Bedarf decken. **Mittel-** und **Unterzentren** übernehmen entsprechend abgestufte Versorgungsbereiche. Ein **ländlicher Zentralort** stellt die Grundversorgung im Nahbereich sicher. In Schleswig-Holstein soll im Umkreis von 10 km um Mittel- und Oberzentren kein zentraler Ort festgelegt werden. Statt dessen gibt es im Umland von Hamburg, Kiel, Lübeck und Flensburg **Stadtrandkerne,** die mehrere zentrale Teilfunktionen wahrnehmen.

Wir führen eine Zentralitätsuntersuchung durch

Ermittle den ländlichen Zentralort, den Stadtrandkern, das Unterzentrum, das Mittelzentrum und das Oberzentrum, das von deinem Wohnort aus in Anspruch genommen wird.
Stelle fest, welcher Ort von dir oder deinem Familienangehörigen aufgesucht wird, wenn ihr die genannten zentralen Einrichtungen in Anspruch nehmen wollt oder müsst! Übertrage den Erkundungsbogen auf eine DIN-A4-Seite und ergänze die Einrichtungen bei den Zentralen Orten.

Eigener Wohnort/Stadtteil: _____

Zentrum mit zentralen Einrichtungen	vorwiegend aufgesuchter Ort	Entfernung (km)	außerdem aufgesuchter Ort- bzw. Stadtteil	Entfernung (km)
LÄNDLICHER ZENTRALORT				
Grundschule				
Kaufmann				
Post				
Arzt				
Bank/Sparkasse				
STADTRANDKERN				
Sonstiges z. B.:				
UNTERZENTRUM				
Sonstiges z. B.:				
MITTELZENTRUM				
Kreisverwaltung				
Weiterführende Schule				
Disko				
Sonstiges z. B.:				
OBERZENTRUM				
Hochschule				
Spezialgeschäft				
Mehrzweckhalle				
Sonstiges z. B.:				

ERGEBNIS:
Überwiegend aufgesuchter Ländlicher Zentralort: _____
Zusätzlich aufgesuchter Stadtrandkern: _____
Überwiegend aufgesuchtes Unterzentrum: _____
Zusätzlich aufgesuchtes Mittelzentrum: _____
Überwiegend aufgesuchtes Oberzentrum: _____

Wissenswertes
Von der industriellen zur technologischen Revolution

Die herkömmliche Industriegesellschaft basierte auf den Bodenschätzen Kohle und Eisen. Sie schaffte Massenarbeitsplätze im Bergbau, in der Stahlindustrie und im verarbeitenden Gewerbe. Der Standortfaktor „Rohstoff" war entscheidend. Wegen des großen Arbeitskräfteangebots war der Faktor „Arbeitskosten" zunächst weniger wichtig. Die großen europäischen Industrieregionen Mittelenglands, Belgiens, Nordfrankreichs sowie das Ruhrgebiet und das oberschlesische Industrierevier sind auf dieser Grundlage entstanden.

■ Seltener waren Industrieregionen, die trotz fehlender Bodenschätze entstanden wie z. B. im Raum Stuttgart oder Dresden. Bei ihnen war der Standortfaktor „Facharbeiter" bzw. „Ausbildung" die wichtigste Grundlage. Wegen der höheren Qualifikation lagen die Arbeitskosten schon immer höher als in der Rohstoff orientierten Industrie.

■ Nach dem Zweiten Weltkrieg verschob sich die Bedeutung der einzelnen Produktionsbereiche. Im **Primärbereich** (Land- und Forstwirtschaft, Fischerei, Bergbau) ging die Zahl der Arbeitsplätze drastisch zurück. Auch im **Sekundärbereich** (Industrie, produzierendes Gewerbe) gingen ab Ende der Sechzigerjahre immer mehr Arbeitsplätze verloren. Stattdessen gewann der **tertiäre Bereich** (Dienstleistungen, Verwaltung, Handel, Banken, Versicherungen) an Bedeutung. Man benötigte immer mehr Personal um die Produkte entwickeln und auch verkaufen zu können. Diese Tendenz ist weltweit in allen Industrieländern zu beobachten.

■ Spätestens seit dem Entstehen von Hightech-Industrien gewinnt ein Bereich an Bedeutung, in dem höchste Qualifikationen erworben werden: Fachhochschulen, Universitäten, Forschungszentren und Ausbildungsstätten. Das ist der vierte, der **quartäre Bereich**. Die „alten" Industrieländer befinden sich z. Zt. in einer Phase, in der der Primär- und der Sekundärbereich schnell an Bedeutung verlieren. Dies ist mit großen Problemen für die Menschen verbunden, denn sie verlieren ihre Arbeit und finden keine mehr in ihrem bisherigen Beruf. Stattdessen entstehen neue Arbeitsplätze im Tertiär- und Quartärbereich.

■ Die Industriegesellschaften alter Art befinden sich in ihrer Endphase. Vielleicht sind wir schon eine postindustrielle Gesellschaft (post = nach). Die Entwicklung – „weg von den Rohstoffen – hin zur Hightech" – wird dramatische Veränderungen für die Industriegesellschaften mit sich bringen. Sie sind in ihren Auswirkungen wahrscheinlich nur mit denen der industriellen Revolution zu vergleichen. Man spricht deshalb auch von der technologischen Revolution.

■ Die neue Industriegesellschaft erfordert von den Menschen weitaus höhere Qualifikationen als es bisher nötig war. Wer heute zur Schule geht, muss wissen, dass er für seine zukünftige Lebensbewältigung eine gute Ausbildung benötigt. Wegen der vielfältigen Kontakte mit ausländischen Firmen ist die Beherrschung mindestens einer Fremdsprache nötig.

■ Durch kurze Innovationszyklen zeichnet sich die Hightech-Industrie aus, d. h. die Produkte und Technologien ändern sich schnell. Die Mitarbeiter müssen bereit sein sich häufig weiterzuqualifizieren oder neu zu orientieren. Im Laufe der Zeit ist dann jemand Spezialist in einem Bereich, für den er ursprünglich nicht ausgebildet worden ist. Für die meisten wird es wahrscheinlich nicht mehr den Lebensberuf geben. Die Strukturen der zukünftigen Gesellschaft erfordern von den Menschen die Bereitschaft lebenslang zu lernen.

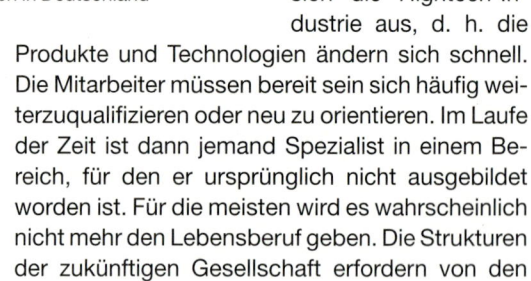

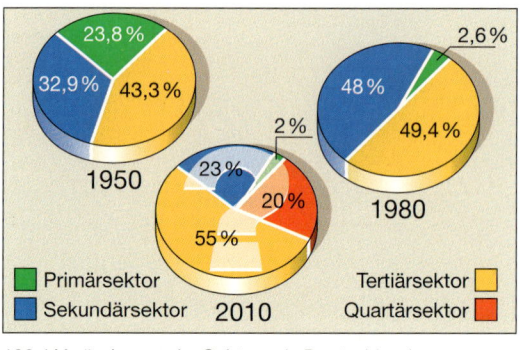

122.1 Veränderung der Sektoren in Deutschland

1950: Primärsektor 23,8 %, Sekundärsektor 32,9 %, Tertiärsektor 43,3 %
1980: 2,6 %, 48 %, 49,4 %
2010: 2 %, 23 %, 55 %, Quartärsektor 20 %

1. Erläutere die Begriffe primärer, sekundärer, tertiärer, quartärer Sektor, postindustrielle Gesellschaft. Finde zu den Sektoren Beispiele.

2. Beschreibe den Standort Deutschland als Standort für Dienstleistungen (Abb. 117.1).

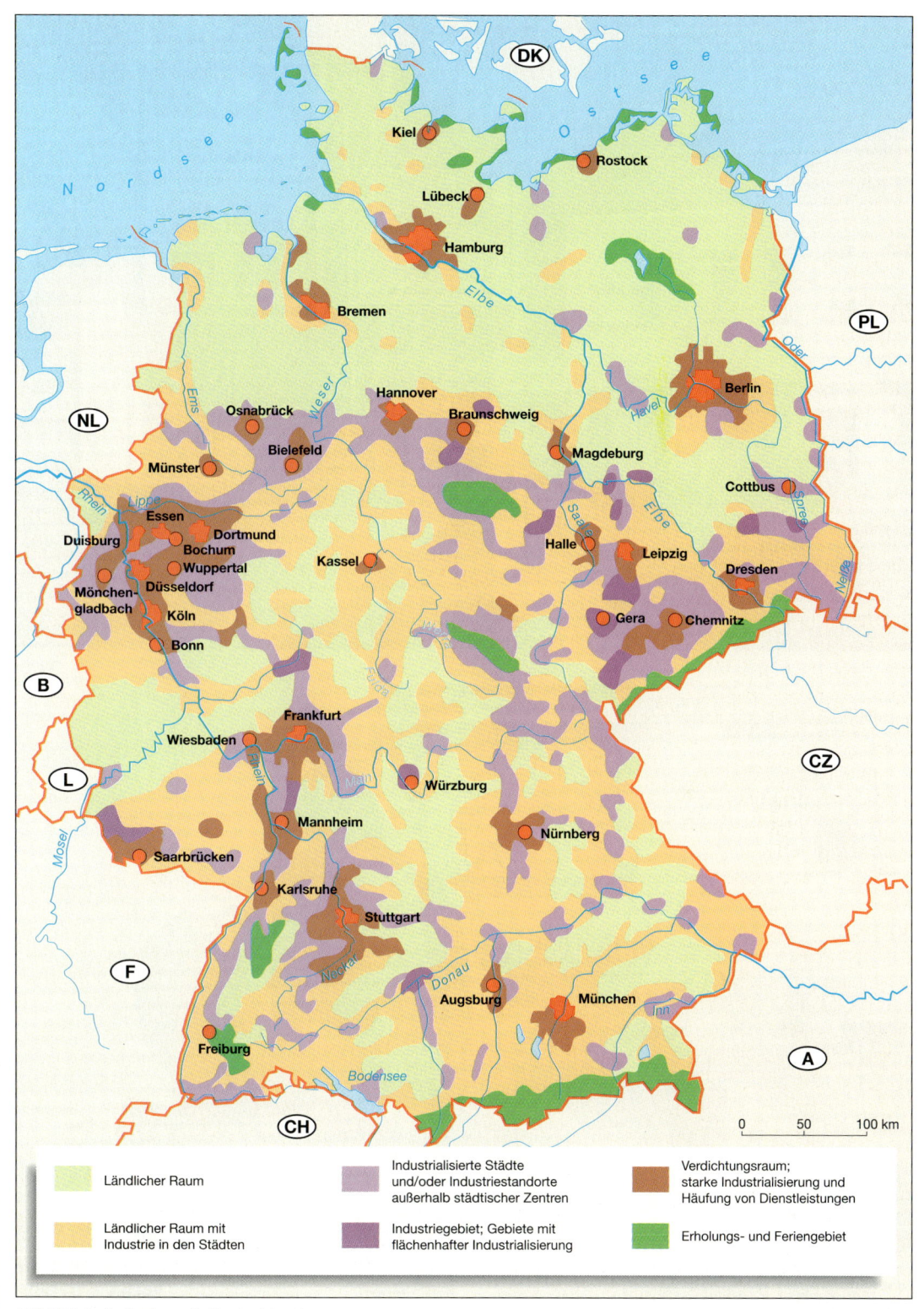

123.1 Wirtschaftsräume in Deutschland

Legende:
- Ländlicher Raum
- Ländlicher Raum mit Industrie in den Städten
- Industrialisierte Städte und/oder Industriestandorte außerhalb städtischer Zentren
- Industriegebiet; Gebiete mit flächenhafter Industrialisierung
- Verdichtungsraum; starke Industrialisierung und Häufung von Dienstleistungen
- Erholungs- und Feriengebiet

123

Offene Grenze von Luxemburg

„Und ihr seid sicher, dass Gold dabei herauskommt?"

124

Europa – ein Kontinent wächst zusammen

Europäisches Parlament in Straßburg

Freier Personenverkehr
Freizügigkeit im Binnenmarkt schließt ein: freie Einreise, freien Aufenthalt, freies Wohnrecht, Niederlassungsfreiheit, Freiheit der Arbeitsplatzwahl. Gleichwertige Hochschulabschlüsse werden inzwischen EU-weit anerkannt.

Freier Dienstleistungsverkehr
Dienstleistungen dürfen EU-weit angeboten werden. Die Märkte für Banken, Versicherungen, Transport- und Telekommunikationsunternehmen werden geöffnet, nationale Bestimmungen werden nach und nach angeglichen.

Freier Warenverkehr
Jedes Erzeugnis, das in einem EU-Staat rechtmäßig hergestellt ist, darf überall im Binnenmarkt verkauft werden. Unterschiedliche Normen und Vorschriften werden anerkannt oder angeglichen, z. B. bei Lebensmitteln.

Freier Kapitalverkehr
Seit 1992 kann Kapital in der EU ungehindert über die Grenzen fließen. EU-Bürgerinnen und -Bürger können EU-weit Geld auf Konten einzahlen, in Wertpapieren anlegen, in Unternehmen investieren oder Immobilien damit erwerben.

Die vier Freiheiten des EU-Binnenmarktes

Europa – Was ist das?

1. Was Jugendliche über Europa denken

Stelios, Griechenland
Η Ευρώπη είναι μια μεγάλη ήπειρος, που έχει πολλά προβλήματα, κυρίως κοινωνικά και πολιτικά. Αν όλες οι ευρωπαϊκές κυβερνήσεις βοηθήσουν στην επίλυσή τους, τότε θα μπορέσουμε να έχουμε μια καλύτερη Ευρώπη και ακόμα ένα καλύτερο κόσμο.

Europa ist ein großer Kontinent mit großen Problemen, hauptsächlich sozialer und politischer Natur. Wenn alle europäischen Regierungen ihren Beitrag zu deren Lösung leisten, können wir ein besseres Europa und sogar eine bessere Welt haben.

Andreas, Deutschland
Wirtschaftlich zweitstärkste Region der Erde, Beginn der Industrialisierung, Gebiet vom Ural bis nach Spanien, Europäische Union, im Zweiten Weltkrieg teilweise zerstört und wieder aufgebaut, gut ausgebaute Sozialstruktur, dicht besiedelter Raum. Westeuropa besteht zum größten Teil aus Industriestaaten, hoher Energieverbrauch, hoher Anteil der Stadtbevölkerung. Nordeuropa ist von der Eiszeit geprägt. Viele relativ kleine Staaten, der Süden ist ärmer als der Norden.

Marit, Norwegen
Europa er moro. Men jeg synes det er bra at Norge ikke er med i EF, fordi vi da kan fatte våre egne beslutninger alene. Jeg har vært i Sveits, Danmark, Sverige, England, Spania, Hellas, Italia og Frankrike og alle landa synes jeg var fine.

Europa ist lustig. Ich finde es aber gut, dass Norwegen nicht in der EU ist, weil wir so unsere eigenen Entscheidungen treffen können. Ich war schon in der Schweiz, in Dänemark, Schweden, England, Spanien, Griechenland, Italien, Frankreich und es hat mir in allen Ländern gut gefallen.

126

Anna, Großbritannien
Europe is becoming far more united and more like a country. In a relatively small space there are many cultures and religions. Recognition between countries and borders of countries is far better and although patriotism is important we are far more accepting of others around us.

Aurelie, Frankreich
A mon avis l'Europe s'est soudé beaucoup dans les dernières années. Je pense que sourtout le contact entre les jeunes Européens est très important. La supression des frontières est positive, parce que la vie devient plus internationale et multiculturelle. Bien sûr, je ne suis pas d'accord avec tous les pays européens, par ex. avec la Yougoslavie. Mais pour comprendre d'autres religions et cultures, il est important de faire la connaissance de beaucoup de pays et personnes étrangères.

Ich finde, Europa ist in den letzten Jahren gut zusammengewachsen. Ich glaube, dass vor allem der Kontakt zwischen den Jugendlichen sehr wichtig ist. Der Wegfall der Grenzen ist positiv, weil das Leben internationaler und multikultureller wird. Sicher bin ich nicht mit allem einverstanden, was in den europäischen Ländern abläuft, z.B. in Jugoslawien. Aber um andere Religionen und Kulturen zu verstehen, ist es wichtig möglichst viele Länder und Menschen kennen zu lernen.

Krzystof, Polen
Europa, wedug mnie, powinna by zjednoczona, ludzie rwinni, sami wybiera, gdzie chc mieszka, co chc robi. Granice nie powinny istnie. Wszyscy musz ze sob wsppracowa i wzajemnie sobie pogmaga.

Europa – wie ich es mir vorstelle – sollte vereint sein. Die Menschen sollten sich allein aussuchen, wo sie wohnen und was sie machen wollen. Grenzen sollte es gar nicht geben. Alle sollten zusammenhalten und sich gegenseitig helfen.

128.1 Europäische Bauten — Dom in Berlin

128.4 Europäische Technik — Eisenbahn in England

128.2 Europäische Philosophen — Rousseau

128.3 Europäische Dichter — Goethe

128.5 Europäische Komponisten — Mozart

2. Kulturelle Vielfalt und Einheit

Der abendländische Kulturkreis setzt sich aus zahlreichen Kulturen zusammen. So gibt es eine französische, eine schottische, eine lappländische Kultur usw. Jeder Staat hat seine Geschichte und seine Kultur. Kulturen unterscheiden sich auch in der Sprache. Die Sprachenvielfalt mit 43 Sprachen in Europa ist zwar ein Merkmal für kulturellen Reichtum, erschwert aber die Einigung. Bei den Schriften unterscheiden wir das lateinische, griechische und kyrillische Alphabet. Trotz der Vielfalt von Sprachen, Staaten, Konfessionen und kulturellen Eigenheiten ist Europa ein Kulturerdteil. Denn trotz aller Unterschiede haben die Europäer gemeinsame Lebensweisen und Wertvorstellungen, die auf die Antike zurückgehen und aus dem Christentum erwachsen sind.

Rubens

129.1 Europäische Maler

Gauß

129.3 Europäische Naturwissenschaftler

Unter Kultur verstehen wir das Zusammenwirken von Lebens- und Handlungsformen, die auf gemeinsamen Wertvorstellungen und Normen beruhen. Kultur umfasst Sitten, Gebräuche, Religion, Wirtschaftsgeist, Rechtsvorstellungen, Rechtsempfinden, politische Ideen, geschichtliche Erfahrungen und Bildung. Hinter gemeinsamer Kultur steht ein gemeinsames Menschenbild. Ursprünglich verstand man unter Kultur nur Kunst, Literatur und Wissenschaft. Heute wird der Begriff auch als sinnverwandtes Wort für Zivilisation verwendet. Von außen betrachtet wird Europa als dicht besiedelter, kleiner Erdteil wahrgenommen. Seine Bevölkerung lebt überwiegend in Städten und hat einen hohen Lebensstandard.

1. Überlege, ob die kulturelle Vielfalt für die europäische Einigung von Vorteil oder von Nachteil ist.

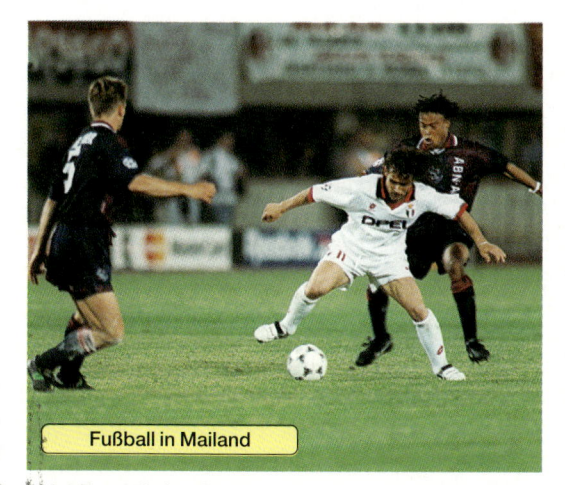

Mode aus Paris

129.4 Europäische Mode

Fußball in Mailand

129.2 Europäischer Sport

Open-air-Konzert in London

129.5 Europäische Musikgruppen

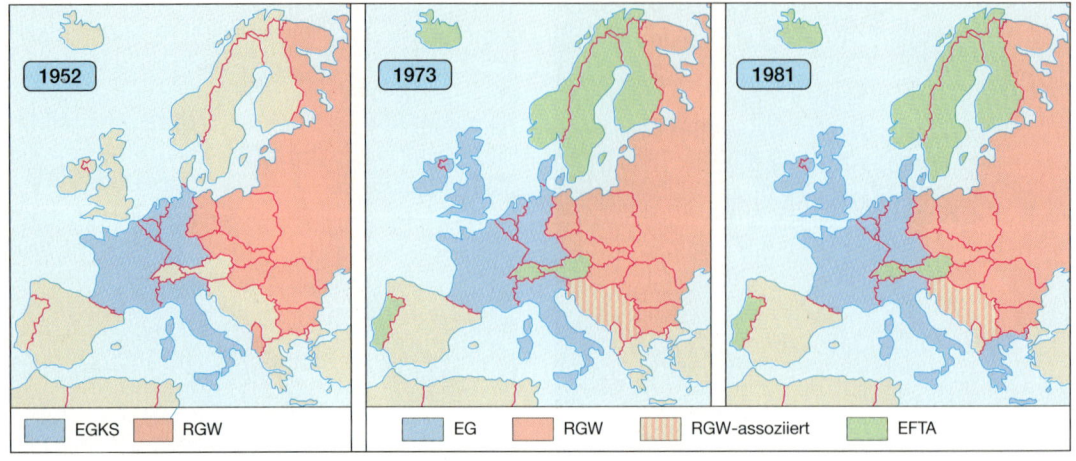

130.1 Europa auf dem Weg zur Union

... Der erste Schritt zur Neubildung der europäischen Familie muss eine Partnerschaft Frankreichs und Deutschlands sein ... Wenn das Gebäude der Vereinigten Staaten von Europa gut und gewissenhaft errichtet wird, muss darin die materielle Stärke eines einzelnen Staates von untergeordneter Bedeutung sein. Kleine Nationen werden ebenso viel zählen wie große und sich durch ihren Beitrag zur gemeinsamen Sache Ehre erwerben ... Bei dieser drängenden Arbeit müssen Frankreich und Deutschland gemeinsam die Führung übernehmen. Großbritannien, das Britische Commonwealth of Nations, das mächtige Amerika und, ich hoffe es zuversichtlich, Sowjetrussland – denn dann wäre wahrhaftig alles gut – müssen die Freunde und Förderer des neuen Europas sein und für sein Recht auf Leben und Wohlstand eintreten ...
(Winston Churchill, ehem. britischer Premierminister, 1946)

130.2 Die drei Säulen der Europäischen Union

3. Europa ohne Grenzen

Der Zweite Weltkrieg hatte verwüstete Länder hinterlassen. Ein „Eiserner Vorhang" verlief von der Ostsee bis zur Adria und trennte Europa in zwei unterschiedliche Blöcke. Eine Vereinigung der europäischen Staaten schien nicht in Sicht. Am schnellsten reagierte die Sowjetunion, unter deren Führung 1949 die ostmittel- und osteuropäischen Staaten zum **Rat für Gegenseitige Wirtschaftshilfe (RGW)** zusammengeschlossen wurden.

1951 einigten sich Frankreich und Westdeutschland darauf, die Kohle- und Stahlproduktion unter eine gemeinsame Aufsichtsbehörde zu stellen. So entstand die **Europäische Gemeinschaft für Kohle und Stahl (EGKS, Montanunion).** Die EGKS war Vorläufer der **Europäischen Wirtschaftsgemeinschaft (EWG),** die 1957 aus sechs Staaten gegründet wurde. Parallel mit der EWG entstand die **Europäische Atomgemeinschaft (EAG,** Euratom). **EGKS, EWG** und **EAG** bildeten zusammen die **Europäischen Gemeinschaften (EG).** Einige Staaten, die nicht zur EWG gehörten, gründeten 1960 zum Schutz ihrer Handelsinteressen die **European Free Trade Association (EFTA).** Großbritannien, Irland und Dänemark verließen 1973 die EFTA und traten der EWG bei. Griechenland wurde 1981 Mitglied, Spanien 1986 und ebenfalls Portugal.

Der Vertrag von 1993 über die **Europäische Union (EU)** sieht das Zusammenwachsen der Wirtschaftsgemeinschaft zur politischen Union vor. 1995 vergrößerte sich die EU um Finnland, Schweden und Österreich.

| 1986 | 1990 | 1995 |

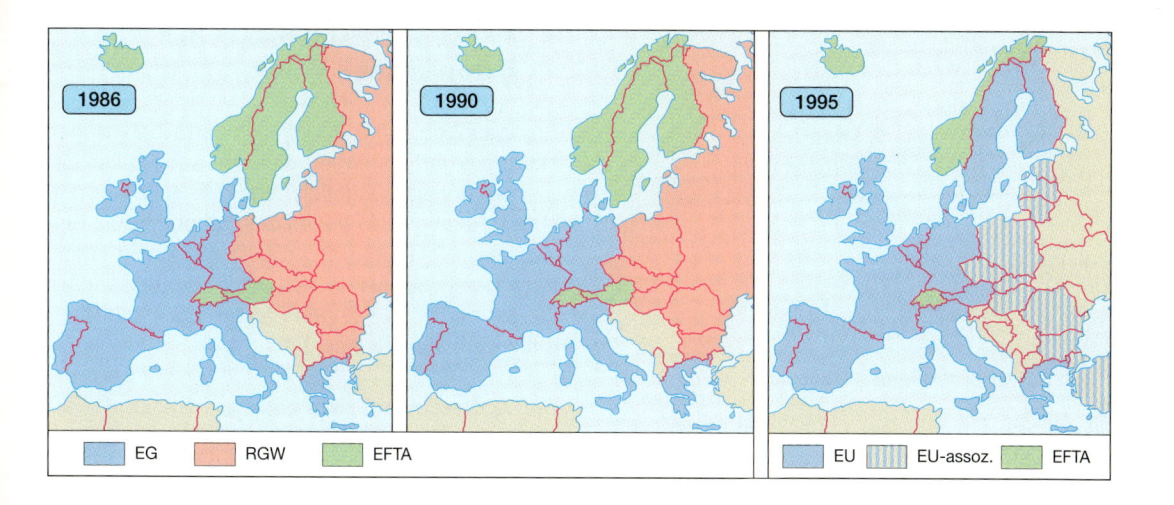

EG | RGW | EFTA

EU | EU-assoz. | EFTA

Ziele der Europäischen Union

1. Die Europäische Gemeinschaft
Grundlage für die Integration bleiben die Zollunion und der Binnenmarkt. Es gibt keine Binnengrenzen mehr und keine Zölle auf Waren und Dienstleistungen der EU-Mitgliedsstaaten. Endziel ist eine Wirtschafts- und Währungsunion mit einheitlichem „Euro-Geld". Jeder EU-Einwohner erhält zu seiner Staatsbürgerschaft die „Unionsbürgerschaft".

2. Gemeinsame Außen- und Sicherheitspolitik
Abstimmung der Aktionen gegenüber Drittstaaten. Schwerpunkte: Menschenrechte, Friedenserhaltung, Demokratie. Ziel ist eine europäische Armee.

3. Zusammenarbeit in der Innen- und Rechtspolitik
Die Mitgliedsstaaten stimmen sich über Einwanderer und Asylbewerber ab. Sie bekämpfen gemeinsam Drogenhandel, Mafia und Terrorismus.

Genügt das halbe Europa?

Die EU übt auf Nachbarländer eine große Anziehungskraft aus, weil sie wirtschaftlich sehr leistungsfähig ist. Jeder europäische Staat kann die Mitgliedschaft beantragen. Er muss allerdings nicht nur demokratisch sein und die Menschenrechte achten, sondern auch die Bedingungen für die Wirtschafts- und Währungsunion erfüllen und einen Teil seiner Souveränität an die EU abgeben.

1. Beschreibe die Entwicklung der europäischen Einigung von 1945 bis heute.
2. Erläutere anhand der Karten, dass Europa noch immer geteilt ist.
3. „Mit jeder Erweiterung büßt die EU möglicherweise ein Stück ihrer Funktionsfähigkeit ein." Erläutere den Hintergrund für diese Aussage.

EFTA		Europäische Union		Ostmittel- und Osteuropa
7,2 Mio. Einw.		374 Mio. Einw.		125 Mio. Einw.
Island Norwegen Schweiz Liechtenstein	**EWR** die vier Freiheiten für Personen Güter Dienstleistungen Kapital	1. gemeinsamer Markt ↓ 2. einheitliche Währung ↓ 3. politische Union	**Abkommen über Handel Umweltschutz Kultur gegenseitige politische Beratung möglicher Beitritt**	Polen Ungarn Tschechische Rep. Slowakei Rumänien Jugoslawien Kroatien Bosnien Albanien Estland Lettland Litauen Mazedonien Slowenien Moldawien

131.1 Die neue Architektur von Europa (EWR = Europäischer Wirtschaftsraum = EU + EFTA, ohne Schweiz)

4. Armut und Reichtum in der Europäischen Union

Europas Wohlstand ist ungleich verteilt. Zwischen Hamburg und Thüringen, Seeland und Sizilien bestehen Wohlstandsgefälle. Von den acht europäischen Regionen, in denen die Einkommen je Einwohner 150 % über dem EU-Durchschnitt lagen, befanden sich vier in den alten Bundesländern Deutschlands. Die neuen Länder lagen mit 50 % unter dem EU-Durchschnitt.

Die Unterschiede zwischen den Regionen beschreiben Statistiker mit der Messgröße Bruttoinlandsprodukt je Einwohner (BIP/E). Das BIP ist die Wertsumme aller im Inland erzeugten Waren und Dienstleistungen. Ein Bauarbeiter muss in Irland mit 56 % des deutschen Lohns zufrieden sein, in Spanien mit 37 %, in Portugal mit 32 %. Die Kosten für die Lebenshaltung (Wohnung, Ernährung, Kleidung) unterscheiden sich nicht so deutlich wie die Einkommen. Dadurch entstehen Wohlstandsunterschiede. Ein Wohlstandsgefälle in einer Region, in einem Staat, in ganz Europa bewirkt eine Abwanderung der Bewohner (Migration).

Um die Migration einzudämmen und die Unterschiede im Lebensstandard zu verringern setzt die EU aus ihren drei Strukturfonds, dem Fonds für regionale Entwicklung, dem Sozialfonds und dem Agrarfonds erhebliche Mittel ein. Von 1994 bis 1999 fließen allein aus den alten Bundesländern und dem europäischen Förderfonds 25 Mrd. DM in die fünf neuen Bundesländer.

Am stärksten werden die Gebiete gefördert, deren BIP/E weniger als 75 % des EU-Durchschnitts beträgt. Meist sind es Regionen in Grenzbereichen. Hier erfolgt eine Förderung der grenzüberschreitenden Zusammenarbeit. In Deutschland sind dies Regionen an den östlichen Grenzen zu Polen und der Tschechischen Republik.

Aus vielen ländlichen Regionen ziehen die Bewohner wegen der geringen Verdienstmöglichkeiten fort. Solche von der Landwirtschaft geprägten und von der Natur benachteiligten Gebiete gibt es z. B. in der Uckermark und der Prignitz, in Nordschottland oder im Norden Jütlands. Die EU fördert diese Gebiete, sie verbessert die Infrastruktur (z. B. Straßenbau). Sie hilft beim Erhalt der landwirtschaftlichen Betriebe u. a. durch Arbeiten im Landschafts- und Naturschutz, sie unterstützt den Fremdenverkehr und die Ansiedlung von Gewerbebetrieben.

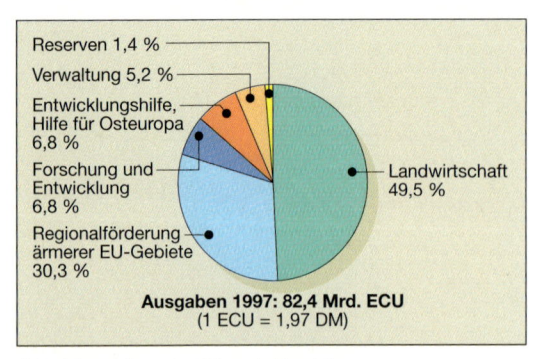

132.1 Ausgaben der EU nach Bereichen

Armut in Europa
1994 waren in der Europäischen Union 52 Millionen Menschen von Armut betroffen. Sie verfügten über weniger als die Hälfte des durchschnittlichen Nettoeinkommens. Das Forum Weltsozialgipfel schätzte im März 1996 die Zahl der „verdeckten" Armen in Deutschland neben den rund 4,7 Millionen Sozialhilfeempfängern auf 16 Millionen. Dagegen gab es nach Angaben des Bundessozialministeriums Anfang 1996 rund 1 Million Haushalte mit einem Privatvermögen von mehr als 1 Million DM.
(Harenberg Lexikon, Aktuell 1997)

Beitragsverpflichtungen der Staaten zum EU-Haushalt 1997 (Angaben in Mrd. ECU):

Belgien	3,1
Dänemark	1,6
Deutschland	23,5
Finnland	1,2
Frankreich	14,5
Griechenland	1,2
Großbritannien	9,4
Irland	0,7
Italien	10,2
Luxemburg	0,2
Niederlande	4,9
Österreich	1,1
Portugal	1,1
Schweden	2,2
Spanien	5,6
Insgesamt	80,5

1 ECU = 1,97 DM

Jeder Mitgliedstaat leistet einen Beitrag nach Maßgabe seines Wohlstandes. Grundlage ist das BSP. Weitere EU-Einnahmen stammen aus Abgaben und Zöllen sowie einem Anteil an der Mehrwertsteuer.

132.2 EU-Haushalt

Viel Geld fließt in Regionen mit rückläufiger industrieller Entwicklung. Hauptkennzeichen sind ein starker Rückgang der Zahl der Industriebeschäftigten und hohe Arbeitslosenraten. Altindustrialisierte Räume wie die Lausitz, das Saarland, das Baskenland und das belgische Steinkohlenrevier haben den Strukturwandel hin zu Zukunftstechnologien und zur Dienstleistungsgesellschaft noch nicht bewältigt.

Manchester war eine der ersten und bedeutendsten Industriestädte der Erde. Die Textilindustrie, die diese Stadt groß gemacht hatte, erlebte ihren Niedergang. In den 70er- und 80er-Jahren des 20. Jahrhunderts verlor sie innerhalb von zehn Jahren ein Fünftel ihrer Einwohner. Mit EU-Geldern wurde die Stadt wiederbelebt – sie wurde schöner gestaltet, damit sich die Menschen in ihr wieder wohl fühlen. Ungenutzte Teile des Hafens wurden zu Wohngebieten umgestaltet. Durch die EU-Förderung konnten neue Arbeitsplätze geschaffen werden. Gleichzeitig wurden Arbeitslose umgeschult und fortgebildet um sie für die neuen Arbeitsplätze zu befähigen.

In der EU gilt der soziale Ausgleich. Dies bedeutet, dass einige Staaten mehr Geld in die gemeinsame Kasse einzahlen als sie aus ihr erhalten, sie sind die Nettozahler. Größter Nettozahler der EU ist Deutschland (vgl. Grafik 132.2).

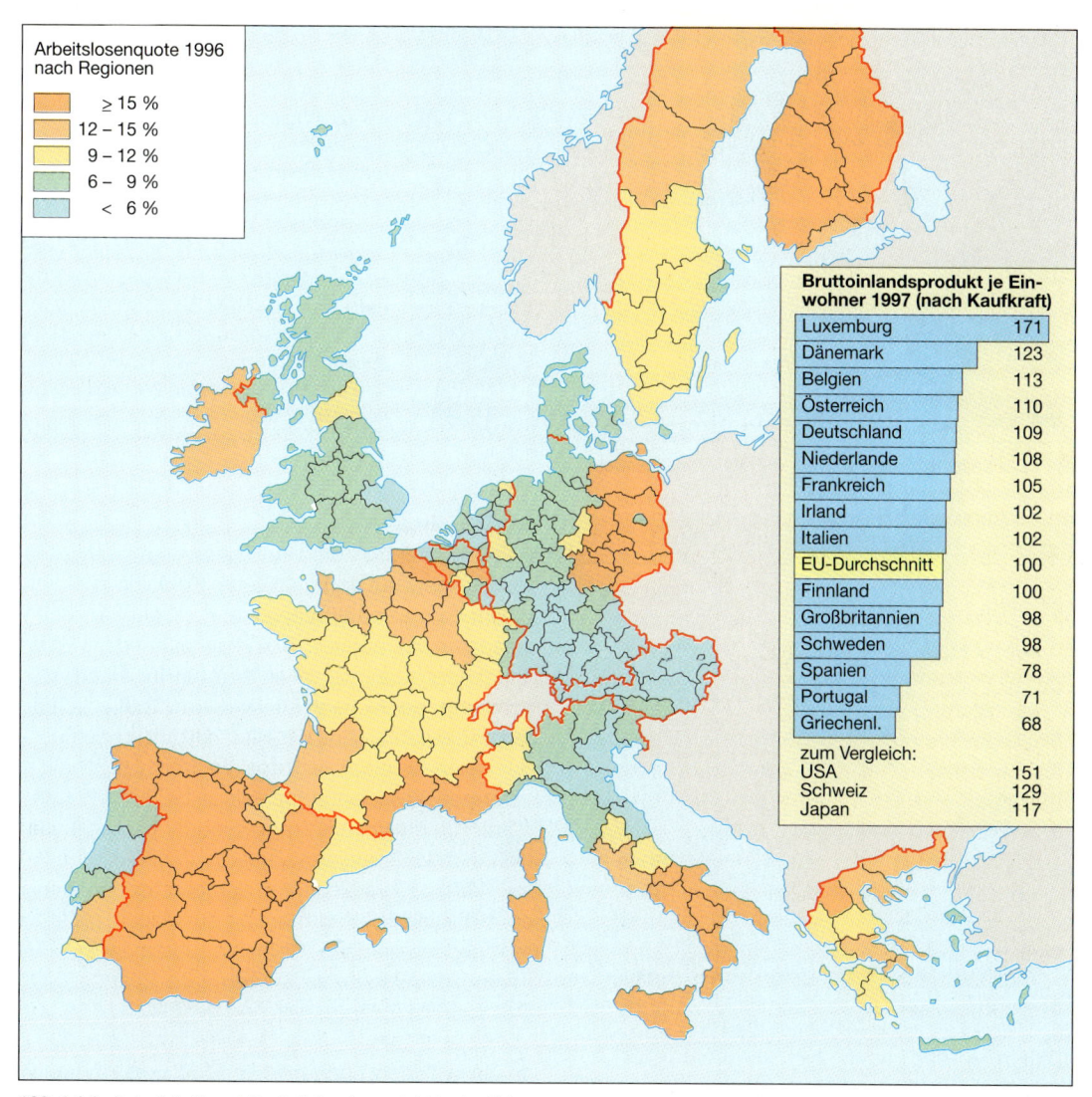

Arbeitslosenquote 1996 nach Regionen
- ≥ 15 %
- 12 – 15 %
- 9 – 12 %
- 6 – 9 %
- < 6 %

Bruttoinlandsprodukt je Einwohner 1997 (nach Kaufkraft)

Luxemburg	171
Dänemark	123
Belgien	113
Österreich	110
Deutschland	109
Niederlande	108
Frankreich	105
Irland	102
Italien	102
EU-Durchschnitt	100
Finnland	100
Großbritannien	98
Schweden	98
Spanien	78
Portugal	71
Griechenl.	68
zum Vergleich:	
USA	151
Schweiz	129
Japan	117

133. 1 Arbeitslosigkeit und Bruttoinlandsprodukt in der EU

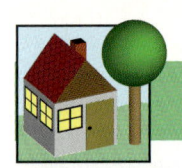

Projekt: Portugal in Europa

Das „Denkmal der Entdeckungen" zeigt an der Spitze Heinrich den Seefahrer (1394 – 1460). In Sagres, im äußersten Südwesten des Landes, versammelte der portugiesische Prinz die besten Astronomen, Geographen, Seefahrer und Mathematiker seiner Zeit um den bisher unbefahrenen Atlantik zu erforschen. Seit dem 15. Jahrhundert unternahmen portugiesische Seefahrer nie zuvor gewagte Fahrten in das „mar tenebroso", das Meer der Finsternis. Sie erreichten Madeira und die Azoren, segelten um Afrika bis nach Indien, China und Japan und über die Westroute bis nach Brasilien.

134.1 Denkmal der Entdeckungen im Hafen von Lissabon

	Portugal	Deutschland
Einwohner	9,9 Mio.	82,0 Mio.
Lebenserwartung Frauen/Männer	78/70 J.	78/72 J.
Bevölkerungswachstum	– 1 %	0,5 %
Einwohner pro Arzt	352	319
Analphabeten	10,4 %	1 %
BSP/Kopf	9 740 $	27 510 $
Erwerbstätigkeit		
– Dienstleistung	56 %	60 %
– Industrie	32 %	37 %
– Landwirtschaft	12 %	3 %
Fersehgeräte je 1000 Einwohner	212	632
Pkw je 100 Einw.	235	483
Daten von 1996		

134.2 Ausgewählte Strukturdaten

Geschichte

Seit 1498 bauten die Portugiesen ein weltweites Handelsnetz auf und gründeten Kolonien in Afrika, Indien, China und Südamerika. Portugal war neben Spanien mächtigste Kolonialmacht der Erde. Goldimporte aus Brasilien sorgten für einen Aufschwung der Künste, Literatur und Wissenschaften und belebten das gesellschaftliche Leben.

Misswirtschaft ließ das Weltreich schließlich verarmen. Die Monarchie wurde 1933 in ein autoritäres Staatssystem umgewandelt. Portugal verhielt sich während des Zweiten Weltkrieges neutral. 1975 gab es die ersten demokratischen Wahlen. 1974 und 1976 wurden, bis auf Macau, die letzten portugiesischen Kolonien unabhängig. Die Azoren und Madeira gehören zum Staatsgebiet. Seit 1986 ist Portugal Mitglied der EU.

1. In welchen Ländern der Erde wird portugiesisch gesprochen (Atlas)?

Portugal war 1986 nur gering industrialisiert, mehr als 60 % der Beschäftigten arbeiteten in Kleinbetrieben mit weniger als 20 Mitarbeitern. Die wichtigsten Exportgüter waren Textilien. In der Korkerzeugung und -verarbeitung deckte Portugal die Hälfte des Weltbedarfs. 75 % aller landwirtschaftlichen Betriebe wirtschafteten ausschließlich für den eigenen Bedarf. Über die Hälfte der Nahrungsmittel musste eingeführt werden.

Ein weiteres Problem Portugals war die wenig entwickelte Infrastruktur. In weiten Teilen des Landes gab es nur schlechte Straßen- und Eisenbahnverbindungen, schnelle Verbindungen ins Hinterland bzw. nach Mitteleuropa fehlten.

70 % der Portugiesen betrachten daher den Beitritt ihres Landes in die Europäische Union als Chance. Sie hoffen Anschluss an die westeuropäische Wirtschaft zu finden und so in ihrem Land einen besseren Lebensstandard aufzubauen.

Die Portugiesen bereichern Europa um eine Sprache, die heute 180 Mio. Menschen auf verschiedenen Kontinenten als ihre Muttersprache lernen. Die kulturellen Verbindungen des Landes zu den ehemaligen Kolonien Brasilien, Mosambik und Angola können auch von den übrigen Mitgliedern der Europäischen Union genutzt werden. Wie alle Angehörigen von Seefahrernationen haben auch die Portugiesen gelernt auf fremde Menschen zuzugehen und neue Ideen aufzunehmen.

Auf den folgenden Seiten werdet ihr einige Antworten finden auf die Frage, wie sich Portugal seit dem Beitritt in die EU verändert hat. Dabei stehen die Auswirkungen auf die Industrie, die Landwirtschaft und den Fremdenverkehr im Mittelpunkt, weil hier die Folgen des Beitritts besonders deutlich werden. Die Betrachtung eines Raumes unter einer bestimmten Fragestellung bezeichnet man als **Raumanalyse**.

KURS:
Raumanalyse

Ein Raum wird durch verschiedene Faktoren bestimmt. Die Kenntnis möglichst vieler dieser Faktoren und ihrer Bedeutung für den Raum ermöglicht es dessen Eigenarten zu erklären.

Um die bestimmenden Faktoren eines Raumes oder Landes noch besser kennen zu lernen sollten möglichst viele Informationsquellen genutzt werden wie z. B. Reiseprospekte, Lexika, Zeitungsberichte, Reiseführer, Fernsehfilme und Gespräche mit Menschen, die den Raum kennen. Informative Broschüren verschicken auch Touristikämter verschiedener Länder und Botschaften.

Um nun nicht in dieser Vielzahl von Einzelinformationen zu versinken sollte man sich überlegen, welchen Fragen man nachgehen will. Interessiert man sich für Sehenswürdigkeiten, die Naturlandschaft mit ihrer Tier- und Pflanzenwelt oder die Wirtschaft eines Landes?

Wenn klar ist, worauf man besonders achten will, dann geht es an die eigentliche Arbeit bei der Raumanalyse: Man wertet nun alle Informationsquellen unter dieser Fragestellung aus. Dabei wird zweierlei deutlich: Einerseits ist vieles in dem bisher unbekannten Raum vergleichbar mit anderen, schon bekannten Räumen. Andererseits gleicht kein Raum dem anderen. Immer sind die einzelnen Faktoren unterschiedlich stark ausgeprägt, immer wirken sie in einer anderen Art zusammen. So ist zum Beispiel die Sahelzone sehr stark durch das Klima geprägt, Portugal durch die wirtschaftlichen Unterschiede zwischen Küste und Hinterland und Polen durch die Geschichte.

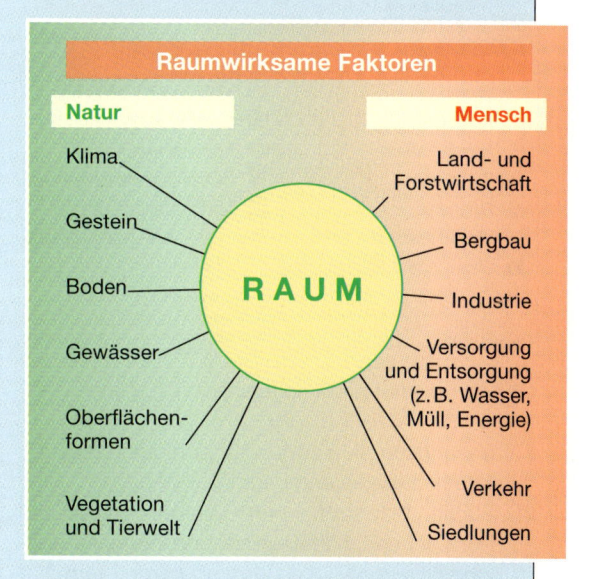

Raumwirksame Faktoren

Natur:
- Klima
- Gestein
- Boden
- Gewässer
- Oberflächenformen
- Vegetation und Tierwelt

RAUM

Mensch:
- Land- und Forstwirtschaft
- Bergbau
- Industrie
- Versorgung und Entsorgung (z. B. Wasser, Müll, Energie)
- Verkehr
- Siedlungen

Zeitungen, Karten oder Collagen zum Thema könnten die Ergebnisse der Arbeit zeigen, indem sie sichtbar machen, welche Merkmale für das Land entscheidend sind. Die hier vorgestellte Methode der Raumanalyse kann auf alle Länder und Räume angewendet werden.

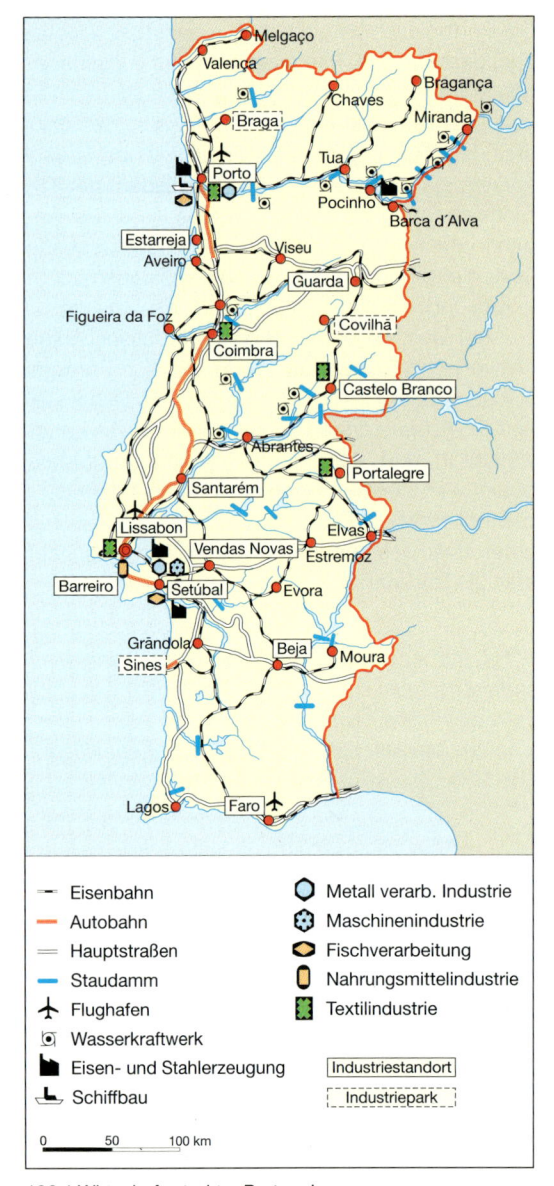

136.1 Wirtschaftsstruktur Portugals

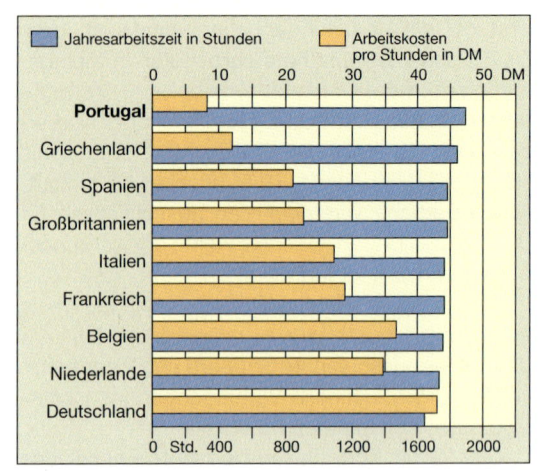

136.2 Arbeitszeit und Arbeitskosten (1996)

Industrie: Ausländische Unternehmen profitieren von dem niedrigen Lohnniveau und der längeren Arbeitszeit. Vor allem arbeitsintensive Güter werden für den Export hergestellt. Z. B. arbeiten rund 50 000 Beschäftigte in über 1000 Unternehmen der Schuhproduktion. Die mittelständischen Betriebe der Textilindustrie nördlich von Porto sind der größte Industriesektor Portugals. Metallverarbeitung und die Elektronikindustrie wachsen stetig. Großbetriebe gibt es im Schiff- und Maschinenbau, in der Automontage und der chemischen Industrie. 75 % seines Exportes wickelt Portugal mit Ländern der EU ab.

Die für den Export notwendige Infrastruktur hat sich verbessert. Durch neue Autobahnen und Schnellstraßen sind die europäischen Partner besser erreichbar. Neue Brückenbauten werden zügig durchgeführt. Moderne Bahnhöfe und Flughäfen entstehen mit finanzieller Hilfe der EU.

1. Beschreibe die Verteilung der Industriestandorte und -parks und beurteile ihre Lage.
2. Suche Fernstraßenverbindungen zwischen Portugal und Mitteleuropa und benenne sie. Welche europäischen Zentren werden verbunden?
3. Berechne den Lohnkostenvorteil und die Arbeitszeitdifferenz in Portugal gegenüber den Angaben für Deutschland (Abb. 136.2).
4. Beschreibe und erkläre die Veränderungen im Export industrieller Erzeugnisse (Abb. 136.3).

	1987	1996
Chemische Erzeugnisse	505	812
Korkwaren	305	570
Papier und Pappe	108	315
Garne, Gewebe, andere fertiggestellte Spinnstofferzeugnisse	932	1843
Maschinenbau-, elektrotechnische Erzeugnisse und Fahrzeuge	1541	4108
Kraftwagen aller Art, Teile und Zubehör	362	2309
Bekleidung und Zubehör	2083	5453
Schuhe	758	1788

136.3 Ausfuhrwaren in Mio. US-Dollar

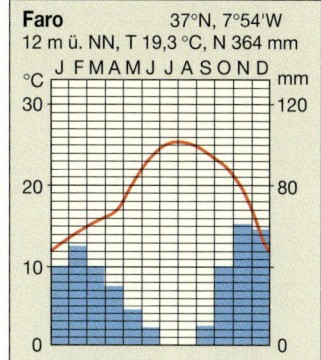

137.1 Hotelanlage in Faro

Faro 37°N, 7°54'W
12 m ü. NN, T 19,3 °C, N 364 mm

Tourismus: Der Tourismus konzentriert sich bisher in der Algarve sowie in und um Lissabon. Das Ministerium für Handel und Tourismus hat verschiedene Konzepte zur Entwicklung vorgelegt. Gefördert werden sollen u. a. die Anlage von Golfplätzen, Jachthäfen, Jagd- und Sporteinrichtungen, Kongresszentren und Kureinrichtungen sowie der Ausbau von geschichtlichen und kulturell bedeutenden Gebäuden. Aufgebaut werden soll auch eine neue Form des Fremdenverkehrs, der „turismo rural". Das Ziel dieses ländlichen Tourismus ist es den Gästen Eindrücke vom ursprünglichen Leben auf dem Land zu vermitteln. Ein Zentrum des „turismo rural" ist der Minho im Norden.

Landwirtschaft: Die EU schützte die portugiesischen Bauern noch bis 1996 durch Handelsbarrieren vor dem Wettbewerb mit der europäischen Agroindustrie. Bis dahin sollte mit finanzieller Hilfe aus Brüssel ein Strukturwandel erreicht sein: Im Norden sollte eine Flurbereinigung die „Miniländereien" auflösen. Im Süden sollte der Anbau von Kiwis, Mangos und Avocados die Olivenhaine und Getreidefelder ersetzen.

Die Hoffnungen der Bauern auf Europa sind unerfüllt geblieben. Immer noch muss über die Hälfte der Nahrungsmittel eingeführt werden. Die Ursachen für die geringen Erträge liegen in den veralteten Bearbeitungsmethoden und der ungenügenden Düngung. Außerdem kommt die Flurbereinigung im Norden nicht voran. Der Süden ist wegen der schlechten Bodenqualität, des trockenen Klimas und der geringen Bewässerungsmöglichkeiten nicht zur intensiven Nutzung geeignet.

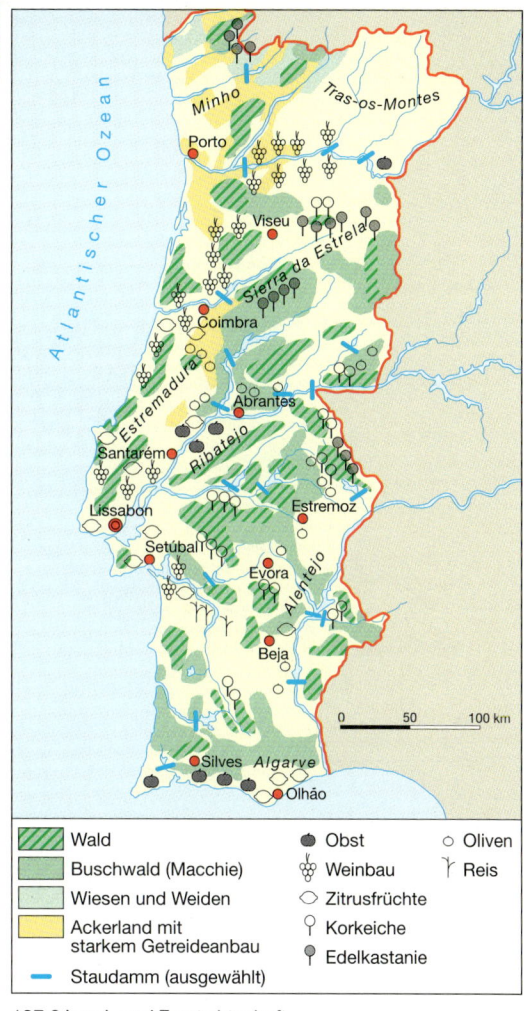

137.2 Land- und Forstwirtschaft

1. Erkläre den Begriff „Sonnenküste" mithilfe des Klimadiagramms.

2. Beschreibe die Verbreitung der Anbaugebiete, achte auf die Klimawerte.

Projekt

Wirtschaftliche Aktivräume

138.1 Landwirtschaft in Europa

Arbeite mit Karte 138.1.

1. Liste tabellarisch die landwirtschaftlichen Produktionsgebiete in Europa auf. Unterscheide nach den Anbauprodukten.
2. Nenne Anbauzonen, die in der Nähe von Verdichtungsräumen liegen. Welche Vor- und Nachteile ergeben sich aus dieser Lage?
3. Untersuche, wo natürliche Voraussetzungen der Landwirtschaft entgegenstehen.
4. Erläutere die Lage der Grünlandgebiete. Berücksichtige dabei Klima und Relief.
5. „Europa – einer der agrarischen Kernräume der Erde". Überprüfe diese Aussage anhand geeigneter Atlaskarten.

in den Staaten Europas

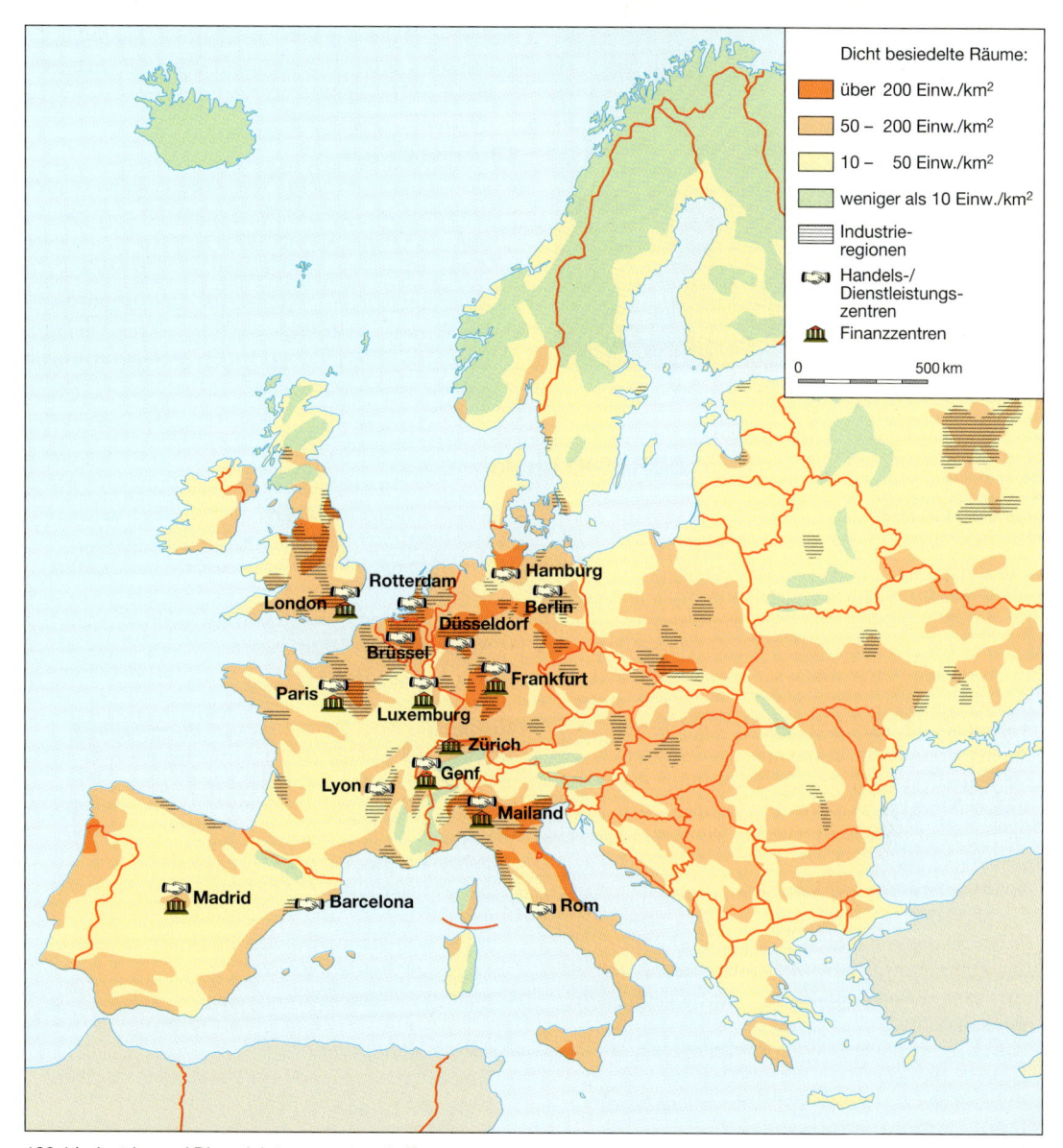

139.1 Industrie- und Dienstleistungszentren in Europa

Arbeite mit der Karte 139.1.

1. Erstelle, regional geordnet, eine Tabelle mit den Industrieregionen Europas.
2. Untersuche, welche Industrieregionen mit Rohstoffvorkommen verbunden sind (Atlas).
3. Überprüfe, wo die Verdichtungsräume mit den Industrieregionen übereinstimmen. Begründe, wo dies nicht der Fall ist, die Besonderheit des Raumes.
4. Erkläre die Lage einiger Finanz-, Handels- und Dienstleistungszentren.
5. Zeige auf, wie die einzelnen Zentren innerhalb Europas durch Verkehrsverbindungen miteinander verknüpft sind.

5. Euroregionen

Der Name Euregio steht für europäische Regionen. Diese finden sich in strukturschwachen Grenzgebieten, z. B. im Bereich der deutsch-niederländischen, der deutsch-dänischen oder der deutsch-polnischen Grenze.

Sinn und Zweck

1 Die Euregio fördert in ihrem Arbeitsgebiet grenzüberschreitende Entwicklungen in den Bereichen von Infrastruktur, Wirtschaft, Kultur, Freizeit und anderen gesellschaftlichen Aufgaben. Das Arbeitsgebiet umfasst beidseitige Grenzräume.
2 Die Euregio vertritt die Belange ihres Gebietes bei den zuständigen Behörden und den europäischen Dienststellen.

140.1 Grenzbegegnung (aus einer Euregio-Information)

EUREGIO im Jahr 2000

Landwirtschaft
Da das EUREGIO-Gebiet über eine gut entwickelte Landwirtschaft verfügt, bemüht man sich in Zukunft verstärkt um die Ansiedlung hochwertiger, unmittelbar an die Landwirtschaft anschließende Produktionen, die bisher fehlen (z. B. Fleischverarbeitung).

Ein besonders interessantes Projekt stellt die Pilotanlage „Flachsschwinge" dar, das in Zusammenarbeit mit der ansässigen Textilindustrie entwickelt wird. Diese Anlage erzeugt Flachsfasern für die textile Verarbeitung. Durch einen sich ausweitenden Flachsanbau (pro Anlage 300 ha) wird ein Beitrag zum Abbau agrarischer Überproduktionen geleistet.
Kosten der Anlage: 3 Mio. DM.

Entwicklung von Industrie und Handwerk
Das Schwergewicht der Maßnahme liegt in der Förderung und Beratung kleiner und mittlerer Unternehmen durch:
– eine grenzübergreifende Informationsstelle bei der EUREGIO,
– finanzielle Förderung von Innovationsbemühungen und Marktuntersuchungen,
– Gründung eines Innovationsförderungsvereins; Stiftung eines Innovationspreises der EUREGIO ,
– Entsendung eines Repräsentanten der Textilindustrie in fernöstliche Länder zur Vermarktung hochentwickelter textiler Produkte,
– Schaffung eines kooperierenden Netzes von Gründer- und Innovationszentren beiderseits der Grenze.

Darüber hinaus wird der grenzüberschreitende Technologietransfer nachhaltig verstärkt durch:
– grenzübergreifende Technologie- und Lizenzbörsen,
– das Innovationsberatungsprojekt „Euro-Transfer",
– Koppelung der Transfernetze.
Kosten: ca. 30 Mio. DM.

Ausbau der Koordinations- und Informationsfunktion der EUREGIO
Besonders hervorzuheben ist das Projekt „Einrichtung einer EU-Informationsstelle" bei der EUREGIO als:
– Verbindungspunkt der EU zu der Region,
– Schaltstelle zu den EU-Organen für regionale Anliegen,
– Koordinationspunkt für die Zusammenarbeit der Wirtschaftsförderungsinstitutionen.
Kosten: ca. 2 Mio. DM.

Sonstige Maßnahmen
– Grenzüberschreitende Hilfeleistung in Katastrophen- und Unglücksfällen,
– Errichtung und grenzüberschreitende Nutzung von Gesundheitseinrichtungen.

Weitere Programmschwerpunkte sind die Stärkung des Handels- und Dienstleistungssektors, die Verbesserung der Arbeitsmarktsituation, der Verkehrs- und Kommunikationsstruktur, der Schutz von Umwelt, Natur und Landschaft sowie die Grenzpendlerproblematik.

140.2 Programm für eine grenzüberschreitende Zukunft

Grenzregionen zwischen Deutschland und Polen

Die Oder-Neiße-Grenze zwischen Deutschland und Polen ist eine Wohlstandsgrenze. Westlich beträgt das durchschnittliche Monatseinkommen 3000 DM, östlich davon umgerechnet nur 300 DM. Noch ist die Grenzregion vorwiegend ein Transitraum. Aus Grenzräumen sollen Brücken werden und die Menschen sollen sich näher kommen. An der Ostgrenze Deutschlands gibt es vier Grenzgebiete: die Euroregionen „Pomerania" (1995 gegründet, Abb. 141.1), „Pro Europa Viadrina" (1993, Oder-Spree-Raum), „Spree-Neiße-Bober" (1993, Eisenhüttenstadt, Cottbus, Hirschberg), „Neiße" (1991, deutsch-polnisch-tschechisches Grenzgebiet). Alle haben das Ziel ein gemeinsames Einzugsgebiet für Wirtschaft und Dienstleistungen, für Handel und Tourismus zu schaffen. Langfristig hoffen sie aus der nationalen Randlage in eine europäische Binnenlage ohne Staatsgrenzen zu kommen.

141.1 Euregio Pomerania

Die Euregio Pomerania hat 1,8 Mio. Einwohner, davon auf deutscher Seite 850 000. Die Fläche – 18 752 km² – ist 3000 km² größer als die von Schleswig-Holstein. Mit Ausnahme der Ballungszentren Stettin (Sczcecin), Stralsund und Greifswald ist der Raum dünn besiedelt und weist die Nachteile einer ländlich geprägten Region auf.

Die polnische Seite: Metropole ist die Stadt Stettin mit 450 000 Einwohnern. In der Region arbeiten mehr als 68 000 Unternehmen. Die führenden Wirtschaftszweige sind die Werften in Stettin-Swinemünde, die Fischfangflotte sowie die Fischverarbeitungsbetriebe und die Fährbetriebe. Große Bedeutung haben die Lebensmittelindustrie und der Tourismus.

Die deutsche Seite: Die wenigen Industriebetriebe in Stralsund, Wolgast und Schwedt bieten nicht genügend Arbeitsplätze. Auch die Landwirtschaft musste Arbeitskräfte entlassen. Nur der Fremdenverkehr verzeichnet einen Aufschwung. Die Arbeitslosenquote lag 1996 bei 25 %. Besonders junge Menschen verlassen daher die Region.

Gute Verkehrsverbindungen nach Westen Richtung Hamburg, Hannover oder Magdeburg fehlen ebenso wie nach Osten in das übrige Polen und nach Russland. Dennoch gibt sich „Pomerania" zukunftsorientiert. Die Europaregion verfügt über qualifizierte Arbeitskräfte, große Flächen bei geringen Bodenpreisen für Gewerbe und Fremdenverkehrseinrichtungen und eine geringe Umweltbelastung. Die EU unterstützt die Euroregion mit Geld für besondere Entwicklungsvorhaben. Das Geld darf nur auf deutscher Seite ausgegeben werden. Polen muss Projekte in der Euroregion aus der Staatskasse bezahlen. Von der EU erhält Polen jedoch Geld für die Reform seiner Wirtschaft.

1. Stelle fest, wo die vier Euroregionen an der Ostgrenze Deutschlands liegen.
2. Erläutere, weshalb Euroregionen gegründet wurden.
3. Untersucht die Euroregion Pomerania. Nennt die Probleme und zeigt Lösungen auf.

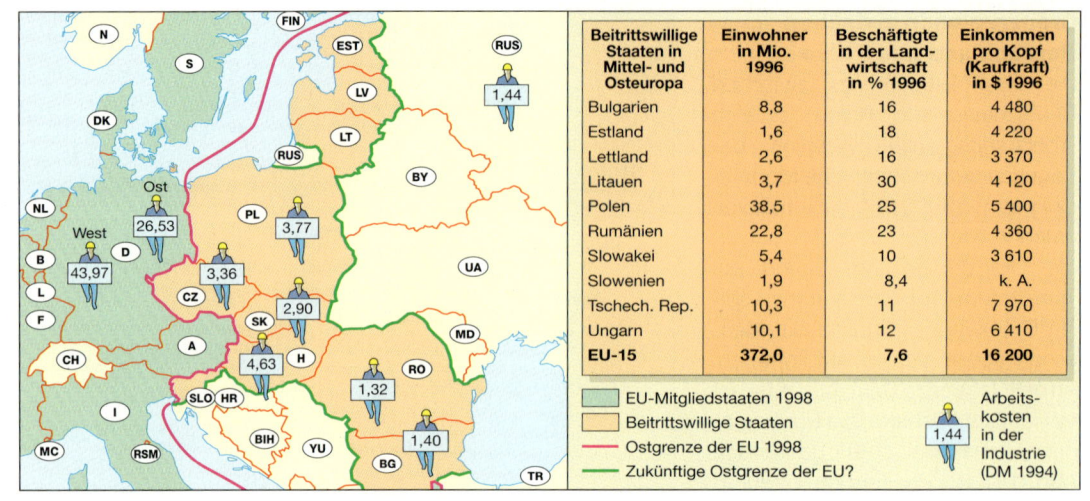

142.1 Arbeitskosten in der Industrie pro Arbeitsstunde

Beitrittswillige Staaten in Mittel- und Osteuropa	Einwohner in Mio. 1996	Beschäftigte in der Landwirtschaft in % 1996	Einkommen pro Kopf (Kaufkraft) in $ 1996
Bulgarien	8,8	16	4 480
Estland	1,6	18	4 220
Lettland	2,6	16	3 370
Litauen	3,7	30	4 120
Polen	38,5	25	5 400
Rumänien	22,8	23	4 360
Slowakei	5,4	10	3 610
Slowenien	1,9	8,4	k. A.
Tschech. Rep.	10,3	11	7 970
Ungarn	10,1	12	6 410
EU-15	372,0	7,6	16 200

6. Die Erweiterung der EU nach Osten

Jeder europäische Staat kann die Mitgliedschaft in der EU beantragen. Er muss demokratisch sein und die Menschenrechte achten. Er muss die wirtschaftlichen Bedingungen der EU erfüllen und sich zu der politischen Union bekennen.

Die Länder in Mittel- und Osteuropa (MOE) sowie Zypern und die Türkei möchten der EU so schnell wie möglich beitreten. Mit dem „Europa-Abkommen", das ihnen weitgehend zollfreie Einfuhr in die EU erlaubt, sind sie nicht zufrieden. Die EU kann nämlich die Einfuhren zum Schutz ihrer eigenen Landwirtschaft und Industrie bei Bedarf drosseln.

142.2 Wie soll es weitergehen?

Die 15 EU-Staaten befürworten zwar den Beitritt der mittel- und osteuropäischen Länder, gleichzeitig befürchten sie eine gewaltige Belastung.

Erster Grund: Die Landwirtschaft spielt in den MOE-Ländern eine größere Rolle als in der EU. Wenn die EU den dortigen Landwirten auch einen Mindestpreis für ihre Erzeugnisse garantieren würde, produzieren sie zu viel. Die Überschüsse müsste die EU aufkaufen. Die zusätzlichen Kosten würden im Jahr etwa 23 Mrd. DM betragen.

Zweiter Grund: Regionen, deren Einkommen unter 75 Prozent des EU-Durchschnitts liegen, haben Anspruch auf Fördermittel von der EU. Dieses Geld aus dem Strukturfonds soll die wirtschaftlichen und sozialen Unterschiede in der Gemeinschaft verringern. Alle zehn MOE-Länder hätten Recht auf Geld aus dem Strukturfonds. Die Zahlungen müssten sich an den beiden ärmsten EU-Mitgliedern, Griechenland und Portugal, ausrichten. Die EU zahlt an diese beiden Länder je Einwohner jährlich 430 DM. Die MOE-Länder hätten somit Anspruch auf 45 Mrd. DM pro Jahr.

Dritter Grund: Die Zuwanderung aus den MOE-Ländern mit hoher Arbeitslosigkeit oder geringem Einkommen würde zunehmen, denn in der EU darf jeder seinen Wohn- und Arbeitsplatz frei wählen.

Vierter Grund: Die EU ist mit 25 oder mehr Mitgliedern schwerfällig wie ein Dinosaurier, wenn wichtige Beschlüsse einstimmig zu fassen sind.

Ingolstadt, 30. April 1996

Audi baut Werk in Ungarn aus

Audi wird von 1998 an das Coupé und den Roadster im Werk Ingolstadt und bei Audi Hungaria Motor Kft. in Györ bauen. Die Arbeitsteilung zwischen den beiden Standorten sieht vor, dass in Ingolstadt die Karosserieteile gefertigt, zusammengebaut und lackiert werden. Anschließend werden die Karosserieteile nach Györ geliefert. Dort erfolgt die Endmontage.

Bislang fertigte Audi in Györ mit 460 Mitarbeitern Fünf-Zylinder-Motoren. Audi gab gleichzeitig bekannt, dass die Fertigung für die V6- und V8-Motoren verlagert wird. Diese Maßnahme kostete in Ingolstadt 280 Arbeitsplätze; die Mitarbeiter wurden an anderen Arbeitsplätzen untergebracht. Die Verbundfertigung hat Vorteile für beide Seiten. Arbeitsplätze in Ingolstadt werden gesichert und gleichzeitig die Kostenvorteile in Györ genutzt.

(nach Presse-Informationen und Zeitungsberichten)

Gliwice/Rüsselsheim, 6. Mai 1996

Opel baut neues Automobilwerk in Gliwice

Die Adam Opel AG schloss im polnischen Gliwice (Gleiwitz) einen Vertrag über die Ansiedlung einer neuen Pkw-Fabrik in Oberschlesien. Das neue Werk wird 1998 eröffnet. Die Investitionen belaufen sich auf 500 Millionen DM. Es ist eine der größten ausländischen Investitionen in Polen. 2000 Arbeitsplätze werden geschaffen. Die neue Fabrik wird darüber hinaus für Beschäftigung bei Zulieferern, im Handel und in der unmittelbaren Region sorgen.

Opel wird damit den Wiederaufbau und die Wiedergeburt einer 200 Jahre alten Industrieregion einleiten und Polens Weg zu einem Mitglied der EU fördern. Gliwice bietet hochmotivierte und gut ausgebildete Arbeitskräfte sowie hervorragende Infrastrukturanbindungen. Opel betreibt bereits seit November 1994 ein Montagewerk in Warschau.

(nach einer Pressemitteilung der Adam Opel AG)

Billiglohnländer im Osten

Die mittel- und osteuropäischen Länder wollen den Lebensstandard ihrer Bevölkerung anheben. Dazu müssen sie ihre Betriebe modernisieren und neue Werke ansiedeln. Hierfür brauchen sie Kapital. In der Wirtschaft spricht man von Investitionen. Die Investitionen können die Betriebe oder der Staat meist nicht allein aufbringen. Deshalb werben die mittel- und osteuropäischen Länder um Kapital aus dem Ausland und locken mit verschiedenen Angeboten. An erster Stelle stehen die niedrigen Lohn- und Lohnnebenkosten. Länder wie Polen, Ungarn und die Tschechische Republik haben zudem gut ausgebildete Arbeitskräfte.

Ausländische Firmen bauen neue Fabriken oder beteiligen sich an bestehenden Unternehmen, wenn die Regierungen dieser Länder den Übergang zur Marktwirtschaft unterstützen.

1. Bildet eine Gruppe mit 15 Personen (= 15 EU-Mitglieder). Diskutiert über die Vor- und Nachteile einer Ost-Erweiterung der EU. Informiert euch vorher noch einmal auf S. 130 – 133.
2. Ein Unternehmen beabsichtigt in einem mittel- oder osteuropäischen Land zu produzieren. Welche Gründe sprechen dafür, welche dagegen? Verwendet bei eurer Argumentation auch die beiden Pressemitteilungen.

Unternehmen	Land	Branche	geplante Investitionen
Daewoo	Südkorea	Kfz, Unterhaltungselektronik, Haushaltsgeräte	1200 Mio. US-$
Fiat	Italien	Kfz	1800 Mio. US-$
International Paper Co.	USA	Papier	175 Mio. US-$
Asea Brown Boveri	Schweiz, Schweden	Kraftwerke	20 Mio. US-$
Procter & Gamble	USA	Haushaltsartikel	190 Mio. US-$
Coca Cola	USA	Getränke	200 Mio. US-$
Thomson	Frankreich	Fernsehen, Elektroartikel	100 Mio. US-$
Lucchini Gruppe	Italien	Metallverarbeitung	150 Mio. US-$
AT & T	USA	Telekommunikation	56 Mio. US-$
Unilever	Niederlande	Lebensmittel	20 Mio. US-$

143.1 Investitionen in Polen

7. Die Europäische Union im Welthandel

In den Anfängen der Europäischen Gemeinschaft waren die MItglieder sich oft in der Wirtschaftspolitik nicht einig. Deshalb stellte Europa für die Welthandelsriesen USA und Japan keine ernsthafte Konkurrenz dar. Dies wird mit der fortschreitenden Einigung zunehmend anders. Seit 1994 bildet die EU mit Island, Liechtenstein und Norwegen den gemeinsamen **Europäischen Wirtschaftsraum (EWR)**. Mit 380 Millionen Verbrauchern und einem Anteil von über 40 % am Welthandel entstand damit der größte Binnenmarkt der Erde. Amerikaner und Japaner müssen mit einer stärkeren europäischen Konkurrenz rechnen.

Die Handelspartner der EU fürchten eine „Festung Europa", die sich gegen die übrige Welt abschottet. Nach Angaben der EU ist das nicht so.

Die EU hat Abkommen mit den meisten Mittelmeerländern und mit 71 AKP-Staaten abgeschlossen. Sie hilft den Entwicklungsländern bei der Entwicklung von Industrie und Landwirtschaft und gewährt ihnen Preisvorteile. Auch mit den osteuropäischen Staaten gibt es seit 1990 Beratungen über Zusammenarbeit und Hilfe. Betrachtet man aber den Import der EU-Länder, so stellt man fest, dass auch hier der größte Teil, nämlich 59 %, aus den EU-Ländern, aber nur 2,8 % aus den übrigen Mittelmeerländern und nur 1,9 % aus den AKP-Staaten importiert wurden.

Die USA, Japan und die Entwicklungsländer werfen der EU daher **Protektionismus** vor (das ist der Schutz der Binnenwirtschaft durch Zölle, Festlegung von Höchsteinfuhrmengen, besondere Qualitätsanforderungen für Importwaren). Besonders betroffen sind die von Rohstoffexporten und dem Import von meist teuren Fertigwaren abhängigen Entwicklungsländer. Ihr Wirtschaftssystem basiert oftmals auf einer Landwirtschaft, die von Monokulturen aus der Kolonialzeit geprägt ist. Ein wirtschaftlicher Aufbau und eine Weiterentwicklung der heimischen Wirtschaft ist nicht möglich. Weitere Ursache ist die hohe Verschuldung bei den westlichen Industriestaaten.

Im Herbst 1995 fand in Barcelona eine Konferenz der Mittelmeeranrainerstaaten statt, in der es um die Verwendung von 8,7 Mrd. DM und einen Neun-Milliardenkredit aus EU-Mitteln ging. Alle Ausgaben sollen einzig dem Ziel dienen eine Mittelmeer-Freihandelszone bis zum Jahr 2010 zu schaffen. Dann wären 800 Mio. Konsumenten in über 30 Nationen im größten Wirtschaftsraum der Welt vereint.

Auch die Staaten Südamerikas, des südlichen Afrikas, die Anrainer des Indischen Ozeans und die arabischen Staaten sind dabei Wirtschaftsblöcke zu bilden.

1. Erkläre den Begriff Protektionismus.
2. Nenne die Folgen von Blockbildungen.
3. Beurteile die Chancen von Entwicklungsländern am Welthandel teilzunehmen.

Bereite ein Projekt zum Thema „Welthandelsgut Banane" vor. Beachte das Planungsraster Seite 14 und ergänze es nach eigenen Vorstellungen.

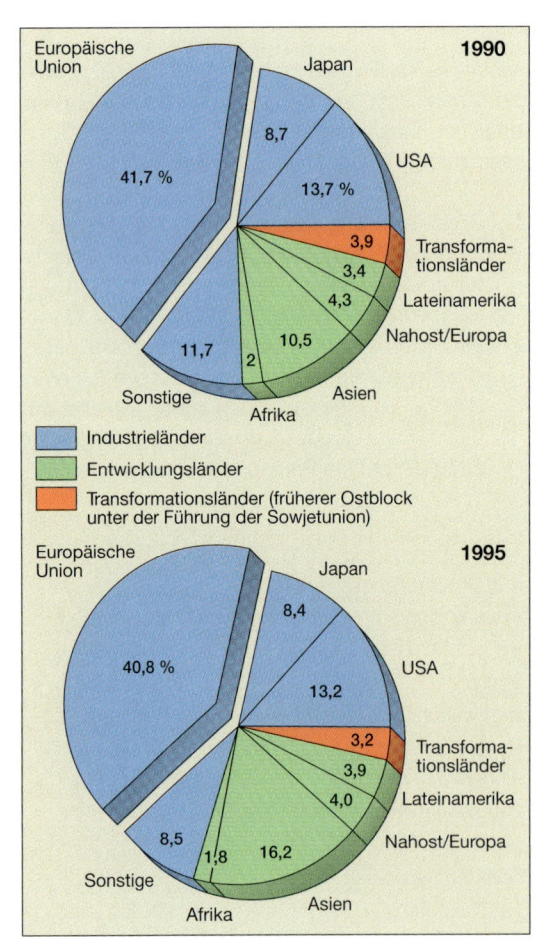

144.1 Anteile am Welthandel

Gemeinsame Marktordnung für Bananen

Die EU setzte 1993 Einfuhrquoten für „Dollarbananen" aus Mittel- und Südamerika fest. Einfuhrmengen, die über die Quote hinausgingen, sollten mit Strafzöllen belegt werden. Die Regelung diente dazu die europäischen Produzenten in Griechenland, Spanien, Portugal und Frankreich mit seinen Überseegebieten in der Karibik vor Billigimporten aus Lateinamerika zu schützen. Die Anbaugebiete liegen in der Regel in strukturschwachen Gebieten. Gleichzeitig wurde den AKP-Staaten, d. h. den früheren europäischen Kolonien, der Absatz ihrer Bananen in der EU garantiert. Die Erzeugerkosten für die „Eurobananen" sind allerdings doppelt so hoch wie die für „Dollarbananen". Vor der Einführung der Bananen-Marktordnung hatten die „Dollarbananen" in der EU einen Marktanteil von 60 %, „EU-Bananen" von 21 % und „AKP-Bananen" von 19 %.

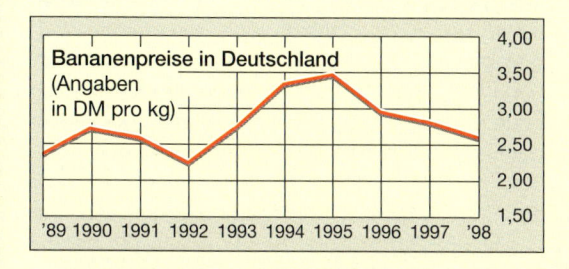

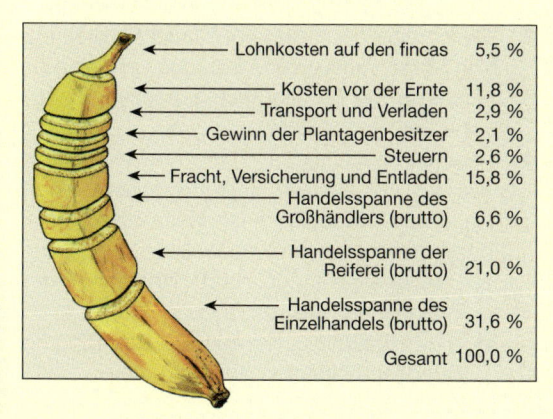

Kokain statt Bananen

Unermüdlich versuchen unzählige internationale Organisationen, darunter die UN, Antirauschgiftbehörden, Entwicklungshelfer und Berater aus aller Welt, mit jährlichem Millionenaufwand lateinamerikanische Kokastrauch- und Schlafmohnbauern zum Umstieg auf andere, harmlosere Naturprodukte zu bewegen. Kaffee und Bananen spielen dabei eine wichtige Rolle, sei es als Ersatz oder als grundsätzlich andere Einkommensquelle. Beteuert wird regelmäßig, der Absatz sei gesichert, der Einsatz von Geld, Zeit und Mühe sei deshalb lohnend und zukunftssicher.

(E. Linther, Drogenbeauftragter der Bundesregierung)

Hauptexporteure von Bananen (in 1000 t)

1962		1980		1995	
Ecuador	1100	Ecuador	1437	Ecuador	2400
Honduras	376	Costa Rica	1027	Costa Rica	2025
Costa Rica	293	Honduras	987	Kolumbien	1704
Panama	251	Philippinen	924	Philippinen	1155
Brasilien	216	Kolumbien	692	Panama	720
Dom. Rep.	173	Panama	505	Honduras	475
Welt	3999	Welt	7050	Welt	12071

Hauptimporteure von Bananen (in 1000 t)

1962		1980		1995	
USA	1311	USA	2423	USA	3835
Deutschland	467	Japan	726	Deutschl.	1223
Frankreich	398	Deutschl.	534	Japan	874
Großbrit.	3741	Frankreich	446	Frankreich	665
Argentinien	176	Italien	279	Großbrit.	618
Italien	135	Kanada	246	Italien	465
Welt	3697	Welt	6799	Welt	13000

Welthandelsorganisation (WTO): Strafzölle auf Dollarbananen nicht rechtmäßig

Gegen die Begünstigung von EU- und AKP-Bananen legten die USA Ecuador, Guatemala, Honduras und Mexiko Widerspruch ein. Die EU-Bananenmarktordnung verstoße gegen den freien Welthandel. Die WTO gab 1997 den Klägern Recht. Bislang mussten die Importeure von Dollarbananen bei der EU Einfuhrlizenzen beantragen und bezahlen. Auch der Europäische Gerichtshof untersagte 1998 diese Regelung. Bis zum Jahr 2001 muss die EU deshalb eine neue Bananenmarktordnung entwerfen.

Bananenpreise in Deutschland (Angaben in DM pro kg) '89 1990 1991 1992 1993 1994 1995 1996 1997 '98

Lohnkosten auf den fincas	5,5 %
Kosten vor der Ernte	11,8 %
Transport und Verladen	2,9 %
Gewinn der Plantagenbesitzer	2,1 %
Steuern	2,6 %
Fracht, Versicherung und Entladen	15,8 %
Handelsspanne des Großhändlers (brutto)	6,6 %
Handelsspanne der Reiferei (brutto)	21,0 %
Handelsspanne des Einzelhandels (brutto)	31,6 %
Gesamt	100,0 %

1. Informiere dich in einem Supermarkt über Herkunft und Preise der Bananen.
2. Gliedere die Informationen zum Thema Welthandelsgut Banane und verwende sie für einen Kurzvortrag (zu WTO vgl. Seite 169).

Wissenswertes
Europa im Überblick

Eine Vielzahl von Sprachen, Völkern, Regionen und Staaten einerseits und in Jahrhunderten gewachsene Gemeinsamkeiten andererseits prägen den kulturellen Großraum Europa. Den Völkern Europas sind die Unterschiede ihrer Sprachen, Kulturen und Naturräume bewusst. Dagegen sehen Afrikaner, Asiaten oder Lateinamerikaner, die Europa von außen betrachten, mehr die Gemeinsamkeiten des Natur- und Kulturraums Europa.

In Europa leben etwa 70 Völker. Sie alle haben ihre kulturellen Besonderheiten entwickelt, Unterschiede in den Lebensauffassungen und Religionen sowie in der Architektur, Musik, Literatur und Malerei. Durch Völkerwanderungen, Kriege, Handel und Verkehr bedingt, überschneiden sich die Siedlungsräume vieler Völker. In Mitteleuropa vermischen sich germanische, romanische und slawische Völker. In Finnland ließen sich seit 100 v. Chr. und in Ungarn seit 896 Völker aus dem Uralgebiet nieder. Mongolen herrschten im 13. Jahrhundert bis zur Weichsel.

Über Jahrhunderte bestimmten islamische Mauren die Geschicke auf der Pyrenäenhalbinsel. Die jahrhundertelange Ausdehnung des Osmanischen Reiches hat Südost- und Südwesteuropa kulturell nachhaltig beeinflusst. Während im westlichen Teil Europas Nationalstaaten entstanden, blieben im östlichen und südöstlichen Teil Europas Vielvölkerstaaten bestehen: Österreich-Ungarn bis 1919, die Sowjetunion und Jugoslawien bis 1991. Daraus entwickelten sich Nationalitätenkonflikte, die neben anderen Ursachen zu Kriegen führten.

Grundlage der europäischen Zusammenarbeit ist die kulturelle Einheit des Kontinents. Sie beruht auf dem Christentum und auf einer langen Geschichte seiner Völker, deren Wurzeln in der griechischen und der römischen Antike liegen. In zwei Jahrtausenden entwickelten sich gemeinsame Züge europäischer Architektur, Musik, Literatur und Malerei in den Epochen der Romanik, Gotik und Renaissance, des Barock und des Klassizismus.

In Europa entstanden die moderne Wissenschaft und die Technik. Hier entfalteten sich vielfältige Vorstellungen von Politik und Wirtschaft, z. B. von Demokratie und Menschenrechten, von Marktwirtschaft und Planwirtschaft. Viele Ideen gingen von Europa aus in die Welt. Künftig wird nicht jede Nation ihren eigenen Staat behalten, es werden sich neue Staatengebilde wie die EU bilden. Die Vielfalt der Nationalitäten bleibt trotzdem erhalten.

Sprachen in Europa
Nutzer in Mio. (Angaben ab 10 Mio. Menschen)

Indogermanische Sprachfamilie
1. **Germanische Sprachen**
   Englisch (60), Niederländisch (19), Deutsch (92), Friesisch, Isländisch, Färöerisch, Norwegisch, Schwedisch, Dänisch
2. **Romanische Sprachen**
   Französisch (55), Spanisch (30), Galizisch, Katalanisch, Portugiesisch (10), Rätoromanisch, Korsisch, Sardisch, Italienisch (53), Rumänisch
3. **Slawische Sprachen**
   Polnisch (34), Sorbisch, Kaschubisch, Tschechisch (10), Slowakisch, Ukrainisch (35), Weißrussisch, Russisch (101), Slowenisch, Serbokroatisch (17), Mazedonisch, Bulgarisch (10)
4. **Griechische Sprache**
5. **Albanische Sprache**
6. **Baskische Sprache**
7. **Baltische Sprachen:** Litauisch, Lettisch
8. **Keltische Sprachen:** Gälisch, Irisch, Walisisch

Uralisch-altaiische Sprachfamilie
1. **Finno-ugrische Sprachen**
   Finnisch, Karelisch, Estisch, Lappisch
2. **Ungarische Sprache**
3. **Türkische Sprache**

1. Erstelle Tabellen der Staaten Europas und ihrer Hauptstädte (Abb. 147.1, Atlas). Ordne die Staaten nach Großräumen (Teilkontinenten).
2. Beschreibe nach Abb. 147.1 die Verbreitung von Sprachfamilien und Sprachen in Europa.
3. Suche in der Tabelle nach Sprachverwandtschaften.
4. *„Kein europäisches Land hat so viele Nachbarn wie wir. Alle Grenzen sollen Brücken zu den Nachbarn werden. Das ist unser Wille."* Bundespräsident Richard von Weizsäcker 1990.
   a) Erläutere Vorzüge und Nachteile der Brückenlage Deutschlands in Europa.
   b) Nimm Stellung zu der Aussage des früheren Bundespräsidenten von Weizsäcker.

147.1 Staaten, Sprachen und Großräume Europas

Indogermanische Sprachfamilie
- germanische Sprachen
- romanische Sprachen
- slawische Sprachen
- Griechisch
- Albanisch
- Baskisch
- Baltisch
- Keltisch

Uralisch-altaiische Sprachfamilie
- Finno-ugrische Sprachen
- Ungarisch
- Türkisch

— Staatsgrenze
— Teilkontinentgrenze

Abendliches New York

Brennstoff der Armen

Die politischen Konflikte nehmen zu, das Gefälle zwischen Nord und Süd verschärft sich, der Raubbau an der Natur wird rücksichtsloser. Viele Menschen suchen ihr Glück deshalb irgendwo – nur nicht in der Heimat.

Die Welt würde ausbluten, verbrauchten alle Menschen so viel wie jeder US-Bürger in seinem Leben: 200 Mio. Liter Wasser, 20 Mio. Liter Benzin und 10 000 t Stahl.

Peruanische Mutter mit ihren Kindern

Durch die Bevölkerungsexplosion und die massive Landflucht entstehen riesige Ballungsräume, gegen die sich die großen Städte der Vergangenheit wie Dörfer ausnehmen.

Luxusurlaub an der Côte d'Azur

Reichtum…

… und Armut

Die Dritte Welt in der einen Welt

Gib einem Hungernden einen Fisch,
und er wird einen Tag lang satt.
Lehre ihn fischen,
und er wird nie mehr hungern.
(Chinesisches Sprichwort)

Exportprodukt Kaffee

Es gibt rund 60 unterschiedliche Kaffeepflanzen. Die kirschenähnlichen Früchte enthalten je nach Sorte 2 bohnenförmige (Perlkaffee) oder einen runden Samen (Rundbohne). Nach Entfernen von Hornschale und Silberhaut ergeben sie die Kaffeebohnen. Sie enthalten 0,7 – 2,5 % Koffein, 10 – 30 % fettes Öl und 0,7 % Zucker und Gerbstoffe. Zur Herstellung von koffeinfreiem Kaffee werden die mit Wasserdampf vorbehandelten Bohnen einem Extrahierverfahren unterworfen und anschließend getrocknet. Entkoffeinierter Kaffee darf nicht mehr als 0,08 %, koffeinarmer Kaffee höchstens 0,2 % Koffein enthalten. – Kaffee-Extrakte (Instant-Kaffee) sind konzentrierte wässrige Auszüge aus geröstetem, gemahlenem Kaffee, die in pulverige bzw. körnige Form gebracht werden.

Die Rohstoffbörse in New York
Gedränge und Aufregung herrschen in der Börse. Einige Käufer und Verkäufer greifen immer wieder zum Telefon. Der Boden ist mit Papier übersät, überall liegen Computerausdrucke und zerrissene Verträge herum. Wir befinden uns in der Rohstoffbörse New York im World Trade Center, Gebäude 4, 9. Stock, dem bedeutendsten Rohstoffhandelsplatz der Welt.
Die New Yorker Rohstoffbörse ist das Zentrum für den Welthandel mit Baumwolle, Zucker, Kaffee und Kakao. Sie besteht seit 1882. Schon zu Beginn des 20. Jahrhunderts war New York der erste Handelsplatz der Welt, an dem Warenterminsgeschäfte abgewickelt wurden. Bei Warenterminsgeschäften wird z. B. Kaffee gekauft, der noch nicht geerntet ist. Die Käufer spekulieren darauf, dass zum Zeitpunkt der Ernte die Preise höher sind und durch den Weiterverkauf große Gewinne erzielt werden können.
Große elektronische Tafeln an den Wänden der Börse zeigen den Verlauf der Preisentwicklung an. Erfahrene Börsenhändler haben die Preise im Kopf. Sie verständigen sich mit einer Art Zeichensprache. Bei Kaffee bedeuten z. B. drei Finger vor die Stirn gehalten: Ich verkaufe 30 000 Kilo Kaffee zum angebotenen Preis. Wenn ein Kontrakt zustande gekommen ist, gibt der Verkäufer die Daten in einen Computer ein. Dann erst ist der Handel gültig.
(aus: eXplizit 39)

1. Kaffeeanbau – anfällig für Klima- und Preisschwankungen

Die ursprüngliche Heimat des Kaffees ist die Landschaft Kaffa im Hochland von Abessinien. Von dort ging die Kultur des Kaffeetrinkens im 13. und 15. Jahrhundert aus. Zunächst war Kaffee ein Luxusgetränk an arabischen Höfen. Über Mekka verteilte er sich durch die Pilger in die gesamte islamische Welt. Nach Europa gelangte er, als die Türken im 17. Jahrhundert bis nach Wien vordrangen. Als Kaffee während der Kolonialzeit in allen tropischen Hochländern angebaut wurde, breitete sich das Kaffeetrinken in der ganzen Welt aus.

Kaffee wird in Plantagen angebaut. Der Kaffeestrauch erfordert einen lockeren, humusreichen Urwaldboden und ausreichende Niederschläge während der Wachstumszeit. In den ersten Jahren brauchen die jungen Pflanzen Schattenbäume. 600 m bis 2000 m über NN mit Durchschnittstemperaturen von 20 bis 25 °C sind für die Pflanzung die günstigste Höhenlage. Diese Anbaubedingungen gibt es in tropischen Höhenlagen. Die erste Ernte ist ab dem 6. Jahr möglich. Die höchsten Erträge liegen im 14. bis 16. Jahr. Nach 20 bis 30 Jahren müssen die Kaffesträucher ersetzt werden.

Die rote, kirschähnliche Frucht enthält je nach Art ein oder zwei Bohnen. Ein erntereifer Kaffeebaum oder Kaffeestrauch bringt etwa 1/2 kg Rohkaffee. 1000 kg der Kaffeekirschen ergeben etwa 100 kg bis 160 kg Rohkaffee. Nach der Ernte werden die Bohnen aus dem Fruchtfleisch herausgeschält, gewaschen und getrocknet. Abgefüllt in Säcke zu je 60 kg wird der Rohkaffee per Schiff in die Konsumländer transportiert. Dort wird er bei 200 bis 220 °C geröstet, gemahlen und verpackt. Durch Zusätze wie Kandier- und Glasurmittel kann ein geschmacklich veränderter Kaffee gewonnen werden. Von den Röstereien gelangt der Kaffee in die Geschäfte. Rund 670 000 t Rohkaffee wurden 1996 in Deutschland verarbeitet und verkauft. Deutschland liegt mit seinem Kaffeeverbrauch pro Kopf der Bevölkerung weltweit an Platz 8. Preisschwankungen für Kaffee sind – wie bei allen Agrarprodukten – von der Erntemenge abhängig. Ist sie gering, steigt der Preis, ist sie hoch, sinkt er.

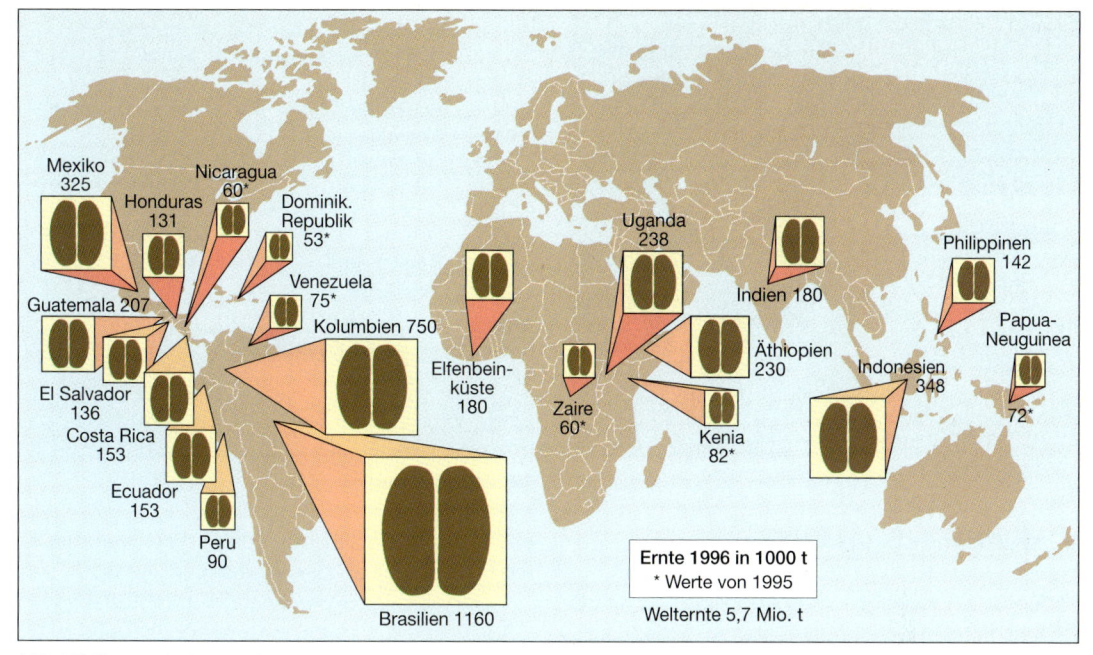

151.1 Kaffee produzierende Länder

In den 50er-Jahren gab es im größten Kaffee-Exportland Brasilien eine längere Trockenheit, die in den Plantagen hohe Schäden anrichtete. Außerdem wurden große Teile der Ernte durch Frost vernichtet.

Durch das geringe Angebot schnellte der Weltmarktpreis für Kaffee in die Höhe. In anderen lateinamerikanischen Ländern und in Afrika wurden daraufhin die Anbauflächen ausgedehnt. Der Weltmarktpreis stürzte in den folgenden Jahren ab.

Um solche großen Preisschwankungen zu verhindern, schlossen sich 50 Anbau- und 26 Konsumländer 1963 im so genannten Weltkaffee-Abkommen zusammen. Sie tätigten fast 99 % der Weltproduktion und 90 % des Weltimports. Dieses Abkommen regelte sowohl die Exportquoten der Anbauländer als auch den Dollar-Preis für die Konsumländer. Die von der Erntemenge bzw. den Angeboten abhängigen Schwankungen waren damit weitgehend ausgeschlossen.

Nachdem das Kaffeeabkommen Ende der 80er-Jahre ausgelaufen war, gab es zunächst keine Vereinbarungen zwischen den Handelspartnern und die Preise fielen wieder. Seit 1995 bemühen sich die Anbauländer durch festgelegte Exportquoten für die einzelnen Erzeugerländer den Weltmarktpreis langfristig zu stabilisieren.

1. Kaffee braucht bestimmte Anbaubedingungen. Nenne Regionen, in denen sie erfüllt sind.
2. Wie wirkt sich der Dollar-Wechselkurs auf die Kaffee-Preise in Deutschland aus?
3. Erkläre den Begriff „Warentermingeschäft". Benutze dazu als Beispiel die Ware Kaffee.

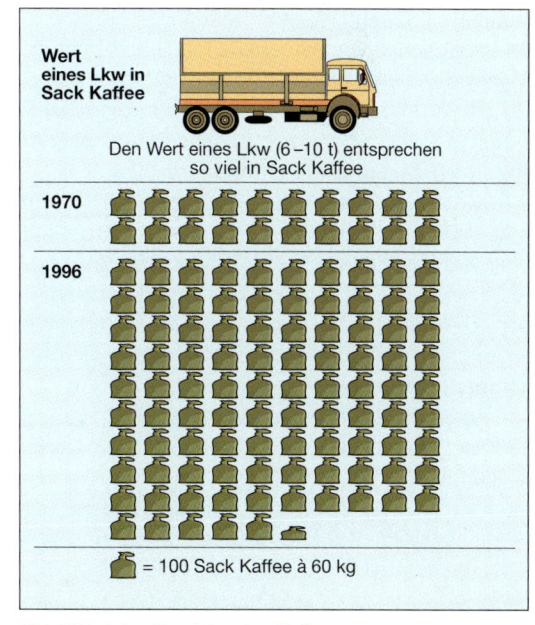

151.2 Wert des Handelsgutes Kaffee

152.1 Wer verdient am Kaffee?

Pro-Kopf-Verbrauch von Rohkaffee 1994 in kg (ausgewählte Länder)			
12,4	Finnland	5,0	Italien
11,4	Schweden	4,9	Belgien/Luxemb.
11,3	Norwegen	4,3	Spanien
10,5	Dänemark	4,0	USA
8,3	Niederlande	3,7	Portugal
8,1	Österreich	2,9	Japan
8,1	Schweiz	2,7	Großbritannien
7,1	Deutschland	2,1	Irland
5,3	Frankreich	1,6	Griechenland

Quelle: Globus

152.2 Kaffeetrinker

2. Welthandelsgut Kaffee

Kaffee ist ein wichtiges Welthandelsgut. Er ist als Genussmittel in den Industriestaaten stark nachgefragt. Für die Anbaustaaten ist Kaffee ein wichtiger Devisenbringer. Sein Anbau beschränkt sich auf die Hochländer der Tropen und bei dem anspruchsvolleren Kaffee Arabica auch auf die sommerwarmen Subtropen zwischen den Wendekreisen. Die Weltanbaufläche beträgt ca. 10 Mio. Hektar, davon 7,1 Mio. ha für die qualitativ höherwertige Arabica-Sorte und 2,9 Mio. ha für die Sorte Robusta. Brasilien war einst das größte Kaffee-Land. Durch Kolumbien mit einem Marktanteil von 20 % und die Länder Mittelamerikas hat Brasilien seine Monopolstellung eingebüßt. Bevorzugte Hauptabnehmer mittelamerikanischen und kolumbianischen Kaffees sind die Industriestaaten, besonders die USA, Europa und Japan.

Die Kaffee-Welternte nahm zwischen 1960 und 1990 um über 50 % zu und stieg dabei auf über 100 Mio. Sack (1 Sack = 60 kg). Allerdings unterliegt die Weltproduktion ständig Schwankungen, die vor allem durch strenge Fröste, überraschende Dürren oder zu hohe Niederschläge hervorgerufen werden.

An der New Yorker Kaffeebörse (vgl. S. 150) lag 1960 der Grundpreis für Arabica bei 42,2 US-Cents je Pfund. 1977 erreichte dieser Preis die Rekordmarke von 234,7 US-Cents. Der Grund lag in der Vernichtung von 1,5 Mrd. Kaffeesträuchern durch den „Jahrhundertfrost" von 1975 in Brasilien. Danach kam es trotz Quotenaussetzung zu einem Preisrückgang, der erst durch eine Dürre in Brasilien im Jahre 1986/87 und den dadurch verursachten Ernteausfall wieder abgefangen wurde.

Der seit 1989 bestehende freie Kaffeemarkt führte wiederum zu einem drastischen Preisverfall. Betrugen die Deviseneinnahmen der Exportländer 1986 noch 14,2 Mrd.$, so sanken sie 1996 auf 6,5 Mrd. $. Demgegenüber betrug der Verkaufswert des Kaffees in den Verbraucherländern 82 Mrd. $. Mit dem Anbau, dem Vertrieb und der Verarbeitung sind in 76 Anbauländern über 25 Mio. Menschen beschäftigt. Rechnet man die mithelfenden Familienangehörigen hinzu, sind es 100 Mio. Nach Erdöl ist Kaffee der wichtigste Exportrohstoff der Welt.

Agrarprodukte, die nicht dem Eigenverbrauch dienen, heißen cash crops (cash = Bargeld, crops = Ertrag). Auf dem Weltmarkt bringen sie den Anbaustaaten wichtige Devisen. Sie werden benötigt um Industriegüter zu importieren. Doch in den letzten 20 Jahren ist der Kaffeepreis ständig gesunken. Damit hat sich das Austauschverhältnis (engl.: terms of trade) zwischen Industrieländern und Kaffee-Erzeugern zu Lasten der Kaffeeländer verschlechtert. Diese versuchten den Teufelskreis zwischen Preisverfall, Produktionssteigerung, Überangebot und erneutem Preisverfall zu durchbrechen. Sie schlossen mit den Industrieländern ein Abkommen um ein Gleichgewicht zwischen Kaffeeangebot und Verbrauch herzustellen. Jedes Anbauland sollte nur eine bestimmte Menge an Kaffee exportieren dürfen. Einige Länder waren mit ihren Quoten unzufrieden, andere Länder traten dem Abkommen nicht bei. Dieses Weltkaffeeabkommen wurde aber 1989 nicht verlängert.

Das neue Abkommen von 1994 sieht keine Preisregulierung mehr vor. Die niedrigen Kaffeepreise zwangen aber die südamerikanischen Staaten zur Kooperation. Sie begrenzten mit Erfolg ihre Exporte, sodass die Preise 1994 den höchsten Stand seit langem erreichten. Da die hohen Kaffeepreise zur Anpflanzung neuer Kaffeesträucher führten, wird man ab 1998 mit Rekordernten rechnen müssen.

Die Erträge der Rohstoffproduzenten sind aber gering im Verhältnis zu Steuern und Abgaben, die auf dem Kaffee lasten. Zwar verzichtet die EU bei Importen aus den AKP-Staaten, den zentralamerikanischen und den Andenstaaten auf Einfuhrzölle; die Steuer – in Deutschland 4,30 DM je Kilogramm Röstkaffee – aber bringt dem Staat Geld.

In „Eine-Welt-Läden" kann der Verbraucher „Trans-Fair-Kaffee" kaufen, dessen höherer Preis den kleinen Kaffeeproduzenten einen höheren Verdienst ermöglicht. Damit wird eine Entwicklungshilfe geleistet. Der Zwischenhandel ist ausgeschaltet, die Kleinbauern schließen sich zu Kooperativen zusammen. Der Kaffee ist teurer um ihnen Mindestpreise zu garantieren. Zusätzlich kommen auf den Verkaufspreis noch 10 %, die den Gemeinschaftsaufgaben der Kooperative zufließen.

1. Diskutiert den Begriff „Welthandelsgut".
2. Informiere dich über Eine-Welt-Läden. Nenne deren Nutzen.
3. Beurteile die Chancen der Kaffee anbauenden Länder höhere Preise zu erhalten.

Die Kaffeepreise purzeln

„Es herrscht ein knallharter Verdrängungswettbewerb", erklärte die Sprecherin von Tchibo. Tatsächlich ist der deutsche Kaffeemarkt seit 1993 keine Wachstumsbranche mehr.

In diesem Jahr ist die Nachfrage nach Röstkaffee in den privaten Haushalten um mehr als 10 000 t, ungefähr 2,5 %, auf 380 000 Tonnen gesunken. Über die Ursachen wird in der Branche viel gerätselt: Sind es die verunsicherten Verbraucher, die bei stagnierenden Einkommen und hohen Kaffeepreisen auf den Genuss ihres Lieblingsgetränkes verzichten? Oder liegt es am mangelnden Kaffeedurst der jungen Verbraucher? Schließlich zeigt auch die Kerngruppe der Kaffeetrinker weniger Kaffee-Enthusiasmus als früher.

Auf der Rohstoffseite hat sich die Lage wieder etwas beruhigt. Die Endverbraucherpreise für ein Pfund Kaffee liegen im Durchschnitt bei 8,30 Mark und damit 1,50 Mark höher als vor einem Jahr. Rein rechnerisch müssten es 2,50 Mark mehr sein, wenn man die Veränderungen bei Rohkaffeepreisen und Dollarkurs berücksichtigt. „Damit zeigt sich das alte Prinzip, dass Preiserhöhungen nur sehr mühsam, Preissenkungen allerdings sehr zügig an den Verbraucher weitergegeben werden", meint der Verband.

„Betriebswirtschaftlich sind Sonderangebote zu Festtagen Blödsinn", so die Sprecherin. Den Takt geben allerdings Aldi und große Lebensmittelhändler vor, die Kaffee in einer Mischkalkulation als Lockvogel-Angebot einsetzen.

(aus: Lübecker Nachrichten, 12/1997)

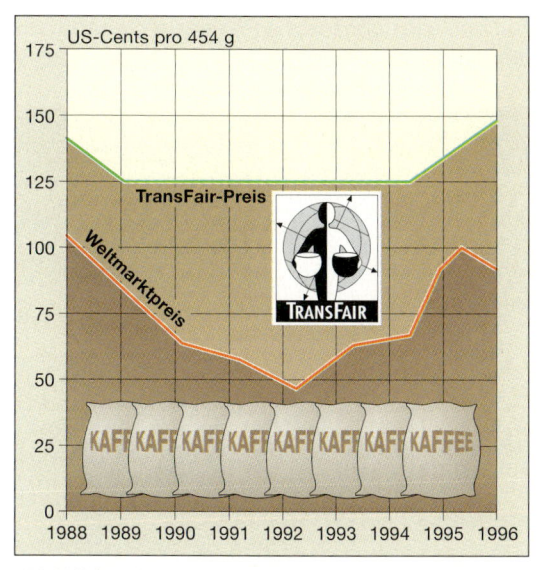

153.1 Weltmarktpreise für Kaffee

153.2 Anzeige des TRANSFAIR e. V.

Zinn aus Bolivien

Zinn ist ein silberweißes, weiches Metall, das bei der Herstellung von Blech, Gebrauchsgegenständen, Staniolpapier und in der Elektroindustrie als Lötzinn verwendet wird. Die Legierung (Gemisch) von Zinn und Kupfer ergibt Bronze.

Der größte Teil der Weltproduktion wird im Tagebau aus Lagern von Zinnseifen gewonnen. Wenn erzhaltiges Gestein verwittert, werden leichtere Bestandteile vom Wasser oder Wind verfrachtet. Es entstehen Lagerstätten, die Geologen und Bergleute als Seifen bezeichnen.

Der Bergbau hat in Bolivien Tradition. Schon im Inkareich wurden Gold und Silber zur Schmuckherstellung und Kupfer für Werkzeuge gefördert.

Nach der Zerschlagung des Inkareiches begannen die Spanier die reichen Gold- und Silbervorkommen in den Anden auszubeuten. Sie zwangen die Indios unter unmenschlichen Bedingungen in den Bergwerken zu arbeiten. Das geförderte Edelmetall wurde nach Europa transportiert. In dieser Zeit wuchs die Silberstadt Potosi zu einer Weltstadt von unvergleichlichem Reichtum heran.

Als die Silberminen in Potosi Ende des 19. Jahrhunderts erschöpft waren, baute man Zinn ab. Viele der neuen Industriezweige in Europa benötigten Zinn. In Bolivien fehlte das Geld für den Ausbau der Förderung. Ausländische Großunternehmen übernahmen den Zinnabbau und -handel. Somit flossen auch die Gewinne ins Ausland.

Um die Lebensbedingungen der Minenarbeiter zu verbessern und den Gewinn aus dem Bergbau für den Aufbau des eigenen Landes nutzen zu können wurden 1952 nach der Revolution die großen Minen verstaatlicht und in einer Minengesellschaft zusammengeschlossen. Diese kontrolliert alle Lebensbereiche der Indios, die in den Minen unter schwersten Bedingungen arbeiten. Wohnungen, Läden und Schulen, sofern sie vorhanden sind, gehören der Minengesellschaft.

In Bolivien befinden sich die meisten Minen in unwegsamen, abgelegenen Gegenden der Anden in Höhen zwischen 3500 und 5000 Metern. Besitzer kleiner Minen transportieren das Erz auf Lamas zu den nächsten Sammelstellen. Die Fördermethoden sind völlig veraltet und der Abbau im Untertagebau ist im Vergleich zum Tagebau der Zinnproduzenten in anderen Ländern teurer. Der Zinngehalt pro Tonne Stein ist sehr gering. So ist der Abbau trotz der niedrigen Löhne für die Arbeiter kaum noch rentabel. Der fehlende Zugang zum Meer erhöht die Transportkosten weiter.

In den 70er-Jahren wurden in Bolivien die ersten Zinnhütten errichtet, in denen das Roherz in Veredelungsverfahren zu reinem Metall aufgearbeitet wird. Da Förderung und Verarbeitung im gleichen Staat erfolgen, werden auf dem Weltmarkt mehr Deviseneinnahmen erzielt. Daneben versucht die bolivianische Regierung heute, durch den Aufbau einer Erz verarbeitenden Kleinindustrie

154.1 Bergarbeiter in Bolivien

154.2 Bergarbeiterinnen beim Zerkleinern von Erz

155.1 Zinnmine mit Wohnsiedlungen bei Potosi

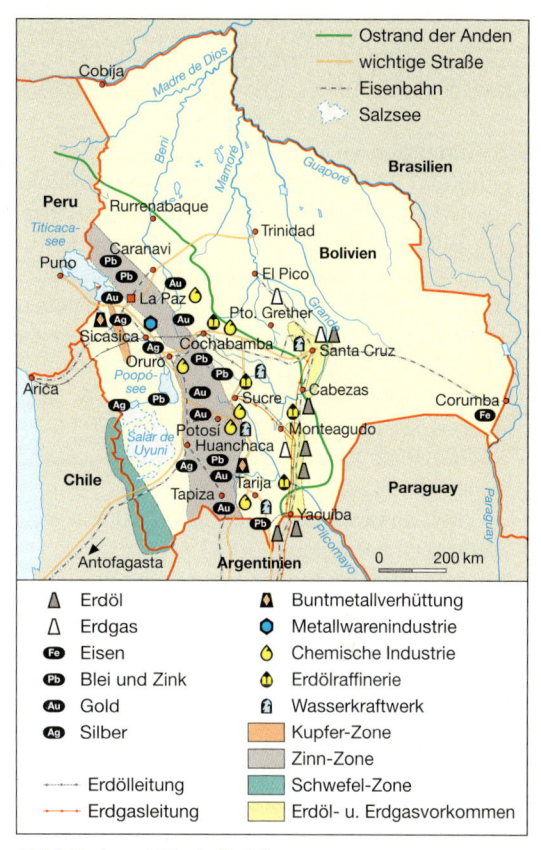

und verbesserte Vermarktung unabhängiger von den sinkenden Rohstoffpreisen zu werden.

1985/86 sanken die Weltmarktpreise für Zinn so stark, dass die Produktionskosten in Bolivien über den zu erzielenden Preisen lagen. Die meisten Zinnminen sind daher aufgegeben worden. Von ehemals 30 000 Bergarbeitern waren 1989 noch 5000 bei der Minengesellschaft angestellt.

Den entlassenen Bergarbeitern wurden Abfindungen gezahlt, mit denen viele versuchten mit ihren Familien in den großen Städten eine Existenz aufzubauen. Andere haben sich in Kooperativen zusammengeschlossen und fördern weiterhin mit einfachsten Mitteln aus eigener Initiative Zinn, das sie dann der Minengesellschaft verkaufen.

1. Verfolge auf einer Atlaskarte den Transportweg des bolivianischen Zinns zu den Verbraucherländern. Vergleiche dein Ergebnis mit den Zinnproduzenten Malaysia und Indonesien.

155.3 Bodenschätze in Bolivien

2. Warum liegen die bolivianischen Förderkosten für Zinnerz höher als die der meisten Konkurrenten?

3. Welche Probleme ergeben sich für ein von Rohstoffexporten abhängiges Land? Nenne Möglichkeiten der Abhilfe.

4. Beschreibe die Lebensbedingungen der indianischen Minenarbeiter in den Anden.

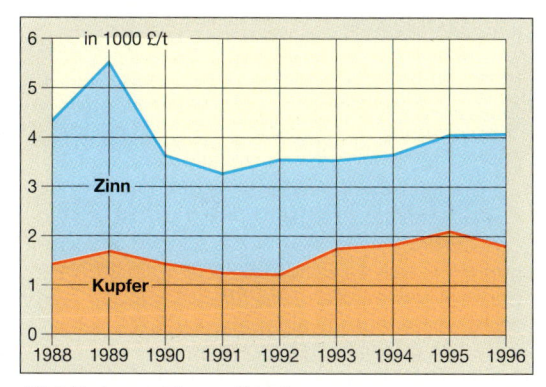

155.2 Preise von Zinn und Kupfer

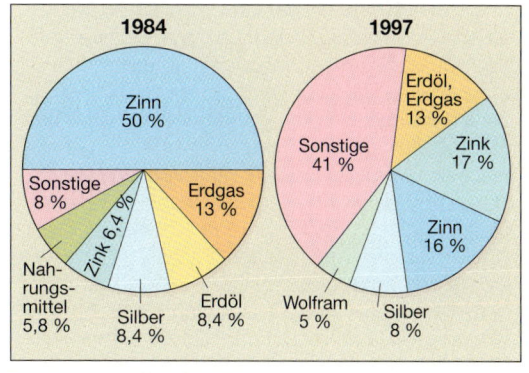

155.4 Ausfuhrgüter Boliviens

Welthandel und soziale Verantwortung:

Wo Kinder überall arbeiten müssen
- Auf dem Bau: Tragen schwerer Lasten; Rückgratverkrümmung, Verformung des Brustkorbs.
- Im Bergbau: oft ohne Schutzkleidung; Atemwegserkrankungen durch Dämpfe und Gase.
- Beim Fischfang als Taucher für das Auslegen der Netze: Gefahr durch Ertrinken, Angriffe durch Raubfische.
- Bei der Herstellung von Glas und Keramik: Verbrennungen, Augenleiden.
- Im Haushalt: Ausbeutung und Missbrauch von Mädchen zwischen 12 und 17 Jahren.
- In der Landwirtschaft: Gefährdung durch Maschinen und Pestizide.
- Bei der Streichholzproduktion schon als Dreijährige: Brand-, Explosionsgefahr, Chemikalien.
- Bei der Teppichherstellung: Augen- und Haltungsschäden, Erkrankung der Atemwege.

Die Teppichherstellung
Der Iran nahm bei dem Export von Perserteppichen lange eine führende Rolle in der Welt ein. Inzwischen führen auch Indien, Nepal, die Türkei und China große Mengen an Teppichen aus.

Teppiche sind ein geeignetes Produkt für die Fertigung in der Dritten Welt. Denn
- Teppichknüpfen hat eine lange Tradition,
- heimische Rohstoffe werden verarbeitet,
- die Teppichproduktion ist arbeitsintensiv und bietet vielen Menschen Beschäftigung; gerade an Arbeitsplätzen aber mangelt es dort,
- die Produktion ist dezentral, daher ist sie für ländliche Gebiete besonders geeignet und wirkt der Landflucht entgegen,
- das Lohnniveau ist sehr niedrig; daraus ergeben sich Handelsvorteile auf dem Weltmarkt.

Mohan war gerade sechs Jahre alt, als die Männer nach Bihar kamen. Seine Eltern arbeiteten auf dem Feld und er spielte. Die Besucher versprachen dem Vater, sein Sohn werde es besser haben, er dürfe lernen, Filme anschauen und bekomme neue Kleider. Sogar Geld werde er verdienen. Als Anzahlung gaben sie dem Vater 500 Rupien (umgerechnet zwei Mark und fünfzig Pfennig), dann nahmen sie den Jungen mit.

„Die ersten Tage habe ich gutes Essen bekommen", erinnert sich Mohan und auch daran, dass es nachher nur Chapati (Brot) gab. Sie sperrten ihn und zwanzig andere Jungen in einen engen Raum mit Webstühlen ein, die etwa zu einem Drittel in den Boden eingesenkt waren. „Wenn die Arbeit an einem neuen Teppich begann, mussten wir unten in der Grube arbeiten. Da war es eng und staubig. Außerdem war es sehr heiß und stickig da unten, besonders im Sommer.

Wir arbeiteten vom ersten Hahnenschrei bis zur Dunkelheit. Oft ging es noch bei schwachem Licht weiter; bis zu 14 Stunden am Tag. Da wir nur Hosen trugen, hatten viele von uns starke Hautausschläge, vor allem am Bauch und an den Händen. Das kommt von dem Kontakt mit der Wolle und den chemischen Farben. Wenn wir einmal nach draußen mussten, kam ein bewaffneter Aufpasser mit. Freizeit gab es nicht und schlafen mussten wir auf dem Boden neben den Webstühlen."

Teppiche aus Indien
Schicksale wie die Mohans gibt es viele in Indiens boomendem Teppichgürtel im Norden des Landes zwischen Mirzapur und Bhadoni, etwa 50 Kilometer westlich der heiligen Stadt Benares. Die indische Menschenrechtlerin Sona Khan hat bei einer Untersuchung in nur 17 Dörfern etwa 7000 bis 10 000 Kindersklaven aus Bihar, Orissa und Madhya Pradesh festgestellt.

Die Gesamtzahl der Teppichkinder, die tagein, tagaus an Webstühlen hocken und ihre Gesundheit ruinieren, wird auf 300 000 geschätzt. Mit ihren kleinen Händen und ihrer Fingerfertigkeit können sie feinere Knoten knüpfen als Erwachsene und der Wert eines handgeknüpften Teppichs bemisst sich nach der Zahl der Knoten pro Quadratmeter.

Dadurch, dass in den Fabriken und Manufakturen immer mehr billige Arbeitskräfte durch noch billigere Kinder ersetzt werden, bleiben Teppiche aus Indien international konkurrenzfähig.

Doch die Erzeugerländer bekamen in diesem Zeitraum immer weniger für ihre Teppiche, da die Konkurrenz die Preise drückte. Gleichzeitig stiegen die Preise für Erzeugnisse der Industrieländer an. Musste Indien 1986 für einen Lkw 49 Teppiche von je sechs Quadratmetern Größe liefern, so waren es 1990 schon 90 Teppiche.

(nach: Die Zeit vom 15. 9. 1995, ergänzt)

Kinderarbeit

Parlamentsbericht von 1833 über Kinderarbeit in England
„Bin zwölf Jahre alt. Bin zwölf Monate in der Spinnerei gewesen. Anfang um sechs Uhr und Feierabend um halb acht. Durchschnittlich über zwölf Stunden Arbeit am Tag. Habe zwei oder drei Wochen Überstunden gemacht. Arbeitete während der Frühstücks- und Teepause und ging erst um acht Uhr weg."

Aus einem Fernsehbericht 1995
In den Mitgliedsstaaten der EU ist Kinderarbeit gesetzlich verboten. Trotzdem knüpfen z. B. in Portugal Kinder unter 14 Jahren Teppiche, auch in Betrieben. Hintergrund dafür sind arbeitsrechtliche Bestimmungen: Arbeitnehmern über 14 Jahre stehen Tariflöhne und Sozialleistungen zu, die die Arbeit verteuern. Mitunter werden Männer entlassen und Kinder eingestellt.

Initiativen gegen Kinderarbeit
Plötzlich war sie da – die Idee, mithilfe deutscher Käufer die Ausbeutung indischer Kinder einzuschränken. Eine Stiftung kontrolliert Produzenten, die auf Kinderarbeit verzichten und kennzeichnet deren Teppiche mit dem Siegel „Rugmark, garantiert ohne Kinderarbeit". Kaufhäuser, Versandhäuser und Einzelhändler zogen mit und bieten nur noch Rugmark-Teppiche an. 1 % des Kaufwertes geht an einen Fonds, mit dem Projekte für Teppichkinder unterstützt werden.

Der Bundesverband der Orientteppich-Importeure führte ein eigenes Siegel mit dem Namen „Care & Fair" ein. Seine Mitglieder geben 1% des Importwertes an den Verband ab. Die Hersteller werden aber nicht kontrolliert. Jetzt konnte der indische Teppichverband nicht untätig bleiben. Sein Siegel heißt „Kaleen – Zeichen der Verpflichtung". Er behauptet, dass seine Teppiche nicht von Kindern geknüpft sein können, da Kinderarbeit in Indien gesetzlich verboten ist.

1. Ein indischer Minister: „Es gibt keinen Grund dafür, dass sich Leute aus Europa um indische Kinder kümmern. Kinderarbeit ist bei uns gesetzlich verboten. In Europa gab es und gibt es schließlich auch Kinderarbeit." Nimm Stellung.
2. Erörtere Maßnahmen gegen Kinderarbeit.

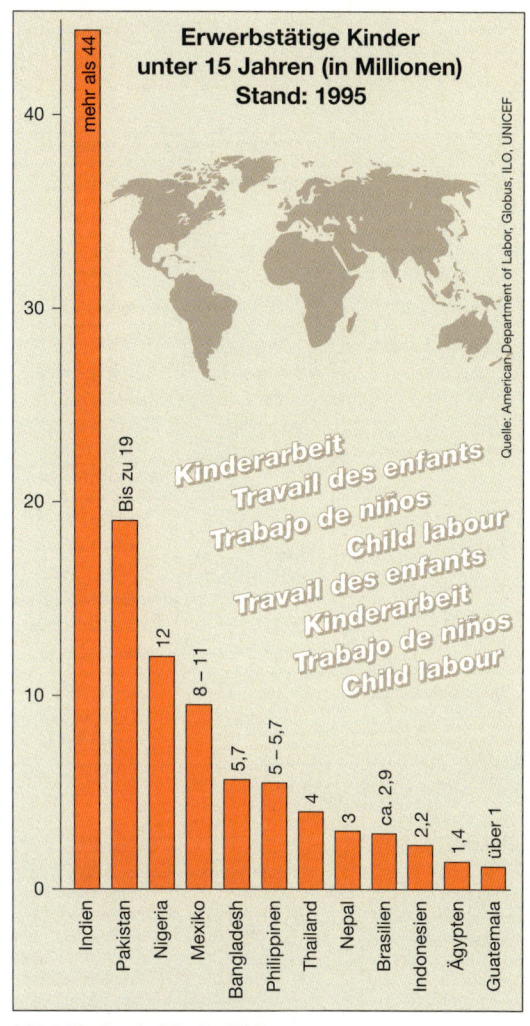

157.1 Kinderarbeit in der Welt

Erwerbstätige Kinder unter 15 Jahren (in Millionen) Stand: 1995

- Indien: mehr als 44
- Pakistan: Bis zu 19
- Nigeria: 12
- Mexiko: 8–11
- Bangladesch: 5,7
- Philippinen: 5–5,7
- Thailand: 4
- Nepal: 3
- Brasilien: ca. 2,9
- Indonesien: 2,2
- Ägypten: 1,4
- Guatemala: über 1

Quelle: American Department of Labor, Globus, ILO, UNICEF

157.2 Junge beim Teppichknüpfen

„Modernisierung" in der Dritten Welt

Das Beispiel Ägypten

	1980	1995
BSP/Kopf	580 US-$	790 US-$
Beschäftigte		
– Landwirtschaft	50 %	33 %
– Industrie	29 %	21 %
– Dienstleistung	21 %	46 %
Wert der Importe – davon für	8,8 Mrd. US-$ Nahrungsmittel 26 %, Maschinen, Fahrzeuge 37 %	17,4 Mrd. US-$ Nahrungsmittel 21 %, Maschinen 23 % Stahl 10 %, Erdölprodukte 6 %
Wert der Exporte – davon	3,2 Mrd. US-$ Rohbaumwolle, Garn, Textilien 30 %, Erdöl 65 %, Reis 3 %	5,4 Mrd. US-$ Erdölprodukte 48 %, Garn, Textilien 14 %, Metallprodukte 9 %, Gemüse 5 %
Devisenreserven	für 3 Monatsimporte	keine; Auslandsschulden 31 Mrd. US-$

158.1 Strukturdaten Ägyptens

Jeder Ägypter verfügte 1950 statistisch über 1200 m² landwirtschaftliche Nutzfläche. Nach der Bodenreform gab der Staat Darlehen an die Jungbauern für die Modernisierung der Landwirtschaft. Mit dem Wasser des Assuan-Stausees, der mehr als 25 000 km² Wüste in Ackerland verwandelte, schienen alle Probleme gelöst. Anfang der 70er-Jahre konnten sich die Fellachen einmal in der Woche Fleisch leisten; vorher gab es Fleisch nur an zwei islamischen Festtagen im Jahr. Doch die Überbewässerung mit dem Nilwasser ließ den Boden versalzen. Notwendige Dränagesysteme kosteten den Staat viel Geld. Sinkende Ernteerträge erforderten den Einsatz von Stickstoffdünger.

Die Bevölkerung nahm wegen der besseren medizinischen Versorgung weiter zu. Gegenüber 1950 halbierte sich die landwirtschaftliche Nutzfläche je Einwohner. Die Landwirtschaft konnte die Bevölkerung nicht einmal mehr mit Grundnahrungsmitteln versorgen.

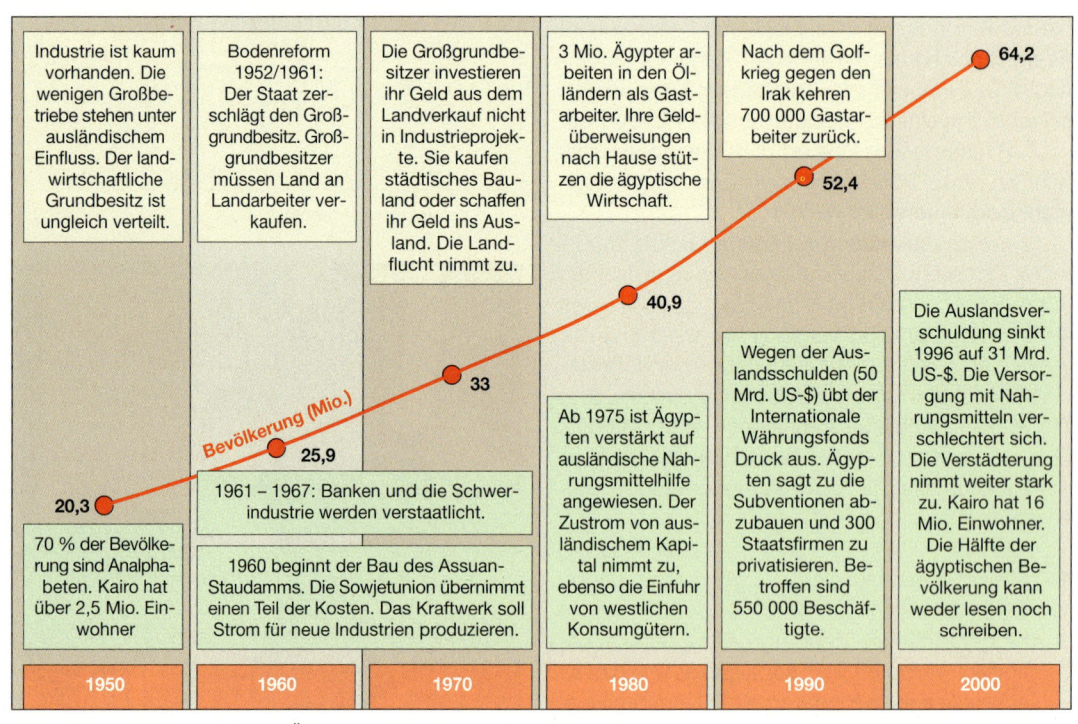

158.2 Phasen der Entwicklung in Ägypten nach der Unabhängigkeit 1952

1950 (Bevölkerung 20,3 Mio.)
Industrie ist kaum vorhanden. Die wenigen Großbetriebe stehen unter ausländischem Einfluss. Der landwirtschaftliche Grundbesitz ist ungleich verteilt.
70 % der Bevölkerung sind Analphabeten. Kairo hat über 2,5 Mio. Einwohner.

1960 (Bevölkerung 25,9 Mio.)
Bodenreform 1952/1961: Der Staat zerschlägt den Großgrundbesitz. Großgrundbesitzer müssen Land an Landarbeiter verkaufen.
1961 – 1967: Banken und die Schwerindustrie werden verstaatlicht.
1960 beginnt der Bau des Assuan-Staudamms. Die Sowjetunion übernimmt einen Teil der Kosten. Das Kraftwerk soll Strom für neue Industrien produzieren.

1970 (Bevölkerung 33 Mio.)
Die Großgrundbesitzer investieren ihr Geld aus dem Landverkauf nicht in Industrieprojekte. Sie kaufen städtisches Bauland oder schaffen ihr Geld ins Ausland. Die Landflucht nimmt zu.

1980 (Bevölkerung 40,9 Mio.)
3 Mio. Ägypter arbeiten in den Ölländern als Gastarbeiter. Ihre Geldüberweisungen nach Hause stützen die ägyptische Wirtschaft.
Ab 1975 ist Ägypten verstärkt auf ausländische Nahrungsmittelhilfe angewiesen. Der Zustrom von ausländischem Kapital nimmt zu, ebenso die Einfuhr von westlichen Konsumgütern.

1990 (Bevölkerung 52,4 Mio.)
Nach dem Golfkrieg gegen den Irak kehren 700 000 Gastarbeiter zurück.
Wegen der Auslandsschulden (50 Mrd. US-$) übt der Internationale Währungsfonds Druck aus. Ägypten sagt zu die Subventionen abzubauen und 300 Staatsfirmen zu privatisieren. Betroffen sind 550 000 Beschäftigte.

2000 (Bevölkerung 64,2 Mio.)
Die Auslandsverschuldung sinkt 1996 auf 31 Mrd. US-$. Die Versorgung mit Nahrungsmitteln verschlechtert sich. Die Verstädterung nimmt weiter stark zu. Kairo hat 16 Mio. Einwohner. Die Hälfte der ägyptischen Bevölkerung kann weder lesen noch schreiben.

Der Staat setzte auf Industrialisierung. Rohstoffe wie Eisenerz und Phosphat, Erdöl und Salz sind vorhanden. In nur 15 Jahren entstanden über 800 meist staatliche Industriebetriebe, so die Stahlwerke von Heluan, Werften, Montagefabriken für Autos, Düngemittelfabriken, Textilfirmen und Nahrungsmittelbetriebe sowie pharmazeutische Unternehmen. Schwerpunkt der Industrialisierung wurde Unterägypten.

Damit verschärfte sich der Gegensatz zwischen dem armen Oberägypten mit seinen traditionellen Wirtschaftsformen und dem reichen Unterägypten. Hier hatten sich die Bewohner schon immer an westlichen Lebensformen orientiert. In der Hauptstadt haben über 200 multinationale Konzerne und verschiedene internationale Organisationen ihre Vertretungen oder Regionalbüros. Mehr als die Hälfte der Beschäftigten im tertiären Sektor und fast die Hälfte der industriellen Arbeitsplätze konzentrieren sich heute im Einzugsbereich der Metropole.

Gleichzeitig wuchsen Ägyptens Auslandsschulden. Die Höhe der ausländischen Kredite und die Bedingungen für die Rückzahlung werden von dem Internationalen Währungsfonds geregelt. Der IWF ist ein Zusammenschluss von 181 Staaten. 1991 forderte er von Ägypten den Abbau der Subventionen. Um Unruhen vorzubeugen hatte der Staat die Grundnahrungsmittel verbilligt. Das kostete jährlich doppelt so viel Geld wie durch die vier Millionen Touristen ins Land kam. Der IWF verlangte außerdem die Privatisierung von Staatsbetrieben. Für einen Teil dieser Betriebe konnte die Regierung aber keine Käufer finden.

Jedes Jahr suchen 500 000 Schulabgänger einen Arbeitsplatz. Doch jeder 5. Ägypter ist bereits arbeitslos. Die Abhängigkeit vom Westen und die zunehmende Armut gerade in Oberägypten forderte eine kleine, aber gefährliche Gruppe von Fundamentalisten heraus. Sie verlangen einen islamischen Gottesstaat.

1. Erläutere die Stufen der Entwicklung. An welchen Stellen öffnet sich eine Schere zwischen geplanten Maßnahmen und der Wirklichkeit?
2. Welche Vorstellung sind mit dem Begriff Modernisierung verbunden?
3. Bewerte den Versuch Ägyptens das Land zu modernisieren. Stütze dich dabei auch auf die Abb. 158.2 und 159.1.

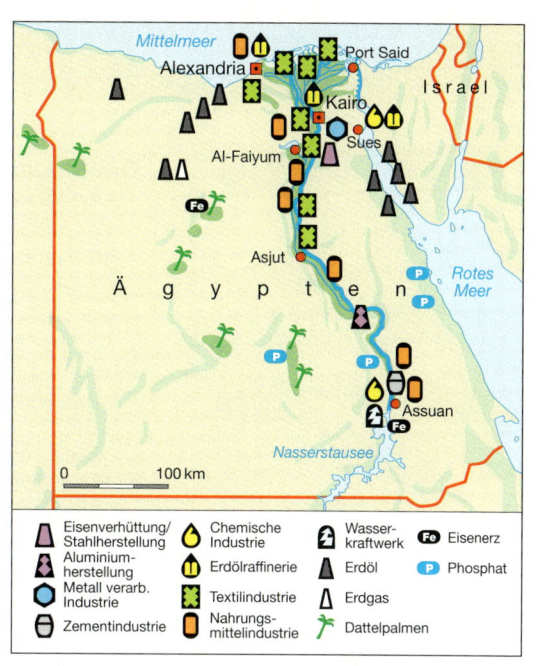

159.1 Ägypten: Wirtschaft und Bodenschätze

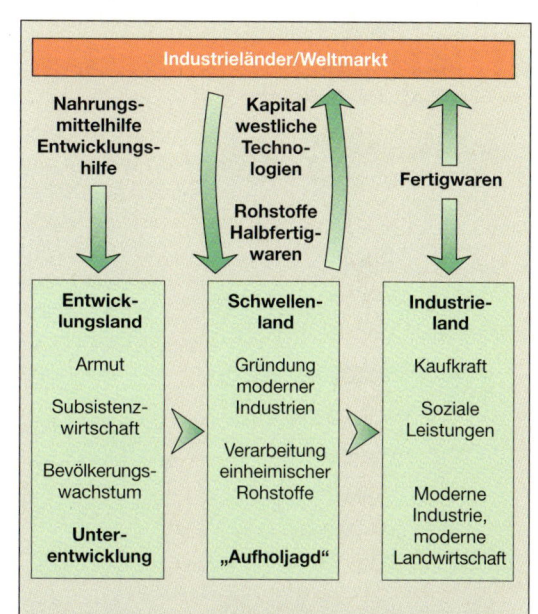

Der Grund für die Rückständigkeit eines Entwicklungslandes liegt in dem Land selbst, weil es noch an traditionellen Wirtschaftsformen festhält. Eine ähnliche Entwicklung machte auch Westeuropa vor der industriellen Revolution durch. Mit ausländischer Hilfe kann sich ein rückständiges Land modernisieren, d. h. industrialisieren, Kaufkraft bilden und am Welthandel mit den Industrieländern als gleichberechtigter Partner teilnehmen.

159.2 Modernisierung: europäisch-amerikanische Sicht

Hilfe zur Selbsthilfe

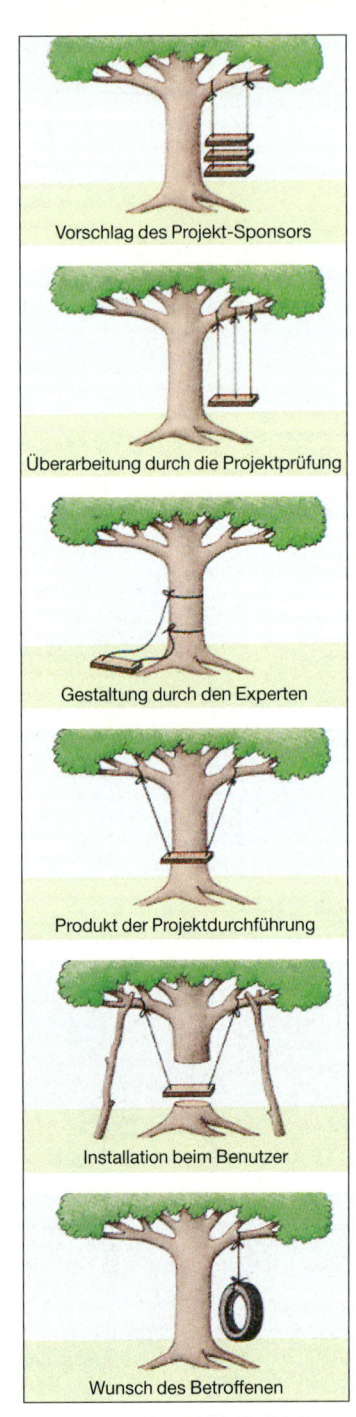

Vorschlag des Projekt-Sponsors

Überarbeitung durch die Projektprüfung

Gestaltung durch den Experten

Produkt der Projektdurchführung

Installation beim Benutzer

Wunsch des Betroffenen

160.1 „Entwicklungshilfe-Projekt"
Welches ist der richtige Weg?

Entwicklungshilfe: ja, nein, so nicht, weiter so
– Überfluss und Armut in der Welt sind ungerecht verteilt.
– Wir Europäer sind in wirtschaftlicher Beziehung, z. B. bei Rohstoffimporten, von Entwicklungsländern abhängig.
– Ohne unsere Hilfe versinken viele Entwicklungsländer im Chaos.
– Wir sind reich auf Kosten der Dritten Welt.
– Richtige Hilfe führt zur Selbsthilfe.
– Aus humanitären Gründen können wir nicht untätig bleiben.
– Entwicklungsländer sind unsere Absatzländer.

– Viele Entwicklungsländer investieren in die Rüstung.
– Entwicklungshilfe verleitet viele Regierungen zu Großprojekten, die am tatsächlichen Bedarf vorbeigehen.
– Entwicklungshilfe fördert vor allem das Bevölkerungswachstum.
– Entwicklungshilfe kommt vor allem den Reichen zugute und stabilisiert auch unfähige Regierungen.
– Entwicklungshilfe baut Konkurrenz für unsere Exportgüter auf.
– Entwicklungshilfe zerstört die traditionellen Lebensformen und damit die Identität der Bevölkerung in Entwicklungsländern.

Die **GEPA** (Gesellschaft zur Förderung der Partnerschaft mit der Dritten Welt) kauft ihre Produkte direkt bei den Produzenten, schaltet den Zwischenhandel aus und kann den Bauern in den Entwicklungsländern höhere Preise bezahlen als die großen Welthandelsorganisationen zu tun bereit sind.
  Auf folgende Kriterien wird geachtet:
– Qualität und umweltfreundliche Produktion;
– demokratische Struktur der Produzenten (Selbsthilfegruppen oder Kooperativen);
– keine Arbeit von Kindern, da deren normale Entwicklung behindert wird;
– mehr Arbeit und Einkommen für Benachteiligte;
– langfristig Produktion für den Landesbedarf, kein Export von Grundnahrungsmitteln, keine Gefährdung durch Anbau von Exportfrüchten.

1. Angepasste Technologie

Von 1950 an hat die Bundesrepublik Deutschland mehr als 350 Mrd. DM Entwicklungshilfe geleistet, d.h. Auszahlungen abzüglich Rückzahlungen. Damit liegt sie absolut, d. h. nach der Bilanzsumme gesehen, an vierter Stelle der Geberländer hinter Japan, den USA und Frankreich.
  Relativ, d. h. bezogen auf das Bruttosozialprodukt, bleibt die Bilanz mit einem Anteil von 0,42 % im Jahr 1990 und nur 0,35 % im Jahr 1995 deutlich hinter der Zielgröße von 0,7 % zurück, die von den Vereinten Nationen gefordert und auch von der Bundesregierung angestrebt wird – wenn auch ohne zeitliche Begrenzung.
  Zu der öffentlichen Entwicklungshilfe kommt noch die private mit Spenden von Organisationen, z. B. den Kirchen.

Lange Zeit schien es die Probleme der Entwicklungsländer seien einfach zu lösen. Man müsse nur auf sie die moderne Technik der Industrieländer übertragen. Millionenprojekte wurden so zu Entwicklungsruinen oder steigerten noch die Unterschiede zwischen Arm und Reich. Heute wissen wir, dass sich sinnvolle Entwicklung nur schrittweise vollziehen kann, aufbauend auf den Vorkenntnissen der Menschen und mit den landesüblichen Materialien. Angepasste Technologien scheinen der Schlüssel zum Erfolg zu sein. Gefragt sind Verfahren und Projekte, die mit wenig Startkapital am Ort vorhandene oder leicht beschaffbare Materialien und Fertigkeiten nutzen.

Eine Pedalmühle, von heimischen Handwerkern gebaut, braucht weder Strom noch Öl und ist wesentlich billiger als die importierte Elektromühle. Ein von einem Ochsen gezogener Eisenpflug, wie er auch in Deutschland früher üblich war, ist für viele erschwinglich. Ein moderner Traktor hilft nur den Reichen und vernichtet Arbeitsplätze. Dass angepasste Technologie nicht gleichzusetzen ist mit veralteter Technik, zeigen Trockenanlagen für Nahrungsmittel, die mit Sonnenkollektoren betrieben werden oder Biogasanlagen, die Brennstoff und Dünger liefern und die Fäkalien beseitigen.

Viele Tausend Frauen und Männer stellen ihre Arbeitskraft in Eine-Welt-Läden weitgehend kostenlos zur Verfügung, weil sie wissen, wie chancenlos die Menschen in den Entwicklungsländern der Armut ausgesetzt sind, wie würdelos Elend, Hunger und Krankheit machen.

Partnerschaft statt Almosen lautet die Devise. Für die Würde eines Menschen ist es ein entscheidender Unterschied, ob er eine milde Gabe erhält oder ob er etwas produziert und dafür eine angemessene Bezahlung bekommt. Wenn alle Menschen die gleichen Rechte und Chancen bekommen, ist ein friedliches Miteinander möglich.

161.1 Pedalmühle

161.2 Nutzung von Sonnenenergie

161.3 In einem Eine-Welt-Laden

1. Interpretiere die Karikatur 160.1. Welche Vorstellung ist damit verbunden?
2. Erörtere die Argumente für und gegen die Entwicklungshilfe.
3. Was bedeutet „Hilfe zur Selbsthilfe" für die Aufgaben der Entwicklungspolitik?
4. Bei der GEPA, Talstraße 20, 58322 Schwelm, könnt ihr Material zum „Alternativen Handel" anfordern.

2. Staudämme im Eigenbau

Deutsche Entwicklungshelfer der Gesellschaft für Technische Zusammenarbeit (GTZ) erarbeiteten 1985 im Auftrag der Bundesregierung in Afrika ein Pilotprojekt für das Dogonland östlich der Stadt Mopti in Mali.

Die 250 000 Dogon sind Angehörige einer der sieben großen Stämme des Landes. Ihre Dörfer liegen in der flachen Savannenlandschaft, die von saisonal Wasser führenden Bach- und Flussläufen durchzogen ist. In Jahren mit durchschnittlichen Niederschlägen erzielen sie auf ihren kleinen bewässerten Feldern ausreichende Ernten an Hirse, Sorghum, Bohnen, Maniok und Süßkartoffeln für die Eigenversorgung.

Die Dauer und Intensität der Regenzeit sind aber nicht konstant. Jahren, in denen die Niederschlagssumme 40 % über dem langjährigen Mittel liegt, folgen solche, in denen nur die Hälfte erreicht wird. Das Land der Dogon liegt in der agrarklimatisch risikoreichen Sahelzone.

Um dieses Risiko zu verringern und neue Anbauflächen für die wachsende Bevölkerung zu gewinnen entschloss sich die GTZ in Zusammenarbeit mit der Regierung von Mali Kleinstaudämme zu errichten. Den Anstoß dazu gaben die geringen Höhenunterschiede der Landschaft, die den Bau großer Staudämme nicht zuließen, das Fehlen eines wasserreichen Flusses, die geringen Kosten, die vorhandenen Baumaterialien Lehm, Sand, Kies und Steine sowie das Arbeitskräftepotenzial der Dogon. Inzwischen sind über ein Dutzend Kleinstaudämme errichtet worden.

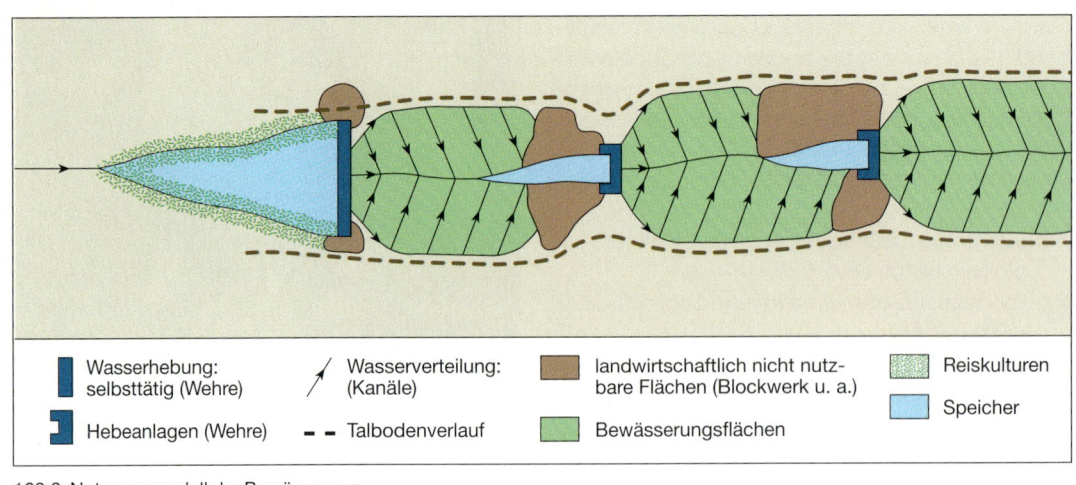

162.1 Bau eines Kleindammes

162.2 Kleinstaudamm

162.3 Nutzungsmodell der Bewässerung

163.1 Vegetationszonen und Gewässernetz in Mali

Kleinstaudämme im Dogonland

Die Vorteile des Staudammbaus für die Dorfbewohner liegen auf der Hand:
- Während bisher in der Regenzeit das Wasser der Bäche und Flüsse ungenutzt abfloss, kann der Staudamm die Bewässerung der unterhalb gelegenen Felder sicherstellen.
- Weitere Hektar Bewässerungsland können gewonnen werden.
- Die aufgestaute Wasserfläche ist gering, nur wenig Anbaufläche wird überstaut. Wo dennoch Kulturland überflutet wird, kann durch den Anbauwechsel von Hirse zu Reis, der bei der Überflutung mitwächst, das Problem in idealer Weise gelöst werden.
- Durch erhöhte Bodenfeuchtigkeit und mehr Bewässerungswasser sind höhere Ernteerträge bei Reis, Kartoffeln und Zwiebeln gesichert.

1. Beschreibe das Nutzungsmodell der Bewässerung (162.3).
2. Bewerte das Entwicklungsprojekt Kleinstaudamm. Welche Entwicklungsstrategie steckt hinter dem Projekt?
3. Äußere dich zu den Aufgaben, die die Entwicklungshelfer der GTZ übernommen hatten.

Der Staudamm quert den Talboden eines saisonalen Wasserlaufs, ist 1,75 m hoch und 92 m lang. Das darf in Anbetracht der Zielsetzung des Projekts nicht verwundern, das im Rahmen der Entwicklungsstrategie „Hilfe zur Selbsthilfe" entwickelt wurde. Es verzichtete ganz bewusst auf teure Maschinen und importierte Technologie. An deren Stelle setzte es weitgehend auf einheimische Rohstoffe, Arbeitsverfahren und Arbeitskräfte. Auch die Entwicklungshelfer von der GTZ waren diesen Vorgaben untergeordnet und standen allein als Berater zur Verfügung.

An technischem Gerät waren nur zwei Lkw im Einsatz um die Baumaterialien heranzuschaffen. Der Damm selbst wurde Stein für Stein von Hand errichtet und der Beton ohne Mischmaschine, nur mit der Schaufel gemischt. So fanden viele Menschen, alles Einheimische aus dem Dorf, auf der Baustelle Arbeit. Da sie davon überzeugt werden konnten, dass sie von dem Staudamm profitieren würden, erklärten sie sich bereit einen Teil der Arbeiten unentgeltlich zu übernehmen. Dadurch verringerten sich die Kosten, die das Bundesministerium für wirtschaftliche Zusammenarbeit trug.

(aus dem Bericht eines Mitarbeiters der GTZ)

Wer je die Knochenarbeit afrikanischer Landfrauen beobachtet hat, den Fleiß asiatischer Heimarbeiterinnen oder die Emsigkeit lateinamerikanischer Händlerinnen, gewinnt den Eindruck, dass sie an Energie, Einfallskraft und Durchhaltevermögen die Männer weit übertreffen. Die Zahlen sprechen eine deutliche Sprache: Frauen in Entwicklungsländern verrichten zwei Drittel aller Arbeitsstunden, erhalten aber nur ein Zehntel der Einkommen.

Weil Geld für die Entwicklungshilfe weltweit knapp geworden ist, muss es gezielt dort eingesetzt werden, wo es die höchsten Erträge bringt. Diese Bedingung erfüllen Frauen fördernde Initiativen in hohem Maße. Nur lassen sich in der praktischen Entwicklungsarbeit keine Einzelvorhaben herauskristallisieren, die ausschließlich den Frauen zugute kommen: Frauenförderung ist eine „Querschnittsaufgabe". Quer durch alle Entwicklungsprojekte muss dafür gesorgt werden, dass der Nutzen die Frauen erreicht und dass die alten Benachteiligungen traditioneller Gesellschaftsordnungen abgebaut werden.

(nach: Rheinischer Merkur 25. 8. 1995)

3. Projekte für Frauen in Entwicklungsländern

Lebensumstände in Lima

Frauen sind in der traditionell männerorientierten Gesellschaft Perus im Erwerbsleben unterrepräsentiert. Der Druck der wachsenden Armut aber, die steigenden Preise für Grundnahrungsmittel und Bedarfsgüter zwingen sie nach Einkommensmöglichkeiten zu suchen. Die Einkünfte der Familienväter reichen dazu nicht aus. Zudem sind über 30 Prozent aller Mütter alleinstehend.

Frauen arbeiten im städtischen Straßenbau. Mit ihren Kleinkindern auf dem Rücken schleppen und klopfen sie Steine. Andere bevölkern mit allerlei Waren wie Kaugummi, Bonbons und Zigaretten die Straßen Limas. Bei Razzien werden die „fliegenden Händlerinnen" von der Straße wegtransportiert.

(nach: Unicef prisma, 2/1989)

Frauen organisieren sich

Seit Ende der Siebzigerjahre sind in Peru zahlreiche Frauengruppen entstanden, die dasselbe Ziel verfolgen die allen gemeinsame Not zu bekämpfen. Zuerst schlossen sich Frauen zusammen um in Gemeinschaftsküchen billige Mahlzeiten für alle zu kochen. Dann entstanden „Mütterclubs" mit Kindertages- und Werkstätten, wo sie Handarbeiten zum Verkauf herstellen. Seit 1985 bildeten sich in den Städten Komitees zur Verteilung staatlicher Milchrationen für Kinder. In Lima allein gibt es heute 8500 solcher Glas-Milch-Komitees, in denen die Frauen 1,3 Millionen Kinder täglich mit einem Glas Milch versorgen.

An diesen Selbsthilfemaßnahmen beteiligen sich alle Mitglieder mit ihrer Arbeitskraft und liefern darüber hinaus auch einen Kostenbeitrag. Bedeutsam sind auch die Impulse, die von diesen Frauenvereinigungen ausgehen. Die Familienmütter werden sich dabei ihrer gemeinschaftlichen Wirkung bewusst und nehmen vermehrt die Gestaltung ihrer Wohnbezirke in Angriff.

Viele Gemeinschaftsformen in der Nachbarschaft und im Stadtviertel gehen dabei auf die Inkazeit vor der Eroberung durch die Spanier im 16. Jahrhundert zurück. Gegenseitige Hilfe war auf dem Lande üblich. Auch heute achten die Frauen darauf, dass eine Mithilfe in Arbeitsstunden zurückerstattet und eine Leistung für die Gemeinschaft in Naturalien ausbezahlt wird.

TAG DER FRAU	TAG DES MANNES
steht zuerst auf	
macht Feuer	
säugt das Baby	
macht Frühstück, isst	steht auf
wäscht und kleidet die Kinder	frühstückt
holt Wasser aus 1 km Entfernung	
kehrt heim	
geht zum 1 km entfernten Feld	
füttert und tränkt die Tiere	
wäscht ab, räumt auf, putzt	arbeitet auf dem Feld
holt Wasser aus 1 km Entfernung	
kehrt heim	
macht die Wäsche, bereitet Essen	
säugt das Baby	
bringt dem Mann Essen aufs Feld	
kehrt heim	isst
geht zu ihrem 1 km entfernten Feld	
jätet	arbeitet auf dem Feld
säugt das Baby	
sammelt Feuerholz auf dem Heimweg	kehrt heim
stampft Getreide	ruht sich aus
holt Wasser aus 1 km Entfernung	
kehrt heim	
zündet Feuer an	
bereitet Essen, isst	isst
säugt das Baby	trifft sich mit anderen Männern
bringt die Kinder ins Bett	
wäscht ab, räumt auf	geht schlafen
geht als Letzte schlafen	

Quelle: GEO

164.1 Arbeitsteilung in Schwarzafrika

165.1 Die ersten Schritte zur Selbstständigkeit

Women in Fisheries in Orissa

Ein Sozialarbeiter von CENDERET berichtet:
Wir sind am Projekt „Women in Fisheries" beteiligt. Wir organisieren die Aus- und Weiterbildungsveranstaltungen für die Frauen, wir fördern den Austausch von Erfahrungen und die Zusammenarbeit der Frauen in Genossenschaften, wir informieren sie über Geld- und Kreditfragen und wir helfen ihnen im Umgang mit staatlichen Ämtern. Wir fördern die Frauen, weil sie von ihren Männern abhängig sind, die oft durch Arbeitslosigkeit keine Zukunft mehr sehen und in Alkoholabhängigkeit geraten.

Inzwischen haben die Frauen gelernt Gewässer zu pachten, Teiche anzulegen, Fische zu züchten und abzufischen. Sie verkaufen die Jungfische an große Fischereibetriebe und Speisefische an die Verbraucher in der Stadt. Sie verbessern außerdem ihre eigene Ernährung durch Gemüse, das sie an den Teichrändern anpflanzen.

Parallel dazu informieren wir die Dorfbewohner über das staatliche Programm „Bildung für alle". Wir ermuntern sie das Recht auf Schulbildung für ihre Kinder einzufordern und zu überwachen, dass regelmäßiger Unterricht stattfindet.

Seit die Frauen einen Beruf und Verdienst haben, ist das Selbstbewusstsein gestiegen. Die Dorfbewohner, vor allem die Kinder, sind gesünder, weil die Eiweiß-Mangelernährung überwunden ist. Die häufige Kinderarbeit ist zurückgegangen, die Kinder – auch die Mädchen – zwischen 6 und 11 Jahren kommen regelmäßig zum Schulunterricht. Einige Frauen besitzen bereits ein kleines Sparguthaben für Notzeiten und können bei Bedarf einen günstigen Kredit für Kleinprojekte bei der Genossenschaftsbank aufnehmen.

Ein Kleinprojekt im ländlichen Raum
finanziert von UNIFEM, der nichtstaatlichen Frauenhilfsorganisation der Vereinten Nationen
Träger: UNIFEM
Titel: „Women in Fisheries in Orissa"
Mit der Zusammenarbeit beauftragt:
CENDERET (Institut für Entwicklungsförderung in Orissa: Einrichtung der Jesuiten, Partnerorganisation vom Misereor in Indien)
CIFA (Wissenschaftliches Institut zur Förderung des Fischereiwesens): liefert Material und vermittelt praktische Fischereikenntnisse
Teilnehmerinnen: 300 Frauen aus 9 Dörfern
Dauer des Projekts: 3 Jahre
Kosten: 69 000 US-$
Ziel: Frauen der unteren Kaste und kastenlose Frauen bekommen eine Fischereiausbildung. Sie verdienen eigenes Geld durch den Verkauf ihrer Erzeugnisse ohne Zwischenhändler. Sie lernen ihr Geld selbst zu verwalten und erkennen den Wert ihrer Arbeit.
Bedingung: Kinder dürfen nicht mitarbeiten. Die Mütter garantieren deren Schulbesuch.

1. Überprüfe die vorgestellten Beispiele für Frauenprojekte auf ihre Wirkung hin.
2. Beurteile die Aussage des Direktors von CENDERET: „Kleine überschaubare Projekte sind sehr gut, aber man darf das Ganze nicht aus den Augen verlieren."
3. Erörtere die traditionelle Rollenverteilung von Mann und Frau in Schwarzafrika (164.1). Wie könnte man sie verändern?
4. Erkläre den Begriff „Querschnittsaufgabe" als Ansatz der Entwicklungspolitik.

Projekt

Frauen – Hoffnungsträgerinnen für

① „Die sollen nicht so viele Kinder kriegen!"

Die einfache Lösung

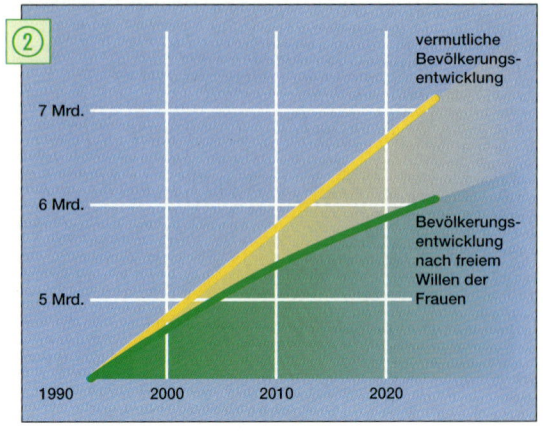

② Wenn Frauen entscheiden könnten …
- vermutliche Bevölkerungsentwicklung
- Bevölkerungsentwicklung nach freiem Willen der Frauen

③ Der Schlüssel zur Lösung der Bevölkerungsprobleme in der Dritten Welt ist die Stärkung der Frauen in der Gesellschaft. Immer mehr Frauen müssen selbst über die Zahl ihrer Nachkommenschaft entscheiden können und dazu die Mittel in die Hand bekommen. Selbstbestimmung auf diesem Gebiet verbessert die Gesundheit der Frauen und eröffnet ihnen eine Vielzahl von Möglichkeiten. Das betrifft ihre Bildung, den Zeitpunkt ihrer Heirat, die Wahl ihres Wohnortes und die Art ihrer Beschäftigung. Die eigene Entscheidung über die Kinderzahl und den Abstand zwischen den Geburten ist ein menschliches Grundrecht.

(Bevölkerungsbericht der Vereinten Nationen)

1. Sucht in den Materialien 6, 7, 8 und 9 Textstellen, die mit den Aussagen in Material 4 und 5 übereinstimmen.
2. Wie würde sich die Bevölkerungskurve ändern, wenn sich die Forderungen der Vereinten Nation durchsetzen könnten (Mat. 2, 3 und 5)?
3. Mit welchen Schwierigkeiten und Widerständen haben fortschrittliche Frauen in den Entwicklungländern zu kämpfen (Material 6, 7, 8, 9 und Informationen S. 164 – 165)?
4. Erläutert die Überschrift. Warum ist sie wohl mit einem Fragezeichen versehen? Welche Rolle spielt dabei Material 1?

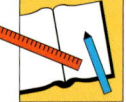

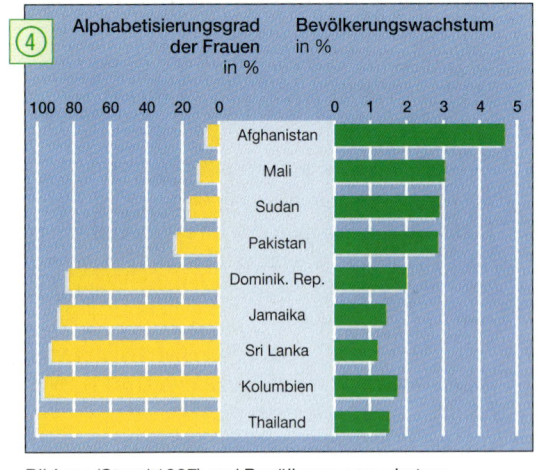

④ Alphabetisierungsgrad der Frauen in % / Bevölkerungswachstum in %
- Afghanistan
- Mali
- Sudan
- Pakistan
- Dominik. Rep.
- Jamaika
- Sri Lanka
- Kolumbien
- Thailand

Bildung (Stand 1997) und Bevölkerungswachstum

⑤ Kinder pro Frau (Fruchtbarkeitsrate) 4,97 … 3,10

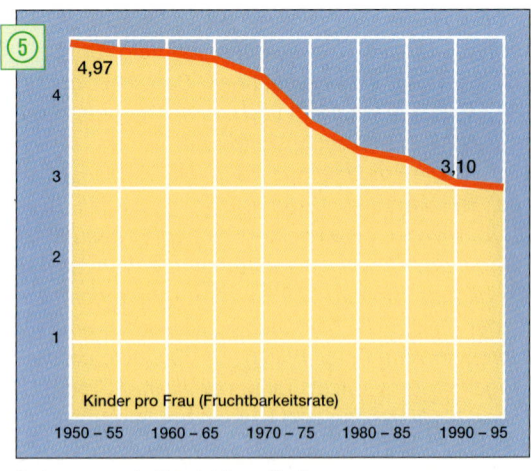

Geburtenrate in Entwicklungsländern

unseren Planeten?

⑥ In dem von Überschwemmungen geplagten Bangla Desh – mit 800 Menschen pro Quadratkilometer dichter besiedelt als jeder andere Flächenstaat – wurde die Mobilisierung der Frauen zur Frage des Überlebens. Vorschriften und Traditionen des Hinduismus und des Islam ließen den Frauen früher außerhalb des Haushalts keinen Platz zum Leben. Seit Ende der Siebzigerjahre aber gründeten Hilfsinitiativen mit Geldern der Entwicklungshilfe Mütterclubs und Kreditvereine. Sie richteten Nähschulen ein und tausende geschulte Beraterinnen informierten ihre Geschlechtsgenossinnen zu Hause über Verhütungsmethoden.

Inzwischen haben die Frauen die Entwicklung in den Dörfern in ihre Hände genommen. Sie handeln mit Saatgut, vermieten Rikschas, verdienen in der Industrie oder in kleinen Gewerbebetrieben ihr eigenes Geld und lesen an Feiertagen sogar öffentlich aus dem Koran.

Das neue Selbstbewusstsein gibt ihnen mehr Sicherheit bei der Verhütung, auch ihren Männern gegenüber können sie sich besser durchsetzen. Durch Verhütung wiederum eröffnen sich ihnen Möglichkeiten im Arbeitsleben. Statt wie früher sieben Kinder gebären sie derzeit durchschnittlich vier; die Tendenz ist fallend.

Diese Veränderungen bergen ein hohes politisches Risiko. Islamische Fundamentalisten, die einen „Gottesstaat" wollen, wehren sich gegen die neue Stellung der Frau in der Gesellschaft. Sie denunzieren, d. h. sie zeigen die aufgeklärten Frauen als Gotteslästerinnen an. Außerdem bekämpfen sie mit allen Mitteln den kostenlosen achtjährigen Schulbesuch für Mädchen.

Rabaya ist die einzige Frau in ihrem Distrikt, die einen Motorpflug steuert – in der islamischen Männergesellschaft von Bangla Desh vor Jahren noch undenkbar.

⑦ Die Regierung des indischen Bundesstaates Tamil Nadu vermittelte Millionen Frauen in den vergangenen zwanzig Jahren billige Kredite für die Landwirtschaft. Hunderttausende Mütter erhielten Arbeitsplätze im Sozialbereich. Kinder können in den Schulen gratis essen. Bei der Geburt und Verheiratung von Mädchen haben die Eltern Anspruch auf Sonderförderung.

Wie im benachbarten Bundesstaat Kerala setzten die Reformer bei der Verhütung auf Information und Beratung. Heute sterben in Tamil Nadu und Kerala weniger Säuglinge als sonstwo in Indien. Die Frauen gebären durchschnittlich nur noch 2,2 Kinder.

⑧ Von anderen ermutigenden Fortschritten berichten Betreiber von Genossenschaftsbanken, die Frauen in der Dritten Welt mit Krediten ausstatten. Ein Startkapital von gerade 30 Dollar genügte beispielsweise den Frauen eines Dorfes in Gambia um eine Näherei, eine Viehzucht und ein Lebensmittelgeschäft aufzubauen. Jetzt beziehen sie ein eigenes Einkommen, verspüren erstmals etwas soziale Sicherheit und können ohne Existenzdruck die wünschenswerte Größe ihrer Familie planen.

Traditionelle afrikanische Großfamilie, eine grundsätzlich andere Auffassung von Frauenrolle und Selbstverwirklichung als bei uns heute.

⑨ Besuchen Mädchen auch nur acht Jahre lang eine Schule, so heiraten sie erfahrungsgemäß später und können auch eher selbstständige Entscheidungen treffen. In Bolivien bringen Frauen, die eine weiterführende Schule besucht haben, durchschnittlich zwei bis drei Kinder zur Welt. Bolivianerinnen ohne Schulabschluss müssen doppelt so viele Kinder ernähren.

(Materialien 6 – 9 aus:
„Der Spiegel" vom 5. 9. 1994)

Wissenswertes
Dritte Welt und Welthandel

Seit Mitte der Sechzigerjahre werden immer mehr verarbeitende Industrien in den Ländern der Dritten Welt aufgebaut. Die meisten produzieren nicht für den Inlandsmarkt des jeweiligen Landes, sondern für den Export in die Industrieländer. In der Textil- und Bekleidungsindustrie z. B. führen gelernte Arbeitskräfte die anspruchsvollen Tätigkeiten bei uns oder in einem anderen Industrieland aus. Das sind Entwurf, Schnittmusterherstellung und Zuschnitt. Für die restlichen Arbeitsgänge ist keine besondere Ausbildung erforderlich. Sie machen aber 95 % der gesamten Arbeit aus und finden in einem **Niedriglohnland** statt. Die fertigen Waren werden wieder nach Deutschland eingeführt. Die Industrieländer argumentieren, dies sei eine Hilfe gegen die Unterentwicklung. Schließlich würden Arbeitsplätze geschaffen. In den Entwicklungsländern wird diese Art der **internationalen Arbeitsteilung** mehr und mehr kritisch beurteilt.

Etwa 1,3 Mrd. Menschen, ein Fünftel der Weltbevölkerung, lebten Mitte der 90er-Jahre in absoluter Armut. Sie waren bedroht von Hunger und Seuchen. Das Verhältnis zwischen Einkommen des ärmsten und des reichsten Fünftels der Menschheit verschlechterte sich trotz Entwicklungshilfe in drei Jahrzehnten von 1: 30 auf 1: 60 Mitte der 90er-Jahre. Die Warnungen nehmen zu, dass die ungleiche Einkommensverteilung eine Weltkrise auslösen könnte. Überregionale Kriege, Flüchtlingsströme und Kriminalität würden auch die wohlhabenden Industriestaaten treffen.

Entwicklungsländer – Dritte Welt

Als Entwicklungsländer werden Länder bezeichnet, die in technischer, wirtschaftlicher und sozialer Hinsicht gegenüber den Industrieländern zurückgeblieben sind. 1970 veröffentlichten die Vereinten Nationen einen Katalog dieser Länder, wobei sie folgende Kriterien anlegten: Bruttosozialprodukt pro Kopf der Bevölkerung, Anteil der Industrie am Bruttosozialprodukt, Analphabetismus.

Die meisten Entwicklungsländer waren früher Kolonien und erhielten die heute typische Wirtschaftsstruktur: Monostruktur, kaum weiterverarbeitende Industrie, mangelnde Selbstversorgung.

Diese Länder werden auch als „Länder der Dritten Welt" bezeichnet oder zusammen als „Dritte Welt". Ungebräuchlich sind dagegen die Begriffe „Erste Welt" für die westlichen Industrieländer und „Zweite Welt" für die ehemaligen sozialistischen Industrieländer Osteuropas.

Die alten Industrieländer liegen alle in der nördlichen, gemäßigten Zone, die große Mehrheit der Entwicklungsländer hingegen in den Tropen und Subtropen. Aus dieser Sicht spricht man auch von den Ländern des **Nord**ens und des **Süd**ens.

1. Beschreibe den globalen Warenaustausch und versuche ihn zu begründen. Bewerte ihn im Hinblick auf die Entwicklungsländer.
2. „Nord-Süd-Konflikt" ist ein häufig gebrauchter Begriff. Erläutere ihn.
3. Stelle den Zusammenhang zwischen WTO, Terms of Trade und Entwicklungsländern her.

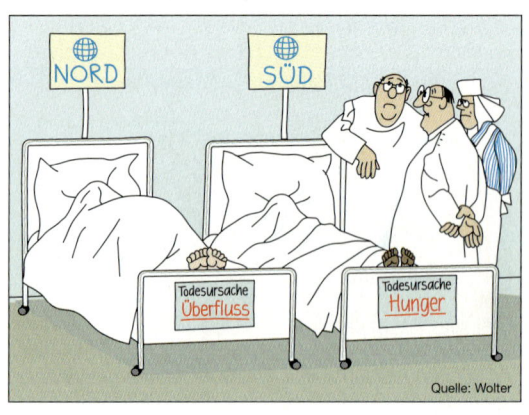

168.1 Zollschranken der Europäischen Union

168.2 „Aber wie hätte man das verhindern können?"

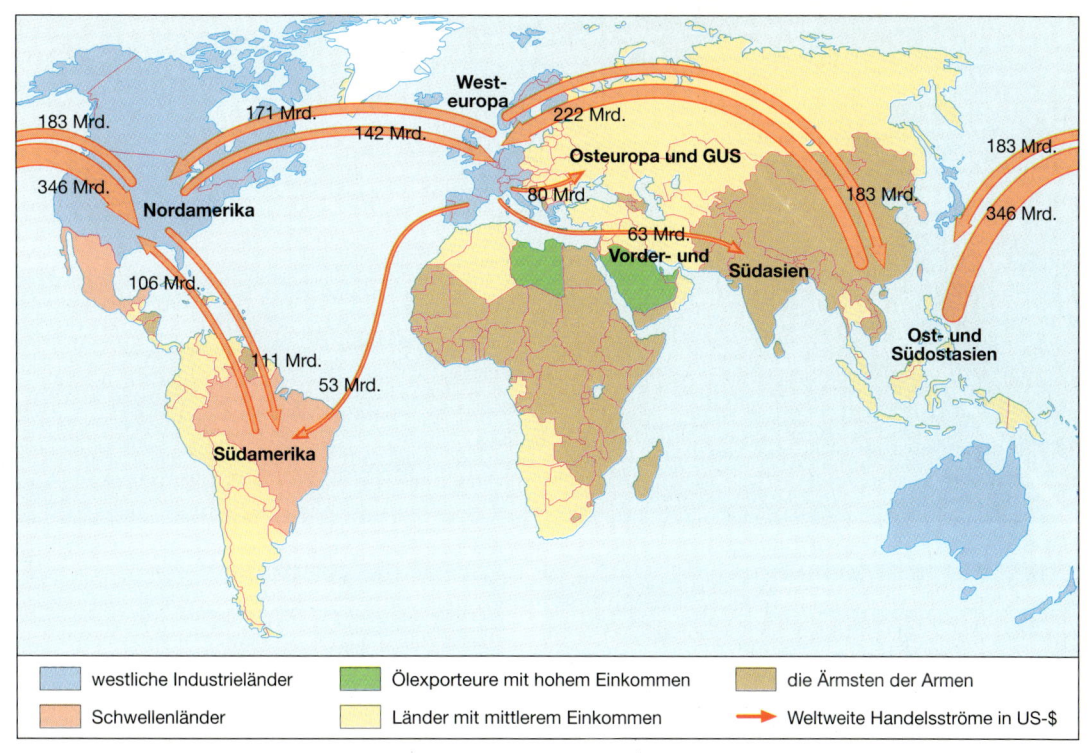

169.1 Ländergruppen und internationale Handelsströme (Exporte in US-$, 1995)

Legende:
- westliche Industrieländer
- Schwellenländer
- Ölexporteure mit hohem Einkommen
- Länder mit mittlerem Einkommen
- die Ärmsten der Armen
- Weltweite Handelsströme in US-$

Handelsströme (in Mrd. US-$):
- Nordamerika – Westeuropa: 183 Mrd., 171 Mrd., 142 Mrd.
- Nordamerika – Ost- und Südostasien: 346 Mrd., 346 Mrd.
- Ost- und Südostasien – Westeuropa: 183 Mrd., 183 Mrd.
- Nordamerika – Südamerika: 106 Mrd., 111 Mrd.
- Südamerika – Westeuropa: 53 Mrd.
- Westeuropa – Osteuropa und GUS: 80 Mrd.
- Westeuropa – Vorder- und Südasien: 63 Mrd.
- Westeuropa – Ost- und Südostasien: 222 Mrd.

Terms of trade

Im Außenhandel spielen nur die Preise der international gehandelten Güter eine Rolle. Ein Maß für die wirklichen (realen) Austauschverhältnisse sind die „terms of trade". Es werden die Preise, die man für seine Güter erhält, zu jenen Preisen, die man für fremde Waren bezahlen muss, zueinander in Beziehung gesetzt:

Preis Exportgüter : Preis Importgüter.

Bei einer Erhöhung des Wertes spricht man von einer „Verbesserung", bei einer Senkung von einer „Verschlechterung" der „terms of trade". Sie hängen auch vom **Wechselkurs** ab.

Beispiel: Deutschland exportiert Autos (Preis je Fahrzeug: 27 000 DM) nach Spanien und bezieht von dort Apfelsinen (Preis: 100 Peseten pro kg). Der Wechselkurs sei 100 Peseten = 3 DM. Dies bedeutet, dass Deutschland für ein Auto real 9000 kg Apfelsinen erhält.

Für Export orientierte Entwicklungsländer haben die Weltmarktpreise für Rohstoffe besondere Bedeutung. Zahlungsmittel ist meist der US-Dollar. Die starken Preisschwankungen wirken sich jedoch als Entwicklungshindernis aus.

Die Welthandelsorganisation (WTO)

Die WTO, die seit dem 1. 1. 1995 in Kraft ist, setzt sich für einen weltweiten freien Handel ein. Dieser soll dazu beitragen, dass überall der Lebensstandard, die Beschäftigungsrate und die Realeinkommen steigen. Folgende Ziele sollen verwirklicht werden:

– Gegenseitigkeit: die handelspolitischen Leistungen sollen gleichwertig sein.
– Liberalisierung: der Abbau von Zöllen, Mengenbeschränkungen, Abschöpfungen und Erstattungen ist vorgesehen.
– Nicht-Diskriminierung: Zoll- und Handelsvorteile, die Mitgliedsstaaten einander einräumen, sollen allen Staaten zugute kommen.

Die Entwicklungsländer werden besonders von der Senkung der Zölle profitieren, denn das Abkommen schreibt den Industrieländern vor ihre Zölle innerhalb von fünf Jahren um mehr als ein Drittel zu senken, im Agrarhandel um 36 % in sechs Jahren. Exportsubventionen werden um 36 % gesenkt. Doch auch die Entwicklungsländer müssen ihre Zölle senken, allerdings nicht so schnell und nicht so stark.

... durch Verkehrswege

... durch Staudämme

Nordseeküste in Dänemark

Der Mensch beeinflusst seinen Lebensraum

... durch Feldterrassen

... durch Feriensiedlungen

Die Lebensgrundlagen

Eigenschaften des Wassers

Wasser ist ein wichtiges Lösungsmittel. Es enthält z. B. Mineralien, die Lebewesen dringend brauchen, aber auch giftige Stoffe.

Ohne Wasser gäbe es kein Leben auf der Erde. Menschen, Tiere und Pflanzen bestehen zu einem großen Teil (bis zu 99 %) aus Wasser. Ohne Wasser kann der Stoffwechsel nicht funktionieren. Da die Lebewesen mit dem Stoffwechsel Wasser ausscheiden, muss es ständig ergänzt werden.

Nutzung des Wassers

Trinkwasser: als Lebensmittel (in der Nahrung und in Getränken), zum Kochen, zum Waschen und Reinigen sowie zur Hygiene und zur Gartenpflege
Brauchwasser: Industrie, Gewerbe, Landwirtschaft (Brauchwasser und Bewässerungswasser)
Kühlwasser: Wärmekraftwerke, Hochöfen und verschiedene Industriezweige
Energiegewinnung: Wasserkraftwerke
Abfallträger: Kanalisation, industrielle Abwässer
Verkehrsträger: Schifffahrt, Flößerei
Freizeit/Erholung: Baden, Wassersport
Lebensraum: Pflanzen und Tiere
Nahrungsmittelproduzent: z. B. Fisch- und Muschelzucht, Algenzucht

Trinkwasser

Wasser, das auf Grund seiner Qualität für die Aufnahme durch den menschlichen Organismus geeignet ist. Es soll kühl, appetitlich, klar, farb- und geruchlos sowie frei von Krankheitserregern sein. In der Trinkwasserverordnung sind unter anderem Grenzwerte für Schadstoffe festgelegt.

1. Trinkwasser

„Das Prinzip aller Dinge ist das Wasser; aus Wasser ist alles und ins Wasser kehrt alles zurück."
(Thales von Milet, griech. Philosoph, ca. 650 bis 560 v. Chr.)

Das Wasser befindet sich in einem unablässigen Kreislauf, angetrieben von der Kraft der Sonne. Sie lässt das Wasser der Ozeane und Landgewässer verdunsten, in jeder Minute eine Milliarde Tonnen. Durch Kondensation in der Atmosphäre entstehen die Wolken, die ihre Feuchtigkeit in Form von Niederschlägen der Erde zurückgeben. Verdunstung und Niederschlag stehen in einem ausgeglichenen Verhältnis. Die Gesamtmenge des Wassers auf der Erde ist konstant.

Mehr als 97 % des gesamten Wasservorrats der Erde – rund 1,4 Mrd. m^3 – sind salzhaltiges Meerwasser. Über 2 % sind in den Polkappen und Gletschern als Eis gebunden. Nur 0,6 % der gesamten Wassermenge bildet das Süßwasser in Flüssen, Seen und im Grundwasser.

Bei den Gewässerarten des Festlandes unterscheidet man Oberflächengewässer und Grundwasser. Ein Teil der Niederschläge durchdringt den Boden, bis er auf eine wasserundurchlässige Schicht trifft. Über dieser Schicht staut sich das Wasser, füllt darüberliegende Hohlräume und bildet Grundwasservorräte.

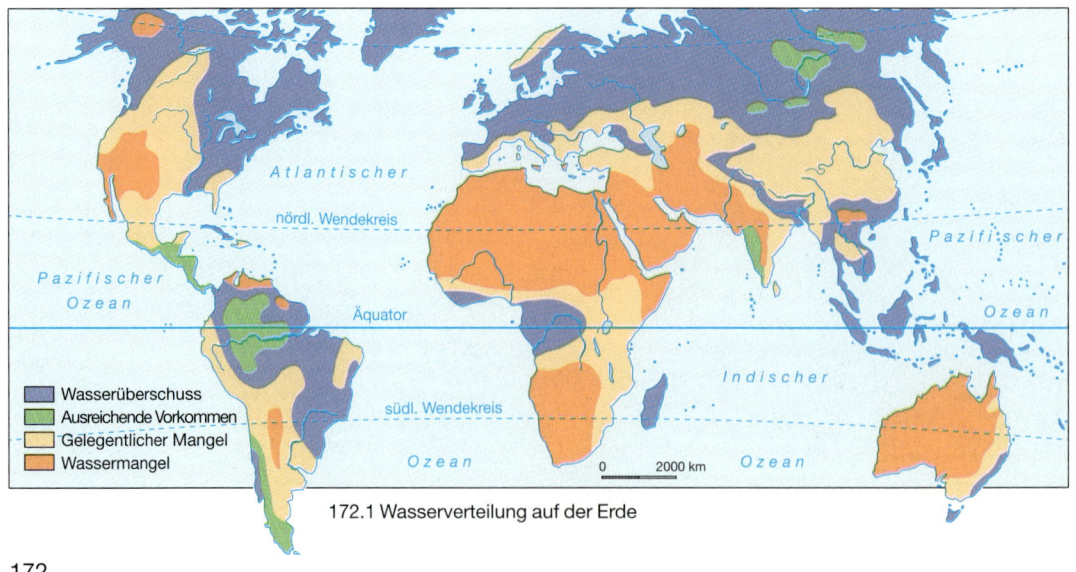

172.1 Wasserverteilung auf der Erde

Grundwasser ist besonders schützenswert: Über 7 % des Trinkwassers auf der Erde werden dem Grundwasser entnommen. Für die Pflanzenwelt hat es große Bedeutung. Liegt nämlich der Grundwasserspiegel unter dem Wurzelbereich, können die Pflanzen ihren Wasserbedarf nur aus dem Sickerwasser, also dem Regenwasser, decken.

Nur wenige Menschen in den Industriestaaten sind sich der elementaren Bedeutung des Wassers bewusst. Besonders die Industrie verschlingt viel Wasser: Die Herstellung einer Getränkedose verbraucht zehn Liter Wasser, von einem Kilogramm Stahl 20 – 130 Liter, von einem Pkw ca. 380 000 Liter und von einem Kilogramm Papier bis zu 1000 Liter. In Kohle- und Kernkraftwerken nutzt man Wasser als Kühl- und Wärmetransportmittel.

Der Wasserhaushalt reagiert jedoch auf Schwankungen, Belastungen und übermäßigen Verbrauch sehr sensibel. So führt z. B. die Erwärmung des gebrauchten Kühlwassers von Kraftwerken zu einem erhöhten Sauerstoffverbrauch.

Die Salzbelastung mit Chloriden und Sulfaten stammt größtenteils aus Kaligruben und aus der chemischen Industrie. Einleitungen aus der Industrie gelangen auch über die Luft und den Boden in Oberflächen- und Grundwasser.

Eine erhebliche Gefahrenquelle stellen Sickerwässer aus Mülldeponien und die unsachgemäße Lagerung von Abfallstoffen im Einzugsbereich von Gewässern dar. Eine besondere Belastung, vor allem im Mündungsbereich von Flüssen, ist Hafenschlick, der Verklumpungen von Abfallstoffen, Öl und Schwermetallen enthält. Weil er die Schifffahrt im Hafen behindert, wird er regelmäßig ausgebaggert und im Meer verklappt.

Trinkwasser wird in Deutschland zu 71 % aus Grundwasser gewonnen. Seit Jahren belastet die Landwirtschaft das Grundwasser durch Mineraldünger und Pestizide. Die Folge sind Schließungen von Brunnen, da sie z. T. zu hohe Nitratkonzentrationen aufweisen. Nitrat kann sich in das giftige Nitrit umwandeln, das schwere gesundheitliche Schäden hervorruft.

1. Nenne die Faktoren, die Gewässer belasten.
2. Erkläre die Nitratbelastung des Grundwassers und zeige Gefahren auf.
3. Diskutiere: „Verunreinigtes Wasser verursacht Schäden."

Wasserbelastung am Beispiel einiger Schadstoffe		
Schadstoffe	Herkunft	Gefahren
Quecksilber	Papierindustrie, Plastikproduktion und Düngemittelherstellung	Anreicherung im Nervensystem, Bewegungs- und Sprachstörungen
Cadmium	Erdölraffinerien, Petrochemie, Batterieherstellung	Schädigung des Knochenmarks, Skelettveränderungen
Phosphate/ Nitrate, Chlorid	Landwirtschaft, Waschmittel, Kalibergbau	Entkalkung des Körpers, Krebsbildung, Beeinträchtigung von Trink- und Bewässerungswasser

„Wasserarm" ist ein Staat, in dem weniger als 1000 Liter Wasser pro Person und Jahr (2,74 Liter pro Tag) zur Verfügung stehen. Am meisten Wasser (65 % des globalen Konsums) wird in der Landwirtschaft verbraucht, 25 % in der Industrie und nur 10 % in den Haushalten.

Land	insgesamt	Haushalte	Landwirtschaft	Industrie/ Energie	tägl. Verbr. in l/EW
USA	1958	211	796	951	397
Japan	731	132	504	95	379
D	610	80	4	526	145
Indien	612	18	569	25	25

173.1 Wasserverbrauch im Jahr m³/Person (Anf. 90er-Jahre)

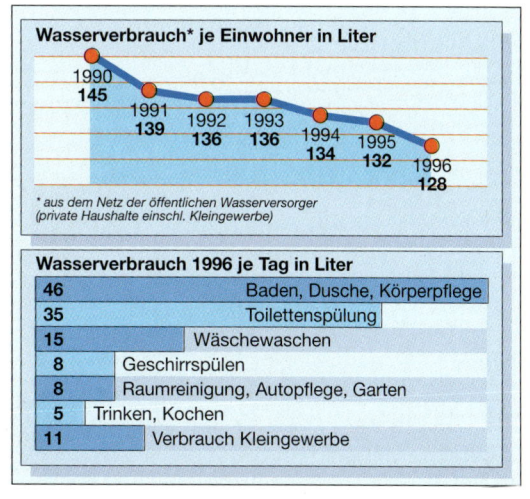

Wasserverbrauch* je Einwohner in Liter
- 1990: 145
- 1991: 139
- 1992: 136
- 1993: 136
- 1994: 134
- 1995: 132
- 1996: 128

* aus dem Netz der öffentlichen Wasserversorger (private Haushalte einschl. Kleingewerbe)

Wasserverbrauch 1996 je Tag in Liter	
46	Baden, Dusche, Körperpflege
35	Toilettenspülung
15	Wäschewaschen
8	Geschirrspülen
8	Raumreinigung, Autopflege, Garten
5	Trinken, Kochen
11	Verbrauch Kleingewerbe

173.2 Trinkwasserverbrauch einer deutschen Familie pro Tag

Projekt

Das Ozonloch

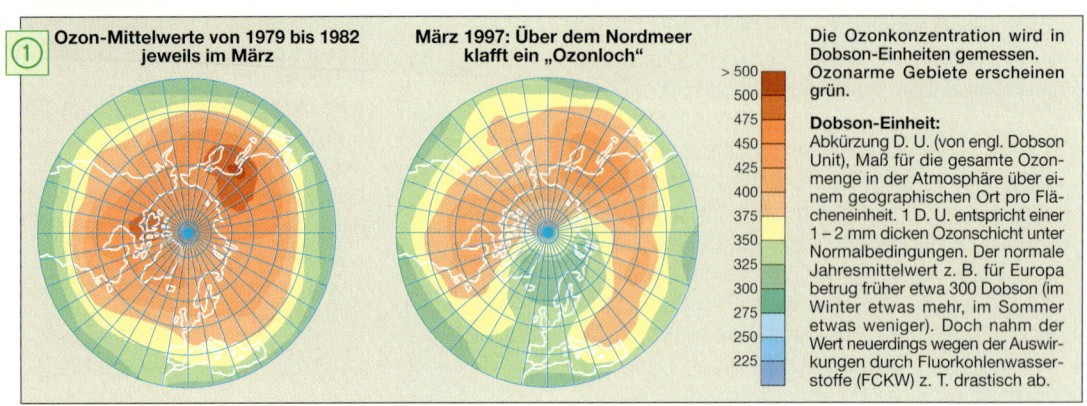

① **Ozon-Mittelwerte von 1979 bis 1982 jeweils im März** — **März 1997: Über dem Nordmeer klafft ein „Ozonloch"**

Die Ozonkonzentration wird in Dobson-Einheiten gemessen. Ozonarme Gebiete erscheinen grün.

Dobson-Einheit:
Abkürzung D. U. (von engl. Dobson Unit), Maß für die gesamte Ozonmenge in der Atmosphäre über einem geographischen Ort pro Flächeneinheit. 1 D. U. entspricht einer 1 – 2 mm dicken Ozonschicht unter Normalbedingungen. Der normale Jahresmittelwert z. B. für Europa betrug früher etwa 300 Dobson (im Winter etwas mehr, im Sommer etwas weniger). Doch nahm der Wert neuerdings wegen der Auswirkungen durch Fluorkohlenwasserstoffe (FCKW) z. T. drastisch ab.

② **Fluorchlorkohlenwasserstoffe** (FCKW), auch als Chlorfluorkohlenstoffe (CFKW) oder Fluorchlorkohlenstoffe (FCK), bezeichnet niedere Kohlenwasserstoffe, in denen die H-Atome durch Cl- und F-Atome ersetzt sind. Sie bilden unter Druck verflüssigbare Gase oder niedrig siedende Flüssigkeiten von hoher chemischer und thermischer Beständigkeit.

FCKW werden u. a. benutzt als Treibmittel für Spraydosen, als Kältemittel und zum Schäumen von Kunststoffen. Sie steigen nach ihrer Freisetzung langsam in die Atmosphäre auf und erreichen nach 10 bis 15 Jahren die Stratosphäre. Hier werden die FCKW durch die kurzwellige solare UV-Strahlung zerlegt. Sie setzen Chlorradikale frei, die mit dem Ozon der Ozonschicht reagieren und diese Schicht damit ausdünnen (Ozonloch).

Als Folge davon kann die kurzwellige UV-Strahlung bis zur Erdoberfläche gelangen, wodurch sich u. a. die Gefahr von Hautkrebs erhöht. Auf einer UN-Konferenz zum Schutz der Ozonschicht einigten sich 1992 die teilnehmenden 91 Staaten auf ein Verbot von Produktion und Verbrauch von FCKW endgültig ab 1996.

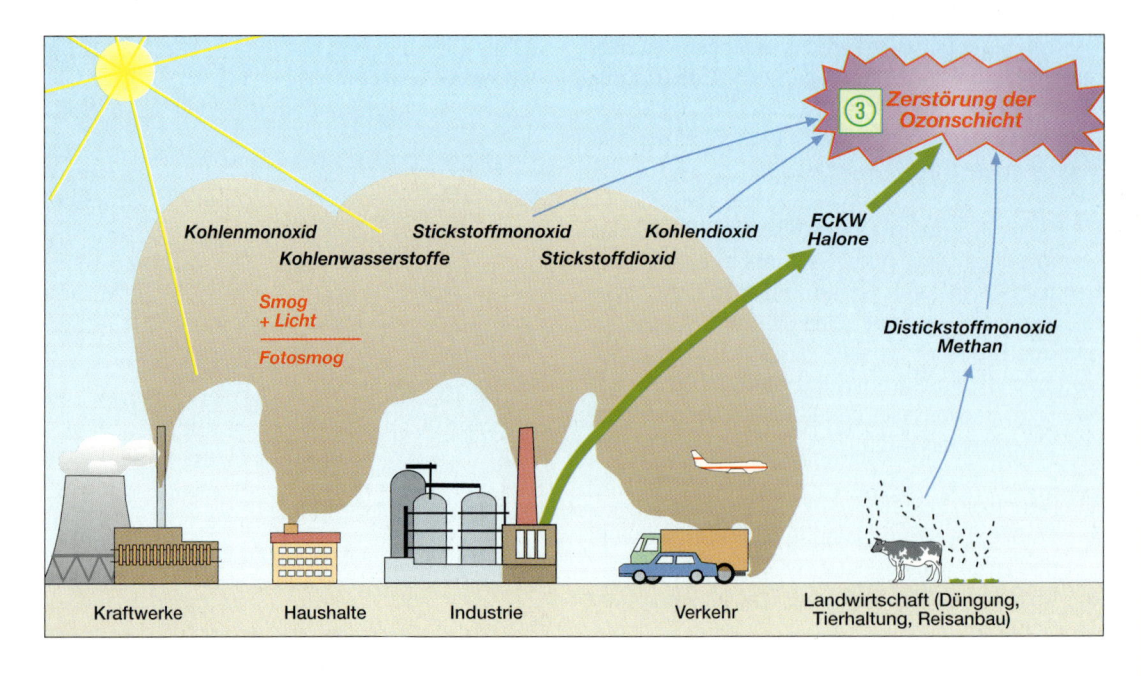

③ **Zerstörung der Ozonschicht**

Kohlenmonoxid — Stickstoffmonoxid — Kohlendioxid — FCKW Halone
Kohlenwasserstoffe — Stickstoffdioxid

Smog + Licht
Fotosmog

Distickstoffmonoxid
Methan

Kraftwerke — Haushalte — Industrie — Verkehr — Landwirtschaft (Düngung, Tierhaltung, Reisanbau)

Ozonbildung in der Stratosphäre ④

Das Ozonmolekül besteht aus drei Atomen Sauerstoff. Ein Sauerstoffatom lagert sich an ein Sauerstoffmolekül.

Sauerstoffatom (O) Sauerstoffmolekül (O_2) Ozonmolekül (O_3)

1. Schritt
Ein Sauerstoffmolekül wird durch UV-Licht in zwei Sauerstoffatome aufgespalten.

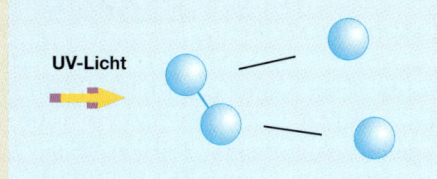

UV-Licht

2. Schritt
Ein freies Sauerstoffatom lagert sich an ein Sauerstoffmolekül. Dieser Vorgang ist aus physikalischen Gründen nur unter Teilnahme eines weiteren Atoms, eines Moleküls oder eines Staubteilchens möglich.

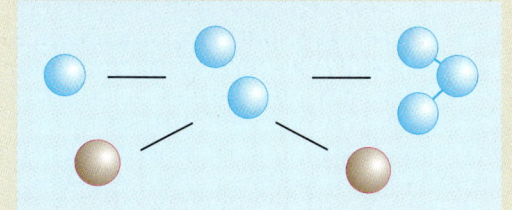

Natürlicher Ozonabbau

Ozon wird auch in der reinen Sauerstoffatmosphäre zerstört, also ohne Wirkung zusätzlicher ozonzerstörender Substanzen.

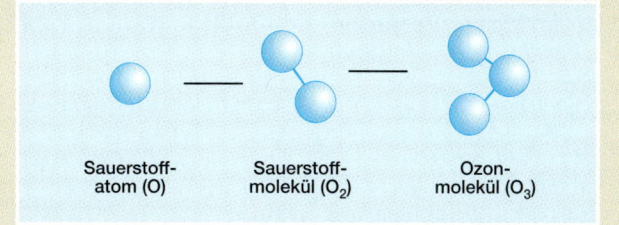

1. Prozess
Ozon wird durch Licht aufgespalten.

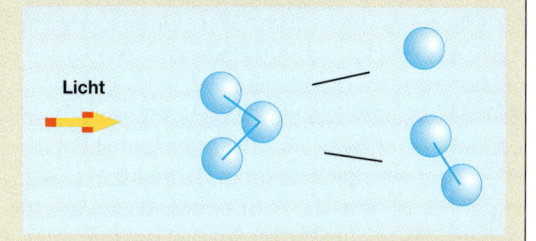

Licht

2. Prozess
Das freie Sauerstoffatom reagiert mit einem Ozonmolekül. Es entstehen zwei Sauerstoffatome.

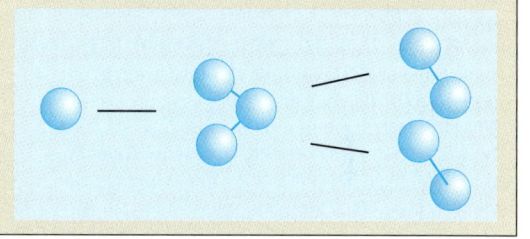

⑤ Zum Thema Ozonschicht

SÜDPOL: Britische Wissenschaftler fanden heraus, dass die Ozonschicht im antarktischen Frühling (Oktober bis Dezember) im Vergleich zu den 60er-Jahren bereits um 40 % geschrumpft ist. Das Ozonloch hat sich zudem bis auf Teile des südamerikanischen Kontinents ausgedehnt.

NORDPOL: An einigen Tagen im Januar, Februar und Anfang März 1996 war fast die Hälfte der ursprünglichen Ozonschicht verschwunden. Betroffen waren Gebiete über Grönland und Nordskandinavien sowie der Westteil der russischen Arktis. Für dieses Ozonloch gibt es noch keine schlüssige Erklärung.

⑥ FCKW in der Stratosphäre

1968	1,3 Mio. t	1999	19,1 Mio. t
1979	5,2 Mio. t	2000	18,9 Mio. t
1984	9,8 Mio. t	2032	13,4 Mio. t
1986	11,1 Mio. t	2290	1,1 Mio. t
1989	13,3 Mio. t		

Stellt Bildmaterial, Daten, Fakten über das Thema Ozon zusammen. Informationen könnt ihr erhalten beim Umweltbundesamt in Berlin, beim Alfred-Wegner-Institut für Polar- und Meeresforschung in Bremerhaven und bei Greenpeace in Hamburg.
Führt eine Diskussion über Ozon und seine Auswirkungen. Erstellt eine Dokumentation.

2. Der Boden – eine empfindliche Haut

Der Boden überzieht die Festländer der Erde wie eine dünne Haut. Wenn die Bodendecke in den Tropen eine Mächtigkeit von einigen Zehnermetern erreicht, so ist sie in unseren Breiten nur noch wenige Dezimeter mächtig.

Bei der Bodenbildung wirken viele Geofaktoren wie zum Beispiel verwittertes Gestein, Luft, Wasser, Pflanzen und Tiere mit.

Der Boden ist für uns eines der kostbarsten Naturgüter. Deutschland hat einen begrenzten Flächenanteil an Boden, der genutzt werden kann und daher erhalten werden muss. Schnell kann durch unsachgemäße Nutzung der Boden geschädigt und zerstört werden. Das geschieht z. B. beim Bau von Siedlungen und Industrieanlagen. Aber auch in der Landwirtschaft kann durch Überdüngung oder den Anbau von Monokulturen die Bodenfruchtbarkeit sinken. Gelangen Öle, Schwermetalle und andere Schadstoffe in den Boden, werden sie über Pflanzen und Tiere in die Nahrungskette des Menschen aufgenommen.

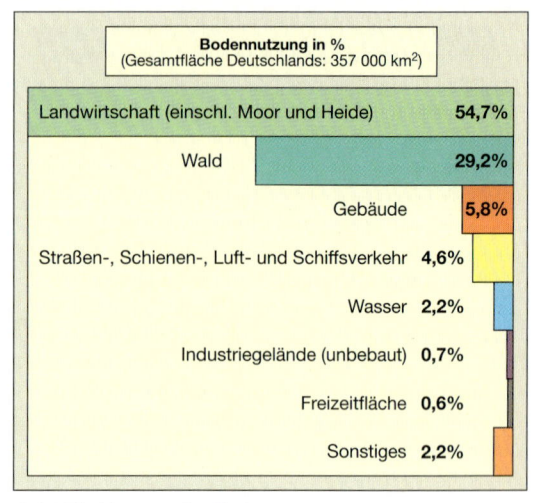

Bodennutzung in %
(Gesamtfläche Deutschlands: 357 000 km^2)

Landwirtschaft (einschl. Moor und Heide)	54,7%
Wald	29,2%
Gebäude	5,8%
Straßen-, Schienen-, Luft- und Schiffsverkehr	4,6%
Wasser	2,2%
Industriegelände (unbebaut)	0,7%
Freizeitfläche	0,6%
Sonstiges	2,2%

176.2 Die Nutzung des Bodens

1. Erläutere den Aufbau des Bodens und seine Bedeutung.
2. Begründe die Aussage, dass der Boden eine empfindliche Haut und ein kostbares Naturgut ist.
3. Nenne Ursachen und Folgen der Bodenbelastung (Abb. 177.1).

Boden:
Durch Verwitterungsvorgänge aus festem Gestein und den organischen Resten von Pflanzen und Tieren gebildete oberste Schicht der Erdoberfläche. Lebensraum für viele Organismen (z. B. Bakterien, Pilze, einzellige Tiere, Würmer, Spinnentiere, Insekten). Bodenorganismen durchmischen den Boden und lockern ihn auf, sodass Hohlräume für die Durchlüftung und die Speicherung von Wasser entstehen, außerdem bereiten sie den Boden auf und setzen anorganische Nährsalze (z. B. Stickstoffverbindungen) frei, die Pflanzen zum Wachstum benötigen.

A – Oberboden:
Krümelige Struktur: Bodenorganismen wandeln hier Reste von Pflanzen und Tieren zu Humus um: Aus Humus werden langsam Nährsalze freigesetzt, die von den Pflanzenwurzeln aufgenommen werden können.

B – Unterboden:
Humusarm oder ohne Humusstoffe: verwittertes Gestein mit Resten unverwitterter Mineralien: Nährsalze, die aus dem Oberboden ausgewaschen werden, reichern sich hier an.

C – Ausgangsgestein:
Noch weitgehend unverwittertes Gestein, aus dem der darüberliegende Boden entstanden ist.

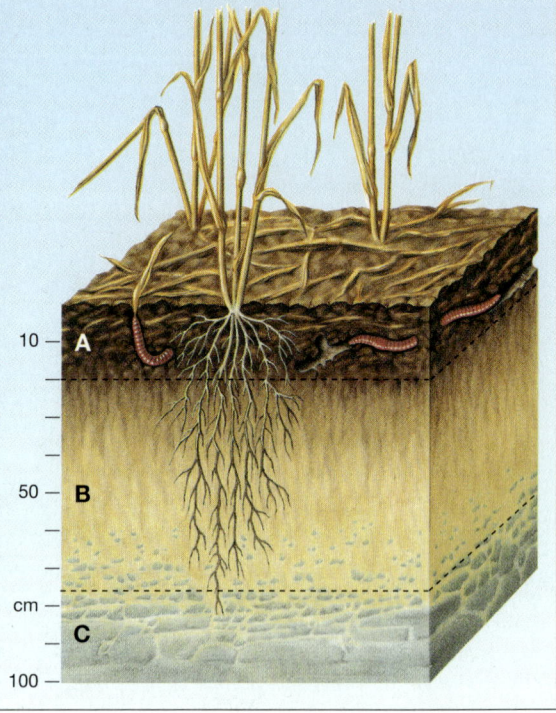

176.1 System Boden

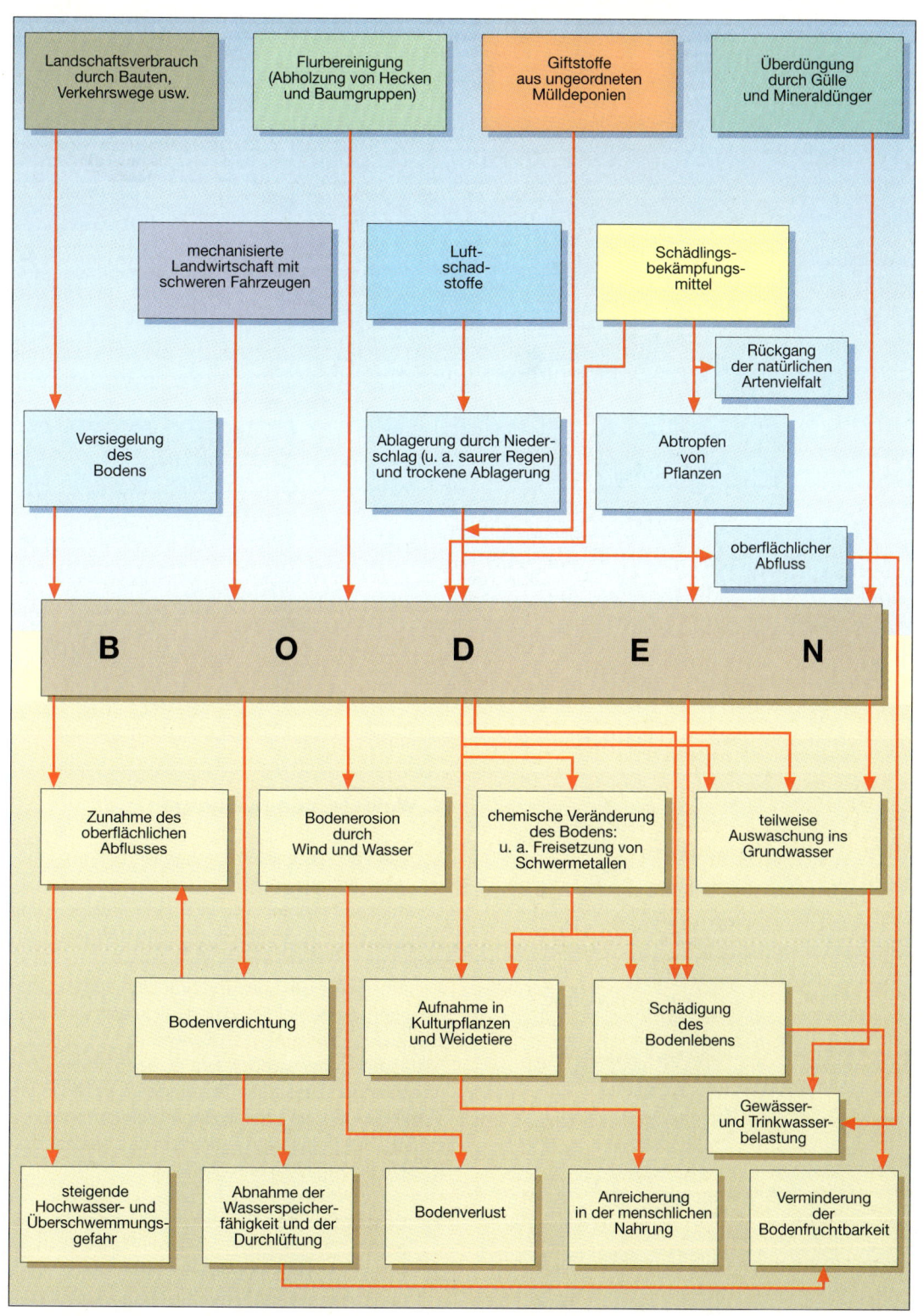

177.1 Bodenbelastung – Ursachen und Folgen

Waldschäden in Europa

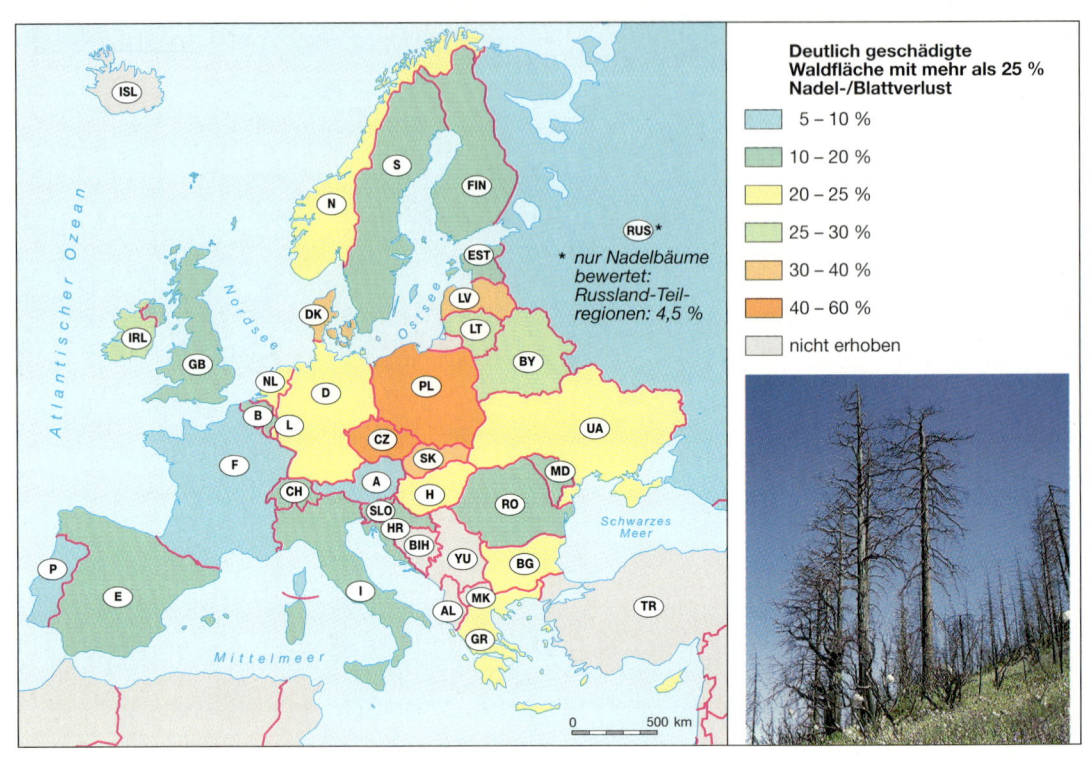

Deutlich geschädigte Waldfläche mit mehr als 25 % Nadel-/Blattverlust
- 5 – 10 %
- 10 – 20 %
- 20 – 25 %
- 25 – 30 %
- 30 – 40 %
- 40 – 60 %
- nicht erhoben

* nur Nadelbäume bewertet: Russland-Teilregionen: 4,5 %

178.1 Waldschäden in Europa (1997)

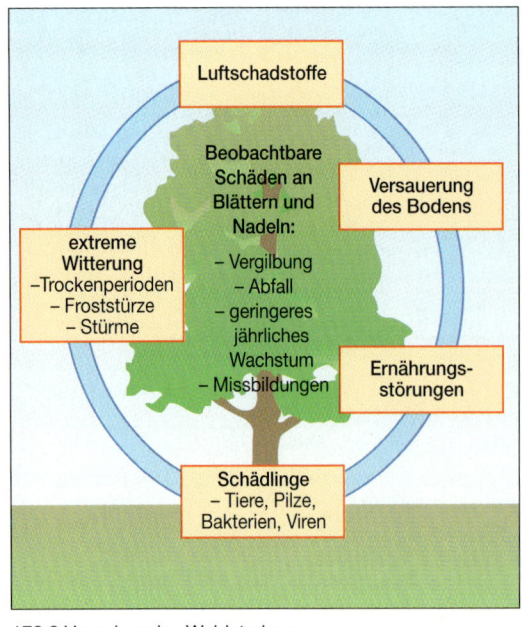

178.2 Ursachen des Waldsterbens

- Luftschadstoffe
- Versauerung des Bodens
- Ernährungsstörungen
- Schädlinge – Tiere, Pilze, Bakterien, Viren
- extreme Witterung – Trockenperioden – Froststürze – Stürme
- Beobachtbare Schäden an Blättern und Nadeln: – Vergilbung – Abfall – geringeres jährliches Wachstum – Missbildungen

1. Waldsterben in Europa

Abgase von Automotoren, chemische Verbindungen aller Art aus Betrieben der Schwerindustrie, Chemieunternehmen, aus Wärmekraftwerken und Haushalten verursachen den Schadstoffgehalt unserer Luft.

Eine Folge der Luftverschmutzung ist der saure Regen. Schwefeldioxid und Stickstoffoxide werden in der Atmosphäre zu Schwefelsäure und Salpetersäure umgewandelt (vgl. S. 58 f.). Diese Säuren gelangen zusammen mit anderen schädlichen Verbindungen als saurer Regen wieder zur Erde zurück. Hier belasten sie vor allem das Wasser, den Boden, die Pflanzen und den Wald.

1. Beschreibe das Entstehen des „sauren Regens".
2. Erläutere die Schadensberichte von Europa und Deutschland. Nimm Stellung zu der These „Waldsterben ist ein europäisches Problem".

Waldschäden bei Laub- und Nadelbäumen 1995

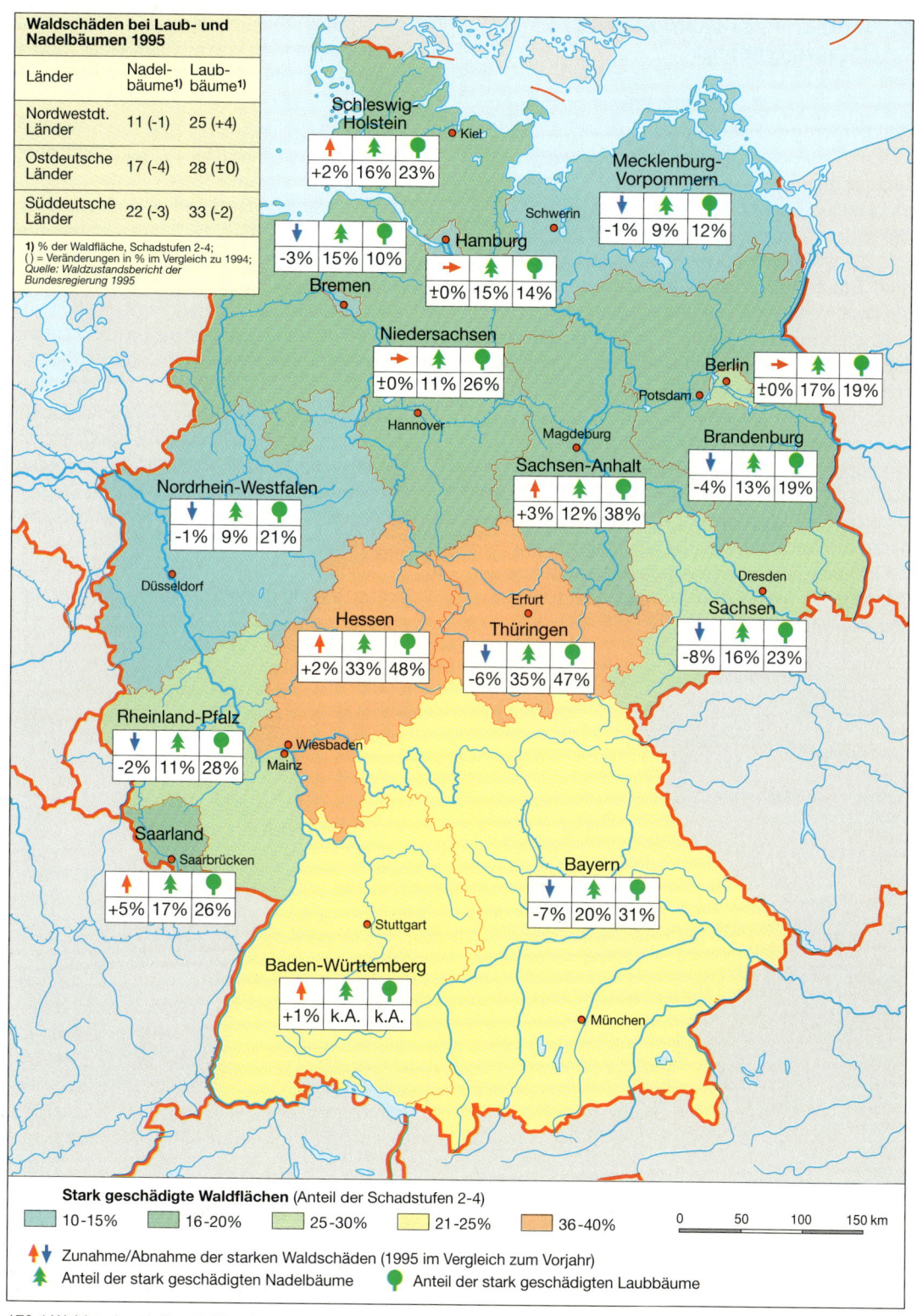

Länder	Nadelbäume[1]	Laubbäume[1]
Nordwestdt. Länder	11 (-1)	25 (+4)
Ostdeutsche Länder	17 (-4)	28 (±0)
Süddeutsche Länder	22 (-3)	33 (-2)

[1] % der Waldfläche, Schadstufen 2-4;
( ) = Veränderungen in % im Vergleich zu 1994;
Quelle: Waldzustandsbericht der Bundesregierung 1995

Schleswig-Holstein: +2% | 16% | 23%
Mecklenburg-Vorpommern: -1% | 9% | 12%
Hamburg: -3% | 15% | 10%
Bremen: ±0% | 15% | 14%
Niedersachsen: ±0% | 11% | 26%
Berlin: ±0% | 17% | 19%
Brandenburg: -4% | 13% | 19%
Sachsen-Anhalt: +3% | 12% | 38%
Nordrhein-Westfalen: -1% | 9% | 21%
Hessen: +2% | 33% | 48%
Thüringen: -6% | 35% | 47%
Sachsen: -8% | 16% | 23%
Rheinland-Pfalz: -2% | 11% | 28%
Saarland: +5% | 17% | 26%
Bayern: -7% | 20% | 31%
Baden-Württemberg: +1% | k.A. | k.A.

Stark geschädigte Waldflächen (Anteil der Schadstufen 2-4)
- 10-15%
- 16-20%
- 25-30%
- 21-25%
- 36-40%

Zunahme/Abnahme der starken Waldschäden (1995 im Vergleich zum Vorjahr)
Anteil der stark geschädigten Nadelbäume
Anteil der stark geschädigten Laubbäume

179.1 Waldsterben in Deutschland

2. Böhmen – ein ökologisches Notstandsgebiet

Ende der 70er-Jahre warnten Wissenschaftler vor den Folgen des Raubbaus an der Natur in den Staaten Osteuropas. In der Tschechoslowakei hatte die Umweltverschmutzung mit der Schwefeldioxidbelastung, der Wasserverschmutzung und dem Waldsterben ein ungeheures Ausmaß erreicht.

Die CSSR war auf ihren einzigen Energierohstoff Braunkohle angewiesen: Zunächst beutete sie hochwertige Braunkohle mit hohem Heizwert aus, danach auch die minderwertige, die einen höheren Anteil an Schwefeldioxid und Asche liefert. Kohlebefeuerte Wärmekraftwerke tragen mit über 50 % den Hauptteil der Energieversorgung des Landes. Ein Viertel der Elektrizität kommt aus Nordböhmen. Zwei der Kraftwerke gehören zu den größten Verschmutzern Europas. Die Folge ist eine ökologische Katastrophe: Der Wald ist zu großen Teilen tot. Nachfolgende Generationen werden eine Häufung von Lungen- und Krebskrankheiten erfahren. 53 Ortschaften wurden seit 1945 vom Tagebau verschlungen.

Seit 1990 sollen Absauganlagen aus Westeuropa die Kohlenstaubemissionen mindern. Über 100 Anlagen werden benötigt um die Schadstoffemission auf westliche Richtwerte zu reduzieren.

Da die Preise für Energie nach dem Wechsel der Tschechischen Republik zur Marktwirtschaft gestiegen sind, ist die Braunkohlenförderung leicht rückläufig. Es fehlt an Geld und an einem tragfähigen Energiekonzept, das die ökonomischen und die ökologischen Bedürfnisse berücksichtigt. Viele Menschen der Region wollten dies nicht abwarten: Seit 1960 ist die Bevölkerung durch Abwanderung um mehr als 40 000 Bewohner gesunken, während sie im Landesdurchschnitt deutlich gestiegen ist.

1. Erläutere, warum es besonders im nordböhmischen Braunkohlenrevier zu großen Luftbelastungen kommt (Abb. 181.1). Nenne die Folgen (Abb. 180.1).
2. Vergleiche die Emissionswerte der verschiedenen Verursacher (Abb. 181.2).
3. In welchem Umfang finden im nordböhmischen Braunkohlenrevier Rekultivierungsmaßnahmen statt (Abb. 180.1, 181.3)?

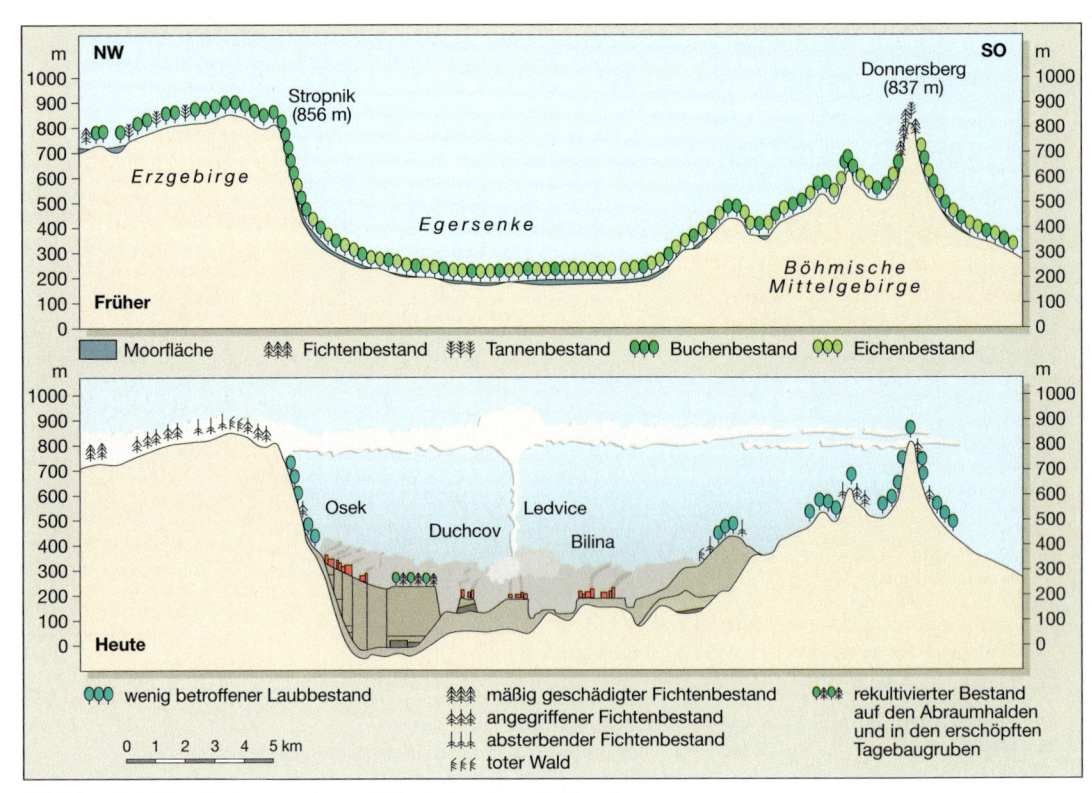

180.1 Landschaftsveränderungen im nordböhmischen Braunkohlerevier

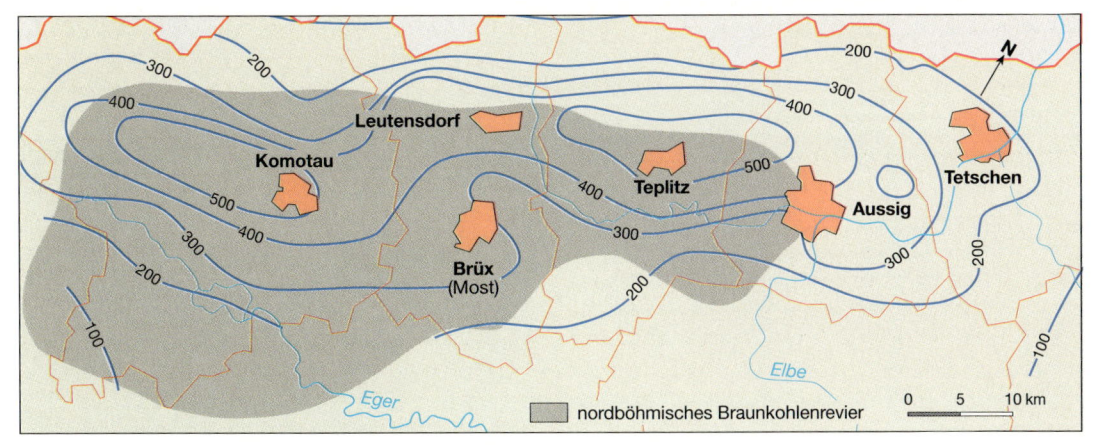

181.1 Mittelwerte der täglichen SO_2-Konzentration (µg/m³)

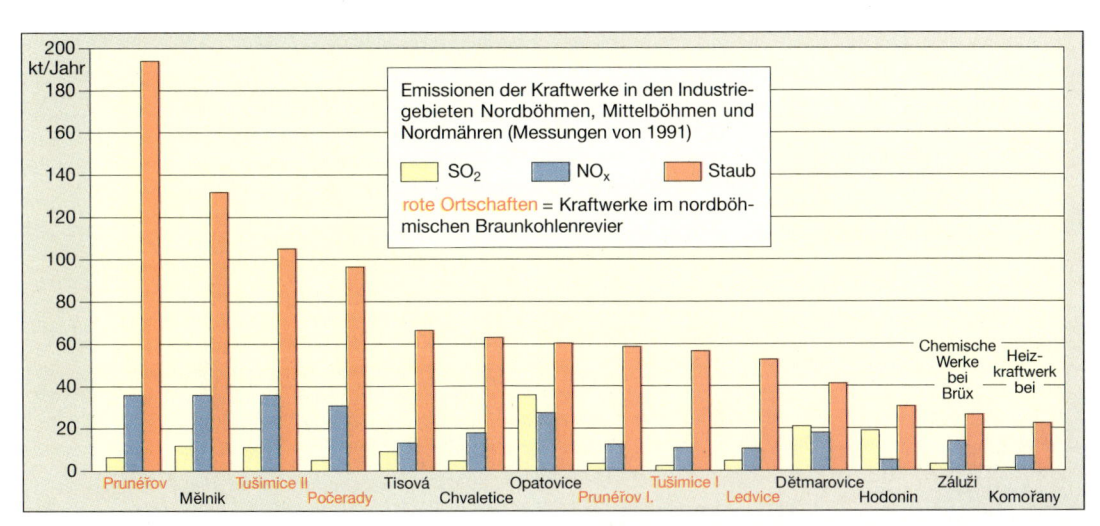

181.2 Emissionen im Vergleich

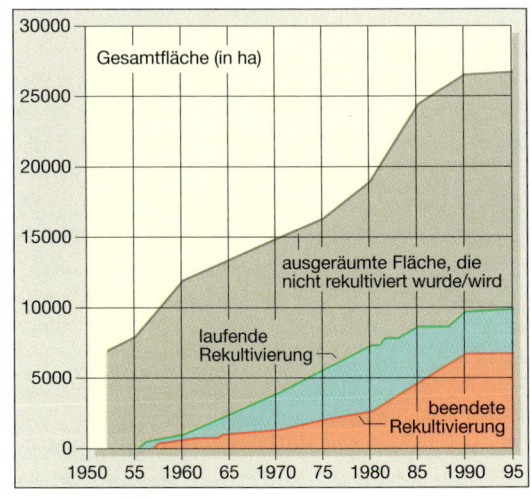

181.3 Flächenbilanz

181.4 Eine Folge der Emissionen

181

Raubbau im Urwald

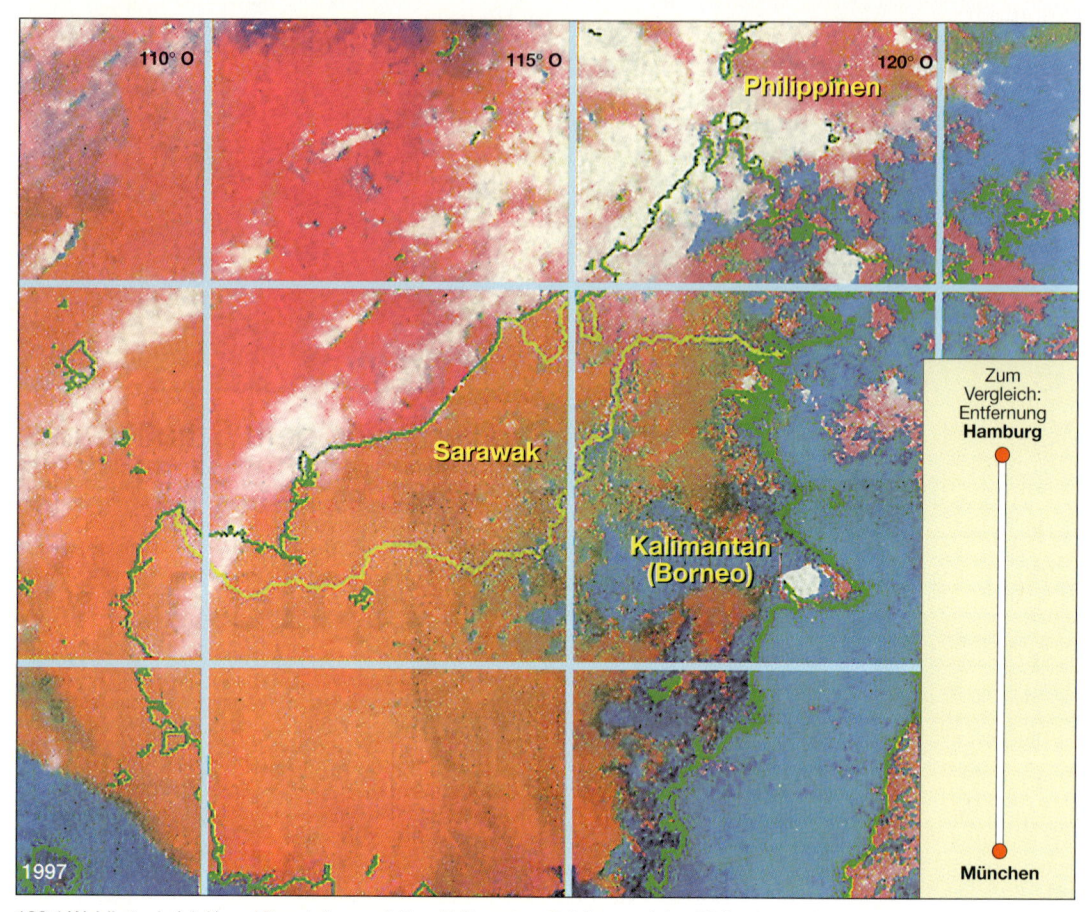

182.1 Waldbrände (pink) und Rauch (orange) über Kalimantan, Celebes und den Philippinen – Infrarotfoto eines US-Satelliten

Saurer Regen über Südostasien

Das Ausmaß der Waldbrände in Indonesien ist größer als bislang vermutet. Rund eine Million Hektar Wald sollen bereits ein Opfer der Flammen geworden sein. In einigen Teilen Südostasiens sind die Rauchschwaden inzwischen so dicht, dass die Sichtweite unter 20 Metern liegt. Die Ruß- und Aschepartikel halten das Sonnenlicht zurück, behindern damit die Fotosynthese und damit das Pflanzenwachstum. Das durch das Feuer entstehende Schwefeldioxid fällt dann als saurer Regen auf die Erde nieder.

Jahrtausendelang hatten die Bewohner der Tropen den Wald abgebrannt, kurze Zeit die Felder bestellt und waren dann weitergezogen. In den vergangenen Jahrzehnten nahmen die Brandrodungen immer größere Ausmaße an. Besonders in Indonesien wurden Feuer systematisch genutzt um Platz für Plantagen zu schaffen. Diese Praxis hatte bereits '91 und '94 in bestimmten Regionen zu starker Smogbelastung geführt. Auf Druck der ASEAN-Staaten verbot Indonesien im April 1995 daher offiziell die Verbrennung der Umwandlungsflächen.

Doch die Brandrodungen werden offensichtlich weitergeführt. Kommen extreme Wetterereignisse hinzu, so wie jetzt eine große Trockenheit durch das Klimaphänomen El Niño, geraten die Brände schnell außer Kontrolle. Bereits in den 80er-Jahren brannten auf der Insel Kalimantan fünf Mio. m² Regenwald nieder. Forschungsprogramme untersuchen nun den Einfluss der Waldbrände auf das globale Klima.

(aus: „Welt", vom 27. 9. 1997)

Gründe des Abholzens

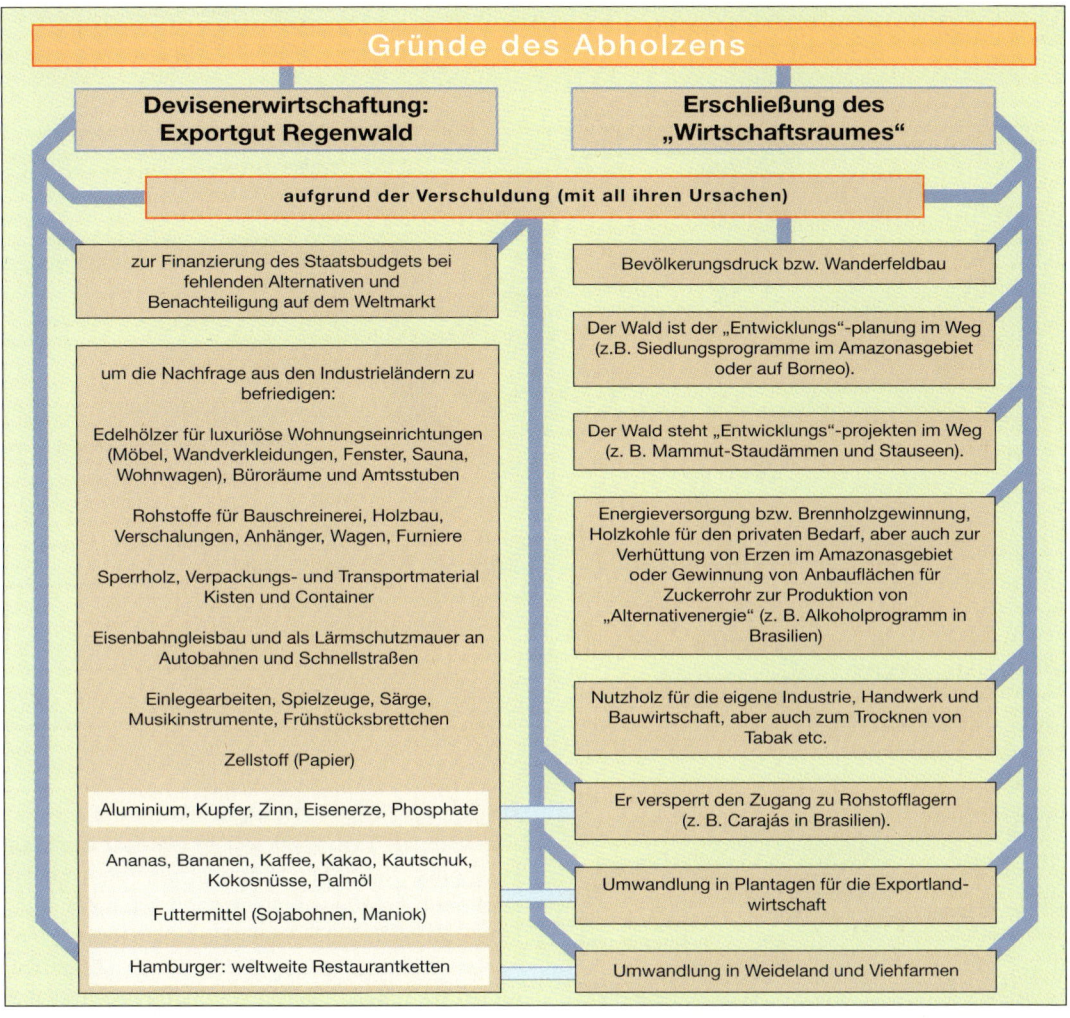

Devisenerwirtschaftung: Exportgut Regenwald | **Erschließung des „Wirtschaftsraumes"**

aufgrund der Verschuldung (mit all ihren Ursachen)

- zur Finanzierung des Staatsbudgets bei fehlenden Alternativen und Benachteiligung auf dem Weltmarkt
- um die Nachfrage aus den Industrieländern zu befriedigen:
- Edelhölzer für luxuriöse Wohnungseinrichtungen (Möbel, Wandverkleidungen, Fenster, Sauna, Wohnwagen), Büroräume und Amtsstuben
- Rohstoffe für Bauschreinerei, Holzbau, Verschalungen, Anhänger, Wagen, Furniere
- Sperrholz, Verpackungs- und Transportmaterial Kisten und Container
- Eisenbahngleisbau und als Lärmschutzmauer an Autobahnen und Schnellstraßen
- Einlegearbeiten, Spielzeuge, Särge, Musikinstrumente, Frühstücksbrettchen
- Zellstoff (Papier)
- Aluminium, Kupfer, Zinn, Eisenerze, Phosphate
- Ananas, Bananen, Kaffee, Kakao, Kautschuk, Kokosnüsse, Palmöl
- Futtermittel (Sojabohnen, Maniok)
- Hamburger: weltweite Restaurantketten

Rechts:
- Bevölkerungsdruck bzw. Wanderfeldbau
- Der Wald ist der „Entwicklungs"-planung im Weg (z.B. Siedlungsprogramme im Amazonasgebiet oder auf Borneo).
- Der Wald steht „Entwicklungs"-projekten im Weg (z. B. Mammut-Staudämmen und Stauseen).
- Energieversorgung bzw. Brennholzgewinnung, Holzkohle für den privaten Bedarf, aber auch zur Verhüttung von Erzen im Amazonasgebiet oder Gewinnung von Anbauflächen für Zuckerrohr zur Produktion von „Alternativenergie" (z. B. Alkoholprogramm in Brasilien).
- Nutzholz für die eigene Industrie, Handwerk und Bauwirtschaft, aber auch zum Trocknen von Tabak etc.
- Er versperrt den Zugang zu Rohstofflagern (z. B. Carajás in Brasilien).
- Umwandlung in Plantagen für die Exportlandwirtschaft
- Umwandlung in Weideland und Viehfarmen

183.1 Gründe für die Abholzung des Urwaldes

Der Regenwald

„Wir brauchen Land für Siedlungen und um Nahrungsmittel anzubauen. Wie können wir unsere Auslandsschulden bezahlen ohne die Ressourcen der Natur auszubeuten?" So beschreibt der indonesische Minister für Umwelt und Bevölkerung die Situation seines Landes.

Angesichts der Bevölkerungsexplosion wurden bis 1990 über vier Mio. Menschen von Java auf die dünn besiedelten Außeninseln umgesiedelt. Jede Familie bekam zwei Hektar Land, das selbst gerodet werden musste. Da die Außeninseln zumeist von tropischen Wäldern bedeckt sind, opfert Indonesien riesige Regenwälder – in fünf Jahren eine Fläche fünfmal so groß wie Schleswig-Holstein.

Die Folgen des Kahlschlags und der Brandrodung sind schwere Erosionsschäden. Bei wetterbedingter Trockenheit geraten die Brandrodungsbrände häufig außer Kontrolle. 1997 erreichte die Smog-Glocke die 10-fache Größe Deutschlands. 20 Mio. Indonesier erkrankten an Lunge, Haut oder Augen.

1. Nenne Gründe für die Abholzung des tropischen Regenwalds in Indonesien. Welche Folgen hat man nicht bedacht?
2. Weltweit wird der Import von Tropenhölzern eingeschränkt, auch in Deutschland. Bewerte die Folgen
 a) für Deutschland, b) für Indonesien.
3. Die Indonesier betreiben Brandrodung. Erläutere die Vor- und Nachteile.

Atomabfall im Eismeer

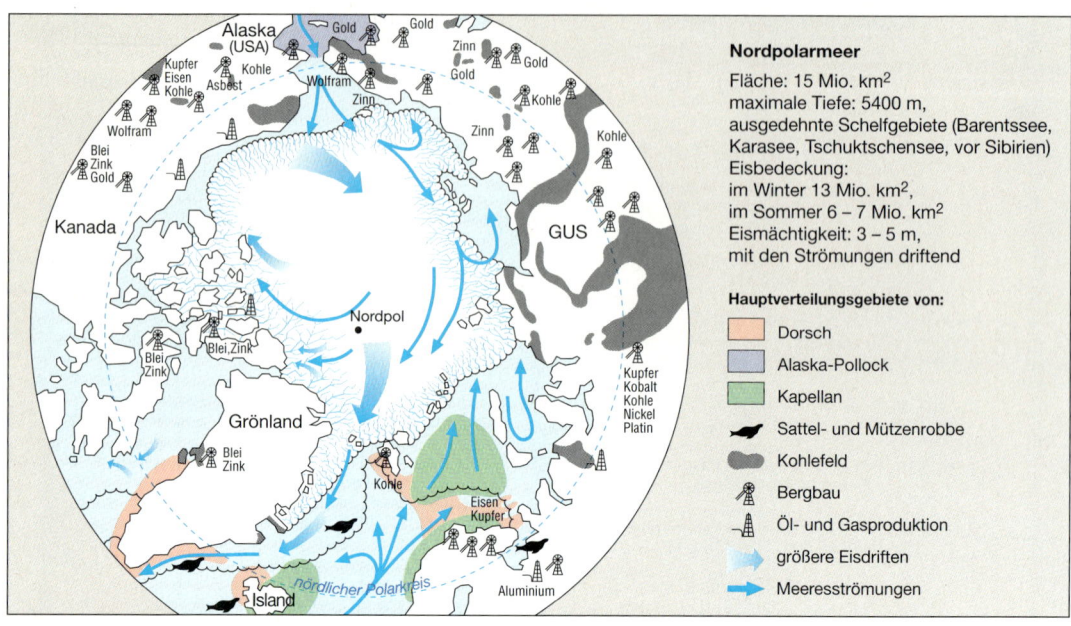

Nordpolarmeer
Fläche: 15 Mio. km²
maximale Tiefe: 5400 m,
ausgedehnte Schelfgebiete (Barentssee,
Karasee, Tschuktschensee, vor Sibirien)
Eisbedeckung:
im Winter 13 Mio. km²,
im Sommer 6 – 7 Mio. km²
Eismächtigkeit: 3 – 5 m,
mit den Strömungen driftend

Hauptverteilungsgebiete von:
- Dorsch
- Alaska-Pollock
- Kapellan
- Sattel- und Mützenrobbe
- Kohlefeld
- Bergbau
- Öl- und Gasproduktion
- größere Eisdriften
- Meeresströmungen

184.1 Das Nordpolarmeer

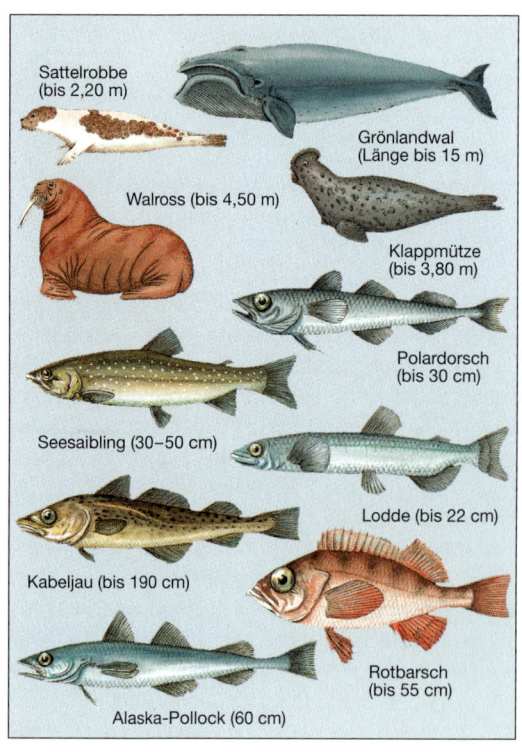

184.2 Tiere im Eismeer

Arktis – die Gefährdung der Umwelt

Die ständige Eisbedeckung im Eismeer lässt nur eine kurze Nahrungskette zu. Unter dem Eis ist deshalb die Lebensgemeinschaft artenarm. Hier leben der arktische Dorsch und einige Krebsarten. In den überwiegend eisfreien Gebieten gibt es hingegen die unterschiedlichsten Lebensformen der Meerestiere. Die Folge sind reiche Fischgründe in der Barentssee, im Beringmeer und in den Gewässern um Grönland und Neufundland.

Am oberen Ende der arktischen Nahrungskette stehen die Säugetiere. Robben fangen Fische, Walrosse ernähren sich von Weich- und Krebstieren, Eisbären machen Jagd auf Robben und Walrosse. Von den verschiedenen Walarten sind nur der Belugawal und der Narwal reine Arktisbewohner. Die anderen Walarten wie Grönland- oder Blauwal suchen im Sommer am Rand des Nordpolarmeeres Nahrung und bringen dort ihre Jungen zur Welt. Die meisten arktischen Tiere wandern mit der jahreszeitlichen Verschiebung der Eismassen. Ein Teil der mehr als hundert arktischen Vogelarten gehört zu den Zugvögeln wie die Küstenseeschwalbe, die im Herbst ihre arktischen Brutgebiete verlässt.

Atomtestgelände

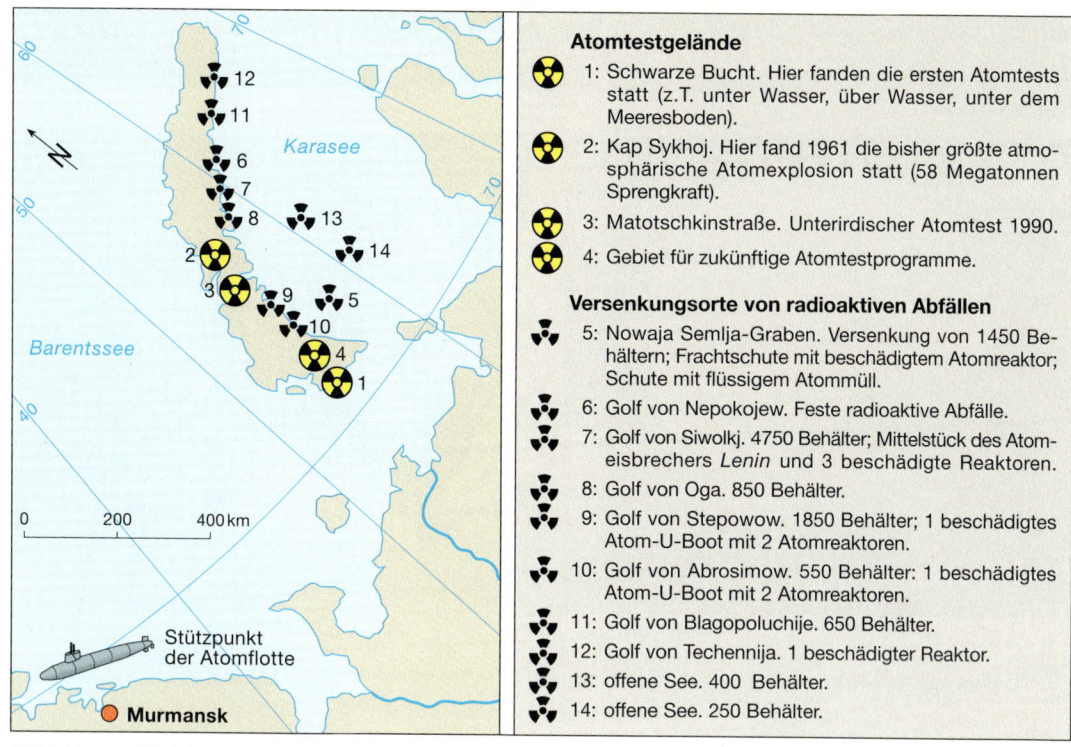

☢ 1: Schwarze Bucht. Hier fanden die ersten Atomtests statt (z.T. unter Wasser, über Wasser, unter dem Meeresboden).

☢ 2: Kap Sykhoj. Hier fand 1961 die bisher größte atmosphärische Atomexplosion statt (58 Megatonnen Sprengkraft).

☢ 3: Matotschkinstraße. Unterirdischer Atomtest 1990.

☢ 4: Gebiet für zukünftige Atomtestprogramme.

Versenkungsorte von radioaktiven Abfällen

☢ 5: Nowaja Semlja-Graben. Versenkung von 1450 Behältern; Frachtschute mit beschädigtem Atomreaktor; Schute mit flüssigem Atommüll.

☢ 6: Golf von Nepokojew. Feste radioaktive Abfälle.

☢ 7: Golf von Siwolkj. 4750 Behälter; Mittelstück des Atomeisbrechers *Lenin* und 3 beschädigte Reaktoren.

☢ 8: Golf von Oga. 850 Behälter.

☢ 9: Golf von Stepowow. 1850 Behälter; 1 beschädigtes Atom-U-Boot mit 2 Atomreaktoren.

☢ 10: Golf von Abrosimow. 550 Behälter; 1 beschädigtes Atom-U-Boot mit 2 Atomreaktoren.

☢ 11: Golf von Blagopoluchije. 650 Behälter.

☢ 12: Golf von Techennija. 1 beschädigter Reaktor.

☢ 13: offene See. 400 Behälter.

☢ 14: offene See. 250 Behälter.

185.1 Atomare Einrichtungen im Eismeer

Atommüll im Nordpolarmeer

Die Inselgruppe Nowaja Semlja hat eine Fläche von zusammen 90 000 km². Am 30. Oktober 1961 detonierte über der Nordinsel die größte je gezündete Wasserstoffbombe mit einer Sprengkraft von 6000 Hiroschima-Bomben. Der Explosionspilz stieg 60 km in die Atmosphäre auf und der Fallout erreichte die gesamte Nordhalbkugel. Von 1955 bis 1990 fanden auf Nowaja Semlja 132 Atomtests statt – in der Luft, unter Wasser und unter der Erde.

Die russische Nordmeerflotte umfasst u. a. 84 Atom-U-Boote mit 161 Atomreaktoren und zwei Schlachtschiffe mit je zwei Reaktoren. 71 Atom-U-Boote mit 135 Reaktoren sind außer Dienst gestellt. An zivilen Schiffen sind in Murmansk sieben atomgetriebene Eisbrecher und ein mit Atomkraft fahrendes Containerschiff beheimatet.

Atommüll wurde in vielen Fällen entgegen der Londoner Konvention über die Verhütung von Verschmutzungen der Meere und Ozeane entsorgt. Schiffe der Murmansker Seereederei und der Nordmeerflotte versenkten mehr als 11 000 Container mit Atommüll in der Nähe des Testgeländes von Nowaja Semlja. Endgelagert wurden außerdem 15 defekte Reaktoren von Atom-U-Booten und vom ehemaligen Eisbrecher Lenin. Fünf der Reaktoren enthalten auch heute noch die Brennelemente. Ungeklärt ist noch der künftige „Liegeplatz" des 1989 gesunkenen Atom-U-Bootes Komsomolez mit einem Atomreaktor und zwei Atomsprengköpfen. Es liegt in 1685 m Tiefe bei 73° 43, 47' N und 13° 15, 84' O. Russische Experten befürchten den Austritt von Plutonium in wenigen Jahren. Sofern das Schiff geborgen werden kann, soll es in der Schwarzen Bucht von Nowaja Semlja endgelagert werden.

Von dem gesamten Atommüll, der in Ozeanen versenkt wurde, entfallen auf die Barentssee und die Karasee allein zwei Drittel. Untersuchungen bei Rentierhaltern in der weiteren Umgebung von Nowaja Semlja zeigten eine 40-mal höhere Strontium-90-Anreicherung im Knochengewebe als bei Personen, die nichts mit der Rentierhaltung zu tun haben. Strontium 90 zerstört das Knochenmark und reduziert die Bildung von roten Blutkörperchen.

Bereite ein Referat vor:
a) Gefahr im Lebensraum Arktis
b) Das Problem Atommüllbeseitigung

Projekt
Global denken – lokal handeln

③ Das globale Konzept

- Die Menschen haben das Recht auf ein gesundes und produktives Leben im Einklang mit der Natur.
- Die heutige Entwicklung darf die Entwicklungs- und Umweltbedürfnisse der heutigen und der kommenden Generationen nicht untergraben.
- Die Staaten treffen vorbeugende Maßnahmen zum Schutz der Umwelt. Wo die Gefahr von schweren oder irreparablen Schäden besteht, dürfen sofortige Rettungsmaßnahmen aus Kostengründen nicht entfallen.
- Wenn eine nachhaltige Entwicklung erreicht werden soll, muss der Umweltschutz als integraler Bestandteil des Entwicklungsprozesses und keinesfalls davon isoliert betrachtet werden.
- Die Staaten arbeiten zusammen um die Gesundheit und Integrität der Ökosysteme der Erde zu erhalten, zu schützen und wiederherzustellen.
- Umweltfragen werden am besten unter Beteiligung aller betroffenen Bürger behandelt.
- Die Staaten erleichtern und fördern das Bewusstsein und die Beteiligung der Öffentlichkeit, indem sie möglichst umfassende Umweltinformationen zur Verfügung stellen.
- Die Staaten setzen wirksame Umweltgesetze in Kraft.
- In allen Fällen von Umweltverschmutzung sollte das Verursacherprinzip zur Anwendung gelangen.
- Friede, Entwicklung und Umweltschutz sind ineinander verflochten und voneinander untrennbar.
- Die Staaten sollen vermeiden oder verhindern, dass Aktivitäten bzw. Materialien, die die Gesundheit oder Umwelt gefährden können, ins Ausland verlagert bzw. transportiert werden dürfen.
- Die volle Beteiligung der Frauen ist von entscheidender Bedeutung, wenn eine nachhaltige Entwicklung erreicht werden soll. Die Kreativität, der Idealismus und der Mut der Jugend sowie das Wissen von Eingeborenenvölkern werden ebenfalls benötigt. Die Staaten anerkennen und wahren die Identität, die Kultur und das Interesse von Eingeborenenvölkern.

(aus der Erklärung der UNO-Konferenz für Umwelt und Entwicklung 1992 in Rio de Janeiro)

④ **Zielvorstellung: Dauerhafte Entwicklung**

Industrieländer
Verbrauchsniveau senken
- Schadstoffe
- Rohstoffe
- Energie

Zerstörungen einstellen
- Atomenergie
- FCKW
- Giftmüll

Ziel: Neuer Lebensstil

Entwicklungsländer
Verbrauchsniveau ökologisch verträglich steigern
- Neue Industrien aufbauen
- Landwirtsch. entwickeln
- Natur schützen

Entwicklung vorantreiben
- Armut bekämpfen
- Bevölkerungswachstum stoppen

Ziel: Befriedigung der Grundbedürfnisse

⑤ **Die lokale Umsetzung**

Landschaftszerstörung: In Verdichtungsräumen und in ländlichen Gebieten ist die natürliche Umwelt durch Bebauung weitgehend verbraucht. Riesige Flächen der Regenwälder sind zerstört. Verantwortungsvoller Umgang mit der Landschaft ist erforderlich.

Bodenbelastung: Schadstoffe aus der Luft, Mineraldünger, Gülle belasten Ackerböden. Das Aufkommen an Müll steigt ständig. Die Entsorgung von Abfall und Sondermüll ist nicht gesichert.

Wasserbelastung: Flüsse und Meere sind weltweit durch Schadstoffe bedroht. Die Bereitstellung von Trinkwasser wird schwieriger.

Luftverschmutzung: Sie gefährdet die Gesundheit und verursacht Umweltschäden. Die Emissionen schädlicher Gase müssen eingeschränkt werden.

Energieverbrauch: Fossile Energieträger zur Energieerzeugung sind nur begrenzt vorhanden. Erneuerbare Energiequellen müssen weiter entwickelt werden.

Verkehrsdichte: In Verdichtungsräumen nimmt der Verkehr ständig zu. Verkehrswege und Verkehrsmittel der Zukunft müssen umweltgerecht gestaltet werden – auch gegen einzelne Verkehrsteilnehmer.

Bevölkerungsanstieg, Ernährungssicherung und **Armutsbekämpfung:** Folgende drei Zukunftsaufgaben müssen bewältigt werden, wenn die Menschen eine bewohnbare Erde erhalten wollen:
- Verhinderung der Bevölkerungsexplosion,
- Vermeidung von Hunger und
- Bekämpfung der Armut.

Dies erfordert gemeinsames Handeln.

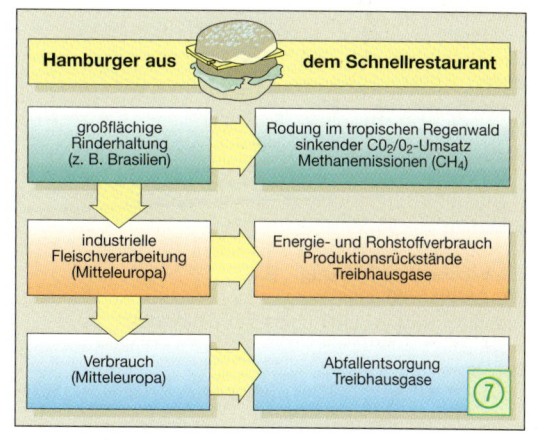

⑥ „Halt, Freund!! Wir brauchen diesen Baum um uns vor dem Treibhauseffekt zu schützen!"

⑦ **Hamburger aus dem Schnellrestaurant**

großflächige Rinderhaltung (z. B. Brasilien)	Rodung im tropischen Regenwald sinkender CO_2/O_2-Umsatz Methanemissionen (CH_4)
industrielle Fleischverarbeitung (Mitteleuropa)	Energie- und Rohstoffverbrauch Produktionsrückstände Treibhausgase
Verbrauch (Mitteleuropa)	Abfallentsorgung Treibhausgase

Bearbeitet innerhalb der Klasse/Gruppe das Thema „Verantwortung für die Zukunft der Erde". Nutzt weitergehende Informationen. Einige findet ihr in diesem Buch.

Sachregister – Begriffserklärungen

Ablagerung 97
Abtragung 94
Agrargenossenschaft 103
  Vereinigung von Landwirten
Agrarmarkt 104
  Summe der Handelsbeziehungen von Anbietern und Verbrauchern von landwirtschaftlichen Erzeugnissen
Aktivraum 138 f.
  Region mit hoher Bevölkerungsdichte, günstiger Verkehrslage, hoher Beschäftigtenzahl in der Industrie und im Dienstleistungssektor
alternative Energiequelle 62
  andere (auch erneuerbare oder regenerative Energie)
angepasste Technologie 160
APEC 9, 51
  Asia Pacific Economic Cooperation
Aquakultur 13
  Aufzucht und Zucht von Pflanzen und Tieren in Seebecken, Flussarmen, Fischfarmen
Armutsbekämpfung 187
ASEAN 48, 51
  Association of South East Asian Nations
Astronomie 76
  Sternkunde
Atomabfall 184 f.
Atommüll 85
  strahlende (radioaktive) Abfallstoffe von Kernkraftwerken, Entsorgung in Zwischen- oder Endlager
Ausblasung 97
  Form der Abtragung durch den Wind

Banane 145
Bevölkerungsanstieg 187
Billiglohnland 143, 168
  Land mit niedrigen Lohn- und Lohnnebenkosten
biologische Verwitterung 92
Biomasse 65
  lebende Organismen auf einer bestimmten Fläche
Blockheizkraftwerk 68
Boden 176 f.
Bodenbelastung 186
Bodenbildung 93
Bodenreform 103
  Neuordnung der Besitz- und Nutzungsrechte, häufig mit Enteignung von Großgrundbesitz verbunden
Braunkohle 56, 71

chemische Verwitterung 92
CO$_2$-Senke 26
  Meerwasser, in dem Kohlendioxid gelöst ist

Deckschicht 98
  nicht oder wenig gefaltete Ablagerung über einem älteren Unterbau (Grundgebirge)
Delta 95
  besondere Art von Flussmündung; bei nachlassender Transportkraft des Flusses Ablagerung von Schwebstoffen
Denkmal 114
Dienstleistungsgesellschaft 108
  Der überwiegende Teil der Beschäftigten arbeitet im tertiären Sektor (Verwaltung, Polizei, Krankenhaus, Gericht, Handel, Banken, Versicherungen, Transport)

Dienstleistungsverkehr 125
  Austausch von Leistungen des tertiären Sektors
Dienstleistungszentrum 12
Dritte Welt 49 ff., 168
  allgemeine Bezeichnung für Entwicklungsländer
Düne 97
  vom Wind aufgewehte Sandablagerungen

El Niño 25
  Klimaerscheinung an der Westküste Südamerikas, kaltes Wasser des Humboldtstromes wird durch warmes Wasser des äquatorialen Gegenstromes ersetzt
Energie 53 ff.
Energiebedarf 54
Energiekonsens 70
Energiepolitik 70
Energiesparen 68
Energiesparlampe 68
Energiestandort 70
Energieträger 54
  Stoff, der Energie in sich speichert; Primärenergie: Kohle, Erdöl, Wasserkraft; Sekundärenergie: Strom, Benzin
Energieverbrauch 54, 187
Entwicklungshilfe 160
Entwicklungsland 168
  etwa 170 Länder (→ Dritte Welt), im Vergleich mit Industriestaaten unterentwickelt
Erdaltertum 98
  → siehe hinteren Bucheinband
Erdbeben 80, 90
Erde 76 ff
Erdgas 57
Erdinneres 80
Erdkruste 75, 84
Erdmittelalter 98
  → siehe hinteren Bucheinband
Erdneuzeit 98
  → siehe hinteren Bucheinband
Erdöl 57
Erdwärme 64
  Wärmeenergievorräte in der Erdkruste (geothermische Energie) in Vulkangebieten
Ernährungssicherung 187
Erosion 94
  Abtragung von gelockertem oder lockerem Material durch Wasser, Wind, Eis
EU-Binnenmarkt 125
  Wirtschaftsgebiet der EU ohne Kontrollen für Personen, Güter, Kapital innerhalb der Mitgliedsstaaten
Europäische Atomgemeinschaft (EAG) 130
Europäische Gemeinschaft (EG) 130
Europäische Gemeinschaft für Kohle und Stahl (EGKS, Montanunion) 130
Europäische Union (EU) 130 ff.
  Wirtschaftlicher und politischer Zusammenschluss von Staaten in Europa
Europäische Wirtschaftsgemeinschaft (EWG) 102, 130
Europäischer Stromverbund 72
Europäischer Wirtschaftsraum (EWR) 144
European Free Trade Association (EFTA) 130
Euroregion 140
  Grenzregion zwischen europäischen Staaten mit dem Ziel grenzübergreifender Zusammenarbeit

exogene Kraft 94
  von außen wirkend, z. B. Sonne, Luft, Wasser

Faulgas 65
  Gas, das bei der Zersetzung von organischem Material, z. B. Mist, ohne Sauerstoff entsteht
Fisch 10
Fischfang 12 f.
Fischfarm 13
Fluorkohlenwasserstoffe (FCKW) 174 f.
fossile Energien 56 f.
  aus der erdgeschichtlichen Vergangenheit stammende Rohstoffe; Verwendung als Brennstoff (Torf, Braun-, Steinkohle, Erdöl, Erdgas)
Fossil (Mehrzahl Fossilien) 98
  Überreste von Pflanzen und Tieren aus der erdgeschichtlichen Vergangenheit
Fotovoltaik 66
  direkte Umwandlung von Sonnenlicht in elektrische Energie
Freihandelsabkommen 48
  Vertrag zwischen Staaten mit dem Ziel die Außenhandelsbeschränkungen abzubauen
Freiheit der Meere 30
  Nutzung des Meeres (Fischfang, Ausbeutung von Rohstoffen) ohne irgendeine Erlaubnis
Frostverwitterung 92
  Zerfall von Gestein durch in Spalten gefrierendes Wasser, durch Volumenvergrößerung Frostsprengung

Gesellschaft zur Förderung der Partnerschaft mit der Dritten Welt 160
Gezeiten 24
Gezeitenkraftwerk 62
  Wasserkraftwerk, das Tidenhub der Gezeiten zur Energieerzeugung nutzt
Gleithang 95
  Ufer an der Innenseite einer Flusskrümmung; geringe Fließgeschwindigkeit des Wassers, Ablagerungen
Gletscher 96
Gletscherschliff 96
  vom Gletscher glatt geschliffene Fläche
Gletscherschrammen 96
Golfstrom 25
Grundgebirge 98
  erdgeschichtlich älteres Tiefengestein
geothermisches Kraftwerk 64
  Kraftwerk, das → Erdwärme nutzt

Handelsriese 36
Hard-Dry-Rock-Verfahren 64
  Verfahren zur Gewinnung von Erdwärme aus festem Gestein
Hilfe zur Selbsthilfe 160
Hot spot 90
  heißer Fleck; Aufsteigen von geschmolzenem Gestein an der gleichen Stelle schlotartig bis an die Erdoberfläche, bewirkt Vulkanismus
Humboldtstrom 25

Industriegesellschaft 108
  durch Industrie (und tertiären Sektor) auf schnellem Wandel bestehende Gesellschaftsform

Industriegigant 36
industrielle Revolution 122
  Übergang von der Agrar- zur Industriegesellschaft, in England seit 1760 durch Erfindung des mechanischen Webstuhls, der Dampfmaschine, der Eisenbahn
Industriestandort 37
Inlandeis 96
  großflächige Vereisung einer Landfläche
Insolationsverwitterung 92
  Hitzesprengung, auf die Sonneneinstrahlung zurückgehende Gesteinsverwitterung
internationale Arbeitsteilung 168
Interventionspreis 105
  Preis, bei dem die EU eingreift (interveniert) und landwirtschaftliche Produkte aufkaufen muss
Inversionswetterlage 59
  Luftmassengrenze verhindert Aufwärtsbewegung der Luft, Temperatur nimmt mit der Höhe zu (Inversion)

Kaffee 150
Kapitalverkehr 125
  Übertragung von Geld, Wertpapieren, Aktien von einem Land in ein anderes
Kernenergie 60 f., 71
Kinderarbeit 156 f.
Kleinststaudamm 163
Kohlendioxid-Emission 58
Kohlenwasserstoff 67
  chemische Verbindung aus Kohlenstoff und Wasserstoff, einfachste Verbindung Methan (CH_4)
Kollektivierung 103
  Vergesellschaftung, Überführung von Privat- in Gemeinschaftseigentum, vorwiegend in der Landwirtschaft, und Schaffung von landwirtschaftlichen Produktionsgenossenschaften
Komet 77
Kontinent 8
  die großen Landmassen (Festländer) der Erde
Kontinentalabhang 9
  Abfall der Kontinentalplatten an den Rändern zu den Tiefseeböden
kontinentale Scholle 90
Kontinentalverschiebung 80
Konvektionsströmung 84
  Bewegung im äußeren Teil des Erdkörpers, hervorgerufen durch Wärmeströme aus dem Erdinnern
Kraft-Wärme-Kopplung 68
  Verwendung von Wärme, die bei der Stromerzeugung auftritt
kulturelle Vielfalt 128
Küstengewässer 30
  Meeresgebiete, die der Hoheit des angrenzenden Küstenstaates unterstehen

ländlicher Zentralort 120
  → zentraler Ort, der Grundbedürfnisse abdeckt
Landschaftszerstörung 186
Landwirtschaft 102 ff.
Langzeitspeicher 62
  Wasserspeicher (Stausee)
Laufwasserkraftwerk 62
  Kraftwerk an einem Fluss, das die Energie des strömenden Wassers zur Stromerzeugung nutzt

Lebensgrundlage 72
Lebensraum 170
Luftverschmutzung 187

Mäander 95
Flussschlingen, in denen der Fluss abschnittsweise entgegen seiner Hauptrichtung fließt, wodurch Gleit- und Prallhänge entstehen
Mangan 16
mechanische (physikalische) Verwitterung 92
entsteht vorwiegend durch Temperaturwechsel: Gestein schrumpft oder dehnt sich aus
Meeres-Dichte 9
 -Farbe 9
 -Salzgehalt 9
Meeresspiegelanstieg 28
Meeresströmung 24
Meerestemperatur 9
Meeresverschmutzung 18, 21
entsteht durch Zufluss verunreinigter Flüsse, dem Einbringen flüssiger und fester Abfallstoffe. Die Schadstoffe werden durch Meeresströmungen weiträumig transportiert
Meteorit 77
kleiner Festkörper, der die Erde oder einen anderen Planeten erreicht
Metropolregion 119
das Siedlungsgebiet einer Großstadt, das über die Grenzen der politischen Gemeinde hinausgeht
Mittellauf 95
Mittelozeanischer Rücken 9, 86
System von untermeerischen Rücken; Nordpolarmeer (Arktischer Rücken), Europäische Nordmeer (Monarücken), Atlantik (Mittelatlantischer Rücken), um Afrika (Atlantisch-Indischer Rücken), Indischer Ozean (Mittelozeanischer Rücken)
Mittelzentrum 120
Modernisierung 168
Mond 77
natürlicher Satellit der Erde und anderer Planeten. Der Erdmond hat einen Durchmesser von 3480 Kilometern – 1/4 des Erddurchmessers

nachwachsender Rohstoff 65
NAFTA 48, 51
Nordamerikanische Freihandelszone, ein Wirtschaftsabkommen zum Abbau von Zöllen, Investitionshürden, Schutz des geistigen Eigentums
Nährstoff 19
so bezeichnet man die Stoffe Kohlenstoff, Stickstoff und Wasser
Nahrung 10
Nahrungskette 11
Niedriglohnland 168
Null-Energiehaus 68

Oberflächenform 92
Oberflächentemperatur 23
Oberlauf 95
Oberzentrum 120
Ökologisches Notstandsgebiet 180
Ökosystem Weltmeer 7 ff.
Pflanzen, Tiere, Bakterien und Pilze bilden eine Lebensgemeinschaft in ihrem Lebensraum
Ozonloch 147

Ozonschicht 175
Bereich in der Stratosphäre. Ozon entsteht durch Einwirkung der Sonnenstrahlung auf Sauerstoff. Stickstoffverbindungen haben die Ozonkonzentration auf stabilen Niveau gehalten.

Personenverkehr 125
Planet 76, 77
einer der neun Himmelskörper, der die Sonne umkreist und durch reflektiertes Licht leuchtet
Platte 90
Plattentektonik 85
Die Erdkruste setzt sich aus sechs großen und einigen keineren Erdplatten zusammen. Zwischen den Platten konzentrieren sich Erdbeben und Vulkanausbrüche
Prallhang 95
→ Mäander
Primärbereich 122
Privatisierung 103
Überführung staatlicher Unternehmen in Privateigentum
Projekt 14
Projekte für Frauen 164 f.
Protektionismus 144
schützt die Binnenwirtschaft vor ausländischen Mitbewerbern durch hohe Einfuhrzölle und Einfuhrbeschränkungen ausländischer Waren
Pumpspeicher 62
ein Kraftwerk: Nachts wird Wasser in einen hochgelegenen Speicher gepumpt. Bei Strombedarf strömt das Wasser über Turbinen zurück

quartärer Bereich 122

Rat für Gegenseitige Wirtschaftshilfe (RGW) 130
Raubbau 182
Ausnutzung des Bodens bis zur Erschöpfung an Nährstoffen und Humus. Die Folge ist Erosion
Raumanalyse 135
Raummenge 40
Regenwald 183
immergrüner Wald der Tropen. Typisch ist die ganzjährige dichte immergrüne Waldvegetation
Rohstoff 10
unbearbeitete Grundstoffe, die pflanzlicher, tierischer oder mineralischer Herkunft sind
Rohstoffbörse 150
Rohstoffzwerg 36
Rundhöcker 96
längliche, durch Glazialerosion entstandene Felsbuckel. In der Fließrichtung des Eises steigen sie flach an und sind zugerundet und geschliffen, während die andere Seite steiler und schroffer ist

Salzsprengung 92
Sanierung 116 f.
Satellitenbild 22
Saurer Regen 59, 182
Schwefeldioxid, Stickstoffoxide und andere säurebildende, gasförmige Luftverschmutzungen werden in der Atmosphäre zu Schwefelsäure und Salpetersäure umgewandelt (oxidiert)
Schadstoff 19
chemisches Element oder Verbindung mit nachgewiesener Schadwirkung auf Lebewesen oder Sachgüter
Schalenbau 82

Schelfmeer 9
Meeresgebiet auf dem Schelf mit einer mittleren Wassertiefe von rund 130 m
Schichtfläche 99
Schichtstufenland 99
Schwellenland 46
Gegenüber den reinen Entwicklungsländern, deren Wirtschaft in erster Linie auf der Landwirtschaft und dem Export von Rohstoffen basiert, findet in den Schwellenländern die Produktion eigener Industriegüter statt
sea-floor-spreading 86, 90
Meeresbodenausdehnung, eine Theorie über die Entstehung der Ozeane; → Plattentektonik
Sedimentation 94
Ablagerung von Erosionsprodukten der Erdkruste
Sekundärbereich 122
Smog 59
Kurzwort aus smoke (Rauch) und fog (Nebel). Die Anreicherung der Luft mit Staub, Wasserdampf, Asche und Gasen
Sommersmog 59
Sonnenenergie 66
Sonnenkollektor 66
Sonnenkraftwerk 66
Elektrische Energie wird durch Ausnutzen der Sonnenstrahlen über Solarzellen erzeugt
Spezialisierung 103
Sprache 146
Stadt-Umland-Wanderung 118
Stadtrandkern 120
Statistik 106
Zahlenmaterial (statistische Daten) wird für wissenschaftliche, soziale, politische und wirtschaftliche Zwecke gesammelt und analysiert
Staudamm 162
Bauwerk im Fluss, das ein Hinterland vor eindringendem Wasser schützt, Raum zur Wasserspeicherung schafft oder zur Erzeugung von elektrischem Strom genutzt wird
Steinkohle 56, 71
Strukturwandel 102, 110
Stufenland 99
Subduktion 87

technische Revolution 122
Terms of trade 169
Darstellung der Beziehungen zwischen den durchschnittlichen Ausfuhr- und Einfuhrpreisen eines Landes oder einer Gruppe von Ländern
tertiärer Bereich 122
Thermalquelle 64
Tiefenerosion 95
Tiefsee 16
das Meer unterhalb von 4000 m
Tiefseebergbau 17
Tiefseeboden 9
Tiefseegraben 9
Tigerstaat 42
Treibhauseffekt 26, 28
die Rolle der Atmosphäre bei Erderwärmung. Die Atmosphäre ist für einfallende kurzwellige Sonnenstrahlen durchlässig, die von der Erdoberfläche absorbiert werden. Ein großer Teil dieser Strahlung wird auf infraroten Wellenlängen reflektiert und wiederum von Gasen in der Atmosphäre wie Kohlendioxid, Methan, Stickstoff und Ozon zurückgestrahlt

Trichtermündung 95
Trinkwasser 172 f.
Trogtal 96
von Gletschern ausgehobeltes, im Querprofil u-förmiges Flusstal
Tsunami 91
eine Meereswoge, die durch ein untermeerisches Erdbeben hervorgerufen wird

Überfischung 12
Umlaufberg 95
von einer abgeschnittenen Flussschlinge umgebener Berg in einem Flusstal
Umweltbelastung 55
Umweltpolitik 41
Umweltproblem 40
Unterzentrum 120
Urwald 182
die natürliche und ursprüngliche Form des Waldes

Verkehrsdichte 187
Verwerfung 89
eine Bruchfläche, entlang der sich ein Teil der Erdscholle zu einer anderen verschoben hat

Wachstumsland 44
Waldschaden 59, 178 f.
Warenverkehr 126
Wärmedämmung 68
Wasserbelastung 186
Wasserkraft 62
Energie wird mithilfe von Wasserrädern oder Turbinen aus fließendem Wasser gewonnen
Wassermassen 24
Wasserstoff 67
Wechselkurs (Devisenkurs) 169
der Preis für eine ausländische Währungseinheit in inländischer Währung
Welthandel 144, 156, 168
Welthandelsgut 152
Welthandelsmacht 36, 50
Welthandelsorganisation(WTO) 169
Weltkulturerbe 114
Weltwirtschaft 33 ff.
alle wirtschaftlichen Beziehungen zwischen den auf den internationalen Geld-, Kapital- und Warenmärkten operierenden Volkswirtschaften
Windenergie 63
Wind wird in Windkraftanlagen in technisch nutzbare Energie umgewandelt
Wintersmog 69
Wirtschaftszone 30
Wurzelsprengung 92

zentrale Einrichtung 120
zentraler Ort 120
Orte mit Aufgaben in Verwaltung, Kultur, Bildung, Gesundheit, Handel, Dienstleistung und Verkehr; Gliederung: Oberzentrum (über 100 000 Einw.) mit Einrichtungen spezialisierten Bedarfs, Mittelzentren (über 40 000 Einw.) mit Einrichtungen des gehobenen Bedarfs, Unterzentren (über 5000 Einw.) mit Einrichtungen der Grundversorgung
Zinn 154
Zwischenlager 71

Bildquellen

Archiv für Kunst und Geschichte, Berlin: 85.1, 129.3
Bauer, Freiburg: 93.1
Bavaria, Gauting: 34 (Mitte links) (Viesti), 34 (unten rechts) (Picture Finders), 58 (oben links) (Holzappel), 86.1 (Lorenz), 88E (Viesti), 171 (Mitte rechts)
Bayer, Leverkusen: 100 (Mitte rechts)
Beyer, Münster: 93.2
Bundesanstalt für Geowissenschaften und Rohstoffe, Hannover: 16 (oben rechts)
Deutsche Forschungsanstalt für Luft- und Raumfahrt, Weßling: 23.1
Deutsche Luftbild, Hamburg: 109.1, 114.1
Deutsche Presse-Agentur, Frankfurt/M.: 29.1E, 124 (oben), 157.2 (Mayr), 170 (Mitte links), 178.1
Ehrich, Düsseldorf: 108.2
Fischer, Oelixdorf: 6, 7, 7.1E, 7.2E, 13.1, 13.2, 19.2, 32, 33, 52 (oben), 52 (unten), 108.1, 126 (3 Fotos), 127 (3 Fotos)
Focus, Hamburg: 148 (Hintergrundfoto)
Frenzel, Sylt: 28.2
Gerstenberg, Witze: 128.2, 128.3, 128.4, 128.5, 129.1
Gerster, Zumikon: 40.3, 89 (Mitte rechts)
Geyer, Köln: 137.1, 171 (Mitte links)
Greenpeace, Hamburg: 28.1
Habbe, Flintbek: Titelfoto
Hachette, Paris: 74/75
Husumer Schiffswerft: 63 unten (Hintergrundfoto)
Janicke, München: 47, 96.1
Japanische Botschaft, Bonn: 34 (Mitte unten), 35 (oben links), 35 (oben rechts), 35 (Mitte rechts), 40.1, 90.1
Jordan, Vechta: 154.1
Julius, Vöhl: 170 (Mitte rechts)
Lade, Frankfurt: 125 (oben) (BAV), 129.4, 129.5, 149 (oben rechts) (BAV)
Landesdenkmalamt Lippe-Westfalen, Münster: 58 (Mitte rechts + unten rechts)

Manshard, Freiburg: 41.1
Mauritius, Berlin: 89 (oben rechts) (Photri)
Mayer, Hattingen: 34 (unten links), 35 (Mitte links)
McIntyre, Arlington: 155.1
Müller, Düsseldorf: 129.2
Nübler, Gundelfingen: 80 (unten), 81 (oben rechts), 81 (unten links)
Oberascher, Swisttal: 148 (oben links)
Ohl, Reutlingen: 34 (oben rechts)
Pansegrau, Berlin: 128.1
Pflüger, Springe: 94.1
Photo Press, Stockdorf: 134.1 (Günther)
Pröpper, Lübeck: 116.1(2 Fotos)
Reichert, Badenweiler: 92.1, 93.3 (1–3), 96.1E
Reinert, Reutlingen: 80 (oben), 149 (Mitte rechts), 161.3
Rudyk, Wiesbaden: 152.1
Schnepf, Stuttgart: 58 (oben rechts) (Luftbild Brugger)
Seidel, Baden-Baden: 165.1(2)
Steinbreier, Münster: 34 (Mitte rechts)
Steininger, Hannover: 101 (oben)
Stekovics, Halle/Saale: 100 (Mitte links)
Ullstein Bilderdienst, Berlin (Luftbild); J. Brockmann/Dalecki, Hamburg (Computervisualisierung): 101 (unten)
Unicef, Köln: 161.1
UNIFEM, Neu Delhi: 165.1(1)
Taubert, Springe: 161.2, 162.1, 162.2
Verlagsarchiv: 3, 4, 5, 145 (oben links), 148. (oben rechts), 148 (unten links), 149 (unten Mitte), 150 (oben rechts), 154.2
Vogelsang, Castrop-Rauxel: 87.2
Walther, Grömitz: 97.1, 170 /171(oben), 170/171 (unten), 181.4
Wilhelmi, Bonn: 167 (links + rechts)
Wittum, Baden-Baden: 81 (unten rechts)
Zefa, Düsseldorf: 38.1 (Koch), 53 (Damm)

ERDALTERTUM

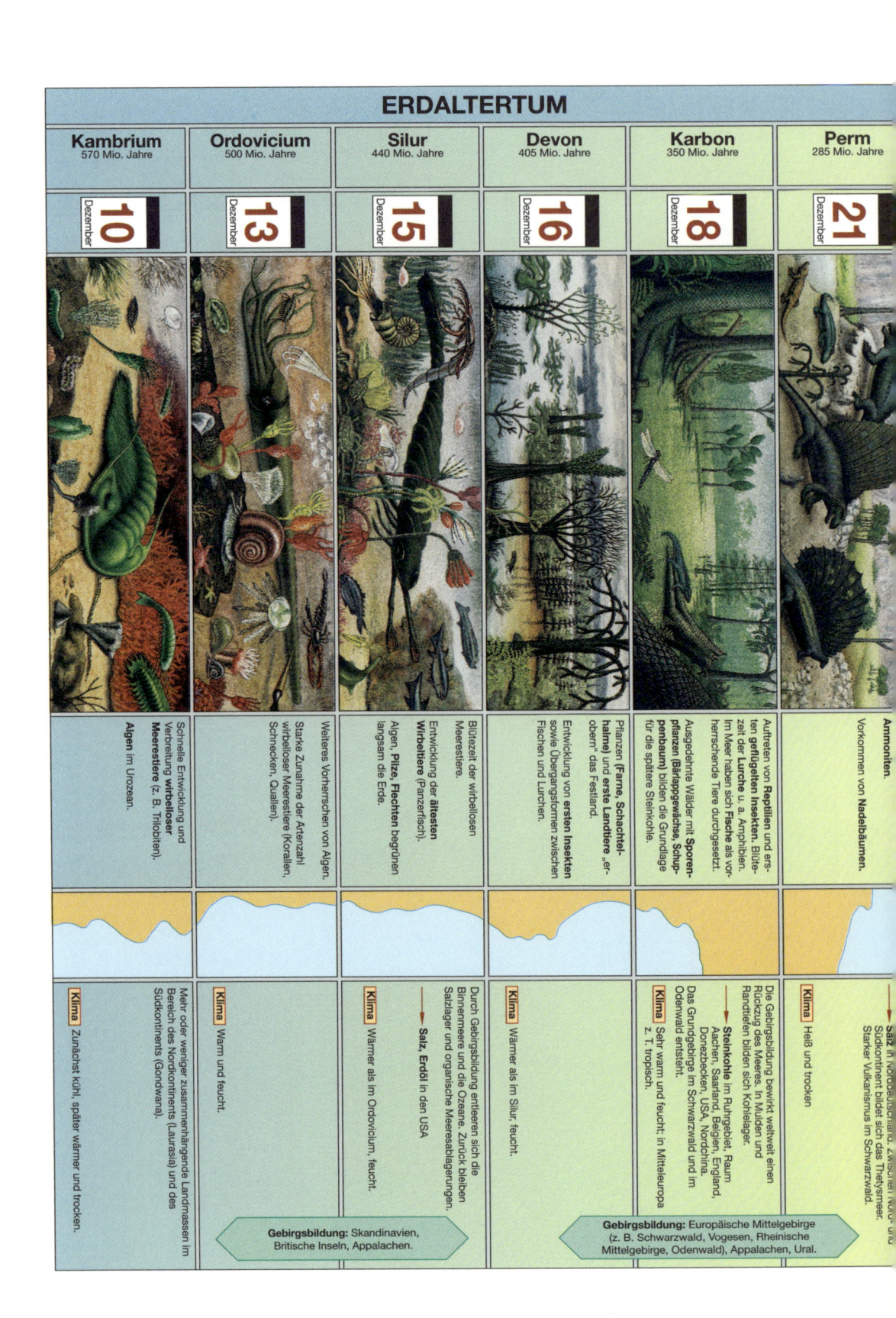

Kambrium 570 Mio. Jahre	Ordovicium 500 Mio. Jahre	Silur 440 Mio. Jahre	Devon 405 Mio. Jahre	Karbon 350 Mio. Jahre	Perm 285 Mio. Jahre
Dezember 10	Dezember 13	Dezember 15	Dezember 16	Dezember 18	Dezember 21

Kambrium: Algen im Urozean. Schnelle Entwicklung und Verbreitung **wirbelloser Meerestiere** (z. B. Trilobiten).

Ordovicium: Starke Zunahme der Artenzahl wirbelloser Meerestiere (Korallen, Schnecken, Quallen).

Silur: Weiteres Vorherrschen von Algen. Algen, Pilze, Flechten begrünen langsam die Erde. Entwicklung der **ältesten Wirbeltiere** (Panzerfisch). Blütezeit der wirbellosen Meerestiere.

Devon: Entwicklung von **ersten Insekten** sowie Übergangsformen zwischen Fischen und Lurchen. Pflanzen (**Farne, Schachtelhalme**) und **erste Landtiere** „erobern" das Festland.

Karbon: Ausgedehnte Wälder mit **Sporenpflanzen (Bärlappgewächse, Schuppenbaum)** bilden die Grundlage für die spätere Steinkohle. Auftreten von **Reptilien** und ersten der **geflügelten Insekten.** Blütezeit des Meeres. In Mulden der Lurche u. a. Amphibien. Im Meer haben sich **Fische** als vorherrschende Tiere durchgesetzt.

Perm: Ammoniten. Vorkommen von **Nadelbäumen.**

Kambrium — Klima: Zunächst kühl, später wärmer und trocken.

Ordovicium — Klima: Mehr oder weniger zusammenhängende Landmassen im Bereich des Nordkontinents (Laurasia) und des Südkontinents (Gondwana).

Silur — Klima: Warm und feucht. **Salz, Erdöl** in den USA. Durch Gebirgsbildung entleeren sich die Binnenmeere und die Ozeane. Zurück bleiben Salzlager und organische Meeresablagerungen.

Devon — Klima: Wärmer als im Silur, feucht.

Karbon — Klima: Wärmer als im Ordovicium, feucht. Sehr warm und feucht, in Mitteleuropa z. T. tropisch. Die Gebirgsbildung bewirkt weltweit einen Rückzug des Meeres. In Mulden und Randtiefen bilden sich Kohlelager. **Steinkohle** im Ruhrgebiet, Raum Aachen, Saarland, Belgien, England, Donezbecken, USA, Nordchina. Das Grundgebirge im Schwarzwald und im Odenwald entsteht.

Perm — Klima: Heiß und trocken. **Salz** in Norddeutschland. Zwischen Nord- und Südkontinent bildet sich das Thetysmeer. Starker Vulkanismus im Schwarzwald.

Gebirgsbildung: Skandinavien, Britische Inseln, Appalachen.

Gebirgsbildung: Europäische Mittelgebirge (z. B. Schwarzwald, Vogesen, Rheinische Mittelgebirge, Odenwald), Appalachen, Ural.